Erzähltes Recht

Campus Historische Studien
Band 44

Herausgegeben von Rebekka Habermas, Heinz-Gerhard Haupt,
Frank Rexroth, Michael Wildt und Aloys Winterling

Simon Teuscher ist Professor für Geschichte des Mittelalters
an der Universität Zürich.

Simon Teuscher

Erzähltes Recht

Lokale Herrschaft, Verschriftlichung und Traditionsbildung im Spätmittelalter

Campus Verlag
Frankfurt/New York

Publiziert mit Unterstützung des Schweizerischen Nationalfonds zur Förderung der wissenschaftlichen Forschung

Zugleich Habilitationsschrift an der Philosophischen Fakultät der Universität Zürich 2005

Bibliografische Information der Deutschen Nationalbibliothek
Die Deutsche Nationalbibliothek verzeichnet diese Publikation in der Deutschen Nationalbibliografie; detaillierte bibliografische Daten sind im Internet über http://dnb.d-nb.de abrufbar.
ISBN 978-3-593-38494-8

Umschlaggestaltung: Guido Klütsch, Köln
Umschlagmotiv: Der Chronist Diebold Schilling (ca. 1460–1520) als gelehrter Kanzleimitarbeiter, Berner Chronik.
Satz: Campus Verlag
Druck und Bindung: Druck Partner Rübelmann, Hemsbach
Gedruckt auf säurefreiem und chlorfrei gebleichtem Papier.
Printed in Germany

Besuchen Sie uns im Internet: www.campus.de

Für Dani

Inhalt

Dank

Das vorliegende Manuskript entstand während Jahren, die durch häufige Ortswechsel gekennzeichnet waren, bei denen ich meine Arbeitsunterlagen jeweils in Bananenschachteln hinter mir her schleppte. Die Untersuchung der Verschriftlichung von Rechtsgewohnheiten begann 1999 in Zürich im Rahmen des Nationalfondsprojekts zum Schriftgebrauch im Spätmittelalter und findet ihren Abschluss, während ich nach Zürich zurückkehre. Dazwischen lagen eine langjährige Tätigkeit an der University of California, Los Angeles (UCLA) und kürzere Zwischenstationen an der École des Hautes Études en Sciences Sociales in Paris, am Institute for Advanced Study in Princeton (IAS), an den Universitäten Basel, Luzern und Neuenburg sowie in den Archiven in der Schweiz und in Italien. Mit allen diesen Orten verbinden mich mehr Dankesschulden, als sich aufzählen lassen. Die Aufenthalte ermöglichten ein Stipendium des schweizerischen Nationalfonds, eine mehrjährige Teilzeit-Lehrtätigkeit an der UCLA, Lehraufträge in Europa und eine Membership am IAS. Mein besonderer Dank gilt Roger Sablonier und Agostino Paravicini Bagliani, die das Projekt von Anfang an tatkräftig förderten. Dank für Unterstützung und kritische Lektüre geht in Zürich an Hans Jörg Gilomen, Nathalie Büsser, Doris Klee, Stefan Kwasnitza und Martina Stercken, in Luzern an Guy Marchal, Jon Mathieu und Valentin Gröbner, in Basel an Almut Höfert, Achatz von Müller und Claudia Opitz, in Neuenburg und Lausanne an Lionel Bartolini, Gilbert Coutaz, Jean-Daniel Morerod und Jean-François Poudret. Wichtige Anregungen erhielt ich in Paris von Jacques Chiffoleau, Martine Grinberg und Jean-Claude Schmitt, in Los Angeles von Patrick Geary, Randolph Head, Elisabeth Joris, Jim Robbins, Teo Ruiz und von David Sabean (auf dessen Einladung hin ich die Schachteln zum ersten Mal gepackt hatte). In Princeton gilt mein besonderer Dank Caroline Bynum, Caroline Arni und Joel Kaye, der nicht nur ein sehr einfallsreicher Leser von Manuskripten ist, sondern der auch half, die bislang größte Kartonschachtel im Eigenbau herzustellen. Für konstruktive Kritik und ausschweifende Gespräche danke ich außerdem Franz-Josef Arlinghaus (Kassel), Michaela Hohkamp (Berlin), Hagen Keller (Münster), Ludolf Kuchenbuch (Berlin), Frank Rexroth (Göttingen) und Andreas Suter (Bielefeld). Obwohl Daniela Saxer meist mit ihren eigenen Bananenschachteln anderswo unterwegs war, hat sie mich an allen Arbeitsstationen besucht, in allen Projektphasen zündende Ideen beigesteuert und erfindungsreiche Akklimatisierungsstrategien entwickelt, wofür ihr ganz besonderer Dank gebührt.

Zürich, im August 2007

1 Einleitung

1.1 Problemstellung

Recht ist im modernen Selbstverständnis untrennbar mit Schrift verbunden. Ob Gesetze konsultiert, Formulare ausgefüllt oder Aktenstöße bewältigt werden – Schriftstücke sind aus dem gegenwärtigen Rechtsleben nicht wegzudenken. Dagegen muten spätmittelalterliche Rechte, die statt durch Schrift durch Erzählungen vermittelt wurden, exotisch an und haben die Forschung gerade deshalb seit langer Zeit fasziniert. Schon um die Mitte des 19. Jahrhunderts veröffentliche Jacob Grimm neben seinen berühmten Märchen eine nicht weniger umfassende Sammlung spätmittelalterlicher Aufzeichnungen lokaler Rechte, sogenannter Weistümer.[1] Wie im Fall der Märchen ging Grimm davon aus, dass die Bevölkerung diese vor ihrer Niederschrift seit unvordenklichen Zeiten mündlich tradiert hatte. In dieser Auffassung bestärkten ihn die poetischen Eingangspassagen der Weistümer. Diese schildern ritualisierte Versammlungen, bei denen der Herr eines Dorfs seinen Bauern gegenübertrat und sie aufforderte, Rechte aus der Erinnerung zu verkünden. Die jüngere Forschung hat manche der Annahmen Grimms widerlegt. Gleichzeitig erlangte das Interesse an ungeschriebenen Rechten und ihrer Verschriftlichung neue Relevanz und rückte in den Mittelpunkt sozial- und kulturwissenschaftlicher Debatten über die Implikationen der Ausbreitung neuer Medien.

Dieses Buch befasst sich mit Prozessen der Verschriftlichung von Rechten, besonders von lokalen Herrschaftsrechten, im Gebiet des heutigen schweizerischen Mittellands zwischen dem 13. und dem 15. Jahrhundert. Es untersucht, wie sich mittelalterliche Akteure über ungeschriebene Rechte verständigten und wie sich Herrschaftsordnungen im Zusammenhang mit der vermehrten schriftlichen Aufzeichnung von Normen veränderten. Zur

1 Grimm, *Weisthümer*.

Untersuchung solcher Fragen steht auch heute wenig mehr zur Verfügung als erstmalige Aufzeichnungen zuvor ungeschriebener Rechte. Weder Grimm noch seine Kritiker nutzten allerdings die Erkenntnismöglichkeiten, welche die Materialität der Dokumente eröffnet. Denn diese sind nicht nur Texte, welche die eine und die andere Schilderung von Praktiken enthalten. Sie sind auch Artefakte und waren als solche selbst immer schon Bestandteile von Praktiken ihrer Herstellung und ihres Gebrauchs, deren Geschichte noch weitgehend unerforscht ist.

Als ältester in der Schrift schon fassbarer Ausdruck eines schriftlosen Rechtslebens gelten Aufzeichnungen von Rechtsgewohnheiten, deren Verbindlichkeit dadurch begründet wurde, dass sie schon vor ihrer Niederschrift in der Praxis befolgt oder mündlich tradiert worden waren. Im Mittelpunkt dieser Untersuchung stehen zwei Typen solcher Dokumente, die jeweils mit spezifischen Verfahren der Rechtsfeststellung in Verbindung standen. Dabei handelt es sich zum einen um die schon von Grimm gesammelten Weistümer und verwandte Dokumente. Sie halten ganze Serien dörflicher Rechtsregeln fest und weisen diese als Inhalte traditioneller mündlicher Rechtsverkündigungen oder Rechtsweisungen an lokalen Gerichtsversammlungen aus. Zum andern gelangen hier sogenannte Kundschaftsaufzeichnungen zur Untersuchung. Diese hielten Ergebnisse von Zeugenbefragungen fest, die nicht regelmäßig, sondern nach Bedarf durchgeführt wurden, um einzelne jeweils umstrittene Regeln zu klären. Die Untersuchung stellt das Rechtsleben ländlicher Gebiete in den Vordergrund, in denen diese Verfahren hauptsächlich zur Anwendung gelangten, bezieht aber auch einzelne Beispiele aus Städten ein.

Weistümer und Kundschaftsaufzeichnungen erlauben es, die Verschriftlichung von Rechten auf unterschiedlichen Ebenen der Herrschaftsorganisation zu untersuchen. Als Texte gewähren diese Schriftstücke lebhafte Einblicke in lokale Praktiken, durch die Rechte im Alltag angerufen, umgesetzt oder auch missachtet wurden. Als Dokumente wurden Weistümer und Kundschaftsaufzeichnungen dagegen vorwiegend in formalisierten Verfahren der übergeordneten territorialen Gerichts- und Herrschaftsinstanzen gebraucht, was Sache juristisch geschulter Kanzleispezialisten war und meist mit Auseinandersetzungen zwischen konkurrierenden Herren zusammenhing. Auf beiden Ebenen veränderten sich Kommunikationsformen im Lauf des Spätmittelalters grundlegend. Damit veränderte sich auch die Art und Weise, in der solche Rechte aus Traditionen hergeleitet und zum Gegenstand von Traditionsbildungen gemacht wurden.

Das untersuchte geographische Gebiet lag an der Wegkreuzung zwischen dem Reich, den italienischen städtischen Kommunen und dem Königreich Frankreich und war durch ein engräumiges Nebeneinander unterschiedlicher Herrschaftsstile gekennzeichnet. Weite Teile des französischsprachigen Westens gelangten schon während des 13. Jahrhunderts unter die Kontrolle der Grafen – später Herzöge – von Savoyen. Diese bauten einen der am stärksten zentralisierten territorialen Herrschaftskomplexe des europäischen Kontinents auf, dessen Verwaltung durch das Revival des römischen Rechts geprägt war. Dagegen bewahrten im deutschsprachigen Osten zahllose kleine und kleinste geistliche und adlige Herrschaften beträchtliche Autonomie und gelangten erst im 15. Jahrhundert unter den Druck der territorialherrlichen Ambitionen von Städten. Die Unterschiedlichkeit dieser Ausgangslagen erlaubt es zu untersuchen, wie sich Formen der Auseinandersetzung über ungeschriebene Rechte in Wechselwirkungen mit institutionellen Rahmenbedingungen und Administrationskulturen entwickelten. Die Problemstellung soll im Folgenden zunächst in den Zusammenhang weiter gefasster Forschungsdiskussionen gestellt werden. Anschließend gilt es, institutionelle und soziale Entwicklungen innerhalb des untersuchten Raums vorzustellen sowie Material und Vorgehen der Untersuchung zu erläutern.

1.2 Forschungsdiskussionen

Das Thema der Verschriftlichung lokaler Rechte steht an der Schnittstelle von Forschungsdiskussionen über die Fragen, worum es sich bei dem ungeschriebenen Recht des Mittelalters handelte, wie weitgehend schriftlose Gesellschaften organisiert waren und wie sich der zunehmende Schriftgebrauch auf diese auswirkte. Bevor auf diese Diskussionen im Einzelnen eingegangen wird, sind an dieser Stelle Entwicklungen von modellhaften Vorstellungen über Ablauf und Implikationen der Rechtsverschriftlichung nachzuzeichnen.

Jacob Grimms Erbe

Die wissenschaftliche Beschäftigung mit ungeschriebenen lokalen Rechtsregeln blickt auf eine lange Geschichte zurück, die selbst erst in Ansätzen geschrieben ist. Man könnte diese bei römischen Juristen anfangen lassen –

oder doch spätestens im 12. Jahrhundert, als die »consuetudines«, ungeschriebene Rechtsgewohnheiten von Klöstern und Bistümern, im Mittelpunkt der Kontroversen standen, die Gelehrte über das Kirchenrecht führten.[2] Während des Spätmittelalters und der frühen Neuzeit griffen solche Diskussionen über die Universitäten hinaus und erreichten auch im hier untersuchten Raum Amtleute und Notare, die sich darüber stritten, wie die ungeschriebenen Rechtsgewohnheiten von Dörfern, Städten und Landschaften zu systematisieren waren.[3] Diese Debatten standen hauptsächlich im Dienst der Bewältigung aktueller Fragen. Dagegen erhielt die moderne Erforschung ungeschriebener Rechte des Mittelalters ihre Prägung erst im 19. Jahrhundert, als Germanisten und Rechtshistoriker die Rechtsverschriftlichung als grundlegende kulturelle Umwälzung konzeptionalisierten.[4]

Vor allem die Arbeiten Jacob Grimms bestimmten den weiteren Verlauf der Forschung.[5] Er verstand die spätmittelalterlichen Aufzeichnungen zuvor ungeschriebener Rechte wie die Märchen, die er sammelte, als Äußerungsformen einer uralten deutschen Volkskultur, die in weitgehend unveränderter Form seit den Zeiten des vorchristlichen germanischen Stammeslebens mündlich tradiert worden war. Dieses volkstümliche Recht schien ihm untrennbar mit Moral und Brauchtum verflochten. In seine Rekonstruktionen des deutschen »Volksrechts« bezog Grimm deshalb außer Weistümern auch vielfältige andere rechtliche und literarische Schriften aus den verschiedensten Zeiträumen ein, wie etwa den Sachsenspiegel, die skandinavischen Landrechte und die Eddadichtung.[6] Dagegen schloss er Material aus, das sich mit seinen Vorstellungen über eine autochthone, von romanischen Einflüssen unberührte germanische Rechtskultur schlecht vereinbaren ließ. So verzichtete Grimm bewusst darauf, mehr als wenige besonders alte Beispiele aus der reichen französischsprachigen Weistümer-Überlieferung in seine Sammlung aufzunehmen.[7]

Letztlich orientierte sich Grimms Interesse am Germanischen an einer sprachlich-ethnisch definierten deutschen Kultur. Ursprünglich wollte er sei-

2 Boureau, *Loi*; ders., *Law*; Wolter, *Consuetudo*.

3 Jeweils mit weiterführender Literatur: Isenmann, *Gesetzgebung*; Bellomo, *Past*, S. 78–112.

4 Siehe hierzu die eindrückliche Fallstudie Boureau, *Droit*.

5 Zu Grimm: Busse, *Grimm*; Kelley, *Mythistory*; Ogris, *Grimm*.

6 Grimm, *Rechtsalterthümer*; ders., *Poesie*.

7 Explizit äußerte sich Grimm hierzu in Briefen: Oechsli, *Briefwechsel*, S. 129; Richard Schroeder, der Grimms Sammlung nach dessen Tod abschloss, begründete die Aufnahme einzelner französischsprachiger Weistümer damit, dass diese »ihrem inhalte nach zu den deutschen rechtsquellen gehören«, Grimm, *Weisthümer*, Bd. 4 S. VI.

ne Weistümer-Sammlung nach deutschen Landschaften ordnen, die gemäß ihrer Lage entlang dem Lauf des Rheins aufeinander folgen sollten.[8] Dieses Vorhaben scheiterte am durchschlagenden Erfolg der ersten publizierten Bände, die Beispiele aus der Schweiz und dem Elsass wiedergaben. Diese begeisterten viele Archivare und Historiker so sehr, dass sie Grimm Abschriften zahlloser weiterer Weistümer aus dem Süden zuschickten, die er fortlaufend in die späteren Bände aufnahm, die eigentlich am Unterlauf des Rheins gelegenen Regionen vorbehalten gewesen wären.[9] Grimms Sammlung inspirierte im deutschen Sprachraum zahlreiche weitere regionale Projekte der Weistümer-Edition und führte letztlich zur Etablierung einer spezialisierten Weistumsforschung.[10]

Grimm gelang es, ein bis heute anhaltendes Interesse an Weistümern zu schaffen, die, hätte er sie nicht unter der Rubrik der Kultur bekannt gemacht, wohl nie zu größerer Beachtung gelangt wären als andere Dokumente der mittelalterlichen Lokalverwaltung. Denn die bäuerliche Kultur rückte in der Forschung der deutschsprachigen Länder ganz generell ins Zentrum von Rückprojektionen der nationalen Einheit auf das Spätmittelalter – anders als in England oder Frankreich, wo sich Königreiche und königliche Rechtsordnungen als Ausgangspunkte nationaler Kontinuitätsphantasien anboten. Daher erstaunt nicht, dass Forschungsarbeiten der 1930er- und 1940er-Jahre zu Weistümern der Regionen Elsass und Lothringen in unverkennbarem Bezug zur deutschen Besetzungs- und Germanisierungspolitik entstanden.[11]

---

8 Oechsli, *Briefwechsel*, S. 134; Grimm, *Weisthümer*, Bd. 1 S. IIIf.

9 Grimm, *Weisthümer*, Bd. 4 S. Vff., Bd. 5 S. V–X.

10 Für einen Überblick über die Forschungsgeschichte: Werkmüller, *Aufkommen*. Für neuere Entwicklungen: Spieß, *Einleitung*.

11 Vgl. zum Beispiel Kollnig, *Weistümer*, S. V (Vorwort): »Heute sind bereits allenthalben Kräfte am Werk, um das durch den Sieg der deutschen Waffen dem Reich für immer zurückgewonnene Grenzland wieder dem Lebens- und Staatsgefüge Deutschlands einzugliedern […]. Von den zahlreichen Zeugnissen für die ungebrochene germanisch-deutsche Volksüberlieferung im Elsass in den vergangenen Jahrhunderten legen die bäuerlichen Weisthümer aufs eindringlichste Zeugnis ab.« Dagegen: Perrin, *Chartes*, S. 11f., der über solche Polemik weit erhaben war, aber sich dennoch, wenn auch kritisch, mit ethnischen Erklärungen für die Muster der geographischen Verbreitung von Weistümern in der Lorraine befasste.

Vom germanischen zum traditionalen Rechtsverständnis

Dass Grimms Vorstellungen die Forschung weit über Deutschland hinaus beeinflussten, ist vermutlich vor allem Fritz Kern zu verdanken. Er veröffentlichte im Jahr 1919 die kurze, eingängige Schrift »Recht und Verfassung im Mittelalter«, die in Übersetzung auch in der englischsprachigen Mittelalterforschung den Status einer Pflichtlektüre erlangte.[12] Kern weitete den Geltungsbereich des »guten alten Rechts« stark aus. Denn im Gegensatz zu Grimm führte er dieses weniger auf eine spezifisch deutsche Kultur als auf materielle und institutionelle Bedingungen der Rechtspflege während eines früheren Mittelalters zurück, das er zeitlich und räumlich nur vage definierte. Kern wies darauf hin, dass Rechte in dieser Frühzeit nur ganz punktuell schriftlich aufgezeichnet wurden und die Möglichkeiten, sich einen Überblick über bereits vorhandene Rechtsaufzeichnungen zu verschaffen, sehr beschränkt blieben.[13] Unter solchen Umständen seien rechtliche Absprachen meist rasch in Vergessenheit geraten und immer wieder durch neue Regelungen ersetzt worden.

Im Gegensatz zu Grimm zweifelte also Kern am tatsächlichen Alter des »alten Rechts«. Er ging aber davon aus, dass die mittelalterliche »Begriffswelt« es nicht zugelassen hätte, rechtliche Innovationen als solche zu verstehen. Wie wir uns dies vorzustellen haben, erklärte Kern mit der malerischen Metapher des Waldes: Auch dieser könne als ein alter Wald gelten, obwohl er aus lauter Bäumen besteht, die erst in jüngster Zeit gewachsen sind. Dieses organische Verständnis des Gewohnheitsrechts sei erst unter Einfluss des »jus commune«, des römischen und kanonischen Rechts, unterlaufen worden.[14] Kern interessierte nur am Rand, wie dieser Übergang im Einzelnen verlaufen war. Wichtiger war ihm der grundlegende Unterschied zwischen dem modernen und dem ursprünglichen mittelalterlichen Rechtsverständnis. Für Letzteres konnte weder der Staat noch eine andere Autorität Recht festlegen. Vielmehr galt Recht als gottgegeben und äußerte sich im Bewusstsein und den Gewohnheiten der Bevölkerung. Es ließ sich nicht beschließen, vereinbaren oder setzen, sondern nur finden.

---

12 Kern, *Recht*. Engl. Übersetzung: Kern, *Kingship*.

13 Kern, *Recht*, S. 44f., 54–63.

14 Kern, *Recht*, S. 65f.: »Das Gewohnheitsrecht gleicht dem wuchernden Urwald, der […] sich stets verjüngt und in hundert Jahren ein anderer wird, obwohl er von außen der selbe ›alte‹ Wald bleibt, wobei das langsame Wachsen auch ein unmerkliches Modern anderer Teile bedingt.« Vgl. S. 29, 39f., 69.

Kerns Gegenüberstellung schriftloser und schriftlicher Rechtsordnungen wirkt in aktuellen Forschungsdebatten über die Implikationen der Ausbreitung der Schrift – und neuer Medien überhaupt – weiterhin nach. Einen entscheidenden Anstoß erhielt diese Forschungsrichtung durch die bahnbrechenden Arbeiten von Michael Clanchy zur Ausbreitung des Schriftgebrauchs im Königreich England am Ausgang des Hochmittelalters.[15] Durch die Vermittlung Clanchys, der Kern vor allem in seinen frühsten Arbeiten rezipierte, fanden dessen Thesen 1986 Eingang in das Werk des Sozialanthropologen Jack Goody und übten in der Folge einen enormen Einfluss auf die Sozial- und Kulturwissenschaften aus. Goody verstand seine Forschungstätigkeit als Beitrag zu den postkolonialen Debatten über Ursachen des wirtschaftlichen und politischen Ungleichgewichts zwischen den Industriestaaten und der sogenannten Dritten Welt. Theorien, die den Nord-Süd-Gegensatz auf substanzielle ethnische Unterschiede zurückführten, hielt Goody die Position entgegen, der Gebrauch von Schrift begünstige unter allen Voraussetzungen strukturell ähnliche mentale, wirtschaftliche und soziale Entwicklungsprozesse und ermögliche die Transformation traditionaler in moderne Gesellschaften. Goodys Werk lässt sich auch als wissenschaftliche Fundierung der Alphabetisierung als entwicklungspolitisches Instrument lesen.

Goodys Bild schriftloser Gesellschaften beruht auf der Kombination von Kerns Überlegungen, die er ausführlich zitiert, mit Ergebnissen der Antikeforschung und sozialanthropologischer Feldarbeiten bei schriftlosen afrikanischen Gesellschaften des 20. Jahrhunderts.[16] Nach Ansicht Goodys verhalf erst die schriftliche Aufzeichnung dem Recht zu einem autonomen Status und machte es systematischen Analysen und Begriffsbildungen zugänglich.[17] Dagegen sei Recht für Gesellschaften, die Schrift selten oder gar nicht brauchten, mit Sitte, Moral und Tradition verquickt, so dass Vergangenheit und Gegenwart ebenso wie alte Präzedenz und gegenwärtige Norm nahtlos ineinander übergingen.[18] Das alte ungeschriebene Recht, das Grimm als Eigenheit einer germanischen Volkskultur verstanden und das Kern zu einem allgemeinen Phänomen früher mittelalterlicher Begriffswelten erklärt hatte, erscheint so bei Goody als Bestandteil einer universellen Rechtskultur schriftloser Gesellschaften. Kritiker werfen Goody vor, er verfechte die kulturelle

15 Clanchy, *Remembering*, S. 172f.; ders., *Memory*, bes. S. 296.

16 Goody, *Logic*. Vgl. die vorausgehenden Arbeiten: ders., *Interface*; Goody/Watt, *Consequences*.

17 Goody, *Logic*, S. 127–170.

18 Goody, *Logic*, bes. S. 130, 163ff.

Überlegenheit des Westens, indem er Gesellschaften der Dritten Welt auf einer Entwicklungsstufe verorte, welche die westliche Gesellschaft bereits am Ende des Mittelalters hinter sich gelassen habe.[19] Die daraus erwachsenen Debatten bilden ein eindrückliches Beispiel dafür, wie Bilder des Mittelalters ins Zentrum des Nachdenkens über Modernisierung und Modernität rücken können.

Vor dem Hintergrund der Rezeptionsgeschichte der Arbeiten Jacob Grimms lässt sich die Entwicklung von Forschungsdiskussionen zu den drei zu Beginn dieses Abschnitts erwähnten Problemen neu aufrollen. Diese betreffen erstens die Frage, wie ungeschriebene Rechte im Mittelalter verstanden wurden und wie man sich über sie verständigte. Damit verbinden sich zweitens methodische Probleme der Untersuchung lokaler Gesellschafts- und Rechtsordnungen. Drittens gilt es, auf die neuere Forschung zum mittelalterlichen Verschriftlichungsprozess einzugehen.

Ungeschriebene Rechte

Es waren vor allem Rechtshistoriker, die ab der zweiten Hälfte des 20. Jahrhunderts vermehrt Vorbehalte gegenüber Grimms und Kerns Bild des mittelalterlichen Rechtsverständnisses äußerten – allerdings ohne außerhalb eines spezialisierten Kreises auf Gehör zu stoßen. Mehrere Arbeiten haben beispielsweise kritisiert, dass das Bild eines am »guten alten Recht« orientierten Mittelalters auf einer tendenziösen Auswahl der berücksichtigten Rechtspraktiken beruhe. Grimm und Kern klammerten Phänomene aus ihren Untersuchungen aus, die sie als Vorboten der Moderne verstanden, obwohl diese vielfach zeitlich früher anzusetzen sind als manche ihrer Beispiele für die Orientierung am »guten alten Recht«: Unberücksichtigt blieben beispielsweise so unübersehbare Tatsachen, wie dass mittelalterliche Herrscher lokale Rechtsordnungen durch Privilegienbriefe und Städte durch Statuten willentlich festlegten und regelmäßig erneuerten.[20]

Besonders schwer nachvollziehbar ist, dass Grimm und Kern frühe Formen des Rückgriffs auf das römische und kanonische Recht aus ihren Untersuchungen ausschlossen. Denn der Begriff der alten Rechtsgewohnheit oder der »longa consuetudo«, auf dem ihre Vorstellungen von einem volkstüm-

19 Vgl. Goetsch, *Übergang*; Street, *Introduction*. Für Goodys umfassende Replik: Goody, *Power*.

20 Krause, *Dauer*. Für einen Überblick über die Forschungsdiskussion: Dilcher, *Rechtsgewohnheit*.

lichen Gewohnheitsrecht aufbauten, stammte selbst aus dem römischen Recht.[21] Alain Boureau hat kürzlich gezeigt, wie Spezialisten des gelehrten Rechts den Begriff der »consuetudo« in kirchenrechtlichen Debatten des 12. Jahrhunderts verwendeten, um Normen ganz unterschiedlicher Art, auf die sich lokale kirchliche Gemeinschaften beriefen, unter einer einheitlichen Form als Komplemente zum geschriebenen Kirchenrecht (»la loi«) auffassen und in so genannten »coutumiers« festhalten zu können.[22] Boureau hat diesen Sachverhalt in der prägnanten Formulierung auf den Punkt gebracht: »Le coutumier, c'est bien l'hommage rusé de la coutume à la loi.«[23] Eher noch radikaler äußerte sich Karl Kroeschell schon zu Beginn der 1970er-Jahre zum Gebrauch des Begriffs »consuetudo« im weltlichen Recht. Er hielt fest, dass die Umschreibung einer Norm als Rechtsgewohnheit überhaupt nicht mehr als ein Versuch ihrer Einordnung in die Kategorien des gelehrten Rechts darstellte und entsprechend wenig über deren Herkunft oder über die Gründe ihrer Gültigkeit außerhalb der Denkkategorien des gelehrten Rechts besagte.[24]

Kroeschells Untersuchungen konkreter Gerichtsfälle haben ergeben, dass zumindest für das frühe und das hohe Mittelalter allenfalls von einzelnen Rechtsgewohnheiten, nicht aber von einem kohärenten Gewohnheitsrecht die Rede sein kann. Gerichte hätten Rechte nicht in dem Sinn »gefunden«, dass sie diese als bereits vorhanden gedachte Regeln ins Bewusstsein hoben und anwendeten.[25] Vielmehr hätten in formalisierter Weise zustande gekommene Urteile und Vereinbarungen selbst Recht begründet.[26] In ihren Arbeiten zur frühmittelalterlichen Rechtssprechung hat Janet Nelson diese Befunde bestätigt und dahin radikalisiert, dass Kerns »gutes altes Recht« schlicht ein Mythos sei.[27]

Kroeschell selbst wies allerdings die Thesen Grimms und Kerns weniger pauschal zurück und gelangte zu einem zunächst paradox wirkenden Befund: Zwar konnte er Vorstellungen über ein altes Gewohnheitsrecht in der Rechtssprechung des Frühmittelalters, die vom »jus commune« nur wenig

21 Wolter, *Consuetudo*; Köbler, *Frührezeption*. Das Gewohnheitsrecht erscheint damit in einer Formulierung Weitzels als Rezeptionsproblem: Weitzel, *Recht*; ders., *Schriftlichkeit*.

22 Ebd., Anm. 2.

23 Boureau, *Moris*, S. 401.

24 Kroeschell, *Rechtsgeschichte*, Bd. 2 S. 85f.

25 Kroeschell, *Rechtsfindung*; Kroeschell, *Rechtsgeschichte*, Bd. 2 S. 122–125. Vgl. Bonfield, *Nature*.

26 Kroeschell, *Rechtsgeschichte*, Bd. 2 S. 85f.; Trusen, *Gewohnheitsrecht*, Sp. 1426f.

27 Nelson, *Politics*, S. 62.

beeinflusst war, kaum nachweisen. Dagegen hielt er es für unbestreitbar, dass das gute alte Recht im frühen 16. Jahrhundert ständig angerufen wurde, nicht zuletzt von Bauern, die sich gegen neue herrschaftliche Forderungen auflehnten.[28] Sofern seither entstandene Arbeiten zu ländlichen Rechtsverhältnissen des 14. bis 16. Jahrhunderts die Befunde Kroeschells überhaupt zur Kenntnis nehmen, führen sie diese offenbar auf ein Überlieferungsproblem zurück. Demnach käme ein genuin bäuerliches Rechtsbewusstsein, das als solches ohnehin im Verdacht besonderer Traditionalität steht, erst in späten Quellen zum Ausdruck, die vermehrt Äußerungen von Vertretern der unteren Gesellschaftsschichten wiedergeben.[29] Kroeschell selbst teilte diese Auffassung kaum. An einigen Stellen seiner Rechtsgeschichte deutete er einen nicht näher ausgeführten Wandel der Rechtsvorstellungen an, der gewissermaßen einer Umkehrung der Entwicklung gleichkäme, die Grimm und Kern beschrieben haben.[30]

Die neuen rechtsgeschichtlichen Forschungsbefunde, wonach ungeschriebene Rechte im Lauf des Spätmittelalters nicht einfach nur verdrängt, sondern grundlegend neu verstanden wurden, sind in weiten Teilen der geschichtswissenschaftlichen Literatur nur am Rand beachtet worden.[31] Letztere orientiert sich weiterhin an einer Dichotomie zwischen »altem« und »neuem« Recht, welche die Dynamik spätmittelalterlicher Entwicklungen überdeckt. Auch in dieser Hinsicht vermag die systematische Untersuchung eines Materials wie den hier behandelten Weistümern und Kundschaftsaufzeichnungen am ehesten neue Perspektiven zu eröffnen.

---

28 Kroeschell, *Rechtsgeschichte*, S. 254f.

29 Prosser, *Rechtsaufzeichnungen*, und viele der Beiträge in Blickle, *Rechtsquellen*.

30 So äußert Kroeschell an einer Stelle, dass die Vorstellung eines guten alten Rechts mit der am Ende des Mittelalters wichtig werdenden Denkfigur der Reformation in Zusammenhang gesetzt werden sollte. An einer anderen Stelle bezeichnet er es als künftige Aufgabe der Rechtsgeschichte zu untersuchen, wie es dazu kam, dass einzelne Vereinbarungen im Lauf des Spätmittelalters vermehrt als Bestandteile und Äußerungsformen eines kohärenten Gewohnheitsrechts aufgefasst wurden. Kroeschell, *Rechtsgeschichte*, Bd. 2 S. 86, 254f.

31 Vgl. zum Beispiel Bermann, *Law*; Anex-Cabanis, *Coutume*. Dagegen blieben entsprechende Positionen in der Forschung zum früheren Mittelalter heute nicht mehr unwidersprochen, vgl. Vollrath, *Herrschaft*, und die kritische Replik: Goetz, *Herrschaft*.

Zugänge zur lokalen Gesellschaftsordnung

Besonders in der deutschsprachigen Forschung zur ländlichen Gesellschaft des Spätmittelalters verband sich die Rezeption von Grimm und Kern mit einer Methodik, die aus heutiger Perspektive und im internationalen Vergleich als eigentlicher Sonderweg erscheint. In dieser Hinsicht erwiesen sich Otto Brunners Arbeiten der 1930er-Jahre bis vor Kurzem als prägend. Brunner vertrat die Ansicht, dass spätmittelalterliche Rechtsregeln deshalb, weil sie unmittelbaren Reflexen eines Volksbewusstseins entsprachen, viel tiefer griffen als heutige Gesetze und dadurch einem modernen Verständnis gewissermaßen ontologisch fremd waren.[32] Daher lehnte es Brunner dezidiert ab, bei der Erforschung der ländlichen Gesellschaft von außen an diese herangetragene Modellvorstellungen, etwa über staatliche Macht oder soziale und ökonomische Schichtungen, einzusetzen. Stattdessen forderte er eine Methodik, die bei der Klärung der Begriffe und Beziehungs- und Ordnungskategorien zeitgenössischer Rechtsdokumente ansetzt. Beispielsweise sollte die Forschung statt sozialer Ungleichheit die Reziprozität in der Beziehung zwischen Herren und Holden (Abhängigen) untersuchen, die mittelalterliche Rechtsdokumente in den Vordergrund stellen. Solche Herrschaftsbeziehungen ließen sich gemäß Brunner nicht an einem modernen Verständnis von Macht messen, sondern müssten in Anlehnung an die spätmittelalterliche Begrifflichkeit als Austausch begriffen werden, in dem der Herr Schutz und der Abhängige Treue leistet.

In seiner scharfsinnigen Kritik an Brunners Werk hat Gadi Algazi nachgewiesen, dass dieser spätmittelalterliche Rechtsbegriffe ungenau deutete und sich dabei nicht zuletzt von den autoritären politischen Ideologien seiner Gegenwart lenken ließ.[33] Langfristig ebenfalls schwerwiegend war, dass Brunners Arbeiten eine Forschungstradition begründeten, die es selbst radikalen Kritikern wie Algazi schwer macht, bei der Analyse der ländlichen Gesellschaft des Spätmittelalters Akteure in anderer Weise zu kategorisieren, als dies mittelalterliche Rechtsdokumente tun. So thematisiert auch Algazi kaum, dass Begriffe wie Herren und Bauern Personen umfassten, deren soziale und wirtschaftliche Situationen so heterogen waren, dass es sich keineswegs aufdrängt, von der Einheitlichkeit ihrer Interessen auszugehen. Dies hat die an sozialwissenschaftlichen Methoden orientierte Forschung zur

32 Brunner, *Land*, S. 111–124, 135–145, 240–356, mit Verweis auf Kern S. 138. Zu seiner Wirkungsgeschichte: Melton, *Folk*, S. 263–292.

33 Algazi, *Herrengewalt*.

ländlichen Gesellschaft des Spätmittelalters gezeigt, die in Frankreich schon ab der Mitte des 20. Jahrhunderts betrieben worden ist, sich aber im deutschen Sprachraum nur zögerlich durchsetzt.[34] Hier wird auf die Komplexität ländlicher sozialer Schichtungen und die Bedeutung von Konfliktachsen hingewiesen, die sich nicht aus rechtlichen Beschreibungskategorien herleiten lassen, sondern beispielsweise auf wirtschaftlichen Beziehungen oder informellen Soziabilitätsformen beruhten.

Den hier interessierenden Fragen nach konkreten Formen der Verständigung über lokale Rechte gehen die Forschungsrichtungen in der Tradition Brunners und der Sozialgeschichte französischer Prägung gleichermaßen aus dem Weg. Erstere drohen darauf hinauszulaufen, Rechtsordnung und soziale Praxis zusammenfallen zu lassen. Letztere neigen dazu, Auseinandersetzungen über Rechte zum Zuständigkeitsbereich der Rechtsgeschichte zu erklären und aus den eigenen Untersuchungen zur sozialen Praxis auszuklammern. Dagegen ist es Ziel dieser Untersuchung, den praktischen Umgang mit Rechten konsequent mit anderen Aspekten des gesellschaftlichen Lebens in Verbindung zu setzen. Erst dadurch lässt sich konkret fassen, wie sich das Rechtshandeln im Zusammenhang mit dem vermehrten Gebrauch der Schrift und der Rezeption des »jus commune« veränderte.

Verschriftlichung und mündliche Rechtskultur

Von den Arbeiten Clanchys und Goodys gingen entscheidende Impulse zur Ausbildung einer neuen Forschungsrichtung aus, welche die Zunahme des Schriftgebrauchs während des Spätmittelalters als Triebkraft und Indikator des gesellschaftlichen und kulturellen Wandels untersucht. Seit dem Ende der 1980er-Jahre sind zahllose Arbeiten entstanden, die untersuchen, wie sich Verschriftlichung auf unterschiedliche Lebensbereiche auswirkte. Sie haben beispielsweise Implikationen der Manuskriptkultur für die Laienfrömmigkeit und die universitäre Wissensvermittlung erörtert oder die mit der Aufzeichnung von Statuten verbundenen Umwälzungen in der Organisation städtischer Kommunen diskutiert.[35] Die vielfältigen und im Einzelnen auch kontroversen Ergebnisse dieser Forschungsrichtung lassen sich zwar nicht in wenigen Sätzen zusammenfassen. Aber zu ihren übergeordneten Thesen ge-

34 Für Forschungsüberblicke: Bourin/Robert, *Vivre*. Vgl. für den untersuchten Raum die Forschungsüberblicke bei: Sablonier, *Grundlagenforschung*, S. 195–206; Gilomen, *Sozialgeschichte*.

35 Für Überblicke: Keller, *Oral*; Kuchenbuch, *Ecriture*; Mostert, *Approaches*.

hört zweifellos, dass die Verschriftlichung von Recht und Verwaltung mit Bestrebungen verbunden war, die Gesellschaftsordnungen gezielter zu gestalten und Handlungsweisen generalisierbaren Regelungen zu unterziehen – Vorgänge, die sich letztlich als Bürokratisierung gesellschaftlicher Macht im Sinn von Max Weber beschreiben lassen.[36] In jüngster Zeit ist zunehmend beachtet worden, dass grundlegende Veränderungen nicht nur durch den Einsatz von Schrift an sich, sondern vor allem durch die Entwicklung spezifischer Formen des Schriftgebrauchs ausgelöst wurden.[37]

Mit der schriftlosen Rechtskultur befasste sich die Forschung zum mittelalterlichen Verschriftlichungsprozess eher beiläufig als dem Ausgangspunkt neuer Entwicklungen. Dagegen fanden Aufzeichnungen zuvor ungeschriebener Rechte wie Weistümer und Kundschaftsprotokolle in anderen neuen Forschungsrichtungen zunehmende Beachtung. Zu nennen sind etwa Arbeiten zu den Ritualen, Verfahren und mnemotechnischen Mitteln der schriftlosen Wissensvermittlung[38] sowie Studien zu Wechselwirkungen zwischen Eliten- und Volkskultur. Besonders in Untersuchungen, die durch Arbeiten von Emmanuel Le Roy Ladurie und Carlo Ginzburg inspiriert sind, erscheinen Zeugenverhöre als Zugänge zur Erforschung authentischer mündlicher Stimmen auch der Vertreter jener Gesellschaftsschichten, die selbst kaum schriftliche Dokumente abfassten.[39] Dabei wurde zwar immer wieder auf das Grundsatzproblem hingewiesen, dass mittelalterliche Mündlichkeit nur in der Form schriftlicher Aufzeichnungen fassbar ist. Zugleich hat sich die Forschung aber der Aufgabe entzogen, solche »Quellen der Mündlichkeit« als Erzeugnisse einer sich verändernden Schriftkultur zu thematisieren. So ist kaum gefragt worden, wann einzelne Typen solcher Aufzeichnungen aufkamen, welche zeitgenössischen Darstellungsbedürfnisse sie erfüllten oder wie sich ihre Gestaltung wandelte. Solche Untersuchungen werden zwar das Problem, dass mittelalterliche Mündlichkeit nur in schriftlicher Form fassbar ist, nicht aus der Welt schaffen. Doch sie ermöglichen es, die damit verbundenen epistemologischen Schwierigkeiten besser in den Griff zu bekommen. Die Aufzeichnungen erscheinen so nicht mehr nur als Ausdruck davon, wie mündliche Äußerungen »wirklich gewesen sind«, sondern eröffnen Zugänge

36 Keller, *Vorschrift*; für ein über das Politische hinausgehende Entwicklungsmodell: Stock, *Schriftgebrauch*. Vgl. auch die Pionierarbeit: Pitz, *Schrift- und Aktenwesen*.

37 Vgl. unten, Anm. 82–87.

38 Algazi, *Blick*; Prosser, *Rechtsaufzeichnungen*; Bühler-Reimann, *Ritualisation*; Poudret, *Enquêtes*. Vgl. hierzu auch schon Brunner, *Entstehung*; ders., *Zeugenbeweis*.

39 Fried, *Schleier*, S. 173–186; Marchal, *Mémoire*; Tremp-Utz, *Gedächtnis*; Grava, *Mémoire*. Vgl. für die frühe Neuzeit: Schulze/Fuchs, *Wahrheit*; Trossbach, *Baur*.

zur Untersuchung der Frage, wie sich Entwicklungen der Schriftkultur auf das Verständnis der Mündlichkeit auswirkten. Letztlich stellt sich auch die Frage nach dem Maß, in dem das Bild der mündlichen Kultur, die dem Prozess der Verschriftlichung vorausgegangen sein soll, selbst durch diesen Prozess geformt wurde.

1.3 Untersuchungsraum

Die vorliegende Studie befasst sich mit Beispielen aus dem heutigen schweizerischen Mittelland zwischen dem Genfersee im Westen und dem Umland der Stadt Zürich im Osten, einem Gebiet, das durch die Gebirgszüge des Juras und der Voralpen eingefasst ist. Diese Region gehört teils zum französischen und teils zum deutschen Sprachraum und wird in der historischen Forschung außer unter dem Gesichtspunkt der Genese der modernen Schweiz selten als Ganzes untersucht.[40] Stattdessen haben sich für jeden der beiden Sprachräume eigenständige, bisweilen seltsam unverbundene historiographische Traditionen ausgebildet.[41] Tatsächlich zeichnete sich das schweizerische Mittelland während des Mittelalters – was übrigens für jeden der beiden Sprachräume für sich genommen ebenfalls gilt – durch eine ausgeprägte politische und kulturelle Vielfalt aus. Gerade dies gilt es als forschungsstrategische Chance zu nutzen. Denn hier lassen sich Formen der Verständigung über ungeschriebene Rechte in ihren Wechselwirkungen zu Herrschaftsstrukturen, Administrationsstilen und politischen Kulturen untersuchen. An dieser Stelle sollen einige grundlegende strukturelle Merkmale sowie politische und soziale Entwicklungen dieses Raums skizziert werden.

Politische und kulturelle Vielfalt

Schon die kirchliche Verwaltung behandelte das hier untersuchte Gebiet als wenig einheitlichen Raum, der sich aus Randgebieten von sehr weit auseinander liegenden Erzbistümern wie Vienne in der Provence (Bistum Genf),

40 Zuletzt etwa die Beiträge in: Mesmer, *Geschichte*, S. 109–214 u. 215–356.

41 Neuere Überblickswerke beschränken sich auf einen der beiden Sprachräume oder einzelne ihrer Regionen, vgl. zum Beispiel Achermann/Brülisauer/Hoppe, *Innerschweiz*; Beer, *Berns*; Flüeler/Flüeler, *Geschichte*, Bd. 1; Paravicini Bagliani, *Pays romands*; ders., *Pays de Vaud*.

Besançon im Jura (Bistümer Lausanne und Basel) und Mainz am Mittelrhein (Bistum Konstanz) zusammensetzte. Ähnliche divergierende geographische Orientierungen machten sich im Fernhandel geltend, der den Raum Zürich schwerpunktmäßig mit Schwaben und der Lombardei, die Gebiete westlich von Bern dagegen mit dem Burgund und der Provence verband.[42] Mit keiner dieser räumlichen Gliederungen stimmten die Sprachgrenzen ganz überein. Im Osten und im Zentrum des Raums wurden deutsche Dialekte gesprochen, die im Lauf des 14. Jahrhunderts das Latein allmählich aus der Rolle einer administrativen und rechtlichen Schriftsprache verdrängten. Den westlichen Rand des untersuchten Raums dominierten romanische Vernakulare, die zwei unterschiedlichen Sprachgruppen nahe standen, der französischen (»langue d'oïl«) im Nordwesten und der franco-provenzalischen (»langue d'oc«) im Südwesten. Als administrative Schriftsprache dominierte hier abgesehen von einigen kleinen Herrschaften bis ins 16. Jahrhundert das Latein.[43]

In politischer Hinsicht bildete der Untersuchungsraum insofern eine Einheit, als er zum Heiligen Römischen Reich gehörte. Die Reichszugehörigkeit spielte zwar in Vorstellungen über die legitime Ordnung eine nicht zu unterschätzende Rolle. Aber letztlich wurden die regionalen Machtverhältnisse vor allem durch die in der Region verankerten Herrschaftskomplexe bestimmt, die im Lauf des Spätmittelalters Kontrollansprüche über relativ umfangreiche Territorien durchsetzten. Die Grundlagen dafür schufen während des 13. Jahrhunderts insbesondere zwei konkurrierende Grafengeschlechter, die Savoyer im Westen und die Habsburger im Osten. Die Grafen von Savoyen bauten einen territorialen Machtkomplex zu beiden Seiten der Alpen auf, zu dem auch das heute französische Savoyen und das heute italienische Piemont gehörten. Den Savoyern war es im Wesentlichen schon vor 1285 gelungen, den Großteil der lokalen adligen Herren des Waadtlands und der angrenzenden Gebiete als Lehensleute an sich zu binden. Der spätmittelalterliche Herrschaftskomplex der Grafen – ab dem 15. Jahrhundert der Herzöge – von Savoyen gilt als einer der am stärksten zentralisierten des europäischen Kontinents und nahm Entwicklungen vorweg, die deutschsprachige Fürstentümer des Reichs erst während der Neuzeit durchliefen.[44] Zunächst grundsätzlich ähnliche, wenn auch vielleicht von Anfang an weniger

42 Gilomen, *Verhältnisse*, S. 354ff.; Sablonier, *Gesellschaft*, S. 133–233; De Capitani, *Adel*, S. 16.

43 Coutaz/Morerod, *Documentation*; Sonderegger, *Urkunden*.

44 Tremp, *Weg*; Castelnuovo, *Fürstentümer*; ders., *Ufficali*, S. 99–133; Paravicini Bagliani/Poudret, *Maison*; Paravicini Bagliani, *Pays de Vaud*; ders., *Pays romands*.

dynamische Entwicklungen prägten den Aufbau des Herrschaftskomplexes der Habsburger im Osten. Der Herrschaftsschwerpunkt dieser Dynastie verschob sich aber ab dem 14. Jahrhundert nach Österreich. Dadurch verlangsamte sich die Integration des im Untersuchungsraum gelegenen Teils des Territoriums, der sogenannten »Vorlande«, und dieses löste sich schließlich im 15. Jahrhundert bis auf Reliktgebiete auf.[45]

Erst am Übergang vom 14. zum 15. Jahrhundert und unter Ausnutzung des Machtvakuums, das der Rückzug der Habsburger hinterlassen hatte, erwarben im Osten einzelne städtische Kommunen durch Kauf und Eroberung ländliche Herrschaften. Eine führende Rolle beanspruchten dabei die Städte Bern, Zürich und Luzern, die in der schweizerischen Eidgenossenschaft zu einem lockeren Bündnis zusammenfanden. Sie bauten territoriale Herrschaftskomplexe auf, die bezogen auf die Situation nördlich der Alpen außergewöhnlich umfangreich waren und am ehesten in den städtischen »contadi« Italiens Parallelen fanden.[46] Die Städte begnügten sich vielfach mit einer Oberherrschaft über ihr Umland, die vor allem Rechte auf die Ausübung der hohen Gerichtsbarkeit, den Einzug von Vermögenssteuern und die Aushebung von Truppen beinhaltete. Dagegen wurden die Grund- und die niederen Gerichtsrechte weiterhin lokalen Herren überlassen, die aber vielfach selbst einflussreiche Bürger der betreffenden Städte waren. Wie Adelsherren oder geistliche Gemeinschaften verstanden die Städte ihre ländlichen Besitzungen als Herrschaften und deren Bewohner als Herrschaftssubjekte – als Untertanen, wie eine Sprachregelung lautete, die sich am Übergang zur Neuzeit durchsetzte. Diesem Status näherte sich allerdings auch ein Großteil der Stadtbevölkerung an, als sich die städtischen Führungsschichten abschlossen.[47]

Trotz der erfolgreichen Expansion der Savoyer und der eidgenössischen Städte behaupteten sich bis zum Ende des 15. Jahrhundert zahllose kleine Herrschaften.[48] Sie entzogen sich nicht nur der Eingliederung in große territoriale Herrschaftskomplexe, sondern akkumulierten auch selbst lokale Herrschaftsrechte und bauten im kleineren Stil arrondierte Territorien auf. Hierzu gehören in erster Linie kirchliche Institutionen wie die Bistümer Basel und Lausanne, die Kluniazenserpriorate Romainmôtier und Payerne, die Benediktinerabtei Einsiedeln, aber auch weltliche Kanonikerinstitute wie

45 Stercken, *Kleinstadtgenese*, S. 209–249; Baum, *Habsburger*.
46 Jeweils mit weiterführender Literatur: Stercken, *Reichsstadt*; Eugster, *Entwicklung*.
47 Peyer, *Anfänge*.
48 Christ, *Kooperation*; Sablonier, *Adel*; Niederhäuser, *Adel*.

das Zürcher Großmünsterstift.[49] Dazu kamen weitgehend autochthone Adelsherrschaften, im Westen etwa jene der Herren von Chalon, die zum französischen Prinzenstand gehörten,[50] oder der Grafen von Neuchâtel und Gruyère. Im Osten behielten nach dem Rückzug der Habsburger auch Freiherren wie die von Hallwil und von Falkenstein im Aargau oder die von Ringgenberg im Berner Oberland weitgehende Unabhängigkeit.[51] Vor allem in diesem Zusammenhang ist auch ein besonderes Phänomen dieses Raums zu beurteilen, das unbestrittene lokale Auswirkungen hatte, dessen überregionale Bedeutung die schweizerische Nationalgeschichtsschreibung allerdings überschätzte: Auch sehr kleine Städte wie Zug und einzelne ländliche kommunale Gebilde wie Uri und Schwyz traten hier als autonome Herrschaften über benachbarte Gebiete auf.[52]

Die Komplexität dieser Herrschaftsstrukturen beruhte darauf, dass Herrschaftsansprüche sich auf lokaler Ebene vielfach überkreuzten. Selbst die erfolgreichsten territorialen Herrschaftskomplexe teilten ihre Herrschaft über einzelne Dörfer vielfach mit potenziellen Konkurrenten. Während eine territoriale Herrschaft beispielsweise die hohe Gerichtsbarkeit über einen Siedlungsverband innehatte, übte dort weiterhin ein lokaler Herr oder sogar eine konkurrierende Territorialherrschaft die grundherrlichen und niederen gerichtsherrlichen Rechte aus. Die Abgrenzung solcher Rechte war meist alles andere als klar. Sie verkomplizierte sich zusätzlich, weil lokale und regionale Herrschaften durch die Verleihung von Herrschaftsrechten als Lehen und Pfänder in Abhängigkeitsbeziehungen zueinander standen, die sich für jede Ortschaft etwas anders präsentierten. Überdies waren innerdörfliche Fraktionen unter den Bauern vielfach durch Klientelverhältnisse mit herrschaftlichen Amtleuten und diese mit größeren Herren verbunden.[53] Unter diesen Umständen erfüllte die Regelung lokaler Rechtsverhältnisse oft Funktionen, die in neuzeitlichen Staaten weitgehend Sache der Hauptstädte und der hohen Diplomatie wurden: Das Dorf war zentraler Gegenstand und Austragungsort von Konflikten zwischen konkurrierenden Herrschaften.

---

49 Zur Territorialverwaltung mancher dieser Herrschaftskomplexe fehlen noch Überblicksdarstellungen, vgl. aber immerhin: Morerod, *Genèse*; ders., *Romainmôtier*; Ringholz, *Geschichte*; Stouff, *Pouvoir*.

50 Eugster, *Herren*; Morard, *Comtes*; Tribolet, *Comtes*, S. 211–214; Barbey, *Chalon*.

51 Bickel, *Herren*; Siegrist, *Beiträge*; Durrer, *Freiherren*.

52 Blickle, *Friede*.

53 Für präzise Schilderungen solcher örtlicher Verhältnisse vgl. zum Beispiel Rippmann, *Herrschaftskonflikte*; Hürlimann, *Beziehungen*, S. 25–64.

Herrschaftsintensivierung

Die Verwaltungssysteme der unterschiedlichen Herrschaftskomplexe durchliefen grundsätzlich ähnliche, wenn auch durch regionale Varianten und unterschiedliche Geschwindigkeiten gekennzeichnete Entwicklungen. Größere Herrschaften vereinheitlichten gegen den Widerstand lokaler Herren das Gerichts-, Militär- und Steuerwesen in ihrem Einflussgebiet. Im Unterschied zu älteren personalen Geflechten aus Lehens- und Gefolgsleuten orientierten sich die neuen Verwaltungssysteme an territorialen Organisationsprinzipien:[54] Sie stützten sich auf dauerhafte Ämter ab, deren besoldete Inhaber jeweils für bestimmte geographische Räume zuständig waren. So teilten die Savoyer die lokalen Herrschaften innerhalb ihres Einflussgebiets schon im 13. Jahrhundert Kastellanien zu, mit deren Leitung sie wichtige Gefolgsleute betrauten. Auf einer mittleren Ebene waren die Kastellane des untersuchten Gebiets den Verwaltungen der savoyischen Ballivate Waadt oder Chablais und schließlich der zentralen savoyische Hofverwaltung unterstellt. Ab der Zeit um 1400 untergliederten auch Städte ihre Territorialverwaltungen in Gebiete, für die jeweils ein aus der städtischen Elite rekrutierter Landvogt zuständig war. In bescheidenerem Rahmen, aber schon ab der Zeit um 1300 setzten sich territorialisierte Verwaltungsstrukturen in kirchlichen Herrschaftskomplexen durch.[55]

Während die gesellschaftliche Führungsschicht des untersuchten Raums zu Beginn des 13. Jahrhunderts noch zu einem beträchtlichen Teil aus relativ autonomen lokalen Herren bestanden hatte, erschien diese im Lauf des Spätmittelalters immer deutlicher als eigentliche Dienstaristokratie. Verwaltungsaufgaben im Dienst eines größeren Herrn boten Adligen und ihren ritterlichen Gefolgsleuten bessere Aussichten auf Reichtum und Prestige als die herkömmliche Ausübung lokaler Herrschaftsrechte.[56] Diese Dienstaristokratie, in die auch Vertreter der städtischen Führungsschichten aufstiegen, wurde zur Trägerin einer durch spezifische Praktiken und Ordnungsvorstellungen gekennzeichneten eigentlichen Administrationskultur, die grundlegende Veränderungen durchlief: Zwischen dem 13. und dem 15. Jahrhundert setzten Verwaltungsspezialisten zunehmend elaborierte Schreibtechniken ein, übernahmen akademische Methoden der Festsetzung, Interpretation

54 Andenmatten, *Châtellenies*; Tappy, *Administration*; Eugster, *Entwicklung*, S. 306–333; Hesse, *Expansion*, S. 333–345; Castelnuovo, *Ufficiali*, S. 55–133.

55 Morerod, *Genèse*, S. 371–488; Egloff, *Herr*; Rück, *Registres*, S. 135–186.

56 Sablonier, *Adel*; Castelnuovo, *Ufficiali*, S. 231–341; ders., *Société*; Andenmatten, *Noblesse*.

und Anwendung von Normen und entwickelten ein neues Ordnungsverständnis.

Ab dem frühen 13. Jahrhundert lassen sich zunächst vor allem in kirchlichen Institutionen Bestrebungen fassen, lokale Herrschaftsrechte systematisch schriftlich zu dokumentieren. Ab dem Ende des Jahrhunderts übernahm der savoyische Verwaltungsapparat, der sich vielfach am Vorbild der norditalienischen Stadtverwaltungen orientierte, eine Vorreiterrolle in der Umsetzung neuer Verwaltungstechniken. Schrift diente hier vermehrt auch der Kontrolle der einzelnen Abläufe, durch die Rechte ausgeübt wurden. Schon vor 1300 ließen die Savoyer umfassende Güter- und Abgabeverzeichnisse aufnehmen, entwickelten eine komplexe Buchführung über die Finanzen der einzelnen Ämter und begannen gegen Ende des 14. Jahrhunderts, ihre Archive systematisch zu bewirtschaften.[57] Solche Techniken gelangten in anderen Herrschaftskomplexen jeweils erst mit einer Verzögerung von mehreren Jahrzehnten zum Einsatz. Ebenfalls auf italienische und provenzalische Einflüsse ist es zurückzuführen, dass sich das Notariatswesen, das im Osten des untersuchten Raums erst in der frühen Neuzeit eine vergleichbare Bedeutung erlangte, schon ab dem 14. Jahrhundert stark ausbreitete.[58]

Unabhängig von der Verbreitung der Notare zeichnet sich allerdings ab der Zeit um 1400 im ganzen untersuchten Raum eine Tendenz ab, auch ganz alltägliche, in weiten Teilen der Bevölkerung getätigte Geschäfte schriftlich zu dokumentieren und einer immer systematischeren Kontrolle durch die Herrschaftsverwaltung zugänglich zu machen. In diesem Zusammenhang waren auch kleinere Herrschaftskomplexe zunehmend auf Verwaltungsspezialisten angewiesen, die mindestens über eine rudimentäre universitäre Bildung verfügten.[59] Diese Entwicklungen lassen sich nicht einfach als »Verwaltungsfortschritt« im Sinn einer Verbesserung der Effizienz der Herrschaftsausübung umschreiben. Sie verbanden sich zu einem grundlegenden qualitativen Wandel der Formen der Verständigung über die Rechts- und Gesellschaftsordnung und mit der Durchsetzung neuer Machtgleichgewichte.

57 Castelnuovo/Guilleré, *Finances*; Hildbrand, *Herrschaft*; Gelting, *Hommes*; Chiaudano, *Finanza*.

58 Poudret, *Coutumes*, Bd. 1 S. 205–259; Rück, *Anfänge*; Elsener, *Notare*.

59 Morerod, *Evolution*; Stelling-Michaud, *Université*.

Wandel der lokalen Herrschaftsorganisation

Auch auf der lokalen Ebene der Dörfer durchlief die Herrschaftsorganisation tief greifende Veränderungen.[60] Die eigentlichen Inhaber lokaler Herrschaftsrechte lebten immer seltener vor Ort. Kleine Adlige verlegten ihre Lebensmittelpunkte von ländlichen Burgen in Städte oder an Fürstenhöfe, wo sie Ämter in den Verwaltungen großer Teritorialherrschaften ausübten. Viele lokale Herrschaftsrechte gingen während des Spätmittelalters ohnehin an große Herrschaftskomplexe über. Außerdem erwarben immer öfter auch Vertreter der städtischen Oberschichten, die in Gewerbe und Handel zu Reichtum gelangt waren, lokale Herrschaftsrechte, die damit zunehmend als handelbare Investionsinstrumente erschienen. Territoriale Herrschaftskomplexe, städtische Investoren und die verbleibenden kleinen Adligen ließen ihre lokalen Rechte gleichermaßen durch eine wachsende Zahl von Amtleuten ausüben, die sie vielfach aus den Reihen der Ortsansässigen selbst rekrutierten.[61] Als Herrschaft erschienen hier im Alltag weniger Herren als beamtete Abhängige.

Der Rückzug lokaler Herren aus den Dörfern, die Auflösung der direkt unter der Regie der Herren bewirtschafteten landwirtschaftlichen Betriebe und neue Produktionsweisen verhalfen genossenschaftlichen oder kommunalen Organisationsformen, die von den örtlichen Bewohnern selbst getragen wurden, zu einem höheren politisch-rechtlichen Stellenwert.[62] Lokale kommunale Institutionen erschienen teils als Durchsetzungsinstrumente herrschaftlicher Ansprüche und teils als Substrate des Widerstands der bäuerlichen Bevölkerung und besonders der dörflichen Führungsschichten. Vielfach kauften Kommunen den Herrschaften gewisse ihrer Rechte auf Abgaben oder Gerichtskompetenzen ab. In der Folge erschienen Kommunen gegenüber ihren eigenen Angehörigen gewissermaßen als Herrschaften – als genossenschaftliche Träger von Abgabe- und Regelungsansprüchen.[63]

Nach den wirtschaftlichen und demographischen Krisen ab der zweiten Hälfte des 14. Jahrhunderts spezialisierten sich Dörfer auf die Produktion weniger Güter für den städtischen Konsum wie Wein, Fleisch oder Rohmaterialien für das Gewerbe. Zur Deckung ihres übrigen Lebensbedarfs waren

60 Kuchenbuch, *Potestas*; Rösener, *Einführung*, S. 11, 115–123, 137–140; ders., *Agrarwirtschaft*, S. 22–31, 81–87.

61 Castelnuovo, *Ufficiali*, bes. S. 301–309; Eugster, *Herren*, S. 301–306; De Capitani, *Adel*, S. 29–95.

62 Genicot, *Communities*; Spieß, *Gesellschaft*; Sablonier, *Dorf.*

63 Zangger, *Wirtschaft*; Bierbrauer, *Freiheit*.

in der Folge auch ländliche Produzenten auf Zukäufe auf den Märkten angewiesen.[64] Daraus ergaben sich neben neuen Verdienstmöglichkeiten auch neue Verarmungsrisiken, was insgesamt soziale und ökonomische Ungleichheiten innerhalb der dörflichen Gesellschaften verstärkte.[65] Obwohl die eigentlichen Inhaber lokaler Herrschaftsrechte vor Ort seltener in Erscheinung traten, versuchten sie, die Einkünfte aus ihren Rechten zu steigern, indem sie die Ertragsorientierung der dörflichen Produktionsweise förderten. Herrschaften beteiligten sich aktiv an der Durchsetzung neuer Regelungen für eine intensivierte Nutzung lokaler Ressourcen und vermittelten den dörflichen Produzenten vielfach selbst den Anschluss an die Märkte: Sie verkauften neben den Abgaben ihrer Abhängigen in Kommission auch deren Produktionsüberschüsse und boten ihnen im Gegenzug Erzeugnisse des städtischen Gewerbes zum Kauf an. Außerdem gewährten die Herrschaften den Bauern, die ihre Produktion umstellten, vielfach Investitions- und Überbrückungskredite, unter anderem in der Form von Zahlungsaufschüben für Herrschaftsabgaben.[66] Dadurch bildeten sich vielfältige Verflechtungen zwischen herrschaftlichen und wirtschaftlichen Abhängigkeiten aus. Wie sich dies auf den Umgang mit lokalen Herrschaftsrechten auswirkte, bleibt zu klären.

Rechtssysteme

Auf allen Ebenen der Herrschaftsorganisation bestand das Bedürfnis, sich über geltende Rechte zu verständigen. Dabei spielten die Feststellung und Aufzeichnung zuvor ungeschriebener Rechte fast durchweg eine zentrale Rolle. Denn weite Teile des untersuchten Raums fielen unter die Domäne dessen, was die ältere Forschung als das Gewohnheitsrecht umschrieben hätte.[67] Dieser Begriff lässt sich allerdings am ehesten »ex negativo« sinnvoll definieren, als Gesamtheit der Regeln, die weder durch das römische und kanonische Recht – das »jus commune« – festgelegt, noch von befugten Obrigkeiten als Satzungen erlassen worden waren. Tatsächlich handelte es sich dabei um Normen, die nicht nur von Ort zu Ort variierten, sondern auch

64 Sablonier, *Gesellschaft*, S. 147–205; Sonderegger, *Entwicklungen*; Zangger, *Grundherrschaft*.

65 Oethenin-Girard, *Lebensweise*; Sablonier, *Gesellschaft*, S. 44–47.

66 Zangger, *Alltagsbeziehungen*.

67 Für einen systematischen Überblick über die Anwendbarkeit unterschiedlicher Normsysteme in der französischsprachigen Schweiz: Poudret, *Coutumes*, Bd. 1 S. 1–112. Für den gesamten Untersuchungsraum vgl. immer noch: Huber, *System*, Bd. 4 S. 9–99.

innerhalb eines Orts nicht unbedingt als Teile eines einheitlichen Systems aufgefasst wurden.

Ab der Zeit um 1300 setzt zunächst vor allem im Südwesten des untersuchten Raums die Rezeption des gelehrten römischen und kanonischen Rechts (»jus commune«) ein. Dies äußerte sich zunächst vor allem in der Übernahme einzelner Begriffe, Konzepte und Verfahrenstechniken. Unter den Gerichten der weltlichen Herrschaften gingen einzig jene der Savoyer dazu über, die im Korpus des römischen Rechts enthaltenen Regeln systematisch anzuwenden. Von diesem Grundsatz wich die savoyische Rechtssprechung im Ballivat Waadt, das in den hier untersuchten Raum fällt, und in allen dieses betreffenden Streitfällen ab. Hier wurden (wie übrigens auch im Aostatal) die regionalen ungeschriebenen Rechtsgewohnheiten angewandt, selbst wenn diese Bestimmungen des römischen Rechts zuwiderliefen. Die Savoyer hatten der Waadt diese Sonderbehandlung möglicherweise schon früh gewährt, bestätigten diese aber jedenfalls im Jahr 1373 als verbrieftes und in der Folge weitgehend respektiertes Privileg.[68]

Innerhalb der Städte, die weitgehende Autonomie genossen, gelangten grundsätzlich in erster Linie Statuten (oder Satzungen) zur Anwendung, welche die städtischen Räte willentlich und auch explizit in Abkehr vom bisher Gebräuchlichen beschlossen.[69] Solche Statuten enthielten längst nicht zu allen Streitfragen einschlägige Bestimmungen. Die Frage, inwiefern zu ihrer Ergänzung auf das »jus commune« oder ungeschriebene Rechtsgewohnheiten zurückzugreifen war, bildete immer wieder Gegenstand von Debatten.[70] Als solche aufgeschrieben wurden Rechtsgewohnheiten autonomer Städte jedoch nur selten. Ganz anders verfuhren die Städte bei der Verwaltung ihrer ländlichen Untertanengebiete, für die sie erst ab dem 16. Jahrhundert vermehrt mit innerstädtischen Statuten vergleichbare Landrechte erließen.[71] Sofern lokale Rechte solcher Untertantengebiete zuvor überhaupt Eingang in schriftliche Aufzeichnungen fanden, wurde ihre Gültigkeit meist damit begründet, dass sie schon vor ihrer Niederschrift gegolten hatten.

Dasselbe wie für das savoyische Waadtland und die ländlichen Territorien der eidgenössischen Städte gilt im Wesentlichen für die Territorien der Habsburger und der kleineren adligen und geistlichen Herren. Zu deren Herrschaften gehörten neben ländlichen Siedlungen auch einzelne herr-

68 Poudret, *Coutumes*, Bd. 1 S. 65; Morerod/Tappy, *Introduction*.

69 Dilcher, *Traditionen*.

70 Isenmann, *Gesetzgebung*.

71 Zum Überblick: Huber, *System*, Bd. 4 S. 107–174.

schaftlich stark kontrollierte größere Städte, die nur über sehr beschränkte Kompetenzen der Selbstverwaltung und der Verabschiedung eigener Satzungen verfügten. Beispiele dafür bilden etwa Neuchâtel, das den gleichnamigen Grafen unterstand, oder Lausanne, über das der örtliche Bischof herrschte. Als lokale Rechtsregeln für solche Städte erscheinen wie für Dörfer bis zum Ende des Mittelalters vor allem ungeschriebene Rechte.[72]

Die hier untersuchten Entwicklungen von Formen der Verständigung über ungeschriebene Rechte müssen – so lassen sich die Ergebnisse dieses Abschnitts zusammenfassen – zu vielschichtigen politischen und gesellschaftlichen Entwicklungen in Beziehung gesetzt werden. Dazu gehört auf der Ebene der großräumigen politischen Organisation, dass lokale Herrschaften in territoriale Herrschaftskomplexe eingegliedert und in deren Konflikte hineingezogen wurden. Auf einer mittleren Ebene kam es zum Ausbau der Verwaltungsapparate, zur Ausbildung einer Verwaltungselite und einem nicht zuletzt durch Verschriftlichungsprozesse gekennzeichneten Wandel der Administrationskultur. Auf der lokalen Ebene ist der zunehmenden Delegation von Herrschaft an lokale Amtleute, der Ausbreitung kommunaler Organisationsformen und neuen Verflechtungen zwischen herrschaftlichen und wirtschaftlichen Abhängigkeiten Rechnung zu tragen.

1.4 Untersuchungsmaterial und Vorgehensweisen

Schriftstücke bilden den unumgänglichen Ausgangspunkt dieser Untersuchung. Obwohl hier Implikationen des Verschriftlichungsprozesses zu diskutieren sind, wäre es weder sachlich gerechtfertigt noch methodisch möglich, bei einer schriftlosen Gesellschaft als einem eigentlichen Nullpunkt der Entwicklung anzusetzen. Tatsächlich war die Schrift im Voralpenraum im frühen 13. Jahrhundert längst präsent. Und methodisch stehen kaum bessere Zugänge zur Erforschung der mündlichen Verständigung zur Verfügung als darauf verweisende Dokumente. An dieser Stelle sind einige Vorbemerkungen zur Überlieferung und bisherigen Erforschung solcher Dokumente sowie zu den Leitfragen und Methoden ihrer Untersuchung angebracht.

72 Poudret, *Coutumes*, Bd. 1 S. 19–25, 27ff.; Tribolet, *Genèse*; ders., *Franchises et coutumes*; Anex-Cabanis, *Plaict*.

Dokumente

Die Verständigung über ungeschriebene Rechte war Bestandteil zahlloser außergerichtlicher und gerichtlicher Auseinandersetzungen und konnte entsprechend vielfältige Formen annehmen. Diese waren oft ausgesprochen situationsbezogen und implizit. Systematisch erfassen lassen sich langfristige Entwicklungen des Umgangs mit Rechten am ehesten durch die Untersuchung von Weistümern und Kundschaftsaufzeichnungen, die – in wechselnden Formen – während des ganzen untersuchten Zeitraums in praktisch allen Herrschaften der Region hergestellt und verwendet wurden. Sie verweisen je auf ein zentrales Verfahren der Klärung ungeschriebener Rechte. Weistümer halten Inhalte von sogenannten Weisungsverfahren fest, das heißt von Verkündigungen lokaler Rechtsregeln an Dinggerichtsversammlungen (lat. »placita«), zu denen lokale Herren die Bewohner ihrer Dörfer – oder stark herrschaftlich kontrollierter Städte – regelmäßig einberiefen. Die meist nur wenige Seiten langen Weistümer geben hauptsächlich explizite Regeln wieder, beschreiben aber manchmal auch Abläufe und Anlässe der Weisungsverfahren selbst. Obwohl Weisungen auf der untersten örtlichen Ebene der Herrschaftsorganisation stattfanden, wurden die darüber ausgestellten Dokumente vielfach vor übergeordneten Instanzen gebraucht, beispielsweise in der Konfliktaustragung zwischen konkurrierenden Herrschaften. Ohnehin galt dies für Kundschaftsaufzeichnungen, verschriftlichte Ergebnisse von Verfahren der Zeugenbefragung. Solche führten vor allem höhere Gerichts- und Verwaltungsinstanzen durch, um aus aktuellem Anlass den Inhalt oder die Gültigkeit einer einzelnen ungeschriebenen Norm zu klären. Die Antworten der Zeugen enthalten neben expliziten Regeln vielfach Beispiele der Befolgung oder Missachtung von Regeln; entsprechend konnten diese Dokumente besonders gegen Ende des untersuchten Zeitraums ohne Weiteres einen Umfang von mehreren hundert Seiten erreichen.

In der bisherigen Forschung haben die beiden Dokumenttypen in ganz unterschiedlichem Maß Beachtung gefunden. Kundschaftsaufzeichnungen gehören zu den wenigen mittelalterlichen Dokumenten, die als Gattung noch nicht Gegenstand einer größeren spezialisierten Untersuchung geworden sind. Dagegen liegen zahlreiche Studien zu Weistümern vor, von denen sich einige auch mit der Überlieferung aus dem hier untersuchten Raum und angrenzenden Gebieten befassen.[73] Die Weistumsforschung ist stark rechts-

73 Poudret, *Coutumes*; Bühler-Reimann (*Gewohnheitsrecht*) ist in seiner Untersuchung der Weistümer des Fürstbistums Basel außer den Rechtsinhalten auch den Schilderungen von

geschichtlich ausgerichtet und konzentrierte sich auf die Untersuchung von Rechtsinhalten, Institutionen[74] und vereinzelt deren Prozeduren.[75] Erst in jüngster Zeit sind erste Fallstudien zu einzelnen Aspekten der Herstellung und des Gebrauchs von Weistümern entstanden.[76]

Die Auswahl der in Editionen aufzunehmenden Rechts- und Verwaltungsdokumente orientierte sich lange an der traditionellen Unterscheidung von editionswürdigen »Urkunden« – die Rechtsverhältnisse verbindlich festlegen – und auszulassenden »Akten« – die Vorgänge der Festlegung und Anwendung von Rechten festhalten. Da die bloße Existenz von Kundschaften von der Umstrittenheit des geltenden Rechts zeugt, fallen diese unter letztere Kategorie und sind nur vereinzelt ediert worden.[77] Dagegen ist der Stand der Edition für Weistümer, die seit dem Erscheinen von Jacob Grimms Sammlung zu Hunderten erschlossen worden sind, in gewissem Sinn gerade für den Raum der heutigen Schweiz weiter fortgeschritten als für die meisten anderen spätmittelalterlichen Dokumente.[78] Allerdings neigten auch Editoren dazu, Weistümer als getreue Aufzeichnungen mündlicher Äußerungen zu verstehen. Daher ersparten sie sich oft den in anderen Editionsvorhaben selbstverständlichen Handschriftenvergleich und begnügten sich mit der Wiedergabe einer einzigen Version, die sie aus mehr oder weniger stichfesten Gründen als besonders unmittelbaren Reflex der Mündlichkeit einschätzten.

Rechtsritualen nachgegangen, und Müller (*Offnungen*) hat die Entstehung der Weistümer der Abtei St. Gallen in den Zusammenhang der Ausbildung einer einheitlichen Terriorialverwaltung gestellt.

74 Rösener, *Dinggenossenschaft*; Gilomen, *Grundherrschaft*.

75 Hier sind für den untersuchten Raum und angrenzende Gebiete wieder die Fallstudien von Poudret besonders hervorzuheben: Poudret, *Coutumes*, Bd. 1 S. 55–67; ders., *Enquêtes*. Vgl. auch unten, Kp. 2.1.

76 Hildbrand (*Herrschaft*) hat Aspekte der redaktionellen Bearbeitung von Weistümern durch Amtleute des Klosters Allerheilligen in Schaffhausen untersucht, Hildbrand, *Herrschaft*, S. 229–249. Gisler (*Mündlichkeit*) hat gezeigt, wie die bernische Territorialverwaltung um die Mitte des 15. Jahrhunderts Weistümer erneuern und inszenieren ließ, um neu eroberte Herrschaften im Aargau in ihr Verwaltungssystem einzugliedern.

77 Dennoch fanden einzelne ältere Kundschaftsaufzeichnungen Aufnahme in regionale Urkundeneditionen, vgl. etwa FRB Bd. 4 S. 129–149 Nr. 117, Bd. 5 S. 34–87 Nr. 34, Bd. 9 S. 359–371 Nr. 799. Einzig für das Waadtland liegt ein Band vor, der zwar umfangreiche, aber nur wenige und ausschließlich durch savoyische Gerichte des 15. Jahrhunderts ausgestellte Kundschaftsaufzeichnungen wiedergibt: SDVD Bd. A1 (1972).

78 Zunächst entstanden im Rahmen dieses Editionsvorhabens reine Weistumseditionen wie RQZH 1.1–2 (1910). Seither verfolgt die Edition weiter gefasste Zielsetzungen, berücksichtigt aber Weistümer weiterhin stark, vgl. z. B.: RQZH NF 2.1 (1996); SDVD Bd. B2 (2004); vgl. Largiadèr, *Sammlung*.

In der Folge haben auch Forschungsarbeiten zu wenig beachtet, dass Weistümer oft in zahlreichen formal und inhaltlich mehr oder weniger stark voneinander abweichenden spätmittelalterlichen Redaktionen vorliegen. Gerade die Auseinandersetzung mit solchen Varianten vermittelt Aufschlüsse über Praktiken des Umgangs mit den Aufzeichnungen.

Für die hier verfolgten Untersuchungsziele war der Rückgriff auf die archivalische Überlieferung unabdingbar. Diese präsentiert sich für Weistümer und Kundschaften als ausgesprochen disparat, sind diese doch vielfach in schlecht erschlossenen Aktendossiers und Kopialbänden überliefert. Dies hängt unmittelbar mit spätmittelalterlichen Formen ihres Gebrauchs zusammen, die im Lauf der Untersuchung näher zu erörtern sein werden.[79] Schon aufgrund des Editionsstands drängten sich bei der Erschließung von Kundschaftsaufzeichnungen und Weistümern unterschiedliche Strategien auf, die sich als extensiv respektive intensiv umschreiben lassen. Im Fall der Kundschaftsaufzeichnungen lohnte es sich weiterhin, möglichst viele und breit gestreute Beispiele zu erschließen. So ließ sich ein Korpus aus Aufzeichnungen von etwa 150 verschiedenen Kundschaftsverfahren zusammenstellen, die zusammen Tausende von Zeugenaussagen festhalten. Dagegen entsprach es im Fall der Weistümer keinem vordinglichen Ziel, die bereits hohe Zahl der erschlossenen Beispiele weiter zu vermehren. Neue Einsichten versprach dagegen eine möglichst vollständige Aufarbeitung der überlieferten Vorlagen, Redaktionen und Kopien der Weistümer einzelner Herrschaftskomplexe. Denn auf dieser Grundlage lassen sich dichte Beispielstudien zur Herstellung und zum Gebrauch der Dokumente durchführen. Dabei galt es auch, Urkunden, Gerichtsakten, Urbare, Archivverzeichnisse und Chroniken beizuziehen, die Aufschluss über Situationen und Formen des Gebrauchs von Rechtsaufzeichnungen geben.

Die aufwändigen Erschließungsarbeiten setzten eine Beschränkung auf die Überlieferungen ausgewählter Herrschaftskomplexe voraus. Darunter sollten sowohl die größten als auch einige repräsentative Beispiele für kleinere Herrschaften der Region vertreten sein. Die Archivrecherchen konzentrierten sich letztlich auf die Territorialverwaltung der Grafen von Savoyen in den Staatsarchiven von Turin und Lausanne, auf den Herrschaftskomplex der Stadt Bern in den Staatsarchiven von Bern und Aargau und auf jenen der Stadt Zürich im dortigen Staatsarchiv. In denselben Archiven wurden auch die Bestände mittelgroßer geistlicher Herrschaftskomplexe wie jene des Bistums Lausanne, des Kluniazenserpriorats Romainmôtier oder des Zürcher

79 S. 278–291.

Großmünsterstifts erfasst. Am ehesten über diese Archivbestände sind schließlich Dokumente der Inhaber kleiner Herrschaften zugänglich, die vor allem während Auseinandersetzungen mit größeren Herrschaftskomplexen in bis heute erhaltene Sammlungen gelangten.

Leitfragen und Methoden

Alle folgenden Kapitel beginnen mit Ausführungen zu den jeweiligen Problemstellungen und damit verbundenen methodologischen Problemen. Bereits hier sind allerdings die Vorgehensweisen dreier hauptsächlicher, sich oft überschneidender Untersuchungsrichtungen aufzureißen. Diese betreffen erstens die Verständigung über ungeschriebene Rechte, zweitens die Herstellung schriftlicher Aufzeichnungen solcher Rechte und drittens den Gebrauch der einmal hergestellten Aufzeichnungen.

Zum ersten Untersuchungsbereich gehören die vielfältigsten Vorgänge, durch die Akteure die Einhaltung von Regeln einforderten und sich über das Vorgehen bei deren Festlegung oder über deren Inhalte stritten. Im spezifischen Fall von Herrschaftsrechten, deren eigentliche Inhaber ja oft weitab vom betreffenden Ort lebten, stellt sich nicht zuletzt das Problem, welche Akteure Herrschaftsrechte in der Praxis ausübten und Interessen mit ihnen verbanden. Die Verständigung über ungeschriebene Rechte lässt sich zum einen auf der lokalen Ebene unter Nachbarn und vor Gericht im Dorf beobachten. Doch auch hochrangige Amtleute der großen Herrschaftskomplexe debattierten solche Rechte. Diese unterschiedlichen Foren traten gerade während den Weisungs- und Kundschaftsverfahren zueinander in Verbindung. Denn dabei wurden Äußerungen von Ortsansässigen über lokale Rechte oft mit Blick auf die Konfliktaustragung auf den höchsten Ebenen der Herrschaftsorganisation aufgezeichnet und in den Kanzleien der höchsten Verwaltungsinstanzen ausgewertet.

An der Methodik jüngerer Arbeiten zum politischen Handeln und zu Mustern der Konfliktaustragung orientieren sich Fragen zum Ausmaß und zur Art, in der sich Akteure unterschiedlicher sozialer Zugehörigkeit an der Verständigung über Rechte beteiligten.[80] Dabei gilt es, Bourdieus Kritik am herkömmlichen Verständnis von Regeln zu berücksichtigen. Wie alle expliziten Regeln bestimmten auch lokale ungeschriebene Rechtsregeln nicht einfach die tatsächlichen Handlungsmuster von Akteuren, sondern dienten oft

80 Aus der reichen Literatur seien erwähnt: Bisson, *Voices*; Sigurdsson, *Chieftains*; Rippmann, *Herrschaftskonflikte*; Hohkamp, *Herrschaft*; Sablonier, *Gesellschaft*.

eher einer formalisierten Rechtfertigung von Handlungsweisen, die sich aus vielfältigen anderen Motiven ergaben, zu denen neben Eigeninteressen auch die Orientierung an außerrechtlichen, im weitesten Sinn moralischen Grundsätzen gehörten.[81] Methodisch verbindet sich die Rekonstruktion des alltäglichen Umgangs mit Rechten mit Fragen nach den Darstellungskonventionen der Dokumente, die entsprechende Vorgänge beschreiben.

Damit sind wir beim zweiten Untersuchungsfeld angelangt, den Techniken der Aufzeichnung und Darstellung von Rechten in Dokumenten. Die mediävistischen Literaturwissenschaften haben schon seit geraumer Zeit thematisiert, dass die glaubwürdige Wiedergabe mündlicher Äußerungen in der Schrift den Einsatz elaborierter Gestaltungsmittel voraussetzt und eine Einordnung des Gesagten in neue Sinnzusammenhänge nach sich zieht.[82] Daraus ergibt sich die Aufgabe, den Wandel der schriftkulturellen Techniken zu untersuchen, die bei der Abfassung und Überarbeitung von Weistümern und Kundschaftsaufzeichnungen zum Einsatz gelangten. Hierzu gehören schon Formen der materiellen Gestaltung, der Formatierung und des Layouts von Dokumenten,[83] der Einsatz stilistischer Figuren, Erzählmuster und Topoi und schließlich auch Methoden der redaktionellen Überarbeitung, Kompilation und Kommentierung der einmal hergestellten Aufzeichnungen.

Solche Techniken entwickelten sich in engem Zusammenhang mit dem Wandel kultureller Vorstellungen – nicht nur über die Rechtsordnung selbst, sondern auch über gesellschaftliche Hierarchien, Merkmale guter Herrschaft oder die Bedeutung der Vergangenheit.[84] Dabei entsprach die Entwicklung innovativer Formen der Dokumentgestaltung nicht unbedingt einer bloßen Anpassung an neue Ordnungsvorstellungen, sondern konnte solche auch hervorbringen oder propagieren. Administrative Dokumente sind zwar für ihre Phantasielosigkeit berüchtigt, und unter ästhetischen Gesichtspunkten mag es verlockender scheinen, das künstlerische Schaffen einer Epoche zum Ausgangspunkt einer Auseinandersetzung mit kulturellen Entwicklungen zu machen. Aber Weistümer und Kundschaftsaufzeichnungen gewähren im

81 Bourdieu, *Entwurf*, S. 203–228.

82 Zum Beispiel Schäfer, *Vokalität*; Bäuml, *Texts*.

83 Dabei lassen sich zum Teil Methoden, die bei der Untersuchung mittelalterlicher Bücher und Urkunden zur Anwendung gelangten, auch auf die Dokumente übertragen, die hier untersucht werden, vgl. Gumbert, *Typographie*; Martin/Vezin, *Mise en page*; Rück, *Urkunde*.

84 Zu den kulturellen Vorstellungen, die der Gestaltung administrativer Dokumente zugrunde liegen, vgl. Morsel, *Prélèvement*.

Vergleich über längere Zeiträume ausgesprochen reiche Einblicke in den Wandel eines administrativen »imaginaire«.

Die Untersuchung von Techniken der Herstellung von Weistümern und Kundschaftsaufzeichnungen erfordert je unterschiedliche Vorgehensweisen, die den spezifischen Entstehungszusammenhängen dieser beiden Dokumenttypen Rechnung tragen. Weistümer waren ausgesprochen »flüssige« Texte, in denen sich Bearbeitungsspuren aus unterschiedlichen Zeiträumen ablagerten. Ihre Abfassung diente dazu, Rechtsregeln dauerhaft verbindlich festzulegen. Gerade deshalb mussten sie regelmäßig umgeschrieben, neu gestaltet und zu anderen Formen der Aufzeichnung lokaler Rechte in Verbindung gesetzt werden. Eine Untersuchung des Wandels solcher Gestaltungsprinzipien erfordert eine eingehende Auseinandersetzung mit einzelnen Überlieferungssträngen, in denen unterschiedliche Phasen der redaktionellen Bearbeitung fassbar werden. Dagegen entstanden Kundschaftsaufzeichnungen in der Regel in einem Zug während eines einmaligen Verfahrens der Rechtsfeststellung und wurden in der Folge – von wichtigen Ausnahmen abgesehen – auch nicht weiter bearbeitet. Damit zeugt grundsätzlich jede Kundschaftsaufzeichnung direkt von Herstellungs- und Darstellungstechniken ihrer Entstehungszeit und kann in eine chronologische Entwicklung eingeordnet werden.

Drittens gilt es, Aspekte des Gebrauchs der einmal hergestellten Rechtsaufzeichnungen in rechtlichen und politischen Auseinandersetzungen zu erfassen. Während der letzten Jahrzehnte ist – zunächst wieder am Beispiel literarischer Schriften – gezeigt worden, dass sich mittelalterliche grundlegend von modernen Lesegewohnheiten unterschieden.[85] Auch rechtlich-administrative Schriftstücke gingen in ein weites Spektrum von Rezeptions- und Sinngebungsprozessen ein, angefangen bei diskreten Techniken ihrer Ordnung und Aufbewahrung in den Kanzleien bis hin zu ritualisierten Formen ihrer öffentlichen Inszenierung.[86] Ein genaueres Bild dieser erst in Ansätzen bekannten Formen des Schrifteinsatzes in der Ordnungswahrung lässt sich aus zeitgenössischen Gebrauchsbeschreibungen und materiellen Spuren an den Schriftstücken selbst gewinnen. Dabei ist auch nach der Herkunft administrativer Praktiken des Umgangs mit Schrift zu fragen, die sich zum Teil an das Vorbild liturgischer und theologischer Praktiken anlehnten und mit weitgehend impliziten, aber wirkungsmächtigen Ordnungsvorstellun-

85 Zum Beispiel B. Chartier, *Culture*; Petrucci, *Writers*. Für ausführlichere Literaturangaben siehe Kp. 6.1.

86 Rauschert, *Inszenierung*; Sablonier, *Verschriftlichung*; ders., *Schriftlichkeit*.

gen verbunden waren. Neuere Untersuchungen zu solchen Transfers von Kulturtechniken legen die hier weiter zu entfaltende These nahe, dass sich die spätmittelalterliche Herrschaftsorganisation mit neuen Praktiken des Schriftgebrauchs auch diese inhärenten Vorannahmen über die Bedeutung von Ordnung, Gemeinschaft und Kommunikation aneignete.[87]

Wenn im Lauf dieser Untersuchung bisweilen der Eindruck entsteht, Praktiken des Schriftgebrauchs würden als Agenten von Entwicklungen behandelt, die »Dinge tun«, ist dies nicht Ergebnis einer Geringschätzung des intentionalen menschlichen Handelns und gruppenspezifischer Interessen. Doch gerade im Bereich des Umgangs mit Rechten können sich Handlungs- und Wahrnehmungsweisen zu Konventionen verfestigen, die eine gewisse Eigenlogik entwickeln und sich mit der Zeit nicht mehr unmittelbar auf die Intentionen spezifischer Akteure zurückführen lassen. Eher zeugen solche Konventionen von der Wirkungsmacht von Institutionen.

Die unterschiedlichen in dieser Untersuchung angewendeten Methoden neigen dazu, sich gegenseitig einzuschränken. So wird die Beschäftigung mit Darstellungstechniken und -topoi bislang kaum beachtete Schwierigkeiten und Grenzen der Auswertung von Weistümern und Kundschaftsaufzeichnungen als Quellen von Alltagspraktiken aufzeigen. Die Untersuchung von Vorgängen der Herstellung und des Gebrauchs von überlieferten Dokumenten erschließt nicht nur wichtige Bereiche vergangenen Handelns, sondern eröffnet auch der modernen geschichtswissenschaftlichen Auswertung der betroffenen Dokumente neue Perspektiven. Diese lassen sich nicht in der Form kurzer Vorbemerkungen unter dem Stichwort Quellenkritik abhandeln, sondern kommen durch eingehende Analysen mittelalterlicher Formen des Umgangs mit Schrift zustande. Im Lauf der Untersuchung ergibt sich verschiedentlich die Notwendigkeit, methodische Überlegungen, die erst später eingehend begründet werden, schon an früherer Stelle zu berücksichtigen und kurz anzudeuten. Nur so lässt sich eine gewisse Kohärenz der Darstellung beibehalten, ohne das Potenzial einer eingehenden Thematisierung der kulturellen Praktiken, aus denen mittelalterliche Dokumente hervorgegangen sind, zu verspielen.

Die Verständigung über ungeschriebene Rechte wird hier als Phänomen untersucht, in dem vielfältige Entwicklungen zusammenliefen. Diese treten im untersuchten Material mit unterschiedlicher Deutlichkeit hervor und folgten je unterschiedlichen zeitlichen Rhythmen. Beispielsweise lässt sich

87 Bahnbrechende Beobachtungen zu diesen Fragen präsentierten, vornehmlich für frühere Zeiträume: Kuchenbuch, *Quellen*; Bedos-Rezak, *Identity*; dies., *Liturgies*; dies., *Ritual*.

vielfach auf das Jahrzehnt genau feststellen, wann gewisse neue Gestaltungselemente von Rechtsaufzeichnungen aufkamen. Dagegen existierten unterschiedliche Formen der ritualisierten Präsentation von Dokumenten, von denen einige älteren Ursprungs waren und andere Entwicklungen der frühen Neuzeit vorwegnahmen, über ausgedehnte Zeiträume hinweg nebeneinander. Die Untersuchung soll solche Unterschiede in den Entwicklungsdynamiken keineswegs verdecken. Sie zielt aber darauf ab, Analogien zwischen unterschiedlichen Entwicklungen und damit einen umfassenden Wandel herauszuarbeiten, dessen Konturen vor allem in der langfristigen Perspektive hervortreten.

Aufbau

Die Untersuchung beginnt mit zwei Kapiteln, die Formen der Auseinandersetzung mit lokalen Rechten erörtern. Kapitel zwei beschreibt Entwicklungen von Weisungen und Kundschaften als formalisierte Verfahren der Rechtsfeststellung. Es fragt, wie sich der Verfahrenswandel auf die Partizipationsmöglichkeiten von Vertretern unterschiedlicher gesellschaftlicher Gruppen und auf das Verständnis von Rechten auswirkte. Kapitel drei erörtert, wie einzelne Akteure Rechte auf lokalen und übergeordneten territorialen Ebenen debattierten, delegierten, ausübten und durchsetzten. Vor diesem Hintergrund lassen sich Wechselwirkungen zwischen der Rechtspraxis und den überlieferten normativen Rechtsaufzeichnungen neu diskutieren.

Die beiden anschließenden Kapitel untersuchen den Wandel von Schreib- und Darstellungstechniken, die der Herstellung und Gestaltung von Weistümern und Kundschaftsaufzeichnungen zugrunde lagen. Kapitel vier setzt Weistümer zunächst in den weiteren Zusammenhang unterschiedlicher spätmittelalterlicher Formen der Rechtsaufzeichnung und der ihnen zugrunde liegenden Regelungs- und Repräsentationsbedürfnisse. Anschließend werden an Fallbeispielen die redaktionellen Operationen geklärt, durch die Weistümer allmählich veränderten Ordnungsvorstellungen angepasst wurden. Kapitel fünf präsentiert eine eigentliche Gattungsgeschichte von Kundschaftsaufzeichnungen, deren Gestaltung sich im Lauf des Spätmittelalters in mehrerlei Hinsicht veränderte. Neuerungen in ihrer materiellen Ausgestaltung lassen sich mit Entwicklungen der Methodik ihrer Auswertung in Verbindung setzen. Inhaltlich machten sich in den festgehaltenen Zeugenaussagen neue Erzähl- und Erinnerungstechniken geltend, die darauf hinweisen, dass sich das Rechtsbewusstsein und Vorstellungen über Zusammenhänge zwischen Rechten, dem kollektiven Gedächtnis und der Vergangenheit veränderten.

Kapitel sechs kehrt zu Formen der Verständigung über Rechte zurück, stellt dabei aber Stile des Gebrauchs der einmal hergestellten Dokumente als vorzeigbare Objekte und Träger von Textinhalten in den Vordergrund. Hier kommen Wechselwirkungen zwischen dem Wandel der Herrschaftsorganisation und Veränderungen des Schriftgebrauchs zur Sprache, die nicht nur die Formen der Verständigung über ungeschriebene Rechte veränderten, sondern auch ein neues Bild der ihnen zugrunde liegenden mündlichen Rechtskultur hervorbrachten. Kapitel sieben setzt schließlich die unterschiedlichen im Lauf der Untersuchung festgestellten Entwicklungen zueinander in Beziehung und skizziert grundlegende Stoßrichtungen des spätmittelalterlichen Wandels der Verständigung über lokale Rechts- und Herrschaftsordnungen.

2 Zwei Befragungsverfahren

2.1 Einleitung[1]

Es liegt in der Natur ungeschriebener Normen, dass sie sich nirgends nachschlagen ließen. Stattdessen mussten sie durch kommunikative Prozesse festgestellt, vergegenwärtigt und vermittelt werden. Im Alltag des Spätmittelalters konnte die mündliche Verständigung über ungeschriebene Regeln sehr unterschiedliche Formen annehmen. Auf solche Regeln beriefen sich Nachbarn in Auseinandersetzungen untereinander, Männer diskutierten sie im Wirtshaus, Mütter schärften sie ihren Kindern ein und Eingesessene machten Zugezogene auf sie aufmerksam. Manchmal nahm das Reden über Rechte feierlichere Formen an, etwa wenn Greise ihre Nachkommen an ihr Sterbebett riefen, um sie an Rechtsverhältnisse zu erinnern.[2] Ungeschriebene Rechte waren Gegenstand eines alltagsnahen Redens. Darauf beziehen sich schriftliche Dokumente des Spätmittelalters bisweilen summarisch mit Formeln wie »vox et fama« und »gemeine red«,[3] ohne aber mehr als schemenhafte Einblicke in die Formenvielfalt und die Funktionsweisen dieser mündlichen Rechtskultur zu vermitteln.

Das alltägliche Reden über das Recht bildete zweifellos einen wichtigen Hintergrund der stärker formalisierten Verfahren, durch die im Spätmittel-

---

1 *Hinweis zu den Quellenverweisen:* In dieser Untersuchung kommen Dokumente unterschiedlicher Gattungszugehörigkeit und verstreuter geographischer Herkunft nebeneinander zur Sprache, die vielfach als Abschriften in anderen Dokumenten überliefert und gar nicht oder nur als Anhänge in lokalgeschichtlichen Aufsätzen ediert worden sind. Um den Überblick über dieses disparate Material zu erleichtern, ohne dadurch den Haupttext übermäßig zu belasten, beginnen Quellenverweise mit je einem Stichwort zur Gattung, zu einem hauptsächlich betroffenen Ort (nicht dem Ort der Ausstellung!) und zum Entstehungsjahr des zitierten Dokuments, daran schließt direkt eine Angabe zu einem Archivstandort oder einer Edition an, zum Beispiel »Urkunde Romainmôtier (1337) ACV C VIIa Nr. 232«.

2 Vgl. für solche Vorgänge unten, S. 90.

3 Vgl. Wickham, *Gossip*.

alter versucht wurde, ungeschriebene Rechte verbindlich festzustellen. Zugleich bedeuteten solche Verfahren aber auch einen Bruch mit dem Alltag, folgten sie doch nicht der Form von Gesprächen oder Kontroversen, sondern jener von Befragungen, ja zum Teil von Verhören.[4] Dabei mussten als kompetent geltende Leute oft unter Eid in mehr oder weniger rigide festgelegten Formen »viva voce«, in ihrer eigenen Stimme, über geltende Regeln Auskunft geben. Nach Bedarf, aber keineswegs immer, wurden die Ergebnisse solcher Verfahren auch schriftlich aufgezeichnet. Zu den am besten dokumentierten Befragungstypen gehören Kundschaften und Rechtsweisungen an Dinggerichten, zwei distinkte Verfahrensformen, die Thema dieses Kapitels sind. Im Vordergrund stehen hier Formen der Durchführung der Verfahren, während Praktiken der schriftlichen Aufzeichnung ihrer Ergebnisse in den Kapiteln vier und fünf zur Sprache kommen.

Kundschaftsverfahren wurden vielfach von überlokalen Gerichten und Schiedsgerichten durchgeführt, die, bevor sie ein Urteil fällten, in dieser Form Inhalt und Gültigkeit einzelner, im jeweiligen Fall umstrittener Rechtsregeln überprüften. Dabei handelte es sich häufig um Herrschaftsrechte im weiten Sinn – und am Ausgang des Mittelalters vermehrt auch um Aspekte des Erb-, Zivil- oder Verfahrensrechts. Im Lauf einer Kundschaft wurden einzelne kundige Personen unterschiedlicher herrschaftlicher Zugehörigkeit als Zeugen befragt. Eine gewisse Verwandtschaft mit Zeugenbefragungen zu zivil- oder strafrechtlichen Tatbeständen deutet sich darin an, dass beide Verfahren im Spätmittelalter oft mit den gleichen Begriffen umschrieben wurden, auf Latein als »informatio« oder »inquisitio«, auf Französisch als »enquête« oder auf Deutsch als »Kundschaft«, dem Begriff, der im Folgenden vereinheitlichend verwendet werden soll.

Rechtsweisungen bildeten dagegen einen Bestandteil der Dinggerichte lokaler Herrschaften, die in der Region als »hofgerichte«, »landtage« oder »plaids généraux« bezeichnet wurden. An diesen Versammlungen, die im Idealfall regelmäßig einberufen wurden, kamen Vertreter örtlicher Abhängiger und ihrer Herrschaft zusammen, um lokale Belange zu regeln und Gericht zu halten. Dazu konnte jeweils auch eine feierliche Verkündigung ganzer Serien lokaler Rechte gehören, die Ansprüche der Herrschaft wie Regelungskompetenzen und Abgaben, aber auch Fragen der Wirtschaftsorganisation und des Zusammenlebens im Dorf betrafen. Während Dokumente aus der deutschen Schweiz diesen Vorgang meist mit dem Verb »offnen« um-

4 Zur Eigenlogik solcher Kommunikationssituationen vgl. Algazi, *Tradition*; Ginzburg, *Inquisitor*; Rosaldo, *Door*; Toch, *Asking*; Goody, *Questions*.

schreiben, wird hier dafür das Verb »weisen« verwendet, das sich als moderner fachhistorischer Terminus durchgesetzt hat. Dokumente, die sich als schriftliche Aufzeichnungen der Ergebnisse solcher mündlicher Rechtsverkündigungen präsentieren und die man in der deutschen Schweiz als »Offnungen«, in der französischen als »Plaids« oder »Plaicts« umschreibt, werden hier einheitlich Weistümer genannt.[5]

Die Durchführung von Kundschaften und Weisungen wirft weit mehr als im engeren Sinn verfahrensgeschichtliche Fragen auf. Vielmehr gilt es in diesem Kapitel auch zu klären, in welchen Situationen die Verfahren zum Einsatz gelangten, wer befragt wurde, und in welchem Maß sie es Vertretern unterschiedlicher sozialer Gruppen ermöglichten, an der Verständigung über die Rechtsordnung zu partizipieren. Überdies lassen sich aus der Art und Weise, in der geltendes Recht geklärt wurde, stillschweigende Vorannahmen über dessen Geltungsgründe und Wandelbarkeit erschließen. Dies eröffnet Möglichkeiten, in der Forschung seit der Mitte des 19. Jahrhunderts immer wieder vertretene Ansichten zu überprüfen, wonach ungeschriebene Rechte im Mittelalter mit traditionellen Handlungsweisen gleichgesetzt, durch ihr Alter gerechtfertigt oder als Ausdruck eines wie auch immer gearteten regionalen Volksbewusstseins empfunden wurden.[6]

Die beiden Verfahren gelangen im Folgenden nacheinander und im Hinblick auf unterschiedliche Forschungsprobleme zur Diskussion. Das erste Unterkapitel befasst sich mit den als solchen bisher erst punktuell erforschten Kundschaften.[7] Es zielt vor allem auf eine Analyse der markanten Veränderungen ab, die diese Verfahrensform zwischen dem 13. und dem 15. Jahrhundert durchlief. Das zweite Unterkapitel befasst sich mit Weisungen an Dinggerichten. Kennzeichnend für diese war eher eine Vielzahl lokaler Varianten als ein Wandel mit einheitlicher Stoßrichtung. Dagegen stellt sich in diesem Fall das Problem des Verhältnisses zwischen den erst ab dem 14. Jahrhundert häufiger hergestellten schriftlichen Weistümern und den mündlichen Weisungsverfahren. Die bisherige Forschung zu Weisungen an Dinggerichten stützte sich hauptsächlich auf Weistümer[8] – eine Ausrichtung, die ebenso

5 Zur Terminologie: Werkmüller, *Aufkommen*, S. 66f.

6 Vgl. oben, Kp. 1.2.

7 Poudret, *Enquêtes*; ders., *Coutumes*, Bd. 1 S. 52–67; Bühler-Reimann, *Gewohnheit*, S. 28–54. Zur Vorgeschichte und verwandten Verfahren vgl. auch Brunner, *Entstehung*; ders., *Zeugenbeweis*.

8 Jeweils mit Angaben zu weiterführender Literatur: Rösener, *Dinggenossenschaft*; Algazi, *Lords*; Spieß, *Einleitung*, S. 7–17. Zum Vergleich interessant: Weitzel, *Dinggenossenschaft*; Hyams, *Villagers*; Wickham, *Courts*.

naheliegend wie problematisch ist: Einerseits zielen Weistümer wie keine andere Dokumentgattung direkt darauf ab, mündliche Rechtsweisungen verbindlich zu repräsentieren. Anderseits setzt gerade dieser Repräsentationsanspruch die Dokumente dem Verdacht aus, mündliche Rechtsweisungen in stilisierter Form darzustellen. Dagegen werden hier auch die bislang kaum beachteten, aber zahlreich überlieferten Urkunden und Kundschaftsprotokolle einbezogen. Diese schildern Weisungen und ihre Anlässe aus ganz anderen Perspektiven und laden dazu ein, gängige Annahmen über Funktionen und Abläufe von Weisungen zu revidieren.

2.2 Kundschaft: Ein Verfahren im Umbruch

Von der Konsensbildung zur Wahrheitsfindung

Während des untersuchten Zeitraums kam es zu zahlreichen kurzlebigen, oft ganz auf einen spezifischen Anlass zugeschnittenen Experimenten mit neuen Formen der Durchführung von Zeugenbefragungen über ungeschriebene Rechte. Jene Verfahrensinnovationen, die über den Moment hinaus Bestand hatten, lassen sich zwei grundlegenden Zäsuren zuordnen. Zwischen dem 13. und dem 14. Jahrhundert lehnten sich Kundschaftsverfahren vermehrt an das Vorbild von Zeugenbefragungen in Zivil- und Inquisitionsverfahren kirchlicher Gerichte an. Damit drangen in Verfahrensformen, die zunächst stark auf die Konsensbildung angelegt waren, zunehmend Zielsetzungen der Wahrheitsfindung ein. Eine zweite Zäsur markierte der Anfang des 15. Jahrhunderts, als die Gerichte der einzelnen Herrschaftskomplexe eigenständige Verfahrensvarianten entwickelten. Diese waren verstärkt darauf ausgerichtet, Rechtsgewohnheiten als Bestandteile von Rechtsordnungen ausgedehnter geographischer Räume zu erfassen. Diese Zäsuren sollen in den folgenden beiden Abschnitten nacheinander genauer ausgeführt und zu Entwicklungen von Herrschaftsinstitutionen und des Rechtsverständnisses in Beziehung gesetzt werden.

Vorausgeschickt sei eine Bemerkung zu den äußeren Rahmenbedingungen von Kundschaftsverfahren. Außer lokalen Dinggerichten, denen das Instrument der Weisung zur Verfügung stand, führten alle Stufen der kirchlichen Gerichtsbarkeit sowie die überlokalen Gerichte großer adliger oder kommunaler Herrschaften Kundschaften durch. Überdies wurden Kundschaften im Gegensatz zu Weisungen auch außerhalb von Gerichtsverfahren durchgeführt. Was ihre äußere Anlage betrifft, lassen sich drei Grundtypen von Kundschaften unterscheiden. Einen ersten Typus bilden Befragungen, die Gerichte nach eigenem Gutdünken durchführten, indem sie, bevor sie in einem Streit ein Urteil fällten, einer Reihe von Zeugen die jeweils gleichen Fragen über das geltende Recht stellten.[9] Bei einem zweiten Typus führten Gerichte eine separate Kundschaft für jede der beiden Parteien durch, die auch die zu befragenden Zeugen und die ihnen gestellten Fragen vorschlagen durften.[10] An der Durchführung von Kundschaften des dritten Typus waren Gerichte nicht direkt beteiligt. Stattdessen beauftragten geistliche und weltliche Herrschaftsträger glaubwürdige Persönlichkeiten, eine Kundschaft über von ihnen beanspruchte Rechte durchzuführen. Mit den darüber ausgestellten Schriftstücken versuchten die Auftraggeber dann, ihre Ansprüche im Rahmen von gerichtlichen und außergerichtlichen Formen der Konfliktaustragung zu legitimieren.[11] Diese drei Typen existierten abgesehen vom zweiten, der sich erst ab dem Anfang des 14. Jahrhunderts nachweisen lässt, während des gesamten Untersuchungszeitraums nebeneinander. Sie waren grundsätzlich alle von denselben Entwicklungen betroffen.

Vor allem im Verlauf von Kundschaften, die durch Gerichte angeordnet wurden, entstand oft ein reiches Aktenmaterial. Als Grundlage der folgenden Diskussion dienen Dokumente zu etwa 150 verschiedenen Verfahren aus dem deutschen und französischen Sprachraum. Die Schriftstücke, die im Lauf solcher Verfahren hergestellt wurden, sind heute meist nur mehr in Fragmenten überliefert. Zu einigen Gerichtsverfahren, während denen Kundschaften durchgeführt wurden, liegen nur noch die Urteilsurkunden, nicht

9 Beispiele dafür enthalten: Urkunde Sigriswil (1236) FRB Bd. 2 S. 163 Nr. 151; Urkunde Hüttemannsey bei Interlaken (1239) FRB Bd. 2 S. 189 Nr. 190, vgl. Nr. 173; Urkunde Evian (1278) ACV IB 73 Nr. 102; Enquête Hautcrêt (1278) ACV IB 55 Nr. 44; Kundschaft Rüeggisberg (1330) FRB Bd. 5 S. 772–777 Nr. 730; Kundschaft Zug (1399) UBZG Bd. 1 S. 138ff. Nr. 313; Kundschaft Ringgenberg (1429) StAB Urk. F Interlaken 1429.4.28.

10 Zum Beispiel Kundschaft Ringgenberg (1303) FRB Bd. 4 S. 129–149 Nr. 117; Kundschaften Hilterfingen (um 1312) FRB Bd. 5 S. 34–87 Nr. 34; Enquête Estavayer (1337) ACV CIV Nr. 224 bis; Enquête Corsier (1364) ACV C IV Nr. 354; Enquête Fief Blonay (1433) ACV Af Nr. 11; Kundschaft Riedburg (1463) StAB A I Nr. 453a fol. 203r–205r.

11 Besonders wo der Verdacht besteht, dass nur Fragmente überliefert sind, kann die Zuordnung zu diesem Typus unsicher sein, mit einiger Sicherheit gehören dazu aber etwa die Kundschaft Abtei Erlach (1212) FRB Bd. 2 S. 23 Nr. 16; Enquête Dommartin (nach 1275) ACV C Va Nr. 157; Enquête Roman (1277) ACV C Va Nr. 176; Kundschaft Pieterlen (um 1373) FRB Bd. 9 S. 359–371 Nr. 799 sowie die meisten im 15. Jahrhundert in Urkundenform verschrifteten Kundschaften aus dem deutschsprachigen Raum (vgl. unten, S. 60–62).

aber die Befragungsprotokolle vor. Zu anderen sind Befragungsprotokolle überliefert, während Informationen über das letztlich gefällte Urteil fehlen. Und vereinzelt sind neben Befragungsprotokollen auch die darauf bezogenen Plädoyers erhalten. Diese Überlieferungslage verunmöglicht es nahezu, ein einzelnes Befragungsverfahren in allen Einzelheiten seiner Durchführung und Auswertung zu untersuchen.[12] Dagegen vermitteln auch Fragmente Einblick in Entwicklungstrends typischer Verfahrensabläufe.

Konsensorientierte Verfahren des 13. Jahrhunderts

Die ältesten Kundschaftsverfahren des untersuchten Raums, die sich ab dem ersten Drittel des 13. Jahrhunderts genauer erfassen lassen, wiesen eine gewisse Nähe zu den um die gleiche Zeit im Königreich Frankreich verbreiteten »enquêtes par turbe« auf.[13] Um umstrittene Rechtsregeln zu klären, wurden dabei etwa ein Dutzend Zeugen aufgeboten. Diese berieten sich untereinander und formulierten dann in einer kollektiven Aussage den verbindlichen Wortlaut der festzustellenden Regel. Geklärt wurden in dieser Weise beispielsweise Nutzungsregelungen für Wälder und Weiden[14] sowie Herrschafts- und Jurisdiktionsrechte[15] samt den zugehörigen Ansprüchen auf Abgaben[16] oder Patronatsrechte an Kirchen.[17] Erfolgte die Befragung im Rahmen eines Gerichts- oder Schiedsgerichtsverfahrens, so wurde ihr Ergebnis nicht in einem separaten Protokoll, sondern in der Urkunde selbst festgehalten, die das Gericht letztlich über das gefällte Urteil ausstellte. Solche halten meist die Namen der befragten Zeugen fest, nicht aber, was jeder

12 Für diese Verfahren ist noch stärker als für römisch-kanonische Prozesse davon auszugehen, dass sie nicht vollständig in schriftlicher Form geführt wurden, vgl. Lepsius, *Zweifeln*, S. 28f. Für einen Versuch zur Rekonstruktion eines einzelnen Falls aus rechtsgeschichtlicher Perspektive vgl. Gmür, *Zivilprozesse*.

13 Vgl. Poudret, *Connaissance*, S. 523f.; Müller, *Offnungen*, S. 185.

14 Urkunde Erlach (zwischen 1212 und 1220) FRB Bd. 2 S. 23 Nr. 1; Urkunden Vuarrens (1236 kopial überliefert) MDR Bd. 3.3 S. 107f. Nrn. 68f.; Urkunde Yverdon (1269) AVL Montheron 667, auszugsweise ediert in Poudret, *Coutumes*, Bd. 1 S. 265; Urkunde Payerne (1282) AST Corte 12 pq. 34 (Payerne) Nr. 4.

15 Zum Beispiel Urkunde Frienisberg (1238) FRB Bd. 2 S. 180 Nr. 170; Urkunde Hüttemansey bei Interlaken (1239) FRB Bd. 2 S. 189f. Nr. 190; Urkunde Rechte Stift Solothurn (1251) SUB Bd. 2 S. 34f. Nr. 61; Urkunde Rue (1270) ACV IB 55 Nr. 36; Urkunde Köniz (1293) FRB Bd. 3 S. 561f. Nr. 570.

16 Zum Beispiel Urkunde Hautcrêt (1226) ACV IB 55 Nr. 19; Urkunde Romainmôtier (1263) MDR Bd. 1.3 S. 557ff.

17 Urkunde Siegriswil (1236) FRB Bd. 2 S. 163 Nr. 151; Urkunde Lutry (1278) ACV IB 73 Nr. 102.

Einzelne ausgesagt hatte. Vielmehr zeichneten die Schreiber nur ein Endergebnis auf, das sie dem Zeugenkollektiv insgesamt zuschrieben.

In vielen Fällen bezog sich die von den Zeugen festgestellte Rechtslage so spezifisch auf die jeweilige Streitsache, dass deren Formulierung das Urteil des Gerichts schon weitgehend vorwegnahm. Ein Beispiel dafür bildet die Urteilsurkunde aus dem Jahr 1239, die ein Schiedsgericht ausstellte, das sich aus weltlichen und geistlichen Notabeln des Berner Oberlands zusammensetzte. Dieses Gremium entschied den Streit zwischen dem Kloster Interlaken und dem Ritter Heinrich von Wimmis über die Regeln, denen die Nutzung des Fischteichs Hüttemannsey unterlag. Die Gerichtsurkunde beschreibt, wie die Schiedsrichter zehn namentlich genannte Zeugen aus der Region gemeinsam vereidigten und befragten. Die Zusammenfassung ihrer Aussage wird durch die Worte »Hii omnes jurati dixerunt [...]« eingeleitet und bildet auch gleich das Urteil, auf das nur noch die Schlussformeln der Urkunde folgen. Diesem Muster folgen zahlreiche Urkunden des 13. Jahrhunderts. So gingen den Urteilssprüchen Bemerkungen voraus wie »ab ipsis [es folgt die Aufzählung der Zeugen] relatione cognovi«, »invenimus per testes fidedignos quod«, oder das Urteil sei mit Rat (»de consilio«) der Zeugen gefällt worden.[18]

Obwohl der Wortlaut der untersuchten Regel ja unter den Parteien umstritten war und die Zeugen oft einen Eid darauf leisten mussten, die Wahrheit zu sagen, machen die Aufzeichnungen kaum Angaben dazu, wie die Zeugen ihre Aussage begründeten. Hier steht weder, es handle sich um alte oder gar göttliche Regeln, noch sind Beispiele ihrer bisherigen Befolgung angeführt. Allenfalls wurden Angaben der Zeugen dazu festgehalten, wie eine der Streitparteien ein umstrittenes Recht geliehen, gekauft oder geerbt hatte.[19] In dieser Form schriftlich festgehaltene Aussagen verschlossen sich praktisch jeder Möglichkeit einer Falsifizierung. Die Darstellungsform ließ es als legitim erscheinen, dass sich die Zeugen sehr unmittelbar an der Festlegung von Rechtsregeln beteiligten, ja sich weitgehend unter sich auf ihre Formulierung einigten.

Wie die Zeugen im Einzelnen zu ihrer kollektiven Aussage gelangten, lässt sich nur in Bruchstücken fassen, variierte aber zweifellos. Aus dem deut-

18 Urkunde Hüttemansey bei Interlaken (1239) FRB Bd. 2 S. 189f. Nr. 190; Urkunde Buchegg (1239) FRB Bd. 2 S. 157 Nr. 143; Urkunde Aigle (1290) SDVD Bd. B2 S. 25 Nr. 34; Urkunde Payerne (1282) AST Corte 12 pq. 34 (Payerne) Nr. 4.

19 Zum Beispiel Urkunde Hüttemansey bei Interlaken (1239) FRB Bd. 2 S. 189 Nr. 190, vgl. Nr. 173; Urkunde Vuarrens (1236) MDR Bd. 3.3 S. 107f. Nr. 69; Kundschaft Rechte Stift Solothurn (1251) SUB Bd. 2 S. 36f. Nr. 61.

schen Sprachraum liegen etwa Beispiele dafür vor, dass sich jeweils sieben Zeugen auf eine Aussage einigten, deren Richtigkeit dann sieben weitere Zeugen »corporaliter« beeidigten.[20] Eine Schiedsurkunde, die 1266 im Emmental entstand, bezeichnet ein unzweideutiges Ergebnis als Voraussetzung dafür, dass sich ein Streitfall durch eine Kundschaft entscheiden ließ.[21] Dagegen ordnete das Kapitel von Lausanne in einer Urkunde des Jahrs 1236 an, dass im Fall von widersprüchlichen Antworten jene Regel gelten sollte, auf die sich die Mehrheit der befragten Zeugen einigen konnte (»in quo major pars concordaret«).[22] Bei allen Unterschieden in den Einzelheiten war diesen Verfahrensweisen eines gemeinsam: Sie liefen praktisch darauf hinaus, dass die Gerichte die Festlegung des gültigen Rechts der Konsensbildung innerhalb des Zeugenkollektivs überließen.

Ihrer Form nach erinnern solche Verfahren an Schöffenurteile des Frühmittelalters. Von diesen sagte Janet Nelson in Zuspitzung von Karl Kroeschells Beobachtungen: Als Recht galt, was auch immer für kompetent geltende Leute zum Recht erklärten und als Recht brauchten.[23] Anders als in Schöffenurteilen definierten das geltende Recht in den berührten Beispielen jedoch Leute, die explizit als Zeugen bezeichnet und damit deutlich von den eigentlichen Angehörigen des Gerichts unterschieden wurden.[24] Auch von Dinggerichten unterschieden sich solche Befragungen trotz gewisser Ähnlichkeiten im Vorgehen deutlich. Denn bei den Zeugen brauchte es sich nicht um Abhängige des jeweiligen Gerichtsherrn zu handeln. Vielmehr wurden Zeugen unterschiedlicher herrschaftlicher Zugehörigkeit eigens aus mehreren Orten zusammengerufen. Gerichte übertrugen solchen Kollektiven die

20 Das Ergebnis einer solchen Befragung durch Vertreter des Rats der Stadt Bern hält fest: Urkunde Köniz (1293) FRB Bd. 3 S. 561 Nr. 570, beschrieben wird ihre Durchführung, die damals schon einige Jahrzehnte zurücklag, in Kundschaft Ringgenberg (1303) FRB Bd. 4 S. 140 Nr. 117 (Hainricus dictus z'Ustrost), vgl. allerdings S. 143 die Aussage des Conradus dictus Brenner, der nur von vier Zeugen spricht. Vgl. unten, Kp. 4.3.

21 Urkunde Trub (1266) FRB Bd. 3 (Anhang) S. 768 Nr. 14: »Tandem cum ex obscuritate probationum utriumque productarum nobis non immerito ambiguitas orietur, secundam formam in compromisso sic duximus statutendum […].«

22 Urkunde Vuarrens (1236) MDR 3.3. S. 107f. Nrn. 68f.

23 Nelson, *Politics*, S. 62; vgl. Kroeschell, *»Rechtsfindung«*, S. 511ff.; ders., *Rechtsgeschichte*, S. 84ff. u. S. 122–125. Vgl. die Formulierung bei Weitzel, *Recht*, Sp. 780: »Es gibt keinen trotz des Streites fortbestehenden Normgeltungsanspruch.«

24 Besonders deutlich ist dies in Urkunde Siegriswil (1236) FRB Bd. 2 S. 157 Nr. 143; Urkunde Hüttemannsey bei Interaken (1239) FRB Bd. 2 S. 189 Nr. 190, vgl. Nr. 173; Urkunde Yverdon (1282) AVL Montheron 666.

Aufgabe, die in einem Streitfall anzuwendenden Regeln festzustellen und überließen diesen damit einen Großteil ihrer Entscheidungsbefugnisse.

Es hängt zweifellos mit dem beträchtlichen Einfluss der Zeugen auf die Gerichtsurteile zusammen, dass in diesen frühen Kundschaftsverfahren zwar nicht ausschließlich, aber zu einem erheblichen Teil hochrangige Personen mit Adels- und Rittertitel zu Wort kamen. Die Zeugen waren den eigentlichen urteilenden Angehörigen des Gerichts oft sozial ebenbürtig oder sogar überlegen. Den Streit über die Vogteirechte über die Kirche Sigriswil im Jahr 1236 entschied ein Schiedsgericht, dem zwei Priester und fünf Ritter angehörten. Sie befragten als Zeugen neben 14 Männern, für die keine Titel genannt werden, auch vier weitere Priester und acht weitere Ritter.[25] In der Kundschaft des Jahres 1263 über die Anlässe, aus denen das Kluniazenserpriorat Romainmôtier von den Bewohnern des gleichnamigen Dorfs Sondersteuern (»aides«) erheben durfte, wurden unter anderen zwei Edelfreie und zwei Ritter befragt sowie zwei Priester, ein Dekan und die Prioren von nicht weniger als vier Klöstern der Umgebung.[26] Überhaupt kamen in Rechtskundschaften des 13. Jahrhunderts Kleriker vergleichsweise häufig als Zeugen zu Wort.[27] Die Prominenz der befragten Zeugen legt nahe, dass die Kundschaftsverfahren des 13. Jahrhunderts nicht zuletzt darauf abzielten, weite Kreise aus geistlichen und weltlichen Notabeln aus der Umgebung in den Prozess der Feststellung lokaler Rechte einzubinden.

Wandel um 1300

Ab dem letzten Drittel des 13. Jahrhunderts orientierte sich das Vorgehen bei der Erhebung von Kundschaften zunehmend an römisch-kanonischen Prozessgrundsätzen. In den neuen Befragungsformen erscheint das alte Verfahren in dreifacher Hinsicht als fragmentiert. Erstens wurden gerichtliche Befragungen vermehrt zeitlich und örtlich von den eigentlichen Verhandlungen

25 Urkunde Siegriswil (1236) FRB Bd. 2 S. 163 Nr. 151.

26 Urkunde Romainmôtier (1263) MDR Bd. 1.3 S. 557ff. Vgl. Urkunde Hüttemansey bei Interlaken (1239) FRB Bd. 2 S. 189 Nr. 190: neben acht Zeugen ohne Titel zwei Ritter; Urkunde Hautcrêt (1270) ACV IB 55 Nr. 36: Von sechs Zeugen war einer »domicellus« und ein anderer mit ihm väterlicherseits verwandt, aber vielleicht noch zu jung, um schon einen Titel zu beanspruchen.

27 Zum Beispiel Enquête Roman (1277) ACV C Va Nr. 176: unter sechs Zeugen ein Priester und ein Mönch; Urkunde Evian (1278) ACV IB 73 Nr. 102: unter sieben Zeugen zwei Mönche, zwei Kapläne und ein Chorherr; Enquête Hautcrêt (1278) ACV IB 55 Nr. 44: unter dreizehn Zeugen zwei Mönche; Urkunde Köniz (1293) FRB Bd. 3 S. 561 Nr. 570: unter sieben Zeugen ein Priester.

des Gerichts getrennt. Die Richter bestimmten Kommissare, welche die Zeugen an ihren Wohnorten befragen gingen. Zweitens wurde das Zeugenkollektiv aufgebrochen. Statt gemeinsam wurden die Zeugen jetzt jeder für sich vereidigt und abgeschieden von den anderen, »secrete«, im Einzelverhör befragt. Drittens stellten die Kommissare den Zeugen nicht mehr nur eine einzige direkte Frage nach dem Wortlaut der umstrittenen Rechtsregel, sondern gliederten die untersuchte Problematik in Teilfragen auf. Das Befragungsergebnis bestand damit nicht mehr aus einer einzigen Formulierung, auf die sich die Zeugen geeinigt hatten, sondern aus mehreren Aussagen, die mehr oder weniger stark voneinander abweichen konnten.

Ein frühes Beispiel einer Befragung, die mehrere Teilfragen umfasste, entstand im Jahr 1296 im Auftrag der Grafen von Savoyen. Sie wollten auf diesem Weg die Herrschaftsverhältnisse in dem Landflecken am Genfersee klären, auf dem sie einige Jahrzehnte zuvor das Städtchen Morges gegründet hatten. Hier betraf zwar die erste Frage weiterhin das Rechtsverhältnis, das es eigentlich zu beweisen galt, nämlich, dass den Savoyern das »dominium directum« über die Gegend zustand. Überdies hatten die Zeugen aber weitere Fragen zu beantworten. Die Zweite lautete, ob das Gebiet zum Schloss Vufflens gehöre. Die Dritte betraf die genaue rechtliche Form dieser Zugehörigkeit und sollte klären, ob die Stadt innerhalb der »seynoria« Vufflens liege. Schließlich mussten die Zeugen die Art des savyoischen Anspruchs auf Vufflens spezifizieren und beantworten, ob diese Herrschaft ein von den Grafen von Savoyen an lokale Adlige verliehenes Lehen war, das regelmäßig erneuert werden musste.[28]

Solche Fragen ließen sich fast beliebig vermehren. Ebenfalls noch aus vier Fragen bestand eine Befragung zu den Rechten der Waldnutzung bei Ringenberg.[29] Dagegen zerfiel bereits eine Kundschaft des Jahrs 1312 über das Präsentationsrecht über die Kirche Hilterfingen in nicht weniger als 27 Teilfragen oder »articuli«.[30] Am Anfang und Schluss standen Fragen, die später während der meisten Kundschaftsverfahren gestellt wurden: Die Zeugen mussten über ihre Personalien (Alter, Wohnort und herrschaftliche Abhängigkeit), aber auch über die Repräsentativität ihrer Aussagen Auskunft geben

28 Kundschaft Morges (1296) SDVD Bd. B2 S. 120f. Nr. 107.

29 Kundschaft Ringgenberg (1303) FRB Bd. 4 S. 129–149 Nr. 117. Am Anfang des Protokolls sind die fünf Fragen zwar nur durch das Wort »item« voneinander abgegrenzt, unter den Antworten wird dann aber zum Teil durch Nummern auf sie verwiesen.

30 Die »articuli« sind hier zweimal aufgeführt, einmal als solche, dann praktisch identisch zusammen mit den Einwänden, welche die Gegenpartei gegen sie anführte: Kundschaft Hilterfingen (um 1312) FRB Bd. 5 S. 36f. u. 37–41.

und bestätigen, dass diese Sachverhalte betrafen, die offenbar (»manifestum«) bekannt (»notorium«) waren und dem allgemeinen Gerede (»vox et fama«) entsprachen. In solchen Verfahren mussten die Zeugen Herrschaftsrechte nicht mehr nur formulieren, sondern auch begründen.

Mit der Zeit wurden »articuli«, die direkt nach normativen Sätzen fragten, zusehends an den Rand gedrängt und fielen schließlich ganz weg. Ein spätes und entsprechend deutliches Beispiel bildet eine Kundschaft aus dem Jahr 1397. Sie betrifft einen Streit zwischen den Herren von Oron und dem Bischof von Lausanne. Zur Debatte standen eigentlich die Grenzen zwischen den Gerichtskreisen der beiden Herren. Hier verlangte allerdings keine der Fragen mehr eine explizite Umschreibung dieser Grenzen.[31] Vielmehr mussten die Zeugen ihre Erinnerungen an Handlungen wie Gefangennahmen, Hinrichtungen, Konfiskationen durch Amtleute wiedergeben, aus denen eine regelmäßige Ausübung von Herrschaftsrechten im umstrittenen Gebiet hervorgehen sollte. Weite Teile der Zeugenaussagen handelten von einem wenig delikaten Indiz für die Ausübung der Gerichtsrechte, die meist auch das Recht auf die hohe Jagd und die Häute verkommener Tiere beinhalteten. Hier folgen peinlich genaue Angaben darüber, wer wann wo einem toten Tier die Haut über die Ohren gezogen und diese in die Burg eines der beiden konkurrierenden Herren getragen hatte. Zahlreiche Zeugen gaben ihre Erinnerungen an das braune Fell jenes Pferds preis, das sich einst bei der Dorfbrücke das Bein gebrochen hatte.[32] Den Balg eines Ochsen wollte der Herr von Oron nicht selbst behalten und überließ ihn dem Überbringer um drei Pfennig.[33] Mehr nach dem Geschmack des Herrn war wohl der fast so oft erwähnte Eberkopf, mit dem ein Bauer Namens Leysin pflichtschuldig an die Schlosspforte anklopfen gekommen war.[34] Eine solche Befragungsmethodik setzte die Vorstellung voraus, die umstrittenen Rechtsregeln seien schon vor ihrer Feststellung quasi objektiv vorhanden, im alltäglichen Handeln angelegt gewesen und ließen sich in der gleichen Art beweisen wie Tatsachen.

Erst diese Verfahrensform brachte Kundschaftsprotokolle hervor, die so detailreiche Einblicke in alltägliche Herrschaftspraktiken bieten. Selbst wo die Zeugen ausnahmsweise noch Gelegenheit erhielten, eigentliche Regeln zu formulieren, kleideten sie jetzt auch diese in Fakten ein. Damit gaben sie

31 Enquête Grenet (1396) ACV C IV Nr. 436.

32 Enquête Grenet (1396) ACV C IV Nr. 436 fol. 4r (Borcardus Rocual), 5r (Perrodus Bischollet), 5vf. (Cunradus Fiaz und Perrodus Mellin).

33 Enquête Grenet (1396) ACV C IV Nr. 436 fol. 6r (Cuanetus de Prela).

34 Enquête Grenet (1396) ACV C IV Nr. 436 fol. 6v (Heltmandus de Visi, Conradus de Melduno).

vor, die Regeln gerade nicht selbst in Worte gefasst zu haben, sondern beschrieben vergangene Ereignisse, die es ihnen erlaubten, eine normative Aussage Dritten als Zitat in den Mund zu legen. Solche Aussagen zielten darauf ab, das alltägliche Gerede über Rechte wiederzugeben und die Kenntnis der zitierten Regeln als Voraussetzung der Alltagsbewältigung auszuweisen.[35] In einer Kundschaft von 1437 über eine Abgabe, welche die Herren von Blonay auf die Weinernte erhoben, erinnert sich ein Zeuge, wie er in sehr jungem Alter seiner Schwester, die bereits verheiratet und in das Herrschaftsgebiet der Blonay umgezogen war, beim Weinlesen helfen ging. Abends habe er dann fassungslos zugeschaut, wie Amtleute des lokalen Herrn einen Teil der mühsam eingebrachten Ernte abholen kamen. Darauf habe er seine Schwester und – wohl weil er ihr nicht recht glauben konnte – auch noch seinen Schwager gefragt, wieso die Amtleute dies tun dürften. Beide hätten ihm darauf das Recht der Herrschaft so erklärt, wie er es jetzt gegenüber dem Kommissar wiedergab.[36] Die Feststellung des gültigen Rechts erscheint hier als Problem der Erhebung von Fakten über das alltägliche Handeln und Gehorchen der Bevölkerung.

Zweifellos im Zusammenhang mit der Veränderung der Aufgabe der Zeugen veränderte sich deren Zahl und soziale Zusammensetzung. Während sich im 13. Jahrhundert selten viel mehr als ein Dutzend Zeugen an Kundschaftsverfahren beteiligten, strebten die Kommissare im 14. Jahrhundert des Öfteren Zahlen um die 40 an, was der höchsten erlaubten Zahl der Personen entsprach, die eine Partei in kanonischen Zivilverfahren in den Zeugenstand berufen durfte.[37] Solche Zahlen kamen vor allem dadurch zustande, dass

35 Zu diesen Berichten und ihrer Entwicklung im Lauf der Zeit vgl. unten, Kp. 5.

36 Enquête Fief Blonay (1433) ACV Af 11 fol. 106rf.: »[...] sunt circa quator viginti anni lapsi a villagio de Brent ivit ad villagium de Terriez parochie de Blonay versus quondam eius soror vocatam Mermeta [...]. Et ibidem vidit quod dictus custos excolavit de una rella vindemne clarum seu unam partem clari grellate vindemne. Et tunc ipse testis interrogavit dictam Mermetam, quia quia [sic] idem testis erat bene iuvenis, qua re [...] excolebat clarum ac etiam interrogavit maritum dicte sue sororis. Quiquidem ambo dixerunt sibi teste loquenti quod erat pro garda que debebatur domino castri de Blonay« (Cappelanus Jordanus).

37 Vgl. Lepsius, *Zweifeln*, S. 57. Deutlich an der Zahl 40 orientierten sich Verfahren, die mit Hinblick auf Prozesse vor kirchlichen Gerichten erhoben wurden und bei denen pro Partei zwischen 38 und 40 Zeugen befragt wurden, beispielsweise: Kundschaft Ringgenberg (1303) FRB Bd. 4 S. 129–149 Nr. 117; Kundschaften Hilterfingen (um 1312) FRB Bd. 5 S. 65–78 u. 79–86 Nr. 34. Einige Beispiele zur Zahl der befragten Zeugen in anderen Kundschaften: Enquête Morges (1296) SDVD Bd. B2 S. 120–125 Nr. 107: 14 Zeugen; Moudon (1305) ACV C II Nr. 33: 23 Zeugen (die in der Teiledition angegebene Zahl von 19 Zeugen ist nicht korrekt, vgl. SDVD Bd. B2 S. 138 Nr. 118); Rüeggisberg (um 1335) FRB Bd. 5 S. 772–

vermehrt Leute befragt wurden, die die Protokolle als »Bauern« umschrieben,[38] während vielfach ein Dorfpfarrer als der ranghöchste Zeuge erschien.[39] Allerdings geht auch aus Aussagen sogenannter »Bauern« hervor, dass es sich dabei keineswegs nur um Vertreter der unteren Gesellschaftsschichten handelte, sondern häufig um die Inhaber kleinerer und kleinster Herrschaftsämter oder um Pächter von Zehnten, die am ehesten als Vertreter »oberbäuerlicher« Gruppen umschrieben werden können.[40]

An der Entstehung der ersten Beispiele von Kundschaftsaufzeichnungen, welche die streitige Frage in mehrere Artikel aufteilten, waren durchweg namhafte Rechtsspezialisten beteiligt. Die Befragung zu Morges führte der edelfreie Rechtsprofessor Nicholas de Saint-Germain durch. Im Streit um die Waldnutzung bei Ringgenberg verteidigten die lokalen Herren ihren Anspruch mit Hilfe eines »advocatus« der Konstanzer Kurie, des Magisters Heinrich von Rüttlingen. In den Konflikten um die Kirche Hilterfingen war einer der führenden zeitgenössischen Juristen des nördlichen Voralpenraums selbst Partei – nämlich Conrad Pfefferhard, dem das Kloster Interlaken die Pfarrpfründe von Hilterfingen verliehen hatte. Er war Propst des Chorherrenstifts St. Johann in Konstanz und ein bedeutender Sammler von Rechtshandschriften, der in Bologna studierte hatte.[41]

Unter dem Einfluss gelehrter Juristen hielten in Kundschaften über lokale Rechtsgewohnheiten Verfahrensformen Einzug, die sich am Vorbild römisch-kanonischer Zivil-, Infamations- oder Inquisitionsprozesse orientierten, wie sie sich von Südeuropa her ab der Mitte des 13. Jahrhunderts nördlich der Alpen verbreiteten. In solchen Prozessen mussten die Zeugen individuell

777 Nr. 730: je 25 Zeugen pro Partei; Schwamendingen (1344) StAZ C I Nr. 2996: 19 Zeugen; Pieterlen (1373) FRB Bd. 9 S. 359–371 Nr. 799: 117 Zeugen. Daneben wurden allerdings weiterhin Befragungen bei zwischen zehn und zwanzig Zeugen und vereinzelt auch solche mit weniger als zehn Zeugen durchgeführt, vgl. zum Beispiel Enquête Oron (1360) ACV IB 56 Nr. 71; Kundschaft Bursins (1374) ACV C VIIa Nr. 404.

38 Vgl. unten, Kp. 3.

39 Noch je ein Priester findet sich etwa unter den Zeugen in folgenden Aufzeichnungen: Enquête Corsier (1364) ACV C IV Nr. 354; Enquête Erlach (1403) AST 12 pq. 9 (Cerlier) Nr. 5. Weit häufiger und umfangreicher sind die Aufzeichnungen, in denen gar kein Zeuge mehr mit einem Titel ausgezeichnet ist, zum Beispiel Kundschaft Schwamendingen (1344) StAZ C I Nr. 2996; Kundschaft Oron (1360) ACV IB 56 Nr. 71; Kundschaft Pieterlen (1373) FRB Bd. 9 S. 359–371 Nr. 799; Kundschaft Amsoldingen (1389) FRB Bd. 10 S. 522–527 Nr. 107.

40 Vgl. unten, Kp. 3.

41 Enquête Morges (1296) SDVD Bd. B2 S. 120 Nr. 107; Kundschaft Ringgenberg (1303) FRB Bd. 4 S. 149 Nr. 118; Gmür, *Zivilprozesse*, S. 299, 303, 313, und Stelling-Michaud, *Université*, S. 58, 70, 84, 111, 225.

zur Belastung oder Entlastung des Angeklagten in einzelnen Punkten oder »articuli« aussagen.[42] Gemäß demselben Muster verengte sich jetzt auch der Spielraum der Befragten in Verfahren zur Rechtsfindung zunehmend darauf, einer Reihe von Indizien für das behauptete Rechtsverhältnis entweder zuzustimmen oder aber zu widersprechen.

Die Befragungen orientierten sich damit an der im römisch-kanonischen Prozess geltenden strikten Aufgabenteilung zwischen den Zeugen, die sinnliche Wahrnehmungen wiedergaben, und dem Richter, der daraus rechtliche Schlussfolgerungen zog.[43] Die Methoden zur Feststellung von Rechten und Tatbeständen näherten sich so stark an, dass in einzelnen Fällen beides fließend ineinander überging.[44] Durch die Übernahme dieser Verfahrensform veränderte sich die Verständigung über Rechtsgewohnheiten grundlegend. Die Wahrheit der Aussagen der Zeugen war nunmehr nicht mehr einfach durch deren Eid und deren Glaubwürdigkeit als Personen verbürgt, sondern einer kritischen Durchleuchtung durch den Vergleich von Einzelheiten in den Aussagen unterschiedlicher Zeugen zugänglich.

Im Ergebnis erscheinen die am Ende des 13. Jahrhunderts einsetzenden Veränderungen der Rechtskundschaften als Ausdruck eines grundlegenden Wandels des Rechtsverständnisses. In den Verfahren, die zu Beginn des untersuchten Zeitraums zum Einsatz gelangten, erschien die Feststellung von Rechtsgewohnheiten als eine Form der Konsensbildung unter Notabeln, die durchaus Verhandlungscharakter haben konnte. Dieser entfiel in den nach 1300 durchgesetzten Verfahren, in denen die Zeugen vermehrt aus den unteren Gesellschaftsschichten rekrutiert und im Einzelverhör über Indizien für das Vorliegen von Rechten befragt wurden. Den neuen Vorgehensweisen lag die Vorstellung zugrunde, Rechtsregeln könnten in der gleichen Weise wie Fakten erkannt, bewiesen und gewusst werden.

Innovationen der territorialherrlichen Kanzleien

Im Lauf des 14. Jahrhunderts setzten sich die neuen Verfahren der Erhebung von Rechtskundschaften im ländlichen Gebiet des gesamten Untersuchungs-

42 Jeweils mit weiterführender Literatur: Lepsius, *Zweifeln*, S. 3–24; Litewski, *Zivilprozess*, Bd. 2 S. 379–419; Gilomen, *Rotamanualien*, S. XV–XVII; Stelling-Michaud, *Univérsité*; Caenegem, *History*, S. 11–23. Für ein Beispiel für einen solchen Prozess aus dem untersuchten Raum vgl. Junod, *Enquète*.

43 Lepsius, *Zweifeln*, S. 87–96.

44 Vgl. Enquête Estavayer (1337) ACV C IV Nr. 224 bis.

raums durch – auch bei kommunalen Herrschaftsträgern wie Bern, Zürich und Luzern.[45] Bis zum 16. Jahrhundert gehörte diese Verfahrensform zum Standardvorgehen des Reichskammergerichts, das, bevor es urteilte, verschiedentlich in dieser Weise abklärte, welche Rechtsgewohnheiten in der betroffenen Region galten.[46] Allerdings erfuhren die Formen der Zeugenbefragung besonders während des 15. Jahrhunderts auch einige auffällige Modifikationen. Vor allem Herrschaften mit territorialen Herrschaftsansprüchen begannen im 15. Jahrhundert Kundschaften durchzuführen, die nicht mehr nur örtliche Rechtsverhältnisse untersuchten, sondern darauf abzielten, Regeln zu beweisen, die in ihrem ganzen Territorium oder doch in größeren Unterabschnitten wie Ballivaten, Landvogteien oder Ämtern Gültigkeit beanspruchen konnten.

Solche Zielsetzungen verlangten eine erneute Abkehr vom Vorbild des römisch-kanonischen Prozesses. So überschritten die Kommissare jetzt das vom kanonischen Recht vorgeschriebene Maximum von 40 Zeugen oft bedenkenlos. In einer 1484 im Auftrag des Gerichts der Stadt Konstanz durchgeführten Kundschaft kamen beispielsweise zugunsten einer einzelnen Streitpartei nicht weniger als 349 Zeugen zu Wort.[47] Außerdem passten die Kanzleien die Befragungsverfahren an die jeweiligen herrschaftstopographischen Bedingungen an.[48] Im Folgenden sollen zwei solche Sonderentwicklungen vorgestellt werden. Zunächst sind kurz neue Vorgehensweisen der städtischen Territorialverwaltungen wie jener von Bern oder Zürich zu beschreiben, die vermehrt die örtlichen Dinggerichte im Umland in Kundschaftsverfahren einbanden. Anschließend folgen mehrere Abschnitte zu den Veränderungen, die savoyische Gerichte für das Waadtland an herkömmlichen Kundschaftsverfahren vornahmen. Denn dort kommt besonders deutlich zum Ausdruck, wie die Ausrichtung auf Regeln, die einheitlich innerhalb größerer geographischer Räume gültig sein sollten, weitere Veränderungen des Verständnisses ungeschriebener Rechtsgewohnheiten nach sich zog.

45 Zum Beispiel: Urkunde Bern (1305) FRB Bd. 4 S. 227f. Nr. 196; Urkunde Bern (1308) FRB Bd. 4 S. 319 Nr. 286; Urkunde Bern (1323) Bd. 5 S. 243 Nr. 29; Kundschaft Schwamendingen (1344) StAZ C I Nr. 2996; Kundschaft Zug (1399) UBZG Bd. 1 S. 138–140 Nr. 313; Kundschaft Regensberg (1409) StAZ C I Nr. 2690.

46 Schunka, *Visualisierung*.

47 Maurer, *Gedächtnis*, S. 185.

48 Zu dieser Problematik: Weitzel, *Wege*.

Dinggerichte und städtische Territorialherrschaft

Die Gerichte der eidgenössischen Städte mit großen Territorien kamen ab der Mitte des 15. Jahrhunderts allmählich davon ab, Kundschaften allein durch herumreisende Kommissare aufnehmen zu lassen. Stattdessen baten entweder das Gericht oder die Streitparteien ganze Reihen ländlicher Dinggerichte oder kleinstädtischer Lokalgerichte innerhalb des betroffenen Territoriums, Zeugen über das geltende Recht zu verhören. Die lokalen Richter befragten dann Zeugen, die ihrer Jurisdiktion unterstanden und ließen die Ergebnisse in der Form von Urkunden aufzeichnen, die sie selbst besiegelten.[49]

Beispielsweise präsentierte das Kloster Interlaken um 1478 als Partei vor dem Ratsgericht der Stadt Bern eine so entstandene Serie von Urkunden, um ihr angebliches Recht auf die hohe Gerichtsbarkeit und die Fischereirechte über den Thunersee gegen Ansprüche des benachbarten Städtchens Thun zu verteidigen. Im Vorfeld der Gerichtsverhandlung hatte der Propst des Klosters nacheinander vor den Dinggerichten kleiner Lokalherrschaften wie Aeschi, Unspunnen, Krattigen, Spiez und Interlaken vorgesprochen und die jeweiligen Richter gebeten, vor Ort lebende Zeugen zu befragen. Der Richter der Gerichtsherrschaft Interlaken, die dem Kloster selbst unterstand, hatte über zwei Tage verteilt sogar vier verschiedene Urkunden ausgestellt, um die Aussagen für jede der kleinen zum Gerichtskreis gehörigen Siedlungen separat festzuhalten, je eine für Flüeh, Leissigen, Habkern und den Hauptort Interlaken selbst.[50] Sein Vorgehen ist bezeichnend dafür, dass weniger die einzelnen Zeugen, sondern deren Wohnorte die hauptsächlichen Untersuchungseinheiten solcher Verfahren bildeten.

Zwar untersuchten alle angefragten Dinggerichte dieselben, durch den Propst formulierten Fragen, aber offenbar durften sie sich dabei ganz unterschiedlicher Methoden bedienen. Um die Aussagen der beiden prominentesten Zeugen aus der ausgesprochen kleinen Herrschaft Unspunnen festhalten zu können, entstanden dort beispielsweise zwei verschiedene Urkunden. In der ersten erscheint der örtliche Herr selbst als Aussteller und als Richter, der seinen Amtmann als Zeugen befragte. In der zweiten tauschten die beiden

---

49 Teiledition in: RQAG Bd. 1.2/2 S. 5ff. In ähnlicher Form verschriftet ist die Kundschaft über die Grenzen zwischen dem Aargauer Eigenamt und der Stadt Brugg, teilweise ediert in: RQAG Bd. 2.2/1 S. 34–37. Sie besteht aus einer Serie von Gerichtsurkunden aus einem engen Umkreis, der die Orte Villmergen, Lenzburg, Säckingen und Birmensdorf umfasst.

50 StAB Urkunden F Interlaken 1478.10.30 und 31.

ihre Rollen, so dass der Amtmann jetzt festhielt, was er erfuhr, als er als Richter seinen eigenen Herrn einer Zeugenbefragung unterzog.[51] Wieder anders machte es der Richter des Dorfgerichts von Krattigen. Er sagte zuerst selbst namens aller Anwesenden über die streitigen Rechtsverhältnisse aus, wozu er anschließend vier weitere Bewohner des Orts Ergänzungen machen ließ.[52] Besonders der Grundsatz, die Zeugen in Einzelverhören zu befragen, der seit der Zeit um 1300 weithin beachtet worden war, scheint in diesen Vorgehensweisen stark aufgeweicht – dafür beteiligten sich an diesen Verfahren auch wieder lokale Notabeln. Solche Vorgehensweisen erinnern aus der Ferne an Befragungsmethoden des 13. Jahrhunderts. Sie lassen sich jedoch kaum durch ein Fortleben der alten Verfahren erklären. Denn trotz ihrer Verschiedenheit hielten alle diese Befragungsformen an der seit dem 14. Jahrhundert durchgesetzten Ausrichtung auf Indizien für die Existenz von Rechten fest. Die Delegation der Verhöre an die Dinggerichte entsprach einem gerade für das späte 15. Jahrhundert kennzeichnenden Bedürfnis, Rechte als Eigenheiten von räumlichen Einheiten auszuweisen.

Kundschaftsverfahren, die nachweisen sollten, dass Rechtsregeln innerhalb von größeren geographischen Räumen einheitlich anerkannt wurden, mussten der rechtlich-politischen Strukturierung dieser Räume Rechnung tragen. Die herrschaftstopographischen Verhältnisse der Region um den Thunersee, in der die Befragungen von 1478 durchgeführt wurden, waren für weite Teile der zeitgenössischen deutschen Schweiz charakteristisch: In der einen oder anderen Rechtsform unterstanden zwar alle betroffenen Dörfer und Herrschaften derselben Oberherrschaft, nämlich jener der Stadt Bern, deren Gericht den Streitfall ja letztlich auch entschied. Weite Teile des Rechtswesens und die lokalen Gerichte waren aber fest in der Hand unterschiedlicher kleiner und kleinster weltlicher und geistlicher Twingherren, die lokale grund- und beschränkte gerichtsherrliche Rechte ausübten. Diese hätten es durchaus als Übergriff auf ihre Gerichtskompetenzen verstehen können, wenn ihre Abhängigen von Kommissaren der Stadt Bern in zentralisierter Form als Zeugen verhört worden wären. Solche Spannungen ließen sich durch die Delegation der Befragung an die Gerichte der lokalen Herren vermeiden. Die Aufzeichnung des Befragungsergebnisses in einer Reihe von

51 StAB Urkunden F Interlaken 1478.10.28 (zwei Stücke, ausgestellt am Gericht von »Gsteig« – heute Gsteigwiler bei Wilderswil –, dem Gerichtsort der Herrschaft).

52 StAB Urkunden F Interlaken 1478.10.28. Vergleichbar: Urkunden Brugg (1480) RQAG Bd. 2.2 S. 29.

lokal ausgestellten Urkunden spiegelte die komplexe herrschaftliche Struktur des Raums, in dem die gesuchten Rechte Anerkennung genießen mussten.

Von der »opinio« zur »veritas»

Auch im Waadtland zielten Kundschaftsverfahren während des 15. Jahrhunderts vermehrt auf den Nachweis der Anerkennung ungeschriebener Regeln innerhalb ausgedehnter geographischer Räume ab. Diese Entwicklung fand hier allerdings unter den Voraussetzungen einer territorialen Herrschaftsorganisation statt, die ungleich viel stärker zentralisiert war als die Territorien des deutschen Sprachraums. Das Privileg der Waadtländer, nach ihren eigenen Rechtsgewohnheiten beurteilt zu werden,[53] warf neue Probleme auf, als Streitparteien vermehrt von den lokalen Gerichten an die zentralen savoyischen Gerichte appellierten. Denn diese stützten sich hauptsächlich auf das gelehrte Recht ab und waren mit Gepflogenheiten der regionalen Gerichte kaum vertraut. Der Klärung bedurften hier nicht mehr nur diejenigen Rechtsgewohnheiten, die lokale Jurisdiktions- und Herrschaftsrechte betrafen und typische Gegenstände von Kundschaftsverfahren des frühen 14. Jahrhunderts gebildet hatten. Vor dem zentralen Gericht konnten sich Waadtländer Streitparteien überdies darauf berufen, ihre »consuetudines« umfassten spezifische Regeln des Verfahrens-, Erb- oder Zivilrechts. Zu solchen Behauptungen konnten die Richter und Geschworenen der lokalen Waadtländer Gerichte selbst Stellung beziehen, während sie vor zentralen savoyischen Gerichten als Gegenstand eines spezialisierten regionalen Wissens erschienen, über das nur externe, aus der betroffenen Region stammende Experten verbindlich Auskunft geben konnten.

Die territorialherrlichen Gerichte boten deshalb verschiedentlich Notabeln aus dem Waadtland auf.[54] Dabei kam ein Verfahren zum Zug, von dem Zeugen einer Kundschaft im Jahr 1437 sagten, dass es seit einigen Jahren außer Übung gekommen sei, an dem sich aber einige noch selbst beteiligt hatten. Gemäß ihren Erinnerungen hatte der herzogliche Rat jeweils einzelne Persönlichkeiten aus mehreren Städten der Waadt, meist namhafte Adlige oder vor Ort tätige Notare, brieflich an den Hof zitiert. Diese nahmen dann am Gerichtsverfahren teil und gaben nach Bedarf darüber Auskunft, wie sie bestimmte Fragen an den heimischen Gerichten entscheiden würden. Dabei sprachen sich die Waadtländer jeweils untereinander ab, bevor einer im Na-

53 Vgl. oben, S. 34.
54 Poudret, *Coutumes*, Bd. 1 S. 407f.

men aller antwortete. Die Befragten, dies wurde 1437 aus der Retrospektive besonders betont, wurden also nicht etwa verhört, sondern äußerten sich als Berater und Experten (»non [...] per modum examinis, sed ad consulendum et informandum animum iudicis«). Ihre Aufgabe habe im »opinionem dicere« bestanden.[55] Da die Zeugen der ganzen Verhandlung beiwohnten, hatten sie die Möglichkeit, ihre »opiniones« zu praktisch jedem Aspekt des Rechts zu äußern, der für die Abwicklung des Gerichtsverfahrens relevant war.

Aufgrund der hohen gesellschaftlichen Stellung der Beteiligten und der Art, in der diese untereinander verhandelten, erinnert dieses Vorgehen an Zeugenbefragungen des 13. Jahrhunderts. Auch in diesem Fall ist allerdings eine direkte Kontinuität unwahrscheinlich. Denn solche Vorladungen von Beratern aus dem Waadtland an den savoyischen Hof lassen sich erst für das Ende des 14. Jahrhunderts einigermaßen deutlich fassen und entsprachen wahrscheinlich auch Bedürfnissen, die sich erst damals im Zug der vermehrten Eingriffe der territorialherrlichen Zentrale in das regionale Geschehen verstärkten.

Im Lauf des 15. Jahrhunderts griff die Methode der rigorosen Einzelverhöre auch auf Befragungen zu allgemein verbindlichen Rechten über. Für das Jahr 1430 ist erstmals ein noch sehr umstrittener Versuch eines zentralen savoyischen Gerichts bezeugt, auch Notabeln Einzelverhören zu unterziehen. Das Gericht hatte damals einen Streit zwischen zwei Richtern der Stadt Lausanne zu beurteilen, von denen einer die lokalen Jurisdiktionsrechte des Herzogs von Savoyen und der andere jene des Bischofs von Lausanne ausübte. Beide Richter hatten eine Klage eines Lausanner Bürgers behandelt und sich gegenseitig bezichtigt, ihre respektiven Jurisdiktionsrechte überschritten zu haben.[56] Wie in früheren Streitfällen, die es nach den Waadtländer Rechtsgewohnheiten zu beurteilen galt, zitierte das territorialherrliche Gericht auch diesmal Notabeln aus der Region. Zehn Männer aus verschiedenen Waadtländer Städtchen wie Moudon, Vevey und Lutry wurden an

55 Enquête d'Aubonne (1437) SDVD Bd. A1 S. 43 (Petrus Amine), vgl. S. 53 (Iohannes Got), 73 (Jacquetus de Montrichier). Weitere Beispiele bei Poudret, *Coutumes*, Bd. 1 S. 61.

56 Enquête de Thonon (1430) AST Corte 12 pq. 4 Nr. 3. Aufgrund einer neueren Kopie im ACV auszugsweise ediert in SDVD Bd. A1 S. 3–16. Der Streitfall reihte sich in schon Jahrzehnte dauernde Konflikte zwischen Savoyen und dem Bischof über ihre respektiven Gerichtsrechte in der Stadt ein, die aber im aktuellen Streitfall nicht grundsätzlich, sondern nur im Hinblick auf Einzelheiten des Verfahrens des Weiterzugs von Urteilen zur Debatte standen. Vgl. Reymond, *Avoué*.

den herzoglichen Hof gebeten.[57] Auch diesmal handelte es sich bei den Vorgeladenen um Inhaber hoher Ämter, die zum Teil Adelstitel trugen, zumindest aber lizenzierte Notare waren.[58] Die wenigsten dieser Männer hatten zum ersten Mal ein Aufgebot zu einer Reise an den landesherrlichen Gerichtshof erhalten. Fünf von ihnen wurden einige Jahre später in der erwähnten Kundschaft von 1437 als Beispiele für Experten genannt, die in der Vergangenheit wiederholt vorgeladen worden seien, um savoyische Gerichte zu beraten.[59]

Anders als bei früheren Gelegenheiten blieb den Notabeln diesmal der Zugang zur eigentlichen Gerichtsverhandlung verwehrt. Stattdessen fingen Kommissare des Gerichts sie schon in ihrer Herberge ab und legten ihnen eine Liste mit neun Artikeln vor, die einzelne von den beiden zerstrittenen Lausanner Richtern befolgte Verfahrensschritte beschrieben. Über deren Rechtmäßigkeit sollten sich die Notabeln in Einzelverhören äußern. Die meisten der Notabeln lehnten dies als Verletzung ihres angestammten Rechts auf Beratungen unter sich ab. Weiter argumentierten sie, man dürfe Fragen danach, was rechtens sei, nicht beantworten, ohne sich zuvor beide Streitparteien und deren Argumente an einem dazu vorgesehenen Ort und Zeitpunkt angehört zu haben.[60] In der Antwort der Zeugen äußert sich zum einen Skepsis dagegen, ungeschriebene Rechtsregeln als Gegenstände eines feststehen-

57 Anders als die meisten savoyischen Kundschaftsprotokolle dieses Zeitraums verzeichnet das Protokoll die Personalien der Zeugen nur sehr lückenhaft, was ebenfalls auf seinen experimentellen Charakter hinweist. Die meisten der verhörten Zeugen lassen sich allerdings aufgrund ihrer Erwähnung in anderen Quellen identifizieren. Aus Moudon waren dabei: Mermet d'Etoy und Pierre Arma (Arme), vgl. ACV Af 11 fol. 174v und SDVB Bd. A1 S. 326. Aus Vevey: Johanes Got, vgl. ACV Af 11 fol. 81v (1433), SDVD Bd. A1 S. 51 (1437), ACV IB 148 Nr. 263 Bl. 8 (1337), und Pierre Tornier gemäß ACV Af 11 fol. 51r (1433). Aus Lutry: Guido Crosserens, vgl. ACV Af 11 fol. 109v (1433), ACV C IV Nr. 460 fol. 6r (1446), und Michod Crosserens, vgl. ACV Af 11 fol. 159–167 (1433).

58 Guido Crosserens, vgl. ACV Af 11 fol. 109v (1433), der später Locumtenens des bischöflichen Bailli de Lausanne wurde, vgl. ACV C IV Nr. 460 fol. 6r (1446), sowie Michod Crosserens, vgl. ACV Af 11 fol. 159–167 (1433), und Johannes Got, vgl. SDVD Bd. A1 S. 51 (1437). Pierre Tornier wird als »docimcellus« betitelt in ACV IB 148 Nr. 263 Bl. 6 (1437, Vidimus von 1467), Jacobus de Glana wird anderorts als »noibilis« umschrieben, vgl. SDVD Bd. A1 S. 135 (1439).

59 Vgl. Enquête d'Aubonne (1437) SDVD Bd. A1 S. 28–80 mit Erwähnungen von Johannes Got (S. 41), Udriod Ysabelle (S. 41, 45, 53, 67), Pierre Tornier (S. 41, 45), Mermet d'Etoy (S. 53, 63) und Jacobus de Glana (S. 41, 45, 53, 67, 77).

60 Enquête de Thonon (1430) SDVD Bd. A1 S. 13: »[...] iste punctus decidi, declarari vel determinari non potest nec debet secundum dictam consuetudinem, donec auditis prius partibus et eorum iuribus et allegacionibus allegandis tempore et loco opportunis.«

den Wissens zu behandeln, über das man im Wirtshaus gewissermaßen als Schulbeispiel theoretisieren könnte. Zum andern empfanden die Notabeln Einzelverhöre, denen nach dem damaligen Erfahrungshorizont nur Bauern unterzogen wurden, zweifellos als Beschneidung ihrer Partizipationsmöglichkeiten in der Rechtsfestlegung.

Offenbar waren die savoyischen Hofjuristen entschlossen, sich über solche Bedenken hinwegzusetzen. Ab den 1430er-Jahren führten savoyische Gerichte regelmäßig Einzelverhöre von Notabeln durch, um immer weitere Aspekte einer für alle Waadtländer verbindlichen Rechtsordnung zu klären. So kam es etwa zu Kundschaften über gerichtliche Verfahrensregeln,[61] über die Anforderungen, denen Urkunden genügen mussten, um als Beweismittel anerkannt zu werden[62] oder über Aspekte des Erb-, Vertrags- und Pfandrechts.[63] Allmählich erweiterte sich dabei das Spektrum der Rechtsgewohnheiten, von denen angenommen wurde, dass sie sich gewissermaßen objektiv, durch Einzelverhöre feststellen ließen.

Widerstand der Befragten ist in der Folge nicht mehr aktenkundig; gegenüber dem Vorgehen im Jahr 1430 modifizierten die Gerichte das Verfahren allerdings auch in zweierlei Hinsicht. Erstens bestellten die zentralen savoyischen Gerichte die Zeugen nicht mehr wie früher an den Hof, sondern sandten Kommissare von einer Waadtländer Stadt zur anderen, um sie an ihren jeweiligen Wohnorten befragen zu lassen. Zweitens legten die Kommissare den Zeugen nicht mehr den Gerichtsfall selbst vor, sondern fragten nach Indizien für das Vorliegen genereller Rechtsregeln. Hierzu äußerten die Zeugen noch oft wie früher am territorialherrlichen Hof ihre »opiniones«, indem sie beispielsweise sagten, wie sie eine streitige Frage entscheiden würden, wenn sie als Richter oder Geschworene lokaler Gerichte mit diesen konfrontiert wären.[64] Mit solchen Meinungsäußerungen gaben sich die Kommissare nicht mehr zufrieden. Das neue Verfahren verlangte Tatsachen-

---

61 Enquête Fief Blonay (1433) ACV Af Nr. 11 fol. 1v »articuli ad probandum admissi 12 dies martii« Nrn. 5–14; Enquête de Chalon (1470/71) SDVD Bd. A1 S. 308 »articuli quinto loco traditi« Nr. 3; Enquête Blonay (1437) SDVD Bd. A1 S. 87 Art. Nr. 10.

62 Enquête de Gruyère (1439) SDVD Bd. A1 S. 107 Art. Nrn. 1 u. 2; Enquête de Chalon (1470/71) SDVD Bd. A1 S. 308 Art. V.3.

63 Enquête de Chalon (1470/71) SDVD Bd. A1 S. 167–172 (Art. I.14–20), 173f. (Art. III.2), 175f. (Art. IV.2); Enquête Blonay (1437) SDVD Bd. A1 S. 87 Art. Nr. 10, für eine vollständige Liste der Fragen vgl. das Original ACV IB 148 Nr. 263.

64 Zum Beispiel Enquête Blonay (1437) SDVD Bd. A1 S. 90 »[...] ipseque testis [...] sic cognosceret et iudicaret si sibi in iudicio foret petitum« (Jean Pitet), vgl. 91 (Jean Cagny und Pierre d'Aubonne), 93 (Michel Martigniez), 95 (Antoine Aubert), 96 (Jean Got), 97 (Antoine Bonjour); Enquête de Chalon (14701/71) SDVD Bd. A1 S. 230 (Jacques Praz),

berichte, und die Kommissare fragten die Zeugen insistent weiter, von welchem Gericht sie wüssten, dass es ein solches Urteil tatsächlich gefällt hätte, wer damals Richter, wer Streitpartei gewesen sei und in welchem Jahr, in welchem Monat und an welchem Tag sich dies ereignet hatte.[65] Wie zuvor schon einzelne lokale Herrschaftsrechte wurden jetzt auch Elemente einer allgemeinverbindlichen Rechtsordnung im Rahmen eines Verfahrens erschlossen, das voraussetzte, dass sich ungeschriebene Rechte auf der Grundlage von Indizien wahrheitsgemäß feststellen ließen.

Das regionale Gewohnheitsrecht als Unterstellung neuer Verfahrensformen

Die Angleichung der Verfahren ermöglichte jetzt Befragungen, in denen die Kommissare im gleichen Zug sowohl partikuläre Rechte einzelner Herren als auch allgemeinverbindliche Regeln untersuchten, die in einem gegebenen Gerichtsfall zur Debatte standen. Dabei zerfielen die Zeugen in zwei sozial unterschiedlich zusammengesetzte Gruppen, die je eigene Frageserien beantworten mussten. Zum einen kamen am Ort des Streitgegenstandes ansässige bäuerliche Zeugen zu Wort. Ihnen legten die Kommissare praktisch ausschließlich Fragen nach Indizien für die Gültigkeit eines streitigen lokalen Herrschaftsrechts vor. Zum andern äußerten sich hochrangige Zeugen zu Indizien für die Gültigkeit weithin anwendbarer Regeln des Verfahrens- oder Zivilrechts: Edelfreie, Ritter, Notare und hohe Amtsträger der herzoglichen Verwaltung wie Baillis, Kastellane, Richter und Steuerkommissare. Letztere stammten nicht aus einem einzelnen Ort, sondern vertraten alle größeren Städte des Territoriums.[66]

233 (François de Billens), 234 u. 236f., 238f. (Jaquet Amedei), 241 (Jacques Bise), 246 (Name nicht überliefert), 247 (Richard Rossel).

65 Besonders eindringliche Nachfragen enthält etwa Enquête Fief Blonay (1433) ACV Af Nr. 11 zum Beispiel fol. 133r–134r (Verhör des Johannes de May). Für zwei Kundschaften sind Anleitungen zu solchen Nachfragen überliefert: Enquête de Gruyère (1439) und Enquêtes de Chalon (1470/71) SDVD Bd. A1 S. 141, 179–188, 311–314 und als Beispiel S. 184: »[...] et si [die Zeugen] dicant quod viderunt judicari et fieri contra ipsam regulam, interrogentur in quibus casibus et quod ipsus casus speciffice et ad longum declarent, et quot vicibus et quo tempore, de anno scilicet mense et die et in quo loco et de loco loci et pro quibus rebus et inter quas personas et per quos, et an ipsi casus fuerint positi in disceptacione inter consuetudinarios [...] et inter quos consuetudinarios, et an ipsi fuerunt decisi et per quod fuerunt decisi, et quo tempore, de anno scilicet mense et die, et in quo loco et de loco loci [...].«

66 Besonders ausgeprägte Beispiele solcher Aufteilungen bieten: Enquête Fief Blonay (1433) ACV Af Nr. 11; Enquête Blonay (1437) ACV IB 148 Nr. 263; Enquêtes de Chalon (1470/71)

In einem Prozess aus dem Jahr 1437 stritten sich beispielsweise Vertreter der adligen Familien Blonay und Champion um einige lokale Herrschaftsrechte in der Umgebung des Städtchens Bulle. Die Blonay behaupteten, ihre Vorfahren hätten diese Rechte ungestört ausgeübt, bis sie diese den Champion, bei denen sie sich verschuldet hatten, als Pfänder überlassen mussten. Mittlerweile seien ihre Schulden durch die jährlichen Erträge aus den Herrschaftsrechten abgegolten. Gemäß den Rechtsgewohnheiten der Region seien ihnen deshalb die Pfänder zurückzuerstatten. Die Kundschaft, mit der die Blonay ihren Standpunkt beweisen wollten, zerfiel in zwei Teile: Einerseits äußerten sich Leute aus den betroffenen Dörfern darüber, ob die Vorfahren der jetzigen Blonay die streitigen Herrschaftsrechte bis zur Verpfändung ungestört hatten ausüben sehen.[67] Anderseits wurden Notabeln aus dem ganzen Waadtland über das geltende Pfandrecht befragt.[68]

Bis zu einem gewissen Grad entsprach die Zuweisung spezifischer Fragen an Vertreter unterschiedlicher Schichten gruppenspezifischen Erfahrungshorizonten. Mit den Einzelheiten lokaler Herrschaftsrechte dürften sich Vertreter der davon direkt betroffenen lokalen Bevölkerung tatsächlich besonders gut ausgekannt haben. Ebenso verfügten wohl Notabeln, die sich regelmäßig als Schöffen, Richter oder Notare an der Rechtsprechung beteiligten, am ehesten über umfassende Kenntnisse ungeschriebener Regeln des Verfahrens- und Zivilrechts. Allerdings hätten sich zu manchen der Fragen, die Notabeln vorbehalten blieben, zweifellos auch viele Bauern aufgrund eigener Erfahrungen äußern können, etwa zu den Modalitäten der Rückgabe von Pfändern. Die Zweiteilung beruhte einmal darauf, dass Befragungen zu partikulären und allgemeinverbindlichen Domänen des Rechts aus zwei unterschiedlichen Verfahren herausgewachsen waren. Doch auch im 15. Jahrhundert blieb es bei zweigeteilten Verfahren, obgleich sich unterdessen für beide Domänen die gleichen Befragungstechniken durchgesetzt hatten. Hierzu trug wohl auch bei, dass die Unterteilung der Zeugen gerade den für den Übergang zur Neuzeit charakteristischen Vorstellungen über eine Gliederung der Bevölkerung in ständische, mit unterschiedlichen politischen Kompetenzen ausgestattete Gruppen entsprach. Offenbar bestand eine Verbindung zwischen in dieser Zeit aufkommenden Vorstellungen: solchen über ein einheitliches, wenn auch in unterschiedliche Domänen zerfallendes regi-

SDVD Bd. A1 S. 159–521.

67 Enquête Blonay ACV (1437) IB 148 Nr. 263 Membrane 1–6, die ersten 28 Zeugen.

68 Enquête Blonay ACV (1437) IB 148 Nr. 263 Membrane 7–9, nur dieser Teil des Kundschaftsprotokolls ist ediert in SDVD Bd. A1 S. 87–97.

onales Gewohnheitsrecht und solchen über eine einheitliche, wenn auch hierarchisch in Stände gegliederte territoriale Bevölkerung.[69]

Die Ausbreitung des neuen Verfahrens war Bestandteil eines umfassenden Wandels der kulturellen Wahrnehmung von Rechtsgewohnheiten. Es war kaum ein Zufall, dass der erste nachweisbare Versuch eines savoyischen Gerichts, auch allgemeinverbindliche Regeln in der Form von Einzelverhören zu untersuchen, gerade auf das Jahr 1430 fiel. In demselben Jahr erließen die Herzöge von Savoyen mit den »Statuta Sabauda« erstmals einen umfassenden Landrechts-Kodex, der eigentlich für alle ihre Territorien hätte gelten sollen. Für das Waadtland musste dieser Geltungsanspruch auf Druck der dortigen Ständeversammlung zwar wieder zurückgenommen werden, denn diese beharrte auf dem Privileg der Waadtländer, nach ihren eigenen Rechtsgewohnheiten beurteilt zu werden.[70] In der Folge veränderte sich aber die Wahrnehmung der ungeschriebenen Rechtsregeln des Waadtlands dennoch.

Besonders die Juristen am zentralen territorialherrlichen Hofgericht verstanden die Waadtländer Rechtsgewohnheiten offensichtlich in Analogie zum Landrecht, das im übrigen Territorium galt, oder zum »jus commune«, in dem sie geschult waren. Solche »jurisperiti« legten den Befragungen im Lauf des 15. Jahrhunderts immer ausführlichere und komplexere Interrogatorien zugrunde.[71] Dies war mit neuen Bestrebungen verbunden, die jeweils untersuchte Regel in einen kohärenten Normenbestand einzuordnen. So konnte jetzt beispielsweise eine Kundschaft über die Gültigkeitskriterien von Testamenten auch weitläufige Anschlussfragen umfassen, welche Einschränkungen der Testierfreiheit das Erbrecht schlechthin oder Merkmale rechtskräftiger Dokumente im Allgemeinen betrafen. Dazu konnten sogar so grundlegende Fragen kommen, wie was man in der Region unter einem »Besitzer« oder einer »Pertinenz« verstehe,[72] welche Bedeutung man mit Begriffen wie »manifest« und »notorisch« verbinde,[73] oder was eigentlich eine

69 Vgl. zur Ausbildung eines durch Rechtsaufzeichnungen propagierten Bewusstseins für die Existenz eines einheitlichen »Landes«, einer »patria Vuaudi« und einer zugehörigen Bevölkerung: Ciardo/Morerod, *Patrie.*

70 Morerod/Tappy, *Introduction*; Poudret, *Coutumes*, Bd. 1 S. 129f., mit weiterführender Literatur.

71 Besonders elaboriert zum Beispiel Enquêtes de Châlon (1470/71) SDVD Bd. A1 S. 179–188, 311–314 und (im nicht edierten Teil) ACV Af 5 Nr. 2 fol. 8.

72 Enquêtes de Chalon (1470/71) SDVD Bd. A1 S. 181.

73 Enquête Fief Blonay (1433) ACV Af Nr. 11 fol. 18r und dann 59–193 jeweils ad Art. 18; Enquête d'Aubonne (1437) SDVD Bd. A1 S. 28–80 jeweils ad Art. 7; Enquête de Gruyère (1437) SDVD Bd. A1 S. 141; Enquêtes de Chalon (1470/71) SDVD Bd. A1 S. 188, 314.

»consuetudo« als solche sei.[74] In einem solchen Vorgehen äußert sich deutlich die Auffassung, die jeweils gesuchten Rechtsgewohnheiten bildeten Bestandteile eines reichhaltigen, systemhaften Normenbestands, eben eines Gewohnheitsrechts. Ein solches ließ sich eigentlich nur in Analogie zu einer geschriebenen Rechtssammlung – gewissermaßen als ein ungeschriebenes Rechtsbuch – in dieser Weise denken.

Zur Ausbildung der Vorstellung, dass es ein so beschaffenes regional einheitliches Gewohnheitsrecht gab, mögen viele Faktoren beigetragen haben. Bis zu einem gewissen Grad erfuhren die verschiedenen lokalen Rechtssprechungen des Waadtlands wohl tatsächlich eine Vereinheitlichung.[75] Die neuen Kundschaftsverfahren machten allerdings die Vorstellung eines regional einheitlichen ungeschriebenen Rechtssystems gerade auch in Bereichen operationalisierbar, in denen die bisherige Praxis offensichtlich noch keine ausreichende überlokale Verbindlichkeit erzeugt hatte. Es war gerade die Anlage des Verfahrens selbst, die schon weitgehend voraussetzte, dass eine Regel, sofern sie überhaupt Verbindlichkeit beanspruchen konnte, Teil eines kohärenten Regelsystems des Waadtlands und das Wissen um sie innerhalb dieses ausgedehnten Raums nachweisbar sein musste.[76]

Das Gewohnheitsrecht als Expertenwissen

Im weiteren Verlauf des 15. Jahrhunderts richteten sich die savoyischen Kundschaftsverfahren im Waadtland zunehmend darauf aus, die Kompetenz der Zeugen in Rechtsfragen zu überprüfen. Dies äußert sich etwa darin, dass die Kundschaftsprotokolle immer ausführlichere Angaben zur Person der Zeugen festhielten. Schon seit der Zeit um 1300 vermerkten viele Befra-

74 Enquête Fief Blonay (1433) ACV Af Nr. 11 fol. 26r–192v ad Art. 6 der am 12. März zugelassenen Serie; Enquête de Gruyère (1439) SDVD Bd. A1 S. 115-139 jeweils ad Art. 3; Enquêtes de Chalon (1470/71) SDVD Bd. A1 S. 223 (Jacques Praz)

75 Gallone, *Organisation*, S. 24–43, bes. 24f.

76 Allerdings fragten die Kommissare die Zeugen manchmal, ob an ihrem Wohnort überhaupt die »consuetudo« der Waadt gelte. Damit zogen sie die Möglichkeit in Betracht, dass einzelne Ortschaften – etwa die als Enklaven im savoyischen Territorium liegenden Herrschaftsgebiete des Bischofs von Lausanne oder über alte Stadtrechte verfügende Städte – nicht zum Einzugsgebiet der Waadtländer Rechtsgewohnheiten gehörten, sondern ihren eigenen Rechten unterstanden, die aber ebenfalls als räumlich definierte Normensysteme verstanden wurden. Enquête Fief Blonay (1433) ACV Af Nr. 11 fol. 168r–169v (Johannes Seraceni); Enquêtes de Chalon (1470/71) SDVD Bd. A1 S. 248 (Henri Chastel), 267 (Jean Criblet), 316, 331 (Barthélémy de Saint-Martin), 482 (Nycod Thomas), 483 (Pierre Morroni), 513 (Girard de Moudon), 515 (Anselme Griset), 518 (Jacques Banquetaz).

gungsprotokolle neben dem Namen auch Wohnort, Alter und Stand jedes Zeugen.[77] Ab der Mitte des 15. Jahrhunderts kamen Fragen hinzu, welche den Kenntnisstand der Zeugen betrafen. Diese mussten jetzt auch darüber Auskunft geben, ob sie lesen oder Latein verstehen konnten oder an welchen Gerichten sie Erfahrungen mit dem Rechtswesen erworben hatten. Hierzu kam schließlich eine Frage, die wohl manchen Zeugen ebenso verwirrte wie den heutigen Leser, nämlich, ob er ein »consuetudinarius« sei.[78]

Der Begriff »consuetudinarius« ist in den regionalen Quellen spätestens seit der Mitte des 14. Jahrhunderts belegt. Er beschrieb zunächst jemanden, der in einem Verfahren eine bestimmte Rolle wahrnahm, sich nämlich als Schöffe oder Berater des Gerichts an der Feststellung und Anwendung von Rechtsgewohnheiten beteiligte.[79] Indem die Kommissare die Frage, ob ein Zeuge »consuetudinarius« sei, zum Bestandteil der Feststellung von Personalien machten, verliehen sie diesem Begriff eine neue Bedeutung. Damit unterstellten sie, es handle sich bei einem »consuetudinarius« um einen Spezialisten der »consuetudo« und damit um die Umschreibung einer persönlichen Qualifikation. Offensichtlich waren viele Zeugen durch diesen neuen Wortgebrauch befremdet. Sie wichen eindeutigen Antworten aus, indem sie sagten, sie seien gewöhnt, über »consuetudines« zu reden und diese an Gerichten anzuwenden (»practicare«) – oder umgekehrt, sie hätten wenig Gelegenheit, sich an der Rechtssprechung zu beteiligen.[80] Für viele war der Status eines »consuetudinarius« an die Ausübung bestimmter Ämter gebunden, zu deren Aufgaben die Verständigung über Rechtsgewohnheiten gehörte. So sagte ein Adliger, er sei zum gegenwärtigen Zeitpunkt kein »consuetudinarius« mehr, sei aber ein solcher gewesen, solange er das Amt eines Kastellans im Waadtland versehen hatte.[81] Dagegen teilten andere Zeugen das Verständnis der Kommissare zumindest so weit, dass sie sagten, sie seien ein wenig (»aliquantulus«) »consuetudinarius«. [82] Ein Zeuge sagte, er habe

77 Vgl. oben, Anm. 28f.

78 Enquêtes de Chalon (1470/71) SDVD Bd. A1 S. 188, 314.

79 Poudret, *Coutumes*, Bd. 1 S. 60–64, 259. Ein solcher Sprachgebrauch etwa in Enquête Thonon (1430) SDVD Bd. A1 S. 9; Enquête Blonay (1437) SDVD Bd. A1 S. 93.

80 Enquêtes de Chalon (1470/71) SDVD Bd. A1 S. 131 (Nycod Luyset), 138 (Antoine Guilly), 211, 437 (Nycod Escoffier), 289 (Pernet Aymotaz), 418f. (Guido Pittet).

81 Enquêtes de Chalon (1470/71) SDVD Bd. A1 S. 414 (Jean de Montrichier), vgl. S. 212, 220, 447 (Jean Mistral), 220, 232 (Jacques Praz), 235 (Jaquet Amedie), 251, 261 (Pierre Aymonet), 261, 270, 502 (Jean Criblet), 374 (Pierre Bovet), 449 (Louis Cerjat), 464 (Claude de la Cour).

82 Enquêtes de Chalon (1470/71) SDVD Bd. A1 S. 234 (François de Billens), 428 (Etienne Montherod), 481 (Aymonet Pittet), 488, 490 (Pierre de Mont).

eine Rechtsregel sowohl »consuetudinarii« als auch »populares« zitieren gehört. Ganz im Sinn des Verständnisses der Kommissare hob er damit die Experten des Gewohnheitsrechts von der als Laien verstandenen übrigen Bevölkerung ab.[83]

Als Rechtsgewohnheiten zunehmend in Analogie zum geschriebenen Recht als ein diesem strukturverwandtes, aber inhaltlich anderes Rechtssystems aufgefasst wurden, erschien auch der »consuetudinarius« als eine Variante des Rechtsgelehrten, des »jurisperitus«, für den ein alternatives Anforderungsprofil galt. Manche Zeugen, die sich als »consuetudinarii« ausgaben, bekannten, dass sie weder lesen noch Latein verstehen konnten.[84] Besonders klare Vorstellungen von den Eigenheiten der »consuetudinarii« äußerten sich, wo diese explizit Universitätsjuristen gegenübergestellt wurden. Einen solchen Vergleich stellte etwa ein im Jahr 1470 als Zeuge befragter Ritter namens Barthélémy de Saint Martin an, der sich nicht nur unumwunden als »consuetudinarius« bezeichnete, sondern auch Doktor beider Rechte war. Gefragt, woher er eine von ihm angeführte Rechtsgewohnheit kannte, zählte Barthélémy mehr als 30 Adlige, hohe Amtleute und Notare namentlich als Gewährsleute auf, von denen er sagte, sie seien nicht nur große »consuetudinarii«, sondern geradezu »Doktoren der consuetudo«.[85] Weiter führte er aus, »consuetudinarii« kümmerten sich im Gegensatz zu Juristen nicht um feierliche Formeln. Sie vermieden auch Ausdrücke wie »gesetzt dass«, »quasi« und andere subtile juristische Spitzfindigkeiten. »Consuetudinarii« würden sich volkstümlich (»vulgari modo«) kleiden und in grobem Latein sprechen. Trotzdem seien sie auf ihre Art höchst gelehrt.[86] Was Barthélémy als volkstümlich umschreibt, darf nicht missverstanden werden. Beim Großteil der Zeugen, denen die Kommissare als »consuetudinarii« Kenntnisse all-

83 Enquêtes de Chalon (1470/71) SDVD Bd. A1 S. 352 (Pierre Martignier).

84 Enquêtes de Chalon (1470/71) SDVD Bd. A1 S. 278 (Jean Vilberti). Andere situierten sich in vielfältigen Zwischenkategorien, indem sie etwa angaben, sie könnten ein bisschen Französisch lesen und schreiben und Latein verstehen oder nicht schreiben, aber Latein sprechen: S. 203 (Guy Ceriat), 228 (Etienne Montherod), 433 (Etienne Favre).

85 Enquêtes de Chalon (1470/71) SDVD Bd. A1 S. 325f.

86 Enquêtes de Chalon (1470/71) SDVD Bd. A1 S. 320 »Interrogatus quis appellatur possessor de consuetudine et quis quasi possessor et si sint iura, ipsorum iurium quasi possessor, dicit quod quoad iura consuetudinarii grosso latino non faciunt differenciam de iuribus nec de quasi possessione ad possessionem; ymo totum vocant possessionem et nunquam consueverunt ipsi consuetudinarii dicere nec si nec quasi nec istas condiciones sutiles, sed vulgaro [sic, für vulgari] modo versantur et linga et vestibus et moribus [...] quoniam sunt multi in patria Vaudi grosso modo vestiti qui sunt peritissimi.« Eine ähnliche Aussage S. 360 (Pierre Martignier).

gemeiner Rechtsregeln zutrauten, handelt es sich um Adlige oder kleinstädtische Honoratioren. Die Volkstümlichkeit des Gewohnheitsrechts und seiner Kenner bezog sich vor allem auf den Kontrast zum gelehrten Rechtswesen.

Die Entwicklung der Kundschaftsverfahren zwischen dem 13. und dem 15. Jahrhundert ging mit der Ausbildung neuer Herrschaftsformen und der Durchsetzung eines neuen Rechtsverständnisses einher. Ab der Zeit um 1300 verloren die Kundschaften ihren früheren konsensbildenden Charakter, als sie sich vermehrt an das Vorbild der Zeugenbefragungen in römisch-kanonischen Zivil- und Inquisitionsprozessen kirchlicher Gerichte anlehnten. Nunmehr wurden die Zeugen Einzelverhören zu Indizien für die Gültigkeit von Rechtsregeln unterzogen. In solchen Verfahren war als Voraussetzung angelegt, dass sich Rechte in der gleichen Weise wie Tatbestände feststellen ließen. Diese Prämisse äußert sich noch deutlicher in den modifizierten Verfahrensformen des 15. Jahrhunderts, die voraussetzten, dass gültige Regeln im Wissen ganzer Bevölkerungen ausgedehnter Territorien verankert sein mussten. Nun, da es galt, den spezifischen Strukturen dieser Herrschaftskomplexe Rechnung zu tragen, entstand eine Vielzahl unterschiedlicher Verfahren. Gemeinsam war diesen jedoch, dass sie gewissermaßen auf eine Entpolitisierung der Rechtsfindung hinausliefen. Regeln ließen sich immer weniger auf dem Verhandlungsweg etablieren und erschienen stattdessen als Entitäten, die zu geographischen Gebieten gehörten und in der gleichen Weise wie Fakten erkannt, bewiesen und gewusst werden mussten.

Die Verfahren, die Rechtsgewohnheiten als feststehende Erkenntnisgegenstände konstituierten, verschoben auch die Möglichkeiten verschiedener sozialer Gruppen, an der Feststellung der Rechtsordnung zu partizipieren. Lokale geistliche und weltliche Notabeln nahmen immer seltener die Rolle von Zeugen wahr. Stattdessen kamen in Kundschaften vermehrt Vertreter der bäuerlichen Bevölkerung zu Wort. Erst später wurden Notabeln zumindest in Savoyen wieder verstärkt in die Verfahren einbezogen, diesmal als Spezialisten eines regionalen Gewohnheitsrechts, das in Analogie zu schriftlichen Rechten als kohärent imaginiert wurde. Die neuen Verfahren boten allerdings den Zeugen aller Kategorien nur mehr sehr beschränkte Möglichkeiten, die Ausgestaltung der Rechtsordnung zu beeinflussen. Denn ihre Aufgabe beschränkte sich auf die Repräsentation eines feststehenden Wissens, das die ganze Bevölkerung teilte. Die Beschäftigung mit Änderungen in der Gestaltung und Auswertung der Befragungsprotokolle wird zeigen, dass sich im Zuge dieser Entwicklungen vor allem die Ermessenspielräume der

Beamten und Juristen an den zentralen territorialherrlichen Gerichten erweiterten, die von den Zeugen beigebrachte Indizien interpretierten.[87]

Seit dem 19. Jahrhundert neigen Germanisten und Rechtshistoriker zur Annahme, die mündliche Rechtskultur des Mittelalters habe Rechte mit Traditionen gleichgesetzt, die in regionalen Bevölkerungen respektive ihren Erzählungen und Bräuchen verankert waren. Ein solches Verständnis äußert sich paradoxerweise vorwiegend in den späten Phasen der Verfahrensentwicklung. Erst Verfahren, in denen die Zeugen nach Indizien gefragt wurden, setzten voraus, dass sich Rechte aus hergebrachten Handlungsweisen herleiten ließen. Und erst in Verfahren des 15. Jahrhunderts äußert sich vermehrt die Vorstellung, ungeschriebene Rechte entsprächen einem in ganzen regionalen Bevölkerungen verbreiteten Rechtsbewusstsein. Schließlich verhalf erst das Vorbild des geschriebenen Rechts der Annahme zum Durchbruch, dass auch ungeschriebene Rechtsgewohnheiten als Bestandteile eines kohärenten Normensystems, eines Gewohnheitsrechts, untersucht werden mussten. Solche Vorstellungen waren also keineswegs Überreste einer alten schriftlosen Kultur, sondern standen eng mit Praktiken des gelehrten Rechts und Ordnungsbedürfnissen der neuen territorialen Herrschaftsorganisationen in Verbindung.

2.3 Zwischen Weisung und Weistum

Protagonisten und Aufgaben der Dinggerichte

Über die Vorgänge der schriftlosen Rechtstradierung an Dinggerichten scheinen wir dank der Weistümern recht gut informiert zu sein. Diese Aufzeichnungen entstanden vereinzelt ab dem 13. und vermehrt während des 14. und 15. Jahrhunderts. Sie enthalten nicht nur Serien örtlicher Rechtsregeln, sondern suggerieren auch mit mehr oder weniger Nachdruck, es handle sich dabei um die Inhalte, die man auch schon vor der Niederschrift Jahr für Jahr aus der Erinnerung im Weisungsverfahren an den lokalen Dinggerichtsversammlungen verkündet hatte und weiterhin verkünden musste. Einige Weistümer regeln den Ablauf dieser Versammlungen in der Form normativer Anleitungen. Andere lassen den eigentlichen Rechtsbestimmungen Prologe

87 Vgl. unten, Kp. 5.

vorausgehen, die genau schildern, wie sich die Herren am Ort einfanden, ihre Bauern zum Gericht zusammenriefen und aufforderten, die anschließend festgehaltenen Rechtsregeln zu verkünden. Es lohnt sich, zunächst kurz bei diesen lebhaften Beschreibungen stehen zu bleiben. Denn diese haben das Bild der Weisungsverfahren in der modernen Forschung nachhaltig geprägt.

Das Bild der Weistümer

Gemäß der Darstellung in Weistümern gehorchten Dinggerichtsversammlungen stark ritualisierten Formen. Die Herrschaft berief diese je nach Ort ein- bis dreimal jährlich zu festen Terminen ein. Die Abhängigen waren unter Androhung von Bußen verpflichtet zu erscheinen. Viele Weistümer beschreiben zunächst die Ankunft des Herrn. Die wohl bekannteste dieser Schilderungen enthält das im 14. Jahrhundert verfasste Weistum der Höfe des Klosters Engelberg im Aargau und in der Umgebung von Zürich, das Jacob Grimm an den Anfang seiner Weistumssammlung stellte: Zu den Gerichten dieser Höfe sollte der Abt in Begleitung eines Kaplans, seines Propstes, des Pfarrers der Ortschaft Stans und eines Ritters erscheinen. Außerdem durfte er einen Jagdfalken, einen auf die Vögel abgerichteten Hund und zwei Windhunde mitführen. Diesem Gefolge sollte die Frau des lokalen herrschaftlichen Beamten, die Meierin, entgegenschreiten, in der einen Hand ein Huhn für den Falken und in der anderen ein Brot für die Hunde. Anschließend mussten die Dorfbewohner den Herrn und sein Gefolge verköstigen.[88] Solche Rituale erscheinen geradezu als kleinformatige Versionen der zeitgenössischen Joyeuses Entrées, der zeremoniellen Einzüge von Fürsten in Städten.[89]

Überhaupt betonen Weistümer, dass zu den Gerichtsversammlungen neben den eigentlichen Gerichts- und Weisungshandlungen Akte des Gabentauschs, des gemeinsamen Essens, des Trinkens und der Geselligkeit gehörten, denen ein ausgeprägter Symbolcharakter eigen sein konnte.[90] So

88 Offnung des Klosters Engelberg für die Höfe im Aargau und Zürichgau (14.–15. Jh.) StA Engelberg D1. Für ähnliche Erwähnungen von Jagdhunden und Jagdfalken vgl. unter anderen Offnung Birmensdorf (14. Jh.) RQZH Bd. 1.2 S. 20 Nr. 1; Offnung Embrach (1518) Weisthümer Bd. 1 S. 112. Für benachbarte Regionen vgl. Rösener, *Dinggenossenschaft*, S. 71f.; Gilomen, *Grundherrschaft*, S. 132, 145, 193; Dubled, *Administration*, S. 441f.

89 Mit weiterführender Literatur: Schenk, *Zeremoniell*.

90 Für einen Überblick über Schilderungen solcher Rituale aus dem deutschsprachigen Raum vgl. Grimm, *Rechtsalterthümer*, Bd. 2 S. 507f.

standen etwa das Brot und das Huhn, das der Abt von Einsiedeln beanspruchte, für die in Getreide erhobenen Grundzinsen und die in der Form von Eiern und Hühnern berechneten gerichtsherrlichen Abgaben, die ihm seine Abhängigen schuldeten. Dem Recht des Herrn, von den Leuten seines Orts vor und während der Versammlung bewirtet zu werden, dem sogenannten Gastungsrecht, stellen Weistümer oft Gegenrechte der Ortsbewohner gegenüber. Manche Aufzeichnungen sehen vor, dass Herren und Abhängige die Erträge der während der Gerichtsversammlung ausgesprochenen Bußen gemeinsam vertranken.[91] Solche Ritualschilderungen oszillieren zwischen der Zelebration des Vorrangs des Herrn gegenüber seinen Bauern und dem Heraufbeschwören einer Gemeinschaft zwischen beiden, die auf Reziprozität und auf patriarchalisch anmutenden Umgangsformen beruhte.

Eingebettet in solche Rituale sollen sich neben den Gerichtshandlungen auch die Rechtsverkündigungen vollzogen haben. Deren Ablauf beschreiben die meisten Weistümer viel weniger genau als die Rahmenhandlungen. Die moderne Forschung machte sich vom Ablauf der Rechtsweisungen Vorstellungen, die sich stark auf die letztlich gar nicht besonders zahlreichen Weistümer abstützen, in denen beschrieben ist, wie Herren Serien von Fragen nach Rechten stellten, welche die Abhängigen in der Form von ausformulierten Regeln beantworteten. Außerdem suggerieren auch die übrigen Weistümer durch ihre Schilderungen des allgemeinen Ablaufs der Dinggerichte ein bestimmtes Bild der Weisungen, das die moderne Weistumsforschung trotz gelegentlicher kritischer Einwände weitgehend übernommen hat. Hierzu gehört erstens die Annahme, dass die Rechtstradierung am Dinggericht in erster Linie der Ausgestaltung einer zweipoligen Beziehungen zwischen dem »Unten« und dem »Oben« der ländlichen Gesellschaft diente, nämlich jeweils zwischen der Gesamtheit der örtlichen Bauern und ihrem Herrn.[92] Zweitens erscheinen Weisungen gewissermaßen als alternative Medien, die es ermöglichten, ein feststehendes Recht auch ohne Schrift gleichförmig zu tradieren.[93] Drittens erwecken Weistümer den Eindruck, sie seien aus den

91 Extentes Faoug (1396) SDVD Bd. B1 S. 608 Nr. 365 §7; Plaid Vautravers (1302) Glaenzer, *Plaid*, S. 46 § 4; Offnung Holderbank (1470) RQAG Bd. 2.1 S. 659; für weitere Beispiele vgl. Grimm, *Rechtsalterthümer*, Bd. 2 S. 509.

92 Beispiele für neuere Arbeiten sind Algazi, *Blick*; ders., *Lords*; Holenstein, *Huldigung*, S. 147–216, und viele der Beiträge in Blickle, *Rechtsquellen*. Problematisiert haben diese Sichtweise: Morsel, *Prélèvement*, S. 171–178; Eder, *Weistümer*.

93 Besonders stark unter diesem Gesichtspunkt analysiert die Weistumsüberlieferung Prosser, *Rechtsaufzeichnungen*. Dagegen hat auf Diskontinuitäten in der Weisungspraxis hingewiesen: Gilomen, *Grundherrschaft*, S. 131f.

Vorgängen der mündlichen Rechtsweisungen hervorgegangen, bildeten diese zuverlässig ab und hätten deren Funktionen deshalb letztlich übernehmen und die mündliche Tradierung ersetzen können.[94] Vorstellungen über eine derartige schriftlose, aber doch regelmäßige Rechtstradierung hat Gadi Algazi in der prägnanten Formulierung auf den Punkt gebracht, die Bauern hätten die Rolle eines »lebendigen Archivs« von Rechtswissen wahrgenommen, auf das die Herren anlässlich der Dinggerichte zurückgreifen konnten.[95]

Eine gewisse Skepsis gegenüber einem solchen Bild der Weisungsverfahren ist schon deshalb angebracht, weil in Weistümern Beschreibungselemente normativer und deskriptiver Art fließend ineinander übergehen. Dadurch präsentieren diese Dokumente Dinggerichte als nach Form und Inhalt feststehende, gewissermaßen idealtypische Traditionen. Diese scheinen seltsam abgelöst von der Vielfalt der situativen Zusammenhänge, in denen jeder Weisungsanlass naheliegenderweise stehen musste. Das wird besonders deutlich, wenn man das Bild, das Weistümer vermitteln, den Beschreibungen einzelner Anlässe der Durchführung von Weisungen gegenüberstellt, die andere Dokumente enthalten. So bezeugen zahlreiche, aber in der Forschung bislang kaum beachtete Urkunden, wie konkrete lokale Konflikte an Dinggerichten aufgrund von Weisungen beigelegt wurden. Und Kundschaftsprotokolle halten immer wieder Aussagen von Zeugen fest, die Fragen nach Rechtsregeln beantworten, indem sie Erinnerungen an Weisungen wiedergaben. Solche Dokumente ermöglichen es, das herkömmliche Verständnis der Weisungen zu überprüfen und zu ergänzen.

Im Folgenden sind zunächst der Teilnehmerkreis und die Ordnungsfunktionen der Dinggerichtsversammlungen zu diskutieren. Ein zweiter Abschnitt wird den Stellenwert der Weisungen für die lokale Rechtstradierung und Umstände und Einzelheiten der Abläufe von Weisungsverfahren diskutieren. In diesem Zusammenhang müssen auch Aspekte des Einsatzes der Schrift während Rechtsweisungen zur Sprache kommen – und schließlich das Verhältnis zwischen mündlichen Weisungen und schriftlichen Weistümern.

94 Beispiele aus der neueren Forschung: Toch, *Asking*; Algazi, *Blick*. Dagegen weisen auf nur in losem Zusammenhang mit mündlichen Weisungen stehende Entstehungsprozesse von Weistümern hin: Hildbrand, *Herrschaft*, S. 229–248; Teuscher, *Kompilation*.

95 Algazi, *Blick*.

»Die Bauern«

Indem Weistümer Dinggerichte als Begegnungen zwischen einem Herren und seinen örtlichen Bauern darstellen, vermitteln sie ein Bild der Protagonisten dieser Versammlungen, das nur auf den ersten Blick anschaulich wirkt, tatsächlich aber reichlich abstrakt bleibt. Schon die Frage, wer seitens der Abhängigen genau an den Dinggerichten teilnahm, ist keineswegs trivial. Die in der modernen Forschung eingebürgerte Umschreibung dieser Teilnehmer als »Bauern« wird den in spätmittelalterlichen Dokumenten häufig verwendeten Begriffen wie »hofgenossen« oder »homines« nicht ganz gerecht. Auf so etwas wie einen Querschnitt aus der gesamten männlichen örtlichen Bevölkerung bezog sich die Präsenzpflicht am ehesten im Fall der Dinggerichte von Herren, welche die im Lauf des Spätmittelalters zunehmend territorial definierten Vogteirechte innehatten.[96]

Dagegen stand vielen Dinggerichten ein Herr vor, der vor allem grundherrliche Rechte beanspruchte. In solchen Fällen bezog sich die Präsenzpflicht vornehmlich auf Personen, die von diesem Güter liehen und ihm dafür einen jährlichen Zins schuldeten, ein Sachverhalt, der mancherorts metaphorisch ausgedrückt wurde: Zum Dinggericht erscheinen musste, wer immer von der Herrschaft Land lieh, die mindestens »sieben Schuh weit und sieben Schuh breit« war, heißt es etwa in verschiedenen Zürcher Weistümern des 15. Jahrhunderts.[97] Obwohl Dinggerichte insgesamt weitgehend als Männerdomäne erscheinen, konnten durchaus auch einzelne Frauen, vor allem Witwen, unter eine so definierte Präsenzpflicht fallen,[98] von der zugleich zahlreiche männliche Haushaltsvorsteher ausgenommen waren. Denn mancherorts bearbeitete ein Großteil der Haushalte Güter, die sie nicht direkt von der Herrschaft, sondern in einem sekundären Leihe- oder Dienstverhältnis von deren Erblehensträgern liehen. Unter Umständen war damit

96 Zum Beispiel Plaid Général Pully (1368) SDVD Bd. B1 S. 615 § 18: »[...] quilibet principalis persona tenens focum seu larem«, vgl. Spieß, *Einleitung*, S. 10; Simon, *Grundherrschaft*, S. 75–90; Bader, *Dorfgenossenschaft*, S. 90–102.

97 Offnung Obernhusen und Stettbach (1393) StAZ C II Nr. 432a; Offnung Albisrieden (15. Jh.) StAZ G I Nr. 103 fol. 25v; Offnung Meilen StAZ G 102 fol. 11r; Offnung Unterdürnten (1480) RQZH Bd. 1.2 S. 488 Nr. 3; Ähnlich: Plaid Vautravers (1302) Glaenzer, *Plaid*, S. 46: »Ouqué plat deivent segre cil qui tienent les terre Sem-Pierre oudit Vaul, qul que il soit, pourquoy il en tienet tant que on i puisse semer rase emine de chenevaz.«

98 Vorgeschrieben ist die Präsenz von Witwen an den Dinggerichten in der Offnung Adlikon bei Regensdorf (Mitte 14. Jh.) RQZH Bd. 1.1 S. 7 Nr. 1, erwähnt in Urkunde Weissenburg (1477) RQBE 2.1/2 S. 53f. Nr. 23.

nur ein relativ kleiner Teil der örtlichen männlichen Bevölkerung verpflichtet, am Dinggericht teilzunehmen.[99]

Zugleich konnte der Kreis der Teilnehmer des Dinggerichts eines Grundherrn weit über die örtliche Bevölkerung hinausreichen. Das Weistum für das Aargauerdorf Holderbank aus dem Jahr 1470 nennt die Wohnorte der »gemeynen hofgenossen«, die sich an einer schriftlich aufgezeichneten Weisung beteiligt hatten. Sie stammten aus Dörfern der Umgebung wie Niederlenz, Möriken und Hendschiken und dem benachbarten Städtchen Lenzburg – dagegen war offenbar kein einziger der namentlich Genannten in Holderbank selbst ansässig.[100] Besonders in stadtnahen Gebieten konnte es sich bei einem Großteil der örtlichen Erblehensträger um Stadtbürger handeln, die unter dieser Rechtsform Kapital in landwirtschaftliche Güter investierten, welche sie ihrerseits an lokale Produzenten weiterverliehen. So verpflichtet etwa ein Weistum von Albisrieden bei Zürich die Bewohner des Dorfs, dafür zu sorgen, dass die Stadtbürger, von denen sie Güter liehen, zum Dinggericht erschienen.[101]

Schließlich konnte sich die Pflicht, an den Dinggerichten einer Herrschaft teilzunehmen, auch auf Vertreter benachbarter Herrschaften erstrecken. Komplexe Verschränkungen von Besitz- und Herrschaftsverhältnissen führten zu lokalen Rechtskonstellationen, in denen eine Herrschaft gegenüber der anderen in grund- oder vogteiherrlicher Abhängigkeit stand. So verwalteten die meisten Klöster in der Umgebung von Zürich neben eigenen Grundherrschaften einzelne Hofstätten, die sie als Erblehen vom Großmünster liehen. Damit standen diese Herrschaften – obwohl sie im regionalen Zusammenhang Konkurrenten des Großmünsters waren – zu diesem auf der lokalen Ebene grundsätzlich in derselben Rechtsbeziehung wie bäu-

99 Urkunden listen die Personen, die sich an Dinggerichten beteiligten, manchmal namentlich auf und kommen dabei selbst für größere Ortschaften meist nur auf etwa zehn Namen. Zum Beispiel Offnung Holderbank (1470) RQAG Bd. 2.1 S. 657f.; Offnung Breite (1439) RQZH Bd. 1.2 S. 141f. Nr. 3.

100 Offnung Holderbank (1470) RQAG Bd. 2.1 S. 657f. Ähnliche Verhältnisse stellte Hans-Jörg Gilomen für den zur Grundherrschaft des Basler Klosters St. Alban gehörenden Hof Gutzwiler fest, was er in diesem Fall überzeugend damit erklärte, dass die lokale Bevölkerung ihre Wohnsitze nach kriegerischen Ereignissen verschoben hatte: Gilomen, *Grundherrschaft*, S. 163.

101 Eintrag Albisrieden (14. Jh.) Statutenbücher S. 157: »[…] villani, qui colunt possessiones civium, nunciare debent dominis suis, ut coram preposito in placitiis mai et autumni comparerent«. Eine Erwähnungen von Stadtbürgern als Erblehensträgern des Stifts enthält auch: Urkunde Albisrieden (1347) RQZH Bd. 1.1 S. 113; Urkunde Fluntern (1424) StAZ C II Nr. 1, Nr. 532. Vgl. Gilomen, *Grundherrschaft*, S. 141.

erliche Abhängige. Vom Großmünster ausgestellte Neubelehnungsurkunden liegen etwa für die Klöster von Wettingen, Kappel, Ötenbach, Selnau, St. Martin auf dem Zürichberg oder das Kloster der Dominikaner in Zürich vor. Alle diese Dokumente knüpften die Erneuerung des Lehens an die Bedingung, dass das belehnte Kloster weiterhin einen Vertreter zu den lokalen Dinggerichten entsandte.[102] Bei den »Hofgenossen« oder »Abhängigen«, auf deren Präsenz am Dinggericht es besonders ankam, handelte es sich also nicht zuletzt um Stadtbürger und Vertreter benachbarter Herrschaften.

»Die Herren«

Nicht weniger komplex war die Zusammensetzung der Versammlungsteilnehmer auf Seiten der Herrschaft. Den »Abhängigen« standen an den Dinggerichten in der Praxis statt eines einzelnen Herrn eine Vielzahl von Herrschaftsvertretern gegenüber. Zum Teil machen dies schon Weistümer deutlich. Besonders Aufzeichnungen für Orte unter der Herrschaft von Klöstern heben hervor, dass sich eine Äbtissin, ein Abt oder ein Propst als Grundherr den Vorsitz am Dinggericht mit einem adligen Vogt teilte. Formulierungen, die beispielsweise die Präsenz »prudentum virorum, nobilium et ministerialium honestorum« am Dinggericht erwähnen, erinnern daran, dass es dort oft mehrere Mitherren zu vertreten galt, unter denen die lokalen Herrschaftsrechte aufgeteilt waren.[103]

Die eigentlichen Inhaber der örtlichen Herrschaftsrechte nahmen selten persönlich an den Dinggerichten teil. Nach Auskunft der meisten Beschreibungen spezifischer Gerichtsversammlungen führten Untergeordnete als Richter den Vorsitz und walteten dabei »anstatt«, »von heissens wegen« oder »im Namen« des Herrn. So überließen beispielsweise selbst kleine Herren wie die Herren von Mont die Durchführung ihrer Gerichtsversammlungen ihren Kastellanen. Gemäß Kundschaftsaussagen ließen sich diese ihrerseits über Jahre hinweg durch subalterne Amtleute (»nunci«) am Dinggericht vertreten, bei denen es sich vermutlich um rangniedrige Abhängige des betrof-

102 Urkunde Wettingen (1375) StAZ C II Nr. 375; Urkunde Kappel (1430) StAZ C II 1 Nr. 557; Urkunde Ötenbach (1431) StAZ C II 11 Nr. 730, vgl. Urkundenregesten Bd. 6 Nr. 7331; Urkunde Selnau (1347) RQZH Bd. 1 S. 113f. Nr. 2; Urkunden St. Martin (1342) Urkundenregesten Bd. 1 Nrn. 309 und 311; Urkunde Dominikaner Zürich (1376) Urkundenregesten Bd. 2 Nr. 2484.

103 Eine Urkunde aus dem Jahr 1278 spricht etwa von der Präsenz von »prudentum virorum, nobilium et ministerialium honestorum« an einer Gerichtsversammlung des Landgrafen von Buchegg FRB Bd. 3 S. 371f. Nr. 391.

fenen Orts oder eines benachbarten Dorfs handelte.[104] Am ehesten nahmen die Herren persönlich an ihren eigenen Dinggerichten teil, wenn sie selbst ein Anliegen vorzubringen hatten, gerade auch wenn sie Rechtsweisungen verlangten.[105] Auch zu diesem Zweck konnten die Herren allerdings einen Vertreter vor den Richter schicken. Am Dinggericht des Aargauer Orts Döttingen führte im Jahr 1398 der lokale Kellerer den Vorsitz im Namen des eigentlichen Grundherrn, des Abts von St. Blasien, als ein weiterer, im nahe gelegenen Städtchen Baden ansässiger Vertreter des Abtes vor ihm erschien.[106] Der eine Vertreter der Herrschaft bat dann den anderen, die Dinggenossen die lokalen Weiderechte weisen zu lassen.

Die Tatsache, dass das Geschehen an den Dinggerichten von Stellvertretern der Herren dominiert wurde, verlieh der Repräsentation von Herrschaftsrechten eine ganz praktische Bedeutung. Als zeichenhaftes Objekt, das diese Funktion erfüllte, erwähnen Beschreibungen von Dinggerichten in Kundschaftsaussagen und Urkunden häufig den Gerichtsstab. Diesen übergab der Vertreter des Grundherren dem Vertreter des Vogts, sobald es eine Frage zu beurteilen galt, welche unter dessen Kompetenz fiel, und hohe Amtleute reichten den Stab ihren Untergebenen, denen sie den Vorsitz am Gericht überließen.[107] Während einer tatsächlichen Weisung erlaubte es der Gerichtsstab, Herrschaftsgewalt von der Person des Herrn zu abstrahieren. Herr-

104 Kundschaft Bursins (1374) ACV C VIIa Nr. 404 fol. 1 (Perrodus Passerat); vgl. Kundschaft Schwamendingen (1344) StAZ C I Nr. 2996 Bl. 2 (Rúdi Degen), 3 (Heinrich Veswer, Ulrich Veswer, Rúd Wúst, Ruod der Smit, Ruod Koufman); Plaid Général Pully (1368) SDVD Bd. B1 S. 612 Nr. 372; Offnung Wald (2. Drittel 15. Jh.) StAZ A 97.7 Nr. 6 sowie unten, Kp. 3.2. Vereinzelt heben Zeugen eigens hervor, dass bei speziellen Gelegenheiten die Herren persönlich an den Dinggerichtsversammlungen zugegen waren, zum Beispiel Kundschaft Kölliken (1419) StAG Urkunden Lenzburg 65 Bl. 1, auszugsweise ediert in: RQAG Bd. 2.1 S. 510 (Hans Illenbrecht).

105 Offnung Buchsgau (1323) FRB Bd. 5 S. 314f. Nr. 268. Ebenso trat der Twingherr der kleinen Herrschaft Münsingen im Jahr 1405 vor den ihn vertretenden Richter des lokalen Dinggerichts und bat um eine Weisung. Urkunde Münsingen (1405) RQBE Bd. 2.4 S. 15f. Nr. 11. Ein ähnlicher Vorgang wurde dort erneut im Jahr 1413 beurkundet, vgl. ebd. S. 23f. Nr. 14.

106 Offnung Döttingen (1398) RQAG Bd. 2.5 S. 252.

107 Zum Beispiel Kundschaft Erlinsbach (1421) RQAG Bd. 2.2/2 S. 161f.; Kundschaft Unterentfelden (1435) StAAG Urkunden Lenzburg 77f, 77g, 78. Die Stabsübergabe wird manchmal auch in Weistümern erwähnt, zum Beispiel Offnung Breite-Hakab (1439) RQZH Bd. 1.2 S. 141 Nr. 3. Laut einer Schiedsgerichtsurkunde von 1437 zur Kompetenzverteilung zwischen dem Grundherren und dem Vogt am Dinggericht von Dietikon-Oberndorf sollte in Zweifelsfällen die Dinggerichtsversammlung entscheiden, welchem der beiden Herren in der fraglichen Angelegenheit der »stab« zustehe: RQZH Bd. 1.2 S. 367 Nr. 12; Kundschaft Pieterlen (um 1373) FRB Bd. 9 S. 362 Nr. 799 (Petrur Turny). Zum Thema des Gerichts-

schaftsgewalt durch Schilderungen persönlicher Auftritte des Herrn zum Ausdruck zu bringen, war dagegen weniger eine Eigenheit der Dinggerichte selbst als eine Erfordernis ihrer normativen Beschreibung in der Textform von Weistümern.

Ordnungsfunktionen

Die Präsenz unterschiedlicher Herrschaftsvertreter an den Dinggerichten steht in unmittelbarem Zusammenhang mit der noch kaum beachteten Tatsache, dass diese Versammlungen nicht nur das Verhältnis zwischen Herren und ihren Bauern regelten, sondern auch Konflikte auf den unterschiedlichsten Ebenen zwischenherrlicher Beziehungen durch Weisungen entschieden. Am ehesten noch als Verlängerung der Regelung des Verhältnisses zwischen Herren und Bauern erscheint es, wenn Dinggerichte Konflikte zwischen der Herrschaft und ihren lokalen Amtleuten und Ministerialen beilegten. In der Zeit um 1300 stritt sich etwa der Propst des Stifts Amsoldingen mit einigen seiner Ministerialen, die behaupteten, sie hätten Zehntrechte als Erblehen empfangen und dürften diese deshalb frei verkaufen. Gemäß Zeugenaussagen in einer einige Jahre später durchgeführten Kundschaft wurde dieser Streit schließlich vor den lokalen »placita« ausgetragen und nicht etwa, wie ein Zeuge eigens betont, vor der übergeordneten geistlichen Gerichtsbarkeit, die man aus verfassungsgeschichtlicher Sicht in solchen Fragen für zuständig halten möchte.[108] In solchen Fragen konnten sich durchaus Interessenkoalitionen zwischen bäuerlichen Produzenten und der Herrschaft ergeben, die gemeinsam gegen eigenmächtige lokale Herrschaftsvertreter vorgingen.

Einer eigentlichen Kernaufgabe der Dinggerichte entsprach die Austragung von Konflikten zwischen den lokalen Grund- und Vogteiherren. Dies legen schon die zahlreichen Weistumsaufzeichnungen nahe, die vorwiegend die Ausscheidung von grund- und vogteiherrlichen Rechten beinhalten.[109]

---

stabs liegt reiche Literatur vor: Rösener, *Dinggenossenschaft*, S. 72; Gilomen, *Grundherrschaft*, S. 148; Carlen, *Stab*; Kocher, *Richter*.

108 Kundschaft Hilterfingen (um 1312) FRB Bd. 5 S. 77 »non tamen in iudicio spirituali« (H. custos ecclesie A.). Derselbe Zeuge sagt, dass der Streit in Hilterfingen durch »interpositas personas« beigelegt worden sei, was auf eine schiedsgerichtliche Austragung hinweisen könnte.

109 Vereinzelt enthalten Weistümer auch direkte Hinweise darauf, wie solche Regelungen am Dinggericht zustande kamen. Ein Beispiel dafür ist der Vermerk zu den Bestimmungen über die Verteilung der Bußen zwischen dem Grundherren und dem Vogt, wonach der Weibel des Vogts an der Dinggerichtsversammlung gegen die Regelung Einspruch erho-

Urkunden schildern wiederholt, wie Vertreter der Grund- und der Vogteiherrschaft oder mehrere Mitherren Konflikte über die Verteilung von Bußen und Abgaben durch Weisungen ihrer gemeinsamen Abhängigen entscheiden ließen.[110]

Außerdem trugen vor den Dinggerichten einer Herrschaft vielfach auch andere Herren und deren Abhängige Anliegen vor. So traten im Jahr 1459 der Propst und der Küster des Stifts Amsoldingen vor die Versammlung des Gerichts Seftigen, das zum Herrschaftsgebiet der Stadt Bern gehörte. Die Kleriker widersprachen dort der Weisung des Grenzverlaufs des Gerichts, die ihrer Ansicht nach Jurisdiktionsrechte ihres Stifts verletzte. Aus ähnlichen Motiven erscheinen während der zweiten Hälfte des 14. Jahrhunderts regelmäßig Bürger der Kleinstadt Büren vor dem Dinggericht des benachbarten, aber einer anderen Herrschaft unterstehenden Dorfs Pieterlen. Auch sie erhoben dort Einspruch gegen die Weisung des Grenzverlaufs zwischen den beiden Herrschaften und verteidigten damit sowohl ihre eigenen Interessen als auch die ihrer Herrschaft vor einem fremden Dinggericht.[111] Während Weistümer oft definieren, wer zu den Dinggerichten erscheinen musste, stipulieren sie auffälligerweise keine Zulassungsbeschränkungen. Gerade Urkunden und Kundschaften zeigen, dass sich an Dinggerichten nicht unbedingt Vertreter einer geschlossenen Ortsbevölkerung, sondern die unterschiedlichsten Notabeln versammelten, die mit der Rechtsordnung des betreffenden Orts Interessen verbanden.

Sicher sprachen schon ganz pragmatische Gründe dafür, zwischenherrliche Konflikte, die lokale Rechtsverhältnisse betrafen, vor dörflichen Dinggerichten beizulegen. Die dort versammelten Ortsansässigen und Notabeln

---

ben hatte: Offnung Oberdürnten (1485) RQZH Bd. 1.2 S. 503–506 §12, vgl. Offnung Dättlikon (1454) RQZH Bd. 1.2 S. 305–308 Nr. 2. Vgl. Perrin, *Chartes*, S. 16–20.

110 Schon eine Urkunde aus dem Jahr 1285 beschreibt die Beilegung eines Streits zwischen Grund- und Vogteiherrschaft der im Jura gelegenen Ortschaft Mollens durch eine Weisung der Abhängigen, die aber auch außerhalb des Dinggerichts erfolgt sein könnte. Urkunde Mollens (1285) ACV IB 217.22a und b; Urkunde Fluntern (1289) UBZ Bd. 6 S. 48ff. Nr. 2067; Urkunde Dättlikon (1454) RQZH Bd. 1.2 S. 306ff. Nr. 2; Urkunde Wald (1466) StAZ A 97.7 Nr. 6. Eine Schiedsgerichtsurkunde bezeichnet die Beilegung von kleineren Konflikten zwischen Grund- und Gerichtsherrn des Orts Oberndorf ausdrücklich als Kompetenz des örtlichen Dinggerichts: Urkunde Oberndorf (1437) RQZH 1.2 S. 367 Nr. 12.

111 Urkunde Neftenbach (1477) StAZ A 131/1 Nr. 38; Offnung Seftigen (1459) StAB A I Nr. 453a (Stadtbuch) fol. 262r–265v, erwähnt in RQBE Bd. 1.1+2 S. 564 Nr. 199, nach einer späteren Abschrift ediert in RQBE Bd. 1.4/1 S. 83–89; Kundschaft Pieterlen (1373) FRB Bd. 9 Nr. 799 S. 361 (Niglaus Zimerman, Herman Walthus). Vgl. Siegrist, *Beiträge*, S. 148f.

aus der Umgebung waren eher als übergeordnete geistliche oder territorialherrliche Gerichte im Stand, die komplexen lokalen Rechtsgeflechte mit ihren Gemengelagen aus Nutzungs-, Grund- und Gerichtsrechten mehrerer Parteien zu überblicken. Besonders in Gebieten mit wenig ausgeprägten territorialherrlichen Verwaltungsstrukturen standen Rechtssprechungsinstanzen, die gegenüber mehreren an einem Streit beteiligten Herren Jurisdiktionsgewalt beanspruchen konnten, oft erst auf der Ebene des Reichs zur Verfügung. Urteile, die von übergeordneten Instanzen ausgingen, also gewissermaßen »von oben« legitimiert waren, mochten zwar höheres Prestige genießen. Dafür waren die »von unten«, durch die Weisung am Dinggericht legitimierten Regelungen oft praktikabler. Denn diese banden außer den Abhängigen vor allem auch jene lokalen Amtleute und Notabeln ein, gegenüber denen es sie durchzusetzen galt oder die im Alltag über ihre Beachtung wachen konnten.

Es entspräche einer Verharmlosung, sich Dinggerichte als Foren einer durchweg friedlichen und rechtsförmigen Streitbeilegung vorzustellen. In Kundschaften argumentieren Zeugen verschiedentlich, die bloße Tatsache, dass eine Herrschaft an einem Ort regelmäßig Dinggerichte abhalte, zeige an, dass dieser unter ihr »dominium« falle.[112] Gemäß derselben Logik entzündeten sich Konflikte zwischen Herren nicht selten an der Frage, welchem Gericht einzelne Personen unterstanden, oder sogar daran, ob für die Durchführung bestimmter Gerichtsversammlungen überhaupt eine rechtliche Grundlage bestand. In einem undatierten, aber vermutlich kurz nach dem Jahr 1300 entstandenen Klagerodel warf das Chorherrenstift Amsoldingen dem lokalen Ministerialen Berchtold von Amsoldingen vor, er habe dem Stift Weinberge und Allmenden entfremdet und versucht, dessen Dinggericht zu »sweken« und »under trúken«. Berchtold habe allen Leuten, die jenseits des Amsoldingersees wohnten, verboten, an den Gerichten des Stifts teilzunehmen. Stattdessen habe er angefangen, vor seiner Burg in Stocken ein eigenes Gericht abzuhalten, obwohl diese Burg unter die Jurisdiktion des Stiftes falle und zuvor nie Standort von Gerichtsversammlungen gewesen

112 Zum Beispiel Enquête Bursins (1374) ACV C VIIa Nr. 404 fol. 1 (Perrodus Passerat), 5 (Nicholaus Bertholetus); Kundschaft Oberhofen (um 1400) StAB Urk. F Stift Nr. 17 fol. 2v–3r. Einige Zeugen hatten die Bewohner des Weilers Bächi am Dinggericht von Hilterfingen teilnehmen sehen (Berthold von Riede, Jenni Röggi, Úli von Swanden und weitere). Andere beteuern, dieselben seien zum Gericht von Lauenen gegangen (Cúntz von Widen, Heini Zulhalter). Vgl. Kundschaft Landiswil (1422) StAB Varia I Landiswil 1422; Kundschaft Grüningen (um 1430) StAZ A 124/1 Nr. 20 (Uly von Tobel).

sei.[113] Das Priorat Romainmôtier beklagte sich im Jahr 1374 bei der Gräfin Bonne von Savoyen über ähnliche Vorgänge in der Ortschaft Bursins, über die es alle Jurisdiktionsrechte beanspruchte. Demnach hatten die adligen Herren von Mont in jüngster Zeit angefangen, auf dem Friedhof von Bursins ihre eigenen Gerichtsversammlungen durchzuführen.

Im Jahr 1482 verfassten Bewohner der Stadt Lausanne eine Klageschrift über ihren Bischof und seine Amtleute. Eine der Klagen betraf einen Vertrauten des Bischofs namens Louis Besson. Er hatte, während der rechtmäßige Meier der Ortschaft Lutry zur gewohnten Zeit und am gewohnten Ort die Dinggerichtsversammlung durchführte, deren Kontrolle gewaltsam an sich gerissen. Besson sei unvermittelt mit einem bewaffneten Gefolge aufmarschiert, auf die Gerichtsbank gestiegen und habe sich dort selbst vor den erschrockenen Versammlungsteilnehmern zum neuen Meier erklärt. Wenig später habe er auch angefangen, als solcher Gerichtsurteile zu fällen.[114] In solchen Streitigkeiten erscheint die Einberufung von Abhängigen am Dinggericht als Mittel, die Jurisdiktionsansprüche konkurrierender Herren herauszufordern und vor Ort Zustimmung zu den eigenen Ansprüchen einzufordern.

Weistümer stellen Dinggerichte hauptsächlich als Instanzen dar, die Beziehungen zwischen einem Herrn und der Gesamtheit seiner Abhängigen regelten. Dagegen äußert sich in Urkunden und Kundschaftsprotokollen vor allem auch die Bedeutung, die den Versammlungen als Foren des Interessenausgleichs zwischen Herren untereinander und in ihrem Verhältnis zu ihren Amtleuten oder Ministerialen zukam. Dass in diesen Dokumenten

113 Klagerodel Amsoldingen (um 1300) FRB Bd. 4 S. 47 Nr. 40: »Wir sprechen ôch, das her Berchtold von Ansoltingen únser gerichte sweken wil und under trúken in den weg, das er nút wil sin under únserm gerichte, und fúrbútet allen dien, die uf sinem gúte ennot dem sewe sitzent, das si vor úns nút ze gerichte standen; und wil, das si vor ime ze grichte standen vor der burg ze Stoken, da nie me gerichte wart, und die selbe burg in únser gerichte hóret, und alle die, dien er es verbútet, die enont dem sewe gesessen sint.« Vgl. für ähnliche Klagen der Herren von Belmont über die Annexion ihres Dinggerichts in Cudrefin durch die Grafen von Savoyen Urkunde Waadt (1300) Usteri, *Schiedsurkunden*, S. 463f. Nr. 269, nach einer vermutlich sehr viel späteren Abschrift; Urkunde Bursins (1374) MDR Bd. 1.3 S. 121–129.

114 Klage Bürger Lausanne (1482) AST Camerale Savoia Inv. 139 fol. 13, 14v § 111: »Item et maxime fecit et graviter offendit nobilem virum Petrum Mayor majorem Lustriaci veniendo cum armis cum certis suis sociis hora qua est solitum curiam ibidem teneri ac cathedram seu bancham iustitie ascendit et se majorem ipsius loci nominavit et publicari fecit contra veritatem et hoc in scandallum populi et totius iustitie.« Nach einer neuzeitlichen Kopie ed. in: MDR Bd. 1.7 S. 642.

Hinweise auf Vereinbarungen zwischen Herrschaft und Bauern geradezu schwach vertreten sind, beruht wohl hauptsächlich darauf, dass deren Ergebnisse selten in schriftlicher Form gegenüber Dritten dokumentiert werden mussten. Wichtig ist jedoch auch, dass sich die Unterscheidung zwischen den rechtlichen Beziehungskonstellationen Herren-Bauern beziehungsweise Herren-Herren nicht direkt in soziale Gegensätze übersetzen lässt. Denn auf die Rechte der Herrschaft beriefen sich an den Dinggerichten vielfach lokale Vertreter – die selbst unter manchen Gesichtspunkten herrschaftlich Abhängige sein konnten, wie umgekehrt in der Rolle von »Abhängigen« neben bäuerlichen Produzenten auch Stadtbürger sowie Personen und Körperschaften erscheinen, die in der Nachbarschaft selbst Herrschaftsrechte beanspruchten. An Dinggerichten getroffene Regelungen entsprachen weniger deshalb einer Legitimierung »von unten«, weil sie Willensäußerungen der unteren Gesellschaftsschichten gleichkamen, sondern weil Beziehungen unter Notabeln hier ohne Rückgriff auf übergeordnete Herrschaftsinstanzen gelöst wurden. In dieser Form der Festlegung von Rechten war die Definition von vertikalen Abhängigkeitsverhältnissen zwischen einer Herrschaft und ihren Abhängigen aufs Engste mit horizontalen Rechtsabgrenzungen zwischen konkurrierenden Herrschaften verzahnt.

Spielarten der Rechtstradierung

Aus der Warte eines modernen, an Gesetzeskodifikationen orientierten Rechtsverständnisses ist es verlockend, die Rechtstradierung an den Dinggerichten als Behelfslösung einer schriftarmen Gesellschaft aufzufassen: In regelmäßigen Abständen Rechtsweisungen durchzuführen, entspräche demnach dem Versuch, der lokalen Rechtsordnung soweit möglich schon zu jener Festigkeit zu verhelfen, die später durch schriftliche Rechtstexte weit besser gewährleistet werden sollte. Auf den ersten Blick scheint es, als wären einem solchen Verständnis auch schon die spätmittelalterlichen Weistümer verpflichtet gewesen. Denn diese enthalten vielfach Bestimmungen, wonach das örtliche Recht bei jeder Zusammenkunft des Dinggerichts durch eine Weisung in Erinnerung gerufen werden musste.[115] Manche Weistümer hal-

115 Zum Beispiel Kundschaft Brugg (1480) RQAG Bd. 1.2/2 S. 6f. Anm. 17 (Clewi Thalin, Hans Bart). Einige Weistümer unterstreichen die Bedeutung der Weisung zusätzlich, indem sie festhalten, dass die zur Anwesenheit Verpflichteten sich spätestens zum Zeitpunkt der »offnung« an der Versammlung einzufinden hatten, zum Beispiel Offnung Hegi (1396)

ten überdies explizit fest, dass eine mündliche Weitergabe von Rechtswissen mit Unsicherheiten behaftetet war und begründen so die Notwendigkeit einer schriftlichen Aufzeichnung.[116]

Inwiefern waren aber Weisungen geeignet und überhaupt darauf angelegt, Rechtsinhalte über längere Zeiträume unverändert weiterzuvermitteln? Auch um diese Frage zu beantworten, lohnt es sich, nebst Weistümern Hinweise aus Urkunden und Kundschaftsprotokollen zu berücksichtigen. Auf dieser Grundlage kommen im Folgenden vier Aspekte der Weisungsverfahren zur Sprache. Erstens ist zu erörtern, welchen Stellenwert mittelalterliche Akteure der Erinnerungsfunktion von Weisungen überhaupt beimaßen. Zweitens sind die Anlässe und drittens die Verfahrensformen von Rechtsweisungen in den Blick zu fassen. Den vierten Diskussionspunkt bildet der Einsatz schriftlicher Dokumente im Verlauf von Weisungen. Die gängige Vorstellung, wonach Weisungen mündliche Vorläufer und Funktionsäquivalente schriftlicher Weistümer darstellten, verleitet dazu, leichthin über die Tatsache hinwegzugehen, dass zu den mündlichen Weisungsvorgängen an den Dinggerichten auch ein reger Gebrauch von Schriftstücken gehören konnte. Gerade die Auseinandersetzung mit diesen Praktiken gibt wichtige Aufschlüsse über das Verhältnis zwischen mündlichen Weisungen und schriftlichen Weistümern.

Erinnerungsfunktionen

Schon für spätmittelalterliche Akteure hatten Weisungen an Dinggerichten zweifellos einen hohen Stellenwert. In einzelnen Kundschaften beantworteten Zeugen Fragen nach dem geltenden lokalen Recht, indem sie die Inhalte von Rechtsweisungen referierten.[117] In anderen rühmten sich Zeugen als besonders gute Kenner des lokalen Rechts, indem sie hervorhoben, dass sie seit Jahrzehnten regelmäßig am lokalen Dinggericht teilgenommen hat-

Kläui, *Geschichte*, S. 357: »[...] und welicher [...] nit keme, dieweil das offnen wert, der ist dem bropst dry schilling vervallen«; Offnung Berg am Irchel (15. Jh.) RQZH Bd. 1.1 S. 494 § 4.

116 Zum Beispiel Plaict Lausanne (1368) SDVD Bd. B1 S. 219. Vgl. hierzu Rösener, *Dinggenossenschaft*, S. 48 u. 65f.

117 Enquête Romainmôtier (1263) MDR Bd. 1.3 S. 557ff.; vgl. Kundschaft Bülach (um 1432) StAZ A 97.2 (Bülach) Nr. 9 fol. 2v (Cúny Nûkom); Kundschaft Schwamendingen (1344) StAZ C I Nr. 2996; Kundschaft Grüningen (um 1435) StAZ A 124/1 Nr. 25 fol. 5r (Cúni Egg); vgl. weiter die Angaben der folgenden Anm.

ten.[118] Im Jahr 1456 berichtete ein Zeuge aus Kölliken, wie er schon als »kleiner knab« von seinem Vater jeweils zu den Dinggerichten mitgenommen worden war. Dort habe man ihm und Gleichaltrigen befohlen, gut zuzuhören, wie man die Rechte der Herrschaft wies, damit sie diese als Erwachsene kennen würden.[119] Besonders in Kundschaftsprotokollen aus der Deutschschweiz des 15. Jahrhunderts äußern sich Zeugen verschiedentlich in einer solchen geradezu programmatischen Weise darüber, wie wichtig es war, zu den Dinggerichten zu gehen, um Kenntnisse der lokalen Rechtsregeln zu erwerben, aufzufrischen und von einer Generation zur nächsten weiterzugeben.

Gerade Kundschaftsaussagen weisen zugleich auch auf Grenzen der Rechtstradierung an Dinggerichten hin. Zum einen spielte sich die Vermittlung von lokalen Rechtskenntnissen mindestens so stark wie an den Dinggerichten in alltäglichen Gesprächen ab. Wenn Zeugen systematisch gefragt wurden, woher sie eine umstrittene Regel kannten, verwiesen ungefähr gleich viele auf Weisungen am Dinggericht wie auf andere Situationen, zum Beispiel Gespräche mit älteren Bekannten und Verwandten – oft auch ihrer Mütter – oder Äußerungen in den Trinkstuben.[120] Zum anderen gewährleisteten selbst wiederholte förmliche Rechtsweisungen nicht immer, dass sich auch tatsächlich einheitliche Vorstellungen über das geltende Recht durchsetzten. In einem um 1435 aufgezeichneten Protokoll einer Kundschaft über die Rechte der Müller von Dielsdorf auf das Wasser des Bachs finden sich besonders stark divergierende Erinnerungen an den Inhalt der Weisungen am Dinggericht. Am einen Ende des Spektrums stand die Aussage eines ehemaligen Untervogts, wonach die Müller das Wasser so »dik und vil« brauchen durften, wie sie es nötig hatten.[121] Dagegen vertraten viele Zeugen die Ansicht, die Weisungen hätten das Nutzungsrecht der Müller begrenzt. Doch auch über Art und Ausmaß dieser Einschränkungen gingen die Mei-

118 Zum Beispiel Kundschaft Schwamendingen (1344) StAZ C I Nr. 2996 (praktisch alle Zeugen); Kundschaft Dielsdorf (1435) StAZ C I Nr. 2689b fol. 1v (Hans Gensgern), c fol. 1v (Ûlli Füssli), d fol. 1r (Ûlli Jung), 1v (Hans Meyer), 2r (Wernli Seligman), e fol. 1v (der alt Snider, der alt Cristin); Kundschaft Landenberg (1437) StAZ A 131/1 Nr. 14a (Hans Meier, Werni Schwermer, Hans Faber); Kundschaft Madiswil (1456) StAB A I 453 fol. 229r–230v (Ulli Keser, Hensli Langenmann).

119 Kundschaft Kölliken (1456) StAB UP 8 Nr. 36: »Ouch do er ein kleiner knab sy gewesen, das in sin vater mit im fúrte und in und ander singelich hiessent daruff losen, so sy des thwings recht offneten, das sy das ouch wissent so sy erwöchsent.« (Heini Hagen)

120 Zum Beispiel Kundschaft Pieterlen (1373) FRB Bd. 9 S. 361–371 Nr. 799; Kundschaft Dielsdorf (1435) StAZ C I Nr. 2689e.

121 Kundschaft Dielsdorf (1435) StAZ C I Nr. 2689e fol. 1r (Jos Tek).

nungen stark auseinander. Einige wollten gehört haben, dass die Müller den Bach jederzeit nutzen durften, solange sie ein Drittel der Wassermenge weiterhin durch das Dorf fließen ließen.[122] Andere behaupteten, den Müllern stünde auch diese Menge nur an Samstagen sowie den Vorabenden der Namenstage der zwölf Apostel zu.[123] Ein Zeuge sagte schließlich, gemäß den Weisungen am Dinggericht dürften die Müller das Wasser überhaupt zu keinem Zeitpunkt auf ihre Mühlen leiten, ohne dass ihnen die Dorfleute dies zuvor ausdrücklich erlaubt hatten.[124] Je nach Streitgegenstand ließen in anderen Kundschaften schon subtilere Meinungsverschiedenheiten es als reichlich unklar erscheinen, was an den Dinggerichten eigentlich gewiesen worden war.[125]

Die Erinnerungen an Rechtsweisungen fielen nicht nur deshalb widersprüchlich aus, weil einzelne Zeugen Gedächtnislücken hatten oder ihre Aussagen aus Loyalität oder Furcht dem Standpunkt einer Streitpartei anpassten. Der Zeuge Hensli Schuhmacher lieferte eine andere Begründung, indem er sagte: »was sy eines jares offnotent [wiesen], dz offnotent sy des andern jares nit.«[126] Auch in anderen Kundschaften bezweifelten Zeugen die Gültigkeit einer Regel mit der Begründung, diese sei erstmals in der letzten Dinggerichtsversammlung so gewiesen worden.[127] Andere beriefen sich auf abweichende Formulierungen, von denen sie aber einräumten, dass sie seit Jahrzehnten nicht mehr verkündet worden waren.[128] Offenbar konnten Rechtsweisungen selbst von einem Mal zum anderen erheblichen inhaltlichen Schwankungen unterliegen. Ihr hoher Stellenwert scheint in der Praxis weniger darauf beruht zu haben, rechtliche Wissensbestände unverändert

122 Kundschaft Dielsdorf (1435) StAZ C I Nr. 2689e fol. 1v (der alt Snider), 2r (Wernli Seligman, Hans Smid), 2v (Hans Meyer).

123 Kundschaft Dielsdorf (1435) StAZ C I Nr. 2689a fol. 2r (Bertschi Teppeller), b fol. 1v (Üli Müller), c fol. 1r (Üli Fûssli), d fol. 1r (Üly Jung).

124 Kundschaft Dielsdorf (1435) StAZ C I Nr. 2689b fol. 1r (Hans Brennwalder).

125 Vgl. unten, Kp. 4.

126 Kundschaft Dielsdorf (1435) StAZ C I Nr. 2689d fol. 2v.

127 Zum Beispiel Kundschaft Grüningen (um 1435) StAZ C I Nr. 2996 fol. 3v: »Es seit Lúti Zender, das er meine, er sig me denn zweintzig mälen by söllichen sachen gesin und hab nie anders gehört denn schlecht erteillen, den fründen den lib und den herren das gút, denn jetzt uff den hindersten landtag«, vgl. 3r (Heini Gubler), 3v (Heini Boller); Kundschaft Landenberg (1437) StAZ A 131/1 Nr. 14 u. 14a (Hans Meyer).

128 Zum Beispiel Kundschaft Grüningen (um 1435) StAZ C I 2996 fol. 4r (Peter Hertenstein), 4v (Heini Müller); Kundschaft Hallwil (1481) StAB UP 8 Nr. 40 fol. 1v (Hensli Zeiger); Kundschaft Brugg (1484) RQAG Bd. 2.2 S. 34–37 (Hans Bröchi).

zu tradieren, sondern die Anerkennung von Regelungen zu momentanen Konflikten sicherzustellen. Dies gilt es jetzt näher auszuführen.

Anlässe

Zu inhaltlichen Schwankungen der Weisungsinhalte trugen schon die äußeren Umstände der Weisungen bei, die hier als zweites Beobachtungsfeld angesprochen werden müssen. Die Dinggerichte mancher Herrschaft wurden nachweislich über Jahre, möglicherweise sogar über Jahrzehnte hinweg überhaupt nicht einberufen.[129] An anderen Orten lassen sich die eigentlichen, zwei bis dreimal jährlich im großen Rahmen durchgeführten Dinggerichte kaum von nur nach Bedarf, aber vielfach häufiger einberufenen Sitzungen des lokalen Gerichts unterschieden, an denen sich neben dem Richter nur einige Geschworene beteiligen mussten.[130] An den Dinggerichten wurden Regelverstöße eingeklagt, Nachbarschafts- und Erbstreite entschieden, aus Verkäufen, Pfändungen und Erbgängen resultierende Güterübertragungen publik gemacht oder Amtseinsetzungen der Meier, Hirten und Förster vollzogen. An manchen Orten zogen Vertreter der Herrschaft von den Ortsansässigen neben Bußen für Regelverstöße auch regelmäßige Abgaben ein, die jeweils zum Termin des Dinggerichts fällig wurden.[131] Alle diese Geschäfte konnten Kontroversen über das lokale Recht nach sich ziehen.

129 Vgl. unten, Kp. 4.3. Für ähnliche Beobachtungen für Ortschaften in der Lorraine vgl. Perrin, *Chartes*, S. 35.

130 Ungewöhnlich deutlich zum Ausdruck gebracht wird dieser Unterschied in der Schiedsgerichtsurkunde Oberwinterthur (1490) StAZ C II 16 Nr. 454: »[...] das von alter har allein des Gotzhus lüt und die, so uff des selben Gotzhus guetern sitzend und sunst deheiner under inen in der gemeind gericht genössig sin sölle, usgenommen zú den meien jargerichten [das heißt den großen Dinggerichten]«.

131 Regelverstöße: Kundschaft Amsoldingen (1389) FRB Bd. 10 S. 515 Nr. 1090; Urkunde Gasel (1420) RQBE Bd. 1.1 S. 205 Nr. 325; Urkunde Bümpliz (1449) RQBE Bd. 1.5 S. 46 Nr. 33; Urkunde Diesbach (1471) RQBE 2.4 S. 39 Nr. 25. Güterstreite: Urkunde Buchegg (1286) FRB Bd. 3 S. 412f. Nr. 429; Urkunde Bülach (1376) StAZ C I Nr. 2927, teilweise ed. in Hildebrand, *Bülach*, S. 400f. Wahlen: Urkunde Buchegg (1286) FRB Bd. 3 S. 412f. Nr. 429; Urkunde Baulmes (1402) SDVD Bd. B2 S. 452 Nr. 385; Kundschaft Brugg (1480) RQAG Bd. 2.2 S. 29. Vgl. Gilomen, *Grundherrschaft*, S. 131. Abgaben, die aus Anlass der Plaicts Généraux von Lausanne zwischen den Jahren 1321 und 1339 erhoben wurden, sind in savoyischen Rechnungsrodeln aufgezeichnet: AST Camerale Sabauda Inv. 71 fol. 52 und 69 fol. 5. Zum Termin der Gerichtsversammlung fällig werdende Abgaben verzeichnen: Urkunde Baulmes (1402) SDVD Bd. B2 S. 453 Nr. 385; Urkunde Lucens (1335) MDR Bd. 1.7 S. 106–119. Überhaupt nur als Abgabetermin fassbar ist das »placitum generale« der

Im Vordergrund stand dabei nicht unbedingt die Erinnerung an schon früher gewiesene Rechtssätze, sondern das Bestreben, im jeweiligen Konflikt eine Einigung zu erzielen. Für die Weisungspraxis an den Dinggerichten mindestens so repräsentativ wie Weistümer sind die zahlreich überlieferten, in der Forschung aber noch kaum beachteten Urkunden, die über die Weisung einer einzelnen Regel am Dinggericht ausgestellt wurden. Für das Landgericht Buchsgau liegt erst aus dem 14. Jahrhundert ein eigentliches Weistum vor, das einen umfassenden Bestand von Regeln aufführt. Doch schon eine Urkunde aus dem Jahr 1286 hält eine einzelne Regel fest, die das Landgericht Buchegg wies, als der Abt des Klosters Trub fragen kam, wie lange jemand ein Gut ohne Einsprüche anderer besitzen musste, bevor sein Besitz als unangefochten galt.[132] Weitere Urkunden aus dem 14. und 15. Jahrhundert halten einzelne Regeln fest, die Dinggerichte beispielsweise zu den Weiderechten eines einzelnen Hofs,[133] zur Höhe der Buße für ein spezifisches Delikt[134] oder zum Verbot der Heiraten mit Abhängigen anderer Herren wiesen.[135] Rechtsweisungen erscheinen in solchen Zusammenhängen weniger als vom übrigen Ablauf der Dinggerichtsversammlung deutlich abgesetzte Akte der Wiederholung fester Regelbestände, sondern als Verfahren der Klärung fallweise benötigter Regelungen, das Bestandteil ganz unterschiedlicher Geschäfte sein konnte.

Besonders in der Westschweiz bestand eine prominente und an manchem Ort sogar die einzige nachweisbare Aufgabe der Dinggerichte in kollektiven Abschreitungen der lokalen Felder und Wege, den sogenannten »viationes« oder »Umgängen«.[136] Durch solche Prozessionen wurde die lokale Ordnung zwar durchaus schriftlos tradiert, allerdings in ganz anderer Weise, als dies Weistümer nahelegten. Hier nahm die Vergegenwärtigung der Rechtsordnung ihren Ausgangspunkt nicht in Erinnerungen an explizite Regeln, sondern in einem gemeinsamen Augenschein vor Ort. Die Teilnehmer

---

Ortschaft Aigle im Waadtländer Chablais, Urkunde Aigle (1290) SDVD Bd. B2 S. 25 Nr. 34. Vgl. für benachbarte Gebiete Rösener, *Dinggenossenschaft*, S. 57; Spieß, *Einleitung*, S. 16.

132 Urkunde Buchegg (1286) FRB Bd. 3 S. 371f. Nr. 391; vgl. die vermutlich später nachhergestellte Offnung (1302) FRB Bd. 4 S. 114ff. Nr. 102 sowie Offnung Buchsgau (1323) FRB Bd. 5 S. 314f. Nr. 268.

133 Urkunde Ins (1387) FRB Bd. 10 S. 342 Nr. 729.

134 Urkunden Münsingen (1405 und 1413) RQBE Bd. 2.4 S. 15f., 23f. Nrn. 11 und 14.

135 Urkunde Birmensdorf (1465) RQZH Bd. 1.2 S. 46. Für weitere Beispiele solcher Urkunden aus dem Kanton St. Gallen vgl. Müller, *Offnungen*, S. 33f.

136 Urkunde Ringgenberg (1291) FRB Bd. 3 S. 502 Nr. 515 (kopial aus dem 15. Jh. überliefert); Plaid Vautravers (1302) Glaenzer, *Plaid*, S. 46 § 5; Plaid Pully (1368) SDVD Bd. B1 S. 615 Nr. 372.

hörten sich Klagen über seit dem letzten Umgang eingetretene Veränderungen der Fluren und Wege an. Sie verhandelten diese und einigten sich darauf, Bußen zu verhängen, Umbauten an Zäunen und Ausbesserungsarbeiten an Wegen anzuordnen oder bestimmte Anbautätigkeiten zu verbieten. Dabei kamen Entscheidungen ebensogut wie durch Erinnerungen an frühere Zustände durch stillschweigende oder explizite Kompromisse zwischen den Beteiligten zustande.[137]

Abläufe

Zu den Einzelheiten des Vorgehens bei Weisungen ist zunächst festzuhalten, dass diese nach Zeit, Ort und Situation ausgesprochen stark variierten. Schon die gängige Vorstellung, wonach Weisungen als Antworten der Bauern auf Fragen der Herren zustande kamen, trifft nicht durchweg zu. Mindestens in Einzelfällen ist belegt, dass auch Abhängige die Initiative zur Weisung ergriffen. Im Jahr 1477 trat etwa eine Frau aus den Reihen der Ortsbevölkerung vor das Gericht des Kastellans von Weissenburg im Simmental, beklagte sich über Missbräuche der örtlichen Allmenden und setzte durch, dass eine Weisung zu den Allmendrechten durchgeführt wurde.[138]

Auch die Aufgabe, solche Fragen nach dem geltenden Recht zu beantworten, kam von Ort zu Ort anderen Personen zu – wobei sich selbst an einem und demselben Gericht Variationen ergaben. Am Dinggericht von Pully wiesen im Jahr 1368 sieben Männer, welche die Versammlung zuvor eigens für diese Aufgabe gewählt hatte. Eine darüber ausgestellte Urkunde umschreibt dieses Verfahren als »forma ab antiquo consueta«. Sonderlich althergebracht war es jedoch nicht. In einer zu Beginn des 14. Jahrhunderts ausgestellten Urkunde war noch davon die Rede, dass am Dinggericht von Pully die zwölf Männer weisen mussten, die während längerer Zeiträume als Geschworene fungierten.[139] Für einige Dinggerichte liegen vagere Angaben

137 Eine normative Beschreibung der Vorgehensweise beim Umgang enthält der Kommentar zum Plaict Général von Lausanne aus dem ersten Drittel des 15. Jahrhunderts: SDVD Bd. B1 S. 249f. Nr. 192. Einzelne Auseinandersetzungen während Umgängen schildern Passagen aus Kundschaftsaussagen: Enquête Villars (1446) ACV C IV Nr. 460 fol. 3r (Antonius Rossier), 7v (Bisuntius Bessar), 10r (Vuillermus Rastel); Kundschaft Willisau (1478) RQLU Bd. 2.2 S. 70f.; vgl. Bader, *Untergang*.

138 Urkunde Weissenburg (1477) RQBE Bd. 2.1/2 S. 53f. Nr. 23.

139 Plaid Général Pully (1368) SDVD Bd. B1 S. 612 Nr. 372; vgl. Urkunde Pully (1302) AST Corte 12 pq. 35 (Pully) Nr. 1. Zu Rechtsweisungen als Aufgabe der Geschworenen vgl. Elsener, *Viri*; Rösener, *Dinggenossenschaft*, S. 62; Spieß, *Einleitung*, S. 91.

vor, wonach das Weisen den »alten« oder den »ältesten und ehrbarsten« Teilnehmern der Versammlung oblag. Im 15. Jahrhundert war es besonders in der Umgebung von Zürich oft ein einzelner alter Mann, der die Rechte über Jahre hinweg wies. Diese Aufgabe nahm etwa in Oberdürnten der ortsansässige Alt-Hans Reisen wahr, in Dielsdorf war es der »alte Keller« und in Grüningen der »alte Lehmann«. Nicht selten handelte es sich dabei um Inhaber herrschaftlicher Ämter.[140]

Manchmal wiesen sogar die Herren selbst. Das Weistum von Gachnang schildert im Prolog, wie der Vogtherr den örtlichen Keller beim Jahrgericht aufforderte, die Rechte der Herrschaft und des Dorfs zu weisen. Der aber bat den Vogt, stattdessen selbst zu weisen: »das leg dar und lasz das hören, denn ich kann es nit als wol offnen, als villicht nott wer« – worauf der Vogt die Aufgabe ohne zu zögern selbst übernommen habe.[141] An einer Gerichtsversammlung des Dorfs Ringgenberg am Brienzersee im Jahr 1374 bat der lokale Herr, die Rechte der Alpabzugs selbst weisen zu dürfen, was ihm die Versammlung gewährte.[142] Die Notwendigkeit, sich darüber abzusprechen, wer weisen sollte, könnte darauf hinweisen, dass es von den jeweils zu regelnden Sachbereichen abhängen konnte, wem diese Aufgabe zufiel – oder wem man ihre Erfüllung in Dokumenten letztlich zuschrieb.

Unabhängig davon, wer den Weisungsvorgang eröffnet hatte, erhielten die übrigen Versammlungsteilnehmer anschließend Gelegenheit, gegen dessen Formulierungen Einwände vorzubringen. Nach Auskunft einiger Weistümer war dieser Verfahrensschritt, der oft als »umfrage« bezeichnet wird, vor der Niederschrift ganzer Serien von Regeln für jede einzelne Bestimmung zu wiederholen. Dabei konnte es zu heftigen Wortwechseln kommen, in denen sich die ganze Vielfalt der Achsen äußerte, entlang denen an Dinggerichten Konflikte ausgetragen wurde. Nicht selten beanspruchten einzelne Personen Ausnahmeregelungen für sich. Während der Weisung in Pully des Jahrs 1368 erhob sich ein Abhängiger und behauptete, die verkündeten Ab-

140 Offnung Holderbank (1470) RQAG Bd. 2.1 S. 657–664; Offnung Oberwinterthur (1472) Kläui, *Geschichte*, S. 353; Offnung Hegi (1515) Kläui, *Geschichte*, S. 357. Für die Nennungen alter Männer, die weisen: Kundschaft Königsfelden (1481) RQAG Bd. 2.2 S. 29 Nr. 18 (Caspar Etterlin); Offnung Oberdürnten (1485) RQZH Bd. 1.2 S. 503–506; Kundschaft Dielsdorf (1435) StAZ C I Nr. 2689b fol. 1r (Hans Brunnenmeister), d fol. 2v (Hans Meyer), e fol. 1v (Der alt Snider); Kundschaft Grüningen (um 1435) StAZ A 124/1 Nr. 25 fol. 2v (Gross Üli Adelbrecht), 3r (Ruotschman Pfenninger, Heini Gubler), 4r (Wirt von Bertschikon), 5v (Cůnrat Pfister); Urkunde Münsingen (1413) RQBE Bd. 2.4 S. 23f. Nr. 14.

141 Offnung Gachnang (1459) StA Einsiedeln E.N. Nr. 1.

142 Offnung Ringgenberg (1374) RQBE Bd. 2.6 S. 71f. Nr. 64.

gabeverpflichtungen möchten wohl für andere gelten, er und seine Vorfahren seien davon aber seit unvordenklichen Zeiten ausgenommen.[143] Das Weistum von Apples aus dem Jahr 1327 beginnt mit einer Liste der Ortsbewohner, die erklärten, mit den damals gewiesenen und im weiteren Text festgehaltenen Regeln einverstanden zu sein. Zu den beiden letzten Namen wurde allerdings festgehalten, die Betreffenden hätten sich unter Hinweis auf ihnen zustehende Privilegien Ausnahmen von einigen Regeln ausbedungen.[144]

Bei Weisungen kam es offenbar besonders darauf an, dass maßgebende lokale Akteure, die von der jeweils gewiesenen Regel spezifisch betroffen waren, dieser zustimmten. Dies hoben auch Zeugen hervor, die während Kundschaftsverfahren ihre Erinnerungen an Weisungen wiedergaben. Sie zitierten beispielsweise die Regel, die man über den Einsatz der Schleusen im Bach gewiesen hatte und betonten, auch die Müller hätten sich dem nicht widersetzt,[145] sie erinnerten sich an Weisungen zu Kompetenzverteilungen zwischen Grundherr und Vogt und fügten hinzu, auch die Vertreter des Vogts seien damals »unter ougen«, das heißt dabei gewesen, oder sie schilderten, wie der lokale Herr sein Einverständnis zu den gewiesenen Erbregeln erklärt hatte.[146] In solchen Äußerungen erscheinen die Weisungen nicht einfach als gewissermaßen legislative Prozesse durch eine dazu generell bevollmächtigte Körperschaft, sondern eher als Gefüge aus vielfältigen Vereinbarungen zwischen den davon betroffenen Einzelnen, Gruppen und Köperschaften.

Weistümer machen allenfalls ganz vage Angaben über die Verhandlungsformen, durch die widerstreitende Interessen während Weisungen aufeinander abgestimmt wurden. Das Weistum von Romainmôtier gehört zwar zu den wenigen, die ausdrücklich festhalten, dass kein Teilnehmer der Dinggerichtsversammlung ohne Erlaubnis des Herrn sprechen durfte.[147] Doch

143 Plaid Pully (1368) SDVD Bd. B1 S. 613f. Nr. 372 § 10.

144 Plaict Général Apples (1327) Cottier, *Abbaye*, S. 191 Nr. 3, die neuste Edition des Weistums sah von der Wiedergabe dieser Bemerkungen ab: SDVD Bd. 2B S. 419 Nr. 369. Einzelnen Abhängigen gewährte Ausnahmen von ansonsten allgemeingültigen Regeln finden sich auch in Weistümern der deutschen Schweiz verschiedentlich, zum Beispiel in Offnung Rengg (15. Jh.) StAZ G I Nr. 103 fol. 25r: »Aber ist ze wissent wer saesshafft ist in dem hof ze Rengg, das der jaerlich ze der vasnacht geben sol einem bropst von Zürich ein vasnachthuen ane allein zwo hofstetten, da die ein ist des Buecheneggers die ander ist Katherinen Fuermen und Uelrich irs brueder.«

145 Kundschaft Dielsdorf (1435) StAZ C I Nr. 2689b fol. 1v (Hans Gensgern).

146 Kundschaft Bülach (ca. 1432) StAZ A 97.2 (Bülach) Nr. 9 fol. 2v.

147 Plaict Romainmôtier (1266) SDVD Bd. B2 S. 375 Nr. 343 § 2: »Ita videlicet quod nemo se moveat de loco suo nec aliquis loquatur nisi licentiatus a priore.«

selbst in einigen anderen Aufzeichnungen anzutreffende Formulierungen, wonach eine gewiesene Regel am Dinggericht einhellige Zustimmung oder ein »ein mer« erhalten musste,[148] bezeichneten kaum eine demokratische Form der Entscheidungsfindung.[149] In dieser Hinsicht unterschieden sich Dinggerichte kaum von den besser erforschten städtischen Rats- und Bürgerversammlungen jenes Zeitraums. Diese hatten oft ein sehr autoritäres Gepräge, ihre Verhandlungen waren von rigiden Hierarchievorstellungen und entsprechend ungleichen Verteilungen von Mitspracherechten geprägt.[150]

Wie stark Weisungen durch einzelne Autoritätspersonen dominiert sein konnten, geht aus einem Kundschaftsprotokoll aus der Zeit um 1435 hervor. Die damals befragten Zeugen berichteten, wie es am Dinggericht der Zürcher Ortschaft Grüningen immer wieder zu Streitigkeiten über das von der Herrschaft beanspruchte Recht kam, die Güter verurteilter Delinquenten zu konfiszieren.[151] Der alte Lehmann, der dort jeweils die Rechte wies, habe verkündet, den »fründen«, das heißt den erbberechtigten Verwandten des Hingerichteten sei sein Leib, der Herrschaft aber sein Gut auszuhändigen. Darauf hätten wiederholt Versammlungsteilnehmer protestiert, die Regelung beziehe sich nur auf Immobilien und es müsse präziser heißen: »den fründen den lib, den herren das fahrend gut [die Mobilien]«. Mehrere Zeugen schildern, wie Lehmann die Einwände schlicht zum Verstummen brachte, indem er sagte, nur seine Formulierung entspreche dem alten Herkommen. Zugleich versicherte er aber, dass die Herren bislang ohnehin immer nur die Mobilien, nicht aber die Immobilien konfisziert hätten, und dass sich dies bestimmt auch in Zukunft nicht ändern würde.[152]

148 Zum Beispiel Offnung Bonstetten (15. Jh) RQZH Bd. 1.2 S. 102–108.

149 Semantische Analysen ergaben, dass den Schilderungen von Weisungsvorgängen in Weistümern eine Dialogstruktur inhärent ist, die es den Herrschaftsvertretern erlaubte, ein scheinbares Einverständnis der Abhängigen zu erzwingen, vgl. Toch, *Asking*; Algazi, *Tradition*; ders., *Vergessen*; Rösener, *Dinggenossenschaft*, S. 70f. Die Prämisse dieser Untersuchungen, wonach Weistümer direkte Aufzeichnungen des mündlichen Geschehens an den Dinggerichten darstellen, ist zwar in den wenigsten Fällen haltbar, vgl. unten, Kp. 4.3. Aber ein Machtgefälle zwischen den Versammlungsteilnehmern dürfte für die Zeitgenossen so selbstverständlich gewesen sein, dass es sich in schriftlichen Darstellungen von Weisungen ebenso wie in diesen selbst niederschlug.

150 Isenmann, *Ratsliteratur*, S. 385–398; Teuscher, *Bekannte*, S. 218–234.

151 Kundschaft Grüningen (um 1435) StAZ A 124/1 Nr. 25 fol. 4v: »[...] seit das er vor ziten wol hab me spenn und stöss dar umb an offem gericht gehört« (Welti Rebman), vgl. fol. 6r (Welti Gartner) sowie die Angaben in den beiden folgenden Anmerkungen.

152 Kundschaft Grüningen (um 1435) StAZ A 124/1 Nr. 25 fol. 3v: »[...] do wolt man an einam landtag, dz der Leman das guot hett gesúndret. Do sprech der Leman: ‹Ich wil kein núwes da machen noch súndren, man bedarff sin nit, die herren nement doch kein ligend gút.›«

Hätte ein Schreiber die Einigung, die auf eine solche Erklärung hin zustande gekommen war, in einem Weistum schriftlich festhalten wollen, hätte er sich für die eine oder für die andere Formulierung der Regel entscheiden müssen – was in keinem Fall ganz der am Dinggericht getroffenen Übereinkunft entsprochen hätte. Dies hängt mit einem grundsätzlichen Problem der Verschriftlichung mündlicher Traditionen zusammen: Dabei ergeben sich meist Schwierigkeiten, eine eigentliche Tradition, die aufgeschrieben werden soll, und zu ihr abgegebene Erläuterungen von einander zu trennen, da beides im mündlichen Gespräch aufs Engste miteinander verquickt sein kann.[153] Dies gilt gerade auch für Weisungsverfahren. Denn diese kannten keine scharfen Unterscheidungen zwischen der Festlegung einer feststehenden Rechtsordnung und der Vereinbarungen von aus dem Moment entstandenen Absprachen unter maßgebenden und ressourcenstarken Einzelpersonen.

Schriftgebrauch

Die Weisung am Dinggericht diente nicht unbedingt dazu, Rechtsinhalte aus der Erinnerung hervorzurufen, die in schriftlicher Form nicht zugänglich gewesen wären. Vielmehr beriefen sich die Teilnehmer an solchen Verfahren außer auf Erinnerungen an früher mündlich Gewiesenes auch auf schriftliche Aufzeichnungen.[154] Schon in einer Kundschaft aus der Zeit um 1325 berichten die Zeugen aus dem bei Bern gelegenen Dorf Rüeggisberg, wie an der dortigen Dinggerichtsversammlung jeweils sowohl der Vertreter des Grundherrn als auch jener des Vogts die mündliche Weisung mit den Inhalten von Rodeln verglichen, die sie mitgebracht hatten. Eine Rechtsweisungen konnte durchaus damit beginnen, dass jemand aus einem Schriftstück vorlas. Bei der Weisung am Dinggericht von Döttingen des Jahres 1398 las man die Regeln »alta et intelligibili voce de verbo ad verbum« von einem Pergamentrodel ab, den ein Vertreter der Herrschaft mitgebracht hatte, bei der Weisung in Dättlikon im Jahr 1454 von einem »zettel«. In beiden Fällen

(Heini Boller) Die gleiche Anekdote wiederholten weitere Zeugen: fol. 2v (Gross Üli Adelbrecht), 3r (Heini Gubler), 4r (Wirt von Bertschikon).

153 Vgl. Goody, *Power*, S. 47–85.

154 Zum Einsatz von Schrift bei Dinggerichten in benachbarten Räumen vgl. auch die Beobachtungen bei: Morsel, *Prélèvement*, S. 161; Holenstein, *Huldigung*, S. 199–203; Spieß, *Einleitung*, S. 18ff.; Stahleder, *Weistümer*, S. 554f.; Lamprecht, *Wirtschaftsleben*, S. 643.

wurde anschließend unter den Teilnehmern der Gerichtsversammlung Umfrage über das Vorgelesene gehalten.[155]

Solche Aufzeichnungen waren eher persönliche Erinnerungshilfen als Weistümer im Sinn autoritativer Repräsentationen der Weisungen. Denn die schon aufgeschriebenen Formulierungen konnten am Dinggericht erneut verhandelt und durch noch ungeschriebene Regeln ergänzt werden. So hielt das Dinggericht von Döttingen 1398 Umfrage über »consuetudines, privilegia, jura, proprietates«, die ein Vertreter der Herrschaft aus einem Pergamentrodel vorgelesen hatte. In der Formulierung des Weistums entstand so »per modum innovationis, renovationis, seu intimationis»[156] eine Niederschrift von Regeln, die teils schon früher aufgeschrieben und jetzt bestätigt, teils aus der Erinnerung hervorgerufen, teils aber auch aus aktuellem Anlass neu vereinbart worden waren. Erst für das 16. Jahrhundert verdichten sich Hinweise darauf, dass sich Rechtsweisungen am Dinggericht Huldigungsakten annäherten, bei denen Amtleute die immer gleiche Weistumsversion als verbindliche Fassung des Rechts vorlasen, ohne Debatten über deren Revision und Ergänzung zuzulassen.[157] Dagegen ähnelten die früheren Weisungsverfahren dem Vorgehen bei zeitgenössischen jährlichen Versammlungen der Bürgerschaft von Städten, an denen die Schreiber nebst Privilegienbriefen einzelne vom Rat erlassene Statuten regelmäßig, andere von Fall zu Fall verlasen, wobei es zu Debatten darüber kommen konnte, ob zu einem Sachbereich weiterhin alte Bestimmungen zu wiederholen oder neue zu verabschieden seien.[158]

Besonders Herrschaftsvertreter führten zu den Rechtsweisungen am Dinggericht Schriftstücke mit, die in ganz anderen Zusammenhängen entstanden waren. An der Versammlung des Landgerichts von Seftigen protestierte der Propst von Amsoldingen im Jahr 1459 gegen die Weisung der Grenzen zu seinem eigenen Herrschaftsgebiet, indem er zugunsten des Stifts ausgestellte Privilegienbriefe vorlegte.[159] Selbst Weistumsaufzeichnungen

---

155 Kundschaft Rüeggisberg (um 1330) FRB Bd. 5 S. 77–777 Nr. 730; Offnung Döttingen (1398) RQAG Bd. 2.5 S. 254; Urkunde Dättlikon (1454) RQZH Bd. 1.2 S. 306ff. Nr. 2.

156 Offnung Döttingen (1398) RQAG Bd. 2.5 S. 254. Vgl. auch die Formulierung, gemäß der die Rechtsregeln (»jura et onera«), bevor sie aufgeschrieben (»conscripta), am Dinggericht »inventa et renovata« wurden, Offnung Höngg (1338) Statutenbücher S. 150.

157 Vgl. hierzu auch unten, Kp. 4; Holenstein, *Huldigung*, S. 208–216; Spieß, *Einleitung*, S. 22.

158 Vgl. Zum Beispiel Mihm, *Dingprotokoll*.

159 Offnung Seftigen (1459) StAB A I Nr. 453a (Stadtbuch) fol. 262r–265v, vgl. oben, Anm. 110.

begründen die Gültigkeit einzelner Regelungen vielfach, indem sie darauf hinwiesen, dass diese in Urkunden, Urbarien und Zinsbüchern nachzulesen seien.[160] Durch den Vortrag und die Genehmigung von Regeln aus Notizen, Urkunden und Urbaren flossen Bestimmungen in Weistümer ein, die ihren Ursprung statt in Weisungen in ganz anderen Zusammenhängen der Rechtsfestlegung hatten, etwa in zwischenherrlichen Vereinbarungen oder in der Privilegierungspraxis einer Territorialherrschaft. Im vierten Kapitel wird näher auszuführen sein, dass die Inhalte von Weistümern überhaupt vielfach nur in ganz loser Verbindung zu den Verhandlungen an den Dinggerichten zustande kamen. Dort wird auch diskutiert, dass die Verschriftlichung von Weistümern in vielen Fällen weniger mit Auseinandersetzungen auf einer lokalen als auf einer überlokalen Ebene zu tun hatte, etwa mit Bedürfnissen lokaler Amtleute, ihre Rechte vor einem territorialherrlichen Gericht zu dokumentieren.[161]

Während die Verfasser der Weistümer diese in eine Kontinuität zu mündlichen Weisungen an den Dinggerichten zu stellen versuchten, muss eine historische Untersuchung auch die Brüche thematisieren, die sie dabei überbrücken mussten. Das Verhältnis zwischen Dinggerichtsversammlungen und Weistümern ist bei näherem Hinsehen viel weniger eng, als letztere suggerieren. Weder enthalten Weistümer nur durch mündliche Weisungen tradierte Regelungen, noch bilden sie Weisungsvorgänge getreulich ab. Konkreter als aus Weistümern geht oft aus Urkunden und Kundschaftsprotokollen hervor, weshalb Dinggerichte als Foren der lokalen Ordnungswahrung so hohen Stellenwert beanspruchten. Zum einen wurden durch Weisungen Auseinandersetzungen entlang der vielfältigsten rechtlichen Beziehungskonstellationen beigelegt, nicht nur zwischen einer Herrschaft und ihren Abhängigen, sondern auch unter den Abhängigen selbst, zwischen Herren und ihren Amtleuten, zwischen Mitherren sowie zwischen benachbarten Herrschaften und ihren jeweiligen Abhängigen. Zum andern war die Feststellung von

160 Offnung der Höfe des Klosters Engelberg im Zürichgau und Aargau StA Engelberg (13.-15. Jh.) D1: »Wir han óch an vinsren hantuestin vnd brieuen: wer an lîp erben stirbet, dc witr den erben sullen [...];« Weistum Berg am Irchel (15. Jh.) RQZH Bd. 1.1 S. 488 Nr. 6: »[...] und stand söllich zins, rennt und gült in des gotzhus urbar und zinsbúcher verschriben«; Propstoffnung Breite (1439) RQZH Bd. 1.2 S. 140 Nr. 3 § 2: »Item das gotzhus ze Embrach haut ouch uff ettlichen gúttern die in des gotzhus zinsbúchern oder ródeln verschriben stand;« Offnung Dietikon-Oberndorf (15. Jh.) RQZH Bd. 1.2 S. 365 Nr. 11: »Wir hand ouch in demselben umkreis ze richten [...] als vorgeschreiben stat und unser houptbrief [Urkunde], den wir darúber hant, bas lútert, denn hie geschriben stat.«

161 Vgl. unten, Kp. 4.2.

Rechten an Dinggerichten aufs Engste mit deren praktischer Durchsetzung verbunden. Eine in dieser Weise perpetuierte Rechtsordnung passte sich sehr flexibel aktuellen Bedürfnissen und veränderten Umständen an.

Die schriftliche Aufzeichnung von Weistümern zielte dagegen weniger auf die momentane Umsetzung als auf die dauerhafte Festsetzung des Rechts ab. Dies erforderte stark stilisierte Darstellungen der Dinggerichte. Kompetenzen konnten dabei nicht den vielfältigen und wechselnden Akteuren zugeschrieben werden, die sie tatsächlich vereinbart und ausgeübt hatten. Vielmehr wurde die lokale Ordnung in einer gewissermaßen verfassungsmäßigen Abstraktion als Verhältnis zwischen einem Oben und einem davon klar geschiedenen Unten, zwischen einem Herrn und der Gesamtheit seiner Abhängigen oder »Bauern«, dargestellt. Weiter vermitteln Weistümer den Eindruck, es sei bei den Weisungen an Dinggerichten weniger um momentane Auseinandersetzungen als um die Bewahrung der Erinnerung an »seit je« feststehende, umfangreiche Regelbestände gegangen. So legitimierten Weistümer die in ihnen enthaltenen Regeln, indem sie diese aus den Dinggerichten herleiteten, überwanden aber zugleich den stark an bestimmte Situationen und Personen gebundenen Charakter der tatsächlich dort getroffenen Absprachen.

2.4 Schluss

Kundschaften und Weisungen an Dinggerichten bildeten in mancher Hinsicht sehr unterschiedliche und überdies je durch zahllose Varianten gekennzeichnete Verfahren der Herleitung von Rechten aus mündlich, »viva voce« gemachten Aussagen. Dennoch lassen sich charakteristische Merkmale und Entwicklungen beider Befragungstypen zueinander und zum Wandel politischer Institutionen und des Rechtsverständnisses in Beziehung zu setzen.

Beide Verfahren erfassten Aussagen von Vertretern der mittleren und unteren Schichten. Dies war allerdings weniger Ausdruck einer demokratischen Entscheidungsfindung, sondern diente vor allem dazu, räumliche Geltungsbereiche der festgestellten Rechte nachzuweisen. Während Kundschaften zunehmend eingesetzt wurden, um Regelungen als Bestandteile territorialer Rechtsordnungen zu deuten, konstituierten Weisungen an den Dinggerichten das Recht eines einzelnen Orts. Allerdings beruhte auch der Stellenwert der Weisungen an Dinggerichten nicht nur darauf, dass sie das Verhältnis zwischen einem Herrn und seinen lokalen Abhängigen regelten, sondern dass sie der Lösung von Konflikten zwischen mehreren Herrschaften und ihren jeweiligen Amtleuten dienten.

Ein markanter Wandel des kulturellen Verständnisses ungeschriebener Rechte äußert sich zunächst in den Kundschaftsverfahren, die sich im Lauf des Spätmittelalters grundlegend veränderten. Die Impulse dazu gingen vor allem von den Kanzleien kirchlicher Gerichte und großer Herrschaftskomplexe aus, die sich zunehmend an Verfahrensgrundsätzen der Zeugenbefragung in römisch-kanonischen Zivil- und Inquisitionsprozessen orientierten. Noch während des 13. Jahrhunderts dienten Kundschaften wesentlich dazu, ein jeweils streitiges Recht durch Verhandlungen festzulegen, die eine Konsensbildung unter lokalen Notabeln ermöglichten. Ab der Zeit um 1300 setzten sich Befragungsformen durch, die voraussetzten, dass es sich bei Rechten um feststehende, im hergebrachten Handeln angelegte Tatsachen handelte, die sich nicht vereinbaren, sondern nur erkennen ließen. Im 15. Jahrhundert entstanden überdies Verfahrensvarianten, die es erleichterten, so verstandene Rechte auf große geographische Räume zu radizieren und die jeweils gesuchten Regeln als Bestandteile eines kohärenten regionalen Gewohnheitsrechts zu verstehen. Dieses war zwar ungeschrieben, ließ sich aber in Analogie zu schriftlichen Rechtskodizes imaginieren.

Weisungen durchliefen zwar als solche einen weniger markanten Wandel, wurden aber in Weistümern, in Dokumenten, die vereinzelt ab dem Ende des 13. Jahrhunderts und dann vermehrt während des 14. und 15. Jahrhunderts entstanden, neu gedeutet und einer eigentlichen Stilisierungen unterzogen. Aus Urkunden und Kundschaftsprotokollen geht hervor, dass Weisungen an Dinggerichten eine starke Komponente der Aushandlung von Vereinbarungen unter den jeweils hauptsächlich davon betroffenen Parteien aufwiesen. Dagegen stellen Weistümer dieses Verfahren als ritualisierten Vorgang der Verkündigung von Regeln dar, die immer schon verkündet worden waren. Während bei Weisungen oft nur einzelne in momentanen Auseinandersetzungen relevante Rechtsverhältnisse zur Sprache kamen, geben Weistümer umfangreiche und feststehende Serien von Rechten wieder. Und während es bei Weisungen in der Praxis entscheidend auf die Zustimmung vielfältiger lokaler Notabeln ankam, die sich kaum eindeutig Kategorien wie Herrschaft und Abhängige zuordnen lassen, schildern Weistümer die Rechtsfindung als Form der Verständigung zwischen nur zwei Parteien, je einem Herrn und dem homogenen Verband seiner Abhängigen. Die vereinfachte Darstellung der Protagonisten und des Ablaufs der Weisungen diente nicht zuletzt dazu, die in den Weistümern festgeschriebenen Serien von Regeln durch eine Tradition zu legitimeren, die in die Zeit vor ihrer Niederschrift zurückreichen sollte.

Es scheint also, dass die vermehrte schriftliche Aufzeichnung von Weisungen in der Form von Weistümern in dreierlei Hinsicht mit einem ähnlichen Wandel des Verständnisses örtlicher Rechte zusammenhing wie die Reorganisation der Kundschaftsverfahren. In beiden Fällen äußern sich Übergänge von verhandelbaren zu feststehenden Normen, von isolierten Regeln zu kohärenten Regelbeständen und von einem durch Vereinbarungen unter Notabeln zu einem durch das Wissen homogener, räumlich definierter Bevölkerungen legitimierten Recht. Erst als Ergebnis dieser Entwicklungen äußert sich am Ausgang des Mittelalters vermehrt die Vorstellung, das ungeschriebene Recht stimme mit der Tradition und einem von ganzen Bevölkerungen geteilten Bewusstsein überein. Dies entsprach kaum einem unmittelbaren Reflex uralter oder volkstümlicher Formen des alltäglichen Redens über das Recht, »vox et fama«. Vielmehr kam es zu Überformungen durch die Art, in der Leute »viva voce« befragt wurden – und zu einer Anpassung des ungeschriebenen Rechts an die Bedürfnisse der Institutionen, die es feststellten.

3 Umgang mit Herrschaftsrechten

3.1 Einleitung

Spätmittelalterliche Aufzeichnungen örtlicher Rechte wie Weistümer und Urkunden beschrieben lokale und besonders ländliche Rechtsordnungen in erster Linie in der Form von Herrschaftsrechten. Diese legten fest, gegenüber welchen Abhängigen eine Herrschaft bestimmte Ansprüche auf Abgaben, Dienstleistungen oder Gehorsam erheben konnte. Ausführungsbestimmungen zu diesen Rechten betrafen allerdings auch weite Bereiche des Handelns der Abhängigen untereinander. Sie beinhalteten beispielsweise Regelungen zu Güterverkäufen, zur Pfändung säumiger Schuldner, zur Nutzung von natürlichen Ressourcen und zu den Abläufen der landwirtschaftlichen Produktion. Beschränkungen erfuhren die Rechte einer Herrschaft vor allem durch die Rechte anderer.[1] Die meisten Leute unterstanden zugleich mehreren Herrschaften, die je qualitativ unterschiedliche Rechte ausübten. Neben Herren machten auch kommunal oder genossenschaftlich organisierte Verbände der Abhängigen Ansprüche gegenüber ihren Angehörigen geltend und beriefen sich dabei auf Rechte, die sie von den Herren erworben hatten. In mittelalterlichen Rechtsdokumenten erscheinen lokale Geflechte aus solchen sich gegenseitig begrenzenden Ansprüchen von Rechtsträgern, die entweder als »Herren« oder als »Abhängige« umschrieben werden, als die ländliche Rechtsordnung überhaupt.

Dieses Kapitel versucht Vorgänge zu fassen, in die solche Dokumente kaum Einblick gewähren. Hier wird untersucht, wie Akteure ihre lokalen Herren – und Herrschaft als Abstraktum – erlebten, wie sie sich über Herrschaftsrechte verständigten und wie sie im Alltag mit diesen umgingen. Die Auseinandersetzung mit diesen Fragen eröffnet neue Zugänge zur Erörterung des Verhältnisses zwischen dem Herrschaftsalltag und Konventionen

---

1 Vgl. zum Beispiel Simon, *Grundherrschaft*, S. 15–340; Bader, *Dorf*, S. 8–13; Champoud, *Droits*.

seiner Beschreibung in rechtssetzenden Dokumente. Besonders Aufzeichnungen von Kundschaften geben Einblick in die Art und Weise, in der sich Akteure außerhalb der Gerichte über Rechte der Herrschaft und Privilegien der Abhängigen verständigten und diese konkret ausübten. Gerichte führten Kundschaftsbefragungen durch, um Herrschaftsrechte inhaltlich zu klären und ihren legitimen Trägern zuzuweisen. Die dabei beschrittenen Verfahren lehnten sich, wie das vorige Kapitel zeigte, ab der Zeit um 1300 eng an das Konzept der Rechtsgewohnheiten an. Demnach mussten gültige Rechte durch gewohnheitsmäßiges Handeln verbürgt sein. Zeugen, die mehrheitlich selbst Abhängige einer Herrschaft waren, wurden angehalten, Beispiele von Handlungen zu erzählen, durch die Streitparteien die Rechte, die sie beanspruchten, bisher wahrgenommen hatten.[2] Die Antworten vermitteln Einblicke in die Art, wie die Zeugen die Ordnungswahrung als Praxis erlebten.

Die Lebhaftigkeit der Zeugenaussagen darf nicht über ihren ursprünglichen Zweck hinwegtäuschen. Im Rahmen eines Kundschaftsverfahrens interessierten die Gerichte weniger Praktiken, die für die Praxis, sondern solche, die für das Recht standen. Kapitel vier wird sich eingehend mit der Frage befassen, wie solche Aussagen zustande kamen und aufgezeichnet wurden. Schon an dieser Stelle gilt es, einige der dort erzielten Ergebnisse zu berücksichtigen: Welche Handlungsweisen Kundschaftsaufzeichnungen zur Sprache brachten, hing stark vom jeweiligen Entwicklungsstand der Befragungs- und Aufzeichnungstechniken ab. In jedem Fall mussten erinnerte Ereignisse und Äußerungen in stark typisierter Form dargestellt werden, um Konventionen der formalrechtlichen Beschreibung der Gesellschaftsordnung zu entsprechen – schließlich zielten die Verfahren genau darauf ab, solche verbindliche rechtliche Beschreibungen hervorzubringen. Diesem Ziel vermochten allerdings die protokollierten Aussagen allein noch nicht ganz zu genügen: Hier äußerten sich noch divergierende Auffassungen, und legitime Vorgänge der Herrschaftsausübung wurden mit viel größerer Anschaulichkeit und Spezifik geschildert als in den meisten anderen Quellengattungen.

Die in Kundschaftsaussagen geschilderten Handlungen mussten zwar einerseits allgemein verbindliche Normen verkörpern. Aber anderseits stellten sie auch spezifische Ereignisse dar, welche die Zeugen, sofern sie diese nicht nur vom Hörensagen kannten, notwendig nicht nur in einem Rechts-, sondern eben auch in einem spezifischen Ereigniszusammenhang erlebt hatten. Dieser tritt dann besonders deutlich hervor, wenn er mit den Ansprüchen an

2 Vgl. oben, Kp. 2.2.

die Darstellung von Rechten in Konflikt geriet. Die Beschäftigung mit solchen Spannungsverhältnissen ergibt wertvolle Hinweise darauf, wie die Herrschaftsorganisation auf der Ebene einzelner Akteure funktionierte. Dies erlaubt es auch, in normativen Dokumenten verwendete Beschreibungskategorien wie »Herren«, »Bauern« und »Rechtsgewohnheiten« nicht einfach als unhintergehbare Ausgangspunkte der Beschreibung der gesellschaftlichen Ordnung zu verwenden, sondern zu überprüfen, welche Bedeutung ihnen in alltäglichen Formen der Kooperation und des Konflikts zukam.

Besonders im deutschen Sprachraum erfasste die Gesellschaftsgeschichte die Beziehung zwischen Herren und Bauern bis vor Kurzem als das Kernproblem der spätmittelalterlichen ländlichen Herrschaftsorganisation und lehnte sich dabei eng an die Beschreibungskategorien zeitgenössischer Weistümer und Urkunden an. Als Pionier dieser Untersuchungsrichtung beanspruchte Otto Brunner das Verdienst, ältere verfassungsgeschichtliche Forschungsansätze überwunden zu haben, denen er vorwarf, die Unterschiede zwischen modernen staatlichen Institutionen und einer stärker auf Face-to-face-Begegnungen beruhenden spätmittelalterlichen Ordnung zu unterschätzen. Für Brunner beruhte das lokale ländliche Ordnungsgefüge auf persönlichen Beziehungen zwischen Herren und Bauern, die sich in modernen institutionellen Kategorien nicht beschreiben lassen.[3] Diese Beziehungen wären durch Treuegefühle und Gerechtigkeitsvorstellungen geprägt gewesen, die zu einem reziproken Austausch von Leistungen verpflichteten, so dass der Bauer nur in dem Maß zu Gehorsam und Abgaben verpflichtet war, wie ihm sein Herr dafür »Schutz und Schirm« bot. Anlass zu Konflikten bot gemäß Brunner weniger das Verhältnis zwischen Herren und Bauern, als das Verhältnis zwischen Herren. Diese hätten nicht zuletzt deshalb Fehden gegeneinander geführt, weil sie ihre Untergebenen vor Übergriffen anderer Herren schützen mussten.[4]

Brunners harmonisches, aber auch an einer autoritären politischen Ideologie orientiertes Bild der spätmittelalterlichen ländlichen Herrschaftsorganisation forderte ab den 1970er-Jahren unter anderem eine Gruppe von Forschern um Peter Blickle heraus. Sie wiesen darauf hin, dass für die Bauern außer der vertikalen Treuebeziehung zu ihrem Herren auch horizontale Bindungen untereinander entscheidend waren. Diese festigten sich besonders am Ausgang des Mittelalters in genossenschaftlichen und kommunalen Ver-

3 Brunner, *Land*, S. 119–164. Für neuere Auseinandersetzungen mit Brunners Arbeiten zur ländlichen Gesellschaft vgl. Melton, *Folk*; Oexle, *Mediävisten*.

4 Brunner, *Land*, S. 97–110, 343–347.

bänden, die zur Verkörperungen eines Ordnungsverständnisses geworden wären, das in einem zunehmend antagonistischen Verhältnis zu herrschaftlichen Ansprüchen auf Gehorsam stand, die allerdings nicht mehr nur auf einer personalen Ebene verortet wurden.[5] Vor einigen Jahren stellte Gadi Algazi überzeugend dar, dass die Rede von Treue und Reziprozität einem einseitig von Seiten der Herren verfochtenen ideologischen Konstrukt entsprach, das die tatsächliche und nicht selten gewalttätige Unterdrückung der Bauern nur schlecht verbirgt.[6] Damit zeigte er, dass die Darstellungen des Herr-Bauer-Verhältnisses in Rechtsdokumenten eher normativen als deskriptiven Gehalt hatten – ohne aber so weit zu gehen, die Kategorien Herren und Bauern derselben rigorosen Ideologiekritik zu unterziehen.

Die neuere Sozialgeschichte wandte sich von den Beschreibungen der Gesellschaftsordnung in zeitgenössischen Rechtsdokumenten weitgehend ab. Stattdessen stellte sie die Untersuchung der sozialen Ungleichheiten, der wirtschaftlichen Abhängigkeiten und der Alltags- und Konfliktkultur der ländlichen Gesellschaft in den Vordergrund.[7] Dabei zeigte sich, dass innerhalb der ländlichen Gesellschaft des Spätmittelalters grundlegende soziale Spannungen zwischen Interessengruppen bestanden, welche Kategorien wie »Herren« oder »Bauern« systematisch durchkreuzten oder sich einer Beschreibung in solchen Kategorien ganz entziehen. Die in Rechtsdokumenten als »Bauern« umschriebenen Personen reichten von städtischen Patriziern, die selbst Inhaber von Herrschaftsrechten im Umland sein konnten, über bäuerliche Produzenten verschiedenster Schichtenzugehörigkeit bis hin zu Tagelöhnern und Gewerbetreibenden.[8]

Ähnliche Differenzierungen lassen sich auch für die »Herren« anführen.[9] Schon ältere institutionengeschichtliche Arbeiten haben gezeigt, dass sich gerade die lokale Ebene der spätmittelalterlichen Herrschaftsorganisation durch einen enormen Reichtum an unterschiedlichen Kompetenzverteilungen, zwischenherrlichen Verflechtungen und Delegationsverhältnissen auszeichnete.[10] Mit den Bauern oder Abhängigen, die Rechtsdokumente als

5 Zum Beispiel Blickle, *Friede*; ders., *Gesetz*; Holenstein, *Huldigung*.

6 Algazi, *Herrengewalt*.

7 Für Forschungsüberblicke mit Bezug auf den untersuchten Raum: Meier/Sablonier, *Wirtschaft*; Gilomen, *Sozialgeschichte*.

8 Vgl. für den untersuchten Raum beispielsweise die neuen Monographien Egloff, *Herr*; Hürlimann, *Beziehungen*.

9 Sablonier, *Adel*; Christ, *Kooperation*; Andenmatten, *Maison*.

10 Vgl. die präzisen Fallstudien: Zangger, *Grundherrschaft*, S. 110–172; Dubled, *Administration*; Gelting, *Bases*. Zur Macht der Amtleute schon Bader, *Dorfgenossenschaft*, S. 67.

Subjekte von Herrschaftsrechten darstellen, waren oft weniger einzelne Personen als genossenschaftliche oder kommunale Institutionen gemeint. Die Träger dieser Rechte sind meist einförmig als »Herr« oder »dominus« umschrieben, obwohl es sich dabei ebensogut um jemanden handeln konnte, der Herrschaft kraft eines Amts (etwas als Propst oder Abt) ausübte, wie um einen Freiherr mit einer lokalen Machtbasis, um einen städtischen Patrizier, der Handelseinkünfte in Herrschaftsrechte investierte, um einen als Lehensnehmer herrschenden ritterbürtigen Ministerialen, der mit einem der großen landesherrlichen Höfe in Verbindung stand, oder um einen mächtigen Territorialherrn selbst. Sowohl aus sozial- als auch aus institutionengeschichtlicher Sicht erscheinen die Möglichkeiten einer Beschreibung der ländlichen Gesellschaft, die von den zwar zeitgenössischen, aber stark formalisierten rechtlichen Beschreibungskategorien wie der Gegenüberstellung von Herren und Bauern ausgeht, als sehr beschränkt. Umso dringender stellt sich die Frage, welche Bedeutung diesen Beschreibungskategorien in den konkreten zeitgenössischen Formen der Konfliktaustragung und der Kooperation zukam.

Die hier vorgesehene Beschäftigung mit Herrschaftsrechten beansprucht weder die soziale noch die institutionelle Ordnung der ländlichen Gesellschaft zu erklären. Sie verfolgt das bescheidenere Ziel, Praktiken des Umgangs mit Herrschaftsrechten zu beschreiben, die außerhalb des Blickwinkels einer herkömmlichen Verfassungsgeschichte liegen. Vielmehr geht es hier um Muster des Umgangs mit Problemen, die sich in sehr unterschiedlichen rechtlich-institutionellen Rahmen und zu Beginn wie am Ende des untersuchten Zeitraums in ähnlicher Weise stellten. Zunächst gilt es zu fragen, welche Akteure die Abhängigen auf der lokalen Ebene überhaupt mit herrschaftlichen Forderungen konfrontierten. Neben den eigentlichen Inhabern von Herrschaftsrechten kommen dabei vor allem auch Amtleute und andere, die Herrschaftsrechte in Delegation ausübten, die Funktionsweisen solcher Delegationen und deren Bedeutung in Konflikten um Herrschaftsrechte zur Sprache. Anschließend soll die Beziehung zwischen Herrschaftspraktiken und den in Kundschaften zur Debatte stehenden Rechten selbst erörtert werden. Besonders gegen Ende des untersuchten Zeitraums behandelten die Gerichte streitige Rechte vermehrt als Rechtsgewohnheiten, deren Ursprung in regelmäßigen Mustern des bisherigen Handelns liegen musste. Paradoxerweise wurde dieser Grundsatz gerade in Momenten angerufen, in denen das Handeln konflikthaft war. Tatsächlich lassen sich Konfliktabläufe oft besser verstehen, indem gefragt wird, ob sich Akteure nicht auch an Normen ganz anderer Art orientierten. So lässt sich auch genauer fassen, welche Konsequenzen es hatte, Konflikte unter dem Gesichtspunkt von alten Gewohnheiten zu beurteilen (3.3).

3.2 Rechte ausüben

Abwesende Herren

Mittelalterliche ländliche Herrschaft steht im Ruf, paternalistisch und personal zu sein. Die Vermutung liegt nahe, dass Face-to-face-Beziehungen zwischen Herren, Amtleuten und Abhängigen das Rückgrat der mehrheitlich kleinräumigen, nur über rudimentäre Verwaltungsapparate verfügenden Herrschaftskomplexe bildeten. Doch wie hat man sich die für Herrschaft konstitutiven persönlichen Beziehungen eigentlich vorzustellen? Im Folgenden werden zunächst einige während Kundschaftsverfahren protokollierte Aussagen daraufhin untersucht, wie herrschaftlich Abhängige die rechtlichen Inhaber von Herrschaftsrechten, ihre Herren, erlebten. Ein zweiter Abschnitt befasst sich mit Mustern der Delegation von Herrschaft und mit dem Handeln jener, die Herrschaftsrechte in Vertretung der Herren ausübten. Auf dieser Ebene verbindet sich das Problem der Beziehung zwischen einer Herrschaft und ihren Abhängigen mit Fragen nach lokalen Beziehungsnetzen und ihrer Bedeutung für die Einbindung weiterer Kreise der Bevölkerung in die Herrschaftsorganisation. Vor diesem Hintergrund sollen in einem dritten Schritt einige bislang wenig beachtete Dynamiken von Streitigkeiten um Herrschaftsrechte diskutiert werden.

Personale Herrschaft

Neben Plausibilitätsüberlegungen, die von der Kleinräumigkeit und dem bescheidenen Grad der Institutionalisierung der ländlichen Herrschaftsorganisation ausgehen, sprechen vor allem Darstellungsmuster rechtlicher Dokumente dafür, dass lokale Herren und ihre Abhängigen unmittelbare persönliche Beziehungen zueinander unterhielten. Dies gilt nicht nur für Weistümer, die häufig Begegnungen zwischen Herren und den Bewohnern ihrer Dörfer an Dinggerichten schildern. Auch Kundschaftsprotokolle setzten enge Loyalitätsbeziehungen zwischen den Herren und ihren Abhängigen voraus. Hier gehörte die herrschaftliche Abhängigkeit der Zeugen zusammen mit dem Alter zu den am frühsten regelmäßig festgehaltenen Angaben zur Person. Aus formalrechtlicher Sicht drohte der Gehorsams- oder Treueeid, den Abhängige ihrem Herrn geleistet hatten, mit dem Eid, die Wahrheit zu sagen, den Kommissare den Zeugen in Kundschaftsverfahren abverlangten, in Konflikt zu geraten.[11] Im 15. Jahrhundert begegneten die Kommissare diesem Konfliktpotenzial zunehmend, indem sie die Zeugen am Ende der Befragung anhielten, ihre durch Eide und andere Verpflichtungen begründeten Beziehungen zu den Herren, die im jeweiligen Rechtsstreit Partei waren, zu erläutern.

In ihren Antworten auf solche Fragen machten die Zeugen subjektive Aussagen über ihre Beziehung zu ihren Herren. Darin scheint zum Ausdruck zu kommen, dass sich viele Abhängige besonders aufgrund ihres Gehorsamseids tatsächlich in nicht zu unterschätzender Weise persönlich mit ihrem Herrn verbunden fühlten. In den Kundschaftsprotokollen aus den Jahren 1469 bis 1471 zum Erbstreit zwischen den Brüdern Guillaume und Huges de Chalon über die kleinen, dicht nebeneinander liegenden Herrschaften Grandson, Montagny, Belmont und Echallens äußerten sich insgesamt etwa sechzig Zeugen aus der Umgebung, die mehrheitlich selbst herrschaftlich Abhängige der Chalon waren. Fast die Hälfte der Befragten beantworteten die Frage nach ihrer Beziehung zu den Streitparteien mit dem Hinweis darauf, dass sie Guillaume bei seinem Herrschaftsantritt, noch bevor dessen Bruder einen Anspruch auf die Herrschaften erhoben hatte, einen Treueeid geleistet hatten. Zwei Zeugen aus Grandson erklärten sogar explizit, dass sie wegen dieses Treueeids Guillaume mehr als seinem Gegenpart wünschten, in diesem Streit Recht zu bekommen.[12] Etwa jeder fünfte Zeuge sagte von sich, er sei ein Freund (»amicus«) seines Herren. In einer Kundschaft von 1433 bringt ein Zeuge auf den Punkt, was wohl bei vielen dieser Freundschaftsbekundungen stillschweigend mitgemeint war. Er antwortete auf die Frage nach seiner Beziehung zum Herrn, der ihn in den Zeugenstand berufen hatte, er sei dessen Freund, wie dies ein Abhängiger gegenüber seinem Herren sein müsse.[13]

11 Während Gerichtsverhandlungen wurden immer wieder dahingehende Einwände gegen die Zeugen der Gegenparteien vorgebracht: Enquête Hautcrêt (1278) ACV IB 55 Nr. 44; Enquête Grenet (1396) ACV C IV Nr. 436 Heft B fol. 8r–10r; Enquête Bursins (1374) ACV C VIIa Nr. 404.

12 Enquêtes Chalon (1470/71) SDVD Bd. A1 S. 261 (Pierre Aymonet), 297f. (François Criblet).

13 Enquête Montagny (1469) ACV AF 11 fol. 35v (Coenet).

Solche Darstellungen der Beziehungen zwischen lokalen Herren und ihren Abhängigen laden dazu ein, sich das Verhältnis zwischen Bauern und ihren Herren in Analogie zum Verhältnis zwischen adligen Vasallen und ihren Lehensherren vorzustellen. Dieses ist in den Quellen sehr viel besser fassbar und konnte gerade im Kontext der Höfe auch tatsächlich durch intensive persönliche Nähe geprägt sein.[14] Dagegen scheinen die wenigsten der befragten lokalen Abhängigen der Herren von Chalon mit diesen in regem Kontakt gestanden zu haben. So mussten sie etwa Auskunft darüber geben, welche Herrschaftsakte der beiden streitenden Brüder sie gesehen hatten. Beide hatten sich nacheinander während einiger Zeit persönlich in den umstrittenen Herrschaften aufgehalten, um ihre Herrschaftsansprüche geltend zu machen. Fast zwei Drittel der Zeugen erwähnen als Ausdruck der Herrschaft Guillaumes ein weiteres Mal, dass er dabei nacheinander in jeder der vier Herrschaften von den Bewohnern einen Treueid entgegengenommen hatte. Als direkt auf das Handeln der Herren selbst bezogene Indizien dafür, dass diese die beanspruchten Herrschaftsrechte wahrnahmen, erwähnen einzelne Zeugen ferner in formelhaften Wendungen, die an die Urkundensprache erinnern, dass sie die Herren in die jeweiligen Burgen einreiten und ausreiten gesehen oder gehört hatten, dass sie Amtleute ernannten.[15]

Über solche feierliche Handlungen hinaus brachte kein einziger Zeuge ein Beispiel für eine spezifische Herrschaftshandlung bei, während der eine der beiden Herren einem einzelnen seiner Abhängigen direkt gegenübergestanden wäre. Aus den Antworten auf einzelne Fragen der Kommissare geht hervor, dass auch Zeugen aus Grandson, die ihre starke persönliche Bindung an ihren Herrn betont hatten, nicht allzu viel über diesen wussten. Guillaume hatte von seinem Vater auch den Titel eines Prinzen von Orange und Herren von Arlay geerbt und wurde in den Protokollen auch mehrheitlich mit entsprechender Titulatur umschrieben. Die Frage, wo dieses Orange und dieses Arlay eigentlich lägen, konnte nur ein Zeuge korrekt mit »in der Provence« und »in Burgund« beantworten.[16] Sogar der Notar Jean Criblet, ein leib- und zinsrechtlicher Abhängiger der Chalon, der ihnen drei Jahre lang als Statthalter des Kastellans von Yverdon gedient hatte, antwortete, er

14 Vgl. etwa Bumke, *Kultur*, S. 276–318, 558–582; Neuschel, *Word*. Für eine kritische Einschätzung der Darstellungen, die Nähe zwischen Kaiser und Reichsfürsten suggerieren, vgl. auch Althoff/Witthöft, *Services*.

15 Zum Beispiel Enquête Montagny (1469) ACV Af 5.2 Nr. 2 S. 21 (Petrus Montagnatus), 22 (Petrus Compondu); Enquêtes Chalon (1470/71) SDVD Bd. A1 S. 258 (Pierre Aymonet), 276 (Jean Vilberti), 281 (Etienne Clerici) und viele mehr.

16 Enquêtes Chalon (1470/71) SDVD Bd. A1 S. 158 (Pierre Aymonet).

wisse dies nicht, obwohl er schon ganz in der Nähe gewesen sein muss. An einer anderen Stelle seiner Aussage bemerkte er nämlich stolz, er habe schon Rom, Avignon und das Burgund bereist.[17]

Es überrascht nicht, dass Herren, die so umfangreiche Gebiete kontrollierten wie die Herren von Chalon, selten ins Gesichtsfeld der lokalen Bevölkerungen traten. Doch selbst in Kundschaften, die Herren über kleine und kleinste Herrschaften betrafen, ist praktisch nur vom Handeln ihrer Amtleute die Rede. Wenn eigens danach gefragt, brachten die Zeugen die Abwesenheit ihrer Herren bisweilen explizit zur Sprache. So sagte schon im Jahr 1270 ein Bauer aus der Gegend von Oron in einem Grenzstreit aus, der örtliche Herr, Henricus de Prez, sei zum Zeitpunkt der fraglichen Grenzbegehung in England gewesen.[18] Etwas vager vermerkten im Jahr 1437 mehrere Zeugen aus der Gegend von Bulle auf Nachfrage, ihr lokaler Herr Amadeus von Blonay habe sich zum Zeitpunkt einer geschilderten Verpfändung nicht in »diesem Lande« (»absens ab hac patria«) befunden.[19] Weit häufiger hielten sich die lokalen Herren wohl schlicht am Hof eines Territorialherren oder in einer nahe gelegenen Stadt auf.[20] Doch selbst in Kundschaftsaufzeichnungen, aus denen hervorgeht, dass sich die Herren über längere Zeiträume vor Ort aufhielten, scheinen Erinnerungen daran, wie sie ihre Rechte gegenüber ihren Abhängigen selbst in Anspruch nahmen, einen bescheidenen Stellenwert gehabt zu haben.[21] In solchen Fällen sprachen die Zeugen persönliche Begegnungen mit ihren Herren bisweilen an. Dabei schilderten sie allerdings meist Alltagssituationen wie gemeinsame Wirtshausbesuche oder ein Gespräch im Vorübergehen, in denen von Herrschaftsrechten zwar die Rede sein konnte, in denen sie aber kaum je ausgeübt wurden.[22]

Erlebte Herrschaft

Die überwiegende Zahl der Herrschaft ausdrückenden Handlungen, welche die Zeugen den Kommissaren während der Kundschaft über die Rechte der Brüder Chalon schilderten, betrafen das Wirken von Leuten, die auf einer

17 Enquêtes Chalon (1470/71) SDVD Bd. A1 S. 267.

18 Urkunde Hautcrêt (1270) ACV IB 55 Nr. 36.

19 Enquête de Blonay (1437) ACV IB 148 Nr. 263 Membranen 1 (Vuillelmus Roge-Jotaz), 2 (Cuanetus Yanin, Petrus Rossetez, Roletus Pictet), 3 (Petrus Piton).

20 Der Aufenthalt des Herrn in der Stadt wird verschiedentlich erwähnt in Kundschaft Ringgenberg (1429) StAB Urkunden F Interlaken 1421.4.28.

21 Vgl. Teuscher, *Herr*.

22 Ebd., S. 200–218.

Ebene unterhalb der Kastellane als »officarii«, »deputati«, »nunci«, »receptores«, »mandati«, oder wie sie alle genannt wurden, im Namen der Herren auftraten. Fast alle Zeugen machen sehr präzise Angaben dazu, wie solche Amtleute in jeder der vier Herrschaften aufgeritten waren, sich in den Burgen aufgehalten, für deren baulichen Zustand gesorgt, gegessen und getrunken hatten. Weiter hätten die Amtleute bestätigt, Abgaben, Bußen und Frondienste für ihren Herren eingefordert, Mühlen verliehen und dessen Jurisdiktionsrechte wahrgenommen zu haben, indem sie »curia« oder »banchus publicus« hielten.[23] Anders als in den formelhaften Schilderungen über die Handlungen der Herren selbst äußert sich in den Beschreibungen der alltäglicheren Herrschaftshandlungen ihrer Amtleute die ganze Vielzahl individueller Perspektiven, aus der Zeugen Herrschaft erleben konnten. Auf dieser Ebene verwischen sich auch die Grenzen zwischen Herrschern und Beherrschten. Unter den befragten Abhängigen der Herren von Chalon war einer, dessen Neffe für Guillaume in Montagny das Amt eines Eintreibers von Abgaben versehen hatte. Ein Zweiter hatte selbst das Amt eines Rechners für Guillaume wahrgenommen, ein Dritter einst das Ämtchen des Statthalters von Guillaumes »mistralis« im außerhalb von Grandson gelegenen Dorf Yvonand ausgeübt, ein Vierter gehörte selbst zu den Leuten, die im Auftrag Guillaumes das Schloss Grandson zu bewachen hatten.[24]

Die einzigen Herrschaftshandlungen, welche die Zeugen in den unterschiedlichsten Kundschaften regelmäßig nicht Amtleuten, sondern den Herren selbst zuschrieben, betrafen die Ausübung der hohen Gerichtsbarkeit. Sofern diese einem lokalen Herrn überhaupt zustand, nannten die Zeugen ihn selbst als die Person, die veranlasste, dass Straffällige verurteilt, enthauptet, gehängt, gerädert, ertränkt oder stattdessen auch nur des Landes verwiesen oder ganz begnadigt wurden. Solche Vorgänge beschrieben die Zeugen meist in zwar präziser, aber ausgesprochen schematischer Weise, beispielsweise in den Worten: »Ein Mann wurde geköpft und gevierteilt, und

23 Zum Beispiel Enquête Montagny (1469) ACV Af 5.2 Nr. 2 fol. 13 (Petrus Montagnatus), 20 (Perronetus Bidaul), 22 (Petrus Bidaul), 36 (Johannes Baqchier), 69 (Guillermus Godissardi); Enquêtes Chalon (1470/71) SDVD Bd. A1 S. 228 (Jacques Praz), 281 (Etienne Clerici) und mehr. Über den Amtsantritt des von Guillaume eingesetzten Kastellans, des Guillaume de Baulmes, liegt eine Urkunde vor. Er schwor bei dieser Gelegenheit, die Freiheiten des Städtchens zu bewahren, und setzte einen Vizekastellan sowie einen weiteren Amtmann (»nuncius«) ein: Urkunde Grandson (1464) SDVD Bd. B2 S. 110f. Nr. 99.

24 Enquêtes Chalon (1470/71) SDVD Bd. A1 S. 36f., 55, 283, 301.

dies hatte die Herrin Isabella angeordnet.«[25] Meist wird dabei nicht einmal klar, ob der Herr selbst in irgendeiner Phase zugegen gewesen war, geschweige denn, welche Rolle er im Einzelnen wahrgenommen hatte. Einerseits war es gerade Bestandteil der Gesichtslosigkeit der Schilderungen dieser Bestrafungspraktiken, dass sie in denkbar vager Weise dem Herren selbst und nicht spezifischen Leuten aus den Reihen seiner Vertreter zugeschrieben wurden. Anderseits ist es durchaus signifikant, dass die Macht über Leben und Tod zusammen mit dem Eid die hauptsächlichen Domänen waren, in denen die Zeugen die Ausübung von Herrschaftsrechten direkt mit der Person des Herrn in Verbindung setzten.

In mancher kleineren Herrschaft erwiesen sich selbst vage Erinnerungen an die Ausübung der hohen Gerichtsbarkeit als ausgesprochen rar. Von den 26 Zeugen, die im Jahr 1432 über die Rechtsverhältnisse im Dorf Vaux-et-Chantegrue befragt wurden, sagten zwar die meisten aus, dass den Herren von Chalon die hohen Gerichtsrechte zustanden. Kein einziger konnte aber von einem konkreten Fall der Ausübung dieser Rechte berichten. Ein Zeuge begründete dies poetisch damit, die Bewohner hätten sich immer »tenuz amoureusement et doulcement envers dieu et le monde«. [26] In anderen Fällen ließen es die Streitparteien gar nicht erst darauf ankommen, ob sich die Zeugen von sich aus an die Sanktionierung schwerer Vergehen erinnerten, sondern präsentierten diesen gleich selbst Beispiele. Im Jahr 1374 legte die Partei des Priors von Romainmôtier ihren sieben Zeugen im Streit gegen die lokalen Adelsherren von Mont nicht weniger als 27 »articuli« zu einzelnen Indizien für die Ausübung der beanspruchten Gerichtsrechte im Dorf Bursins vor. Alle Zeugen hatten zahllose Beispiele für die Wahrheit jener Artikel gesehen, die das alltägliche Handeln der Amtleute des Priors beschreiben, etwa, dass diese Bußen und Abgaben erhoben oder die Ernten überwachten.[27] Zu den fünf vorgelegten Beispielen dafür, dass der Prior die hohen Gerichtsrechte ausgeübt hatte, konnten dagegen nur zwei Zeugen mehr sagen, als schon in den entsprechenden Fragearticuli enthalten gewesen war.[28]

25 Enquête Erlach (1403) AST Corte 12 pq. 9 (Cerlier) Nr. 5 Membran 1. Vgl. Enquête Morges (1296) SQVD Bd. B2 S. 124 Nr. 107 und die in den folgenden Anm. genannten Dokumente.

26 Enquête Vaux-et-Chantegrue (1432) ACV Ad 25 fol. 40r (Henri Lassnier).

27 Enquête Bursins (1374) ACV C VIIa Nr. 404 ad Art. 3–8, 15.

28 Enquête Bursins (1374) ACV C VIIa Nr. 404 Blatt 1f. (Perrodus Passerat), Blatt 5 (Nicholaus Bertholetus). Vgl. Enquête Oron (1364) ACV IB 56 Nr. 171.

Vielfach erscheinen in den Zeugenaussagen nicht konkrete Handlungen eines Herren, sondern etwa gänzlich Anonymes als Ausdruck der hohen Gerichtsbarkeit, nämlich die bloße Gegenwart eines ihm gehörenden Galgens. Diese galt als eines der sichersten Indizien dafür, dass ein Herr über die hohe Gerichtsbarkeit verfügte.[29] Die herrschaftssymbolische Bedeutung der örtlichen Galgen zeigt sich in den widersprüchlichen Geschichten, die sich vielerorts um diese rankten. Als die Stadt Bern im Jahr 1463 ihr Recht auf die hohe Gerichtsbarkeit über die Herrschaft Riedburg gegen die dortigen lokalen Herren verteidigte, rief sie einen Greis in den Zeugenstand, der sich angeblich achtzig Jahre zurückerinnerte. Er war – was nicht überrascht – zu gebrechlich, um selbst vor dem Kommissar zu erscheinen, ließ jedoch durch seinen Nachbarn ausrichten, man »habe weder stock noch galgen nie da gesechen«.[30] Die Gegenpartei ließ es sich nicht nehmen, dem eine noch ältere Geschichte entgegenzuhalten. Einer ihrer bejahrten Zeugen wollte als Kind von seinem damals hundert Jahre alten Großvater gehört haben, dass in Riedburg einst ein Galgen gestanden hatte, war aber nicht sicher, ob der Großvater diesen noch selbst gesehen oder seinerseits nur davon gehört hatte. Und der mittlerweile in Köniz als Amtmann tätige Peter von Riedburg berichtete, wie er einst mit seinem Vater auf den Hügel »Crütz« bei Riedburg gestiegen war. Dort hätten sie verfaultes Holz gefunden, von dem man sagte, es stamme von einem Galgen, dessen Gebrauch aber 200 Jahre zurückliegen könne.[31] Die Ausübung körperlicher Strafen war als dem Herren selbst zustehendes Recht auch dann ausgesprochen stark verankert, wenn an dessen tatsächliche Wahrnehmung praktisch keine konkreten Erinnerungen vorhanden waren.

Insgesamt deuten Aussagen von Abhängigen über ihr Verhältnis zu ihren lokalen Herren darauf hin, dass sich diese Herrschaftsbeziehungen nur in einem ganz beschränkten Sinn als persönliche Beziehungen darstellten. Ab der Zeit um 1300 bestanden Kundschaften über Herrschaftsrechte hauptsächlich aus Fragen danach, wie ein Herr von ihm beanspruchte Rechte wahrgenommen hatte. Man möchte erwarten, dass die Zeugen darauf mindestens zum Teil in der Form von Episoden antworteten, in denen adlige und geist-

29 Enquête Morges (1296) SDVD Bd. B2 S. 121 (Richardus de Voufflens), 122 (Vuillermus Diens), 123f. (Petrus Diens), 124 (Aymo de Iolyens), 125 (Cono de Arnay); Enquête Oron (1364) ACV C IV Nr. 354 Membran 4 (Mermetus Carel); Kundschaft Kölliken (1419) StAAG Urkunden Lenzburg Nr. 65 Blätter 3, 4, 5 (Hensli Hartmann, Üllin Walder, Hans Wirri, Heintzmann Graf).

30 Kundschaft Riedburg (1463) StAB A I 453a fol. 205.

31 Kundschaft Riedburg (1463) StAB A I 453a fol. 203.

liche Herren ihren Abhängigen gegenübertraten, um Ordnung zu wahren, Regeln durchzusetzen oder Abgaben einzufordern. Tatsächlich beschreiben die Zeugen zahllose solche Akte der Herrschaftsausübung. Doch selbst wenn es um kleinste Herrschaften ging, war dabei nur ganz vereinzelt und vage vom Handeln der Herren selbst, dagegen ständig von der Tätigkeit ihrer Amtleute und Diener die Rede.

Trotzdem waren die Herren im Bewusstsein der Zeugen stark gegenwärtig. Die schwerwiegendsten Befugnisse, die mit Herrschaftsrechten verbunden sein konnten, nämlich über Leben und Tod zu entscheiden, wurden mit der Person des Herren selbst in Verbindung gesetzt. Durch ihre Eide fühlten sich die Abhängigen in einer Weise mit ihren Herren verbunden, die sie in der Terminologie naher persönlicher Beziehungen ausdrückten. Solche Äußerungen bezogen sich allerdings weniger auf eine in Alltagserfahrungen verankerte Nähe als auf Ordnungsvorstellungen. Diese lassen sich als solche nicht leicht erkennen, weil sie in einer subjektiven, personalisierten Weise formuliert sind, um Kategorien wie Treue und Gewalt kreisen, was einem modernen Verständnis politischer Ordnung fremd bleibt. In den meisten Situationen entsprach die Person des Herrn einer abstrakten Umschreibung eines Rechtsträgers, dessen Gegenwart sich wie die einer staatlichen oder kirchlichen Institution im Handeln von Amtleuten äußerte und dieses legitimierte.

Verzweigungen der Herrschaftsorganisation

Während einer Kundschaft des Jahrs 1373 über die Herrschaftsrechte des Bischofs von Basel in der Umgebung der Ortschaft Pieterlen erzählte ein Zeuge eine Anekdote, die an die Sage von Wilhelm Tell erinnert: Er habe einmal einen Amtmann, der in Pieterlen Gericht hielt, gefragt, in wessen Name er dies eigentlich tue. Die Antwort des Amtmanns, er richte im Namen des Bischofs von Basel, reichte dem Fragenden nicht aus. Er stieß nach, »und wo ist er denn, dein Herr von Basel?« Da habe der Amtmann seinen Gerichtsstab genommen, ihn in die Erde gesteckt, seinen Hut darauf gesetzt und gesagt: »Hier ist mein Herr von Basel!»[32] In der Sage von Wilhelm Tell erscheint der Amtmann Gessler, dessen Untergebene seinen aufgesteckten Hut grüßen mussten, als Inbegriff des Tyrannen. Dagegen brauchte der Amtmann des Bischofs ein ähnliches Motiv ohne negative Färbung, um daran zu

32 Kundschaft Pieterlen (1373) FRB Bd. 9 S. 361 Nr. 799 (Petur Schúderli).

erinnern, dass er die Rechte seines Herrn auszuüben genauso berechtigt war, als wäre er selbst der Herr.

In Kundschaftsaussagen äußert sich ländliche Herrschaft vor allem in Handlungen von Amtleuten im weitesten Sinn, das heißt von allen jenen Leuten, die in direkter oder indirekter Vertretung eines Herrn dessen Rechte ausübten. Die in den Zeugenaussagen enthaltene Fülle von Informationen zur Tätigkeit der Amtleute muss zeitgenössischen Gerichten, die Rechte den Herren selbst zuweisen wollten, wie ein irritierendes Hintergrundrauschen vorgekommen sein. Auch aus heutiger Sicht erscheinen die in den Kundschaftsaufzeichnungen verstreuten Angaben über untere Chargen der Herrschaftsverwaltung reichlich verwirrend und disparat, verweisen sie doch auf sehr variantenreiche lokale Ämterverfassungen, Ämterterminologien und Chargenverteilungen.[33] Dennoch lassen sich im Folgenden einige Muster der Delegation von Herrschaftsaufgaben wie dem Eintreiben von Abgaben und der Durchsetzung lokaler Regelungen ins Auge fassen, die Zeugen im Zusammenhang mit den unterschiedlichsten Ordnungsstrukturen immer wieder zur Sprache brachten. Diese Handlungsmuster sollen daraufhin untersucht werden, wie Herrschaft delegiert wurde und welche Formen der Partizipation an der Herrschaftsausübung sich dadurch ergaben. Wenn präzise soziale Merkmale der Beteiligten auch schwer zu eruieren sind, ergeben sich doch Hinweise darauf, in welcher Weise sie mit den Herren, untereinander und mit den übrigen Herrschaftsleuten verbunden waren und wie sich die Wahrnehmung von Herrschaftsrechten in den weiteren Zusammenhang ländlicher Kooperations- und Konfliktformen einfügte.

Die Zehntverwaltung des Stifts Amsoldingen

Besonders präzise Einblicke in Delegationsverhältnisse vermitteln die wenigen Kundschaften, in denen zumindest eine der Streitparteien den Zeugen systematisch Fragen zu den Vorgehensweisen von Amtsträgern stellte, weil sie zur Begründung ihres Standpunkts auf entsprechende Angaben angewiesen war. In dieser Lage befand sich das Stift Amsoldingen, als es um das Jahr 1312 sein angebliches Recht auf Zehnten der Kirche Hilterfingen gegen die Ansprüche des Klosters Interlaken beziehungsweise gegen den von Interlaken eingesetzten Kirchherrn verteidigte.[34] Die Feststellung der Rechtslage war dadurch kompliziert, dass der kurz zuvor verstorbene Kirchherr Hein-

33 Vgl. oben, Anm. 11.

34 Zu den Amsoldinger Pröpsten des 13. Jahrhunderts: Marchal, *St. Mauritius*, S. 111f.

rich von Wädenswil – wie auch schon sein Vorgänger – neben diesem Amt während mehrerer Jahrzehnte auch das eines Propsts des Stifts Amsoldingen bekleidet hatte. Die Interlakner Partei vertrat den Standpunkt, der verstorbene Propst habe nur aufgrund seines Nebenamtes als Kirchherr Anspruch auf die Zehnten gehabt, die folglich nun dem von Interlaken eingesetzten Nachfolger zustanden. Dem hielt das Stift Amsoldingen entgegen, Teile des Zehnten seien Heinrich von Wädenswil nicht in seiner Eigenschaft als Kirchherr, sondern als Propst des Stifts zugeflossen, das diese folglich auch künftig beanspruchen konnte. Um diese Position zu begründen, galt es, das Zehntwesen bis in jene Einzelheiten zu durchleuchten, in denen sich der Unterschied zwischen den beiden Herrschaftspositionen zeigte, die Heinrich von Wädenswil eingenommen hatte.

Eine erstaunlich große Zahl – ganze 27 der insgesamt 40 – Zeugen, die zugunsten des Stifts Amsoldingen aussagten, hatten sich während der vorausgehenden Jahrzehnte selbst am Eintreiben der Zehnten der Kirche Hilterfingen beteiligt. Dazu kamen zahlreiche Weitere, die nicht selbst aussagten, aber von den Aussagenden erwähnt wurden. Dass so viele Leute involviert waren, ist umso auffälliger, als der Kirche Hilterfingen nur die Zehnten aus dem gleichnamigen Dorf und dem Weiler Ringoldswil zustanden. An der Spitze der Verwaltung dieser Zehntrechte standen nach übereinstimmenden Aussagen Leute, die man als »ministri« oder »ministeriales« des Stiftes bezeichnete. Dabei handelte es sich um bekannte Vertreter des regionalen Dienstadels, etwa um Angehörige der Familien Gobi, Lösch und Rieden unter der Führung jenes Heinrich Rieden, der in Urkunden als »miles«, von einem der Zeugen sogar als »dominus« umschrieben wurde.[35] Ebenfalls zu dieser niederadligen Kerngruppe gehörten zwei illegitime Söhne des Propstes und ein Vertreter der Familie Rieden, den die Zeugen als Stiefsohn (»filiaster«) des Propsts umschrieben. Obwohl manche dieser Personen gelegentlich im Streit mit dem Propst gestanden hatten, gehörten sie vermutlich zu dessen persönlichem Gefolge, das er als Spross einer der einflussreichsten Adelsfamilien der Region schon in sein kirchliches Amt mitgebracht hatte. Diese Ministerialen pachteten ihre Anteile am Zehnten von Hilterfingen über Jahrzehnte.

35 Die Bezeichnungen »minister« oder »ministerialis« für diese Personen: Kundschaft Hilterfingen (um 1312) FRB Bd. 5 S. 65, 68, 72, 83, 85. Die Ministerialen Heinrich Rieden und Konrad Gobi erscheinen ab dem letzten Drittel des 13. Jahrhunderts als Zeugen und Empfänger von Erblehen in Amsoldinger Urkunden: FRB Bd. 2 S. 793f. Nr. 722 (1271), 795 Nr. 723 (1271), Bd. 5 S. 739 Nr. 723 (1317), 760 Nr. 743 (1317).

Weniger eng mit dem Propst verbunden waren eine Reihe von Personen, die vermutlich den oberen bäuerlichen Schichten angehörten und den Zehnt eines kleineren Gebiets oder sogar nur Bruchteile desselben hin und wieder für die Dauer eines oder einiger weniger Jahre gepachtet hatten – zum Teil wohl gar nicht vom Propst oder vom Stift selbst, sondern als Unterpächter der Ministerialen.[36] Ein mittlerweile zu den prominenteren Zehntpächtern gehörender R. Kriecho erinnerte sich, wie schon sein Vater damit begonnen hatte, im einen oder anderen Jahr kleine Anteile an den Zehntrechten der Kirche Hilterfingen zu pachten. Am Anfang musste er sich dazu noch mit seinen zwei Brüdern und einem Nachbarn zusammenschließen. Abends hätten die vier dann jeweils bei ihnen im Haus Erträge untereinander aufgeteilt.[37] Neben Zehntpächtern sagten neun weitere Zeugen aus, die im einen oder dem anderen Jahr vom Propst oder einem der Chorherren damit betraut worden waren, Zehnterträge von der Kirche Hilterfingen, wo die Sammler die Zehnten zunächst zusammengetragen hatten, weiter nach Amsoldingen ins Stift zu transportieren. Dabei handelte es sich mehrheitlich um Bauern aus der Umgebung, die darin einen willkommen Nebenverdienst fanden.[38]

Die Delegation lokaler Herrschaftsrechte lässt sich zwar in den seltensten Fällen so genau nachvollziehen wie in Hilterfingen. Aber aus vielen Herrschaften liegen Hinweise darauf vor, dass nicht nur Zehntrechte,[39] sondern auch viele andere herrschaftliche Ämter und Kompetenzen, die nicht als Erblehen dauerhaft vergeben waren, von rasch wechselnden Personen wahrgenommen wurden. Obwohl den Streitparteien vermutlich daran gelegen war, in Kundschaftsprotokollen Angaben über die langjährige Amtstätigkeit und den damit verbundenen Erfahrungsschatz der von ihnen einberufenen Zeugen festzuhalten, ist nur in Ausnahmefällen von Leuten die Rede, die ein Amt über mehr als zehn Jahre hinweg innegehabt hatten.[40] Im Jahr 1278

36 Zum Beispiel Kundschaft Hilterfingen (um 1312) FRB Bd. 5 S. 72: »[…] rector et ministeriales sui omnes decimas locaverunt« (Konrad, Kirchherr von Stettlen), 75 (Werner von Ringoldswil und H. Ritschard). Der Interlakner Chorherr Werner von Basel erläutert, dass der Propst die Zehnten den meisten Pächtern für die Dauer von zwei, drei oder fünf Jahren verlieh (S. 79).

37 Kundschaft Hilterfingen (um 1312) FRB Bd. 5 S. 74.

38 Kundschaft Hilterfingen (um 1312) FRB Bd. 5 S. 67 (Konrad Sprangli), 68 (Ulrich, »Piscator« und R. Lanxi), 72 (Rudolf zur Müli), 76 (Ulrich von Rümligen).

39 Vgl. hierzu auch Enquête Apples (1413) ACV C VIIa und Zangger, *Alltagsbeziehungen*; Gilomen, *Grundherrschaft*, S. 257.

40 Enquête Grenet (1396) ACV C IV Nr. 436 Heft B fol. 6r; Enquête Vaux-et-Chantegrue (1432) ACV Ad 25 fol. 42vf.

nannten Zeugen in einer Kundschaft mindestens acht verschiedene Männer, welche das Amt des Ernteaufsehers im kleinen Dorf Les Chevalleyres jeweils für Zeiträume von ein bis drei Jahren bekleidet hatten, darunter jener Perronetus, bei dem zwischen zwei einjährigen Amtszeiten zehn Jahre verstrichen waren.[41] Die Kreise der herrschaftlichen Amtleute und der Leute, die diesen Abgaben schuldeten, überschnitten sich hier vielfach. Ein Zeuge aus Les Chevalleyres wurde gefragt, bei wem er als Ernteaufseher Abgaben eingetrieben hatte und nannte außer sich selbst einen weiteren Abhängigen, der ebenfalls als Zeuge aussagte und angab, er habe zeitweilig als Fluraufseher gewaltet.[42] In einer Kundschaft von 1446 nannten die Zeugen beiläufig die Namen von nicht weniger als 13 verschiedenen Personen, die während kurzer Zeiträume das Amt des lokalen Vertreters (»nuncius«) des Bischofs von Lausanne in der kleinen Ortschaft Villars-Sainte-Croix ausgeübt hatten.[43]

Die Zirkulation der Herrschaftsrechte

Die Rotation der herrschaftlichen Ämter, die für kleine, manchmal nur ein paar Duzend Haushalte umfassende Dörfer zuständig waren, lässt vermuten, dass ein beträchtlicher Teil der lokalen männlichen Bevölkerungen zum einen oder anderen Zeitpunkt selbst an der Herrschaftsorganisation partizipierte. Wenn auch mit unterschiedlichen Kompetenzen, erhielt mancher hin und wieder Gelegenheit zu »amten« (»officiare«),[44] so das Tätigkeitswort, mit dem die Zeugen diese gelegentlichen Einsätze treffend umschrieben. Obwohl die sozialen Hintergründe der ländlichen Amtsträger kaum fassbar sind, liegt einerseits die Vermutung nahe, dass sie mehrheitlich den oberen dörflichen Schichten angehörten. Anderseits scheint es sich nicht um Oligarchien im Sinn der abgeschlossenen Führungsschichten gehandelt zu haben, die in der frühen Neuzeit verschiedentlich kleinstädtische und dörfliche Ämter monopolisierten, indem sie über Verwandtschaftsbeziehungen defi-

41 Enquête Hautcrêt (1278) ACV IB 55 Nr. 44: Fridheltus, Salvagius und Perretus, weitere Amtsinhaber nennen: den ersten Zeugen (dessen Name unleserlich ist) und Salavgius. Ähnliche Verhältnisse bezeugt Enquête Yverdon (1337) ACV C IV Nr. 224 bis.

42 Enquête Hautcrêt (1278) ACV IB 55 Nr. 44 (Cunodus, der auch Salvagius nennt).

43 Enquête Villars (1446) ACV C IV Nr. 460. Genannt werden als »nuncii« der Herrschaft von Lausanne Anthonius de Clauso (3r), Johannes Aymonet (3r, 8v), Perrodus Michio (4v, 8r), Anthonis Viviant (4v, 8rf.), Publox (5r), Johannes Cornier (5r, 6r, 9v), Johannes Pity (7rf., 10r), Jacquetus Cutelle (7rf.), Jacquetus Borjaux (7v), Johannes Dagnyon (7v), Jaquetus de Vernan (7r, 8r, 9v), Petrus de la Coligny (8v), Perrodus Baul (10r).

44 Zum Beispiel Enquête Villars (1446) ACV C IV Nr. 460 fol. 2v, 3r, 8r, 8v.

nierte Nachfolgemechanismen beachteten. Wohl finden sich ländliche Herrschaftsämter, die sowohl ein Vater als auch dessen Sohn oder zwei Brüder nacheinander innehatten.[45] Solche Nachfolgen wurden jedoch immer wieder durch Personen mit anderen Namen durchbrochen. Die Amtsdauer war zwar oft kurz, aber variabel und neben einmaligen kamen wiederholte Amtszeiten in sehr unterschiedlichen Abständen vor. Dies lässt es überhaupt als unwahrscheinlich erschienen, dass die Rotationen ausgefeilten Regelungen folgten. Die Unregelmäßigkeiten deuten eher darauf hin, dass sich Ämternachfolgen nach momentanen Bedürfnissen, persönlichen Beziehungen und der Verfügbarkeit qualifizierter Anwärter richteten.

Der Kreis der Leute, die sich gelegentlich an der Ausübung von Herrschaftsaufgaben beteiligten, reichte über die untersten Amtsträger und die kurzfristigsten Pächter von Anteilen herrschaftlicher Rechte hinaus. Auch die kleinen sporadischen Pächter von Zehntanteilen der Kirche Hilterfingen gingen kaum je selbst von Hof zu Hof, um Getreide und Früchte abzuholen. In Kundschaftsaussagen erscheint das eigentliche Einsammeln von Herrschaftsabgaben aller Art oft in der Form von Erinnerungen der Zeugen an ihre Kindheit oder an ihre Jugend, während der sie als Sohn oder Knecht des zuständigen Amtmanns solche Aufgaben erledigen mussten.[46] So sagte im Jahr 1465 ein Cuonrat Würgler, sein Vater, der eine Zeitlang Untervogt im Dorf Mönchaltdorf gewesen sei, hätte ihn jeweils ausgeschickt, auf den Höfen der Umgebung Pfänder abzuholen oder die als gerichtsherrliche Abgabe geschuldeten Fasnachtshühner einzusammeln.[47] Und savoyische Kommissare befragten im Jahr 1433 eine achtzigjährige Witwe, die erzählte, wie sie als junge, frisch verheiratete Frau eine umstrittene Abgabe in der Form von Weinmost für die Herren von Blonay zusammengetragen habe, weil sie der zuständige Amtmann, der ihr Gevatter war, darum gebeten hatte.[48] Auf der untersten Ebene der Delegation war die stellvertretende Ausübung von Herrschaftsrechten Gegenstand von Aufgabenverteilungen innerhalb der Familie oder des Haushalts oder bildete einen Bestandteil des alltäglichen Austauschs gegenseitiger Hilfeleistungen unter Bekannten.

Amtshandlungen konnten gegen eine Beteiligung an den damit verbundenen Einkünften auch von Leuten erledigt werden, die weder mit ihrem

45 Kundschaft Hilterfingen (um 1312) FRB Bd. 5 S. 73f. Nr. 34 (H. und R. Kriecho mit Hinweisen auf die Tätigkeit ihres Vaters); Enquête Vaux-et-Chantegrue (1432) ACV Ad 25 fol. 47r (Symon de Bannans).

46 Kundschaft Hilterfingen (um 1312) FRB Bd. 5 S. 75, 76, 83, 85 Nr. 34.

47 Kundschaft Grüningen (um 1465) StAZ A 131/1 Nr. 22 fol. 2r (Cuonradt Würgler).

48 Enquête Fief Blonay (1433) ACV Af 11 fol. 41v–43v (Margerita relicta Johannis).

unmittelbaren Auftraggeber noch mit den rechtlichen Grundlagen seines Auftrags besonders vertraut waren. In einer Kundschaft von 1413 über das Zehntwesen in Vernaz bei Apples behaupteten gleich zwei Zeugen glaubwürdig, sie hätten vor Jahren im Auftrag eines Ludovicus Rat Garben eingesammelt, ohne zu wissen, im Auftrag welcher Herrschaft dieser sie angeheuert hatte.[49] Die beiden wollten dies vielleicht auch nicht mehr wissen. Aber für Helfer auf dieser Stufe dürfte es tatsächlich von untergeordneter Bedeutung gewesen sein, wem die Erträge der Zehnten letztendlich zuflossen.[50] Die weniger glanzvollen Aufgaben, die Herrschaftrechte nach sich zogen, wurden erst recht als Gelegenheitsarbeit vergeben. Eine Kundschaft des Jahrs 1396 untersuchte, welche Herrschaft an welchen Örtlichkeiten Anspruch auf die Häute von unterwegs umgekommenen Tieren zu erheben pflegte, was als Indiz der Ausübung hoher Gerichtsrechte galt. Die meisten Zeugen, die selbst Tierhäute an einen Herrschaftssitz getragen hatten, waren nicht offizielle Amtsträger, sondern hatten diese Aufgabe als Gelegenheitsverdienst wahrgenommen. So kümmerte sich ein gewisser Borcardus Rocual um das verkommene Pferd eines durchreisenden Deutschsprachigen. Schon für das Häuten erhielt er 18 Pfennige und etwas Wein. Darauf brachte er das Fell dem lokalen Amtmann, dem Meier der Herren von Oron, der ihn beauftragte, es gleich auf das herrschaftliche Schloss weiterzutragen. Dort wurde ihm in der Vorhalle eine denkwürdige Mahlzeit aufgetischt. Als Cuanetus de Perla das Fell eines Ochsen, der sich auf der Brücke das Bein gebrochen hatte, aufs Schloss brachte, bot es ihm die Herrschaft zu ermäßigtem Preis selbst zum Kauf an.[51]

An herrschaftlichen Aufgaben ließ sich auf allen Stufen der Delegation ein wenig verdienen. Was dabei im Einzelnen materiell zur Verteilung gelangte, nimmt sich oft bescheiden aus, dürfte aber auch jenen zugeflossen sein, denen schon ein kleiner Barbetrag, eine Wirtshauszeche oder ein Rinderfell den Einsatz wert sein mussten. Zudem konstituierte schon der Vorgang des Delegierens selbst nicht nur Amt- und Dienstverhältnisse im feudalen Sinn, sondern trug auch zum Unterhalt zahlloser informeller Beziehungen bei, durch die Hilfeleistungen gegen materielle und immaterielle Belohnungen ausgetauscht wurden. Das Spektrum der Praktiken, mit denen sich die De-

49 Enquête Apples (1413) ACV C VIIa Nr. 469 (Anthonius Gachet und Richardus Mestener).

50 Enquête Apples (1413) ACV C VIIa Nr. 469 (Richardus Mestener).

51 Enquête Grenet (1396) ACV C IV Nr. 436, wo die Kundschaft in drei Abschriften vorliegt. Die folgenden Folio-Angaben folgen dem umfangreichsten Heft B, fol. 4v–6v.

legation von Herrschaftsrechten verflechten ließ, erweitert sich, wenn man die in letzter Zeit stärker beachteten lokalen Marktfunktionen einbezieht, welche Herrschaften gegenüber den Abhängigen erfüllten: Über die Abgaben hinaus kauften Herrschaften ihren Abhängigen Ernteüberschüsse und gewerbliche Erzeugnisse ab, boten ihnen dafür Gebrauchsgüter zum Kauf an und gewährten ihnen Konsum- oder Investitionskredite.[52] In alle diese Transaktionsformen, die zwar ebenfalls durch Herrschaftsbeziehungen vorstrukturiert waren, aber weit über die Erfüllung der damit verbundenen formalen Pflichten hinausreichten, ließ sich die Delegierung von Herrschaftsaufgaben ohne Weiteres integrieren. So boten selbst die unter dem Gesichtspunkt ihres materiellen Ertrags unbedeutendsten Herrschaftsrechte sowohl den Herren selbst als auch einer tieferen Stufe ihren Amtleuten Gelegenheit, Kooperationsbeziehungen zu knüpfen oder fortzuführen.

Herrschaftliche Bindungen

Die geradezu kapillarischen Strukturen der Delegation von Herrschaftsaufgaben sollte nicht dahin verklärt werden, dass weite, bis zum Gelegenheitsarbeiter des Unteramtmanns hinunterreichende Teile der Abhängigen mit ihrem Herrn zu einem kompakten Interessenverband verschmolzen. Es ist ohnehin damit zu rechnen, dass die mit der Ausübung von Herrschaftsrechten verbundenen Vorteile und Einkünfte sehr ungleich auf die unterschiedlichen Delegationsstufen verteilt waren und dass diese, während sie einzelne Abhängige näher an die Herrschaft banden, andere auch ausgrenzten. Überdies wurden Herrschaftsrechte nicht nur innerhalb von Herrschaftsverbänden weitergegeben. Vielmehr durchkreuzte die Herrschaftsdelegation formelle herrschaftliche Abhängigkeiten und trug zur Bildung und Umbildung von Gruppen bei, die je nach Standpunkt als dynamisch oder labil erscheinen.

Herrschaften setzten neben ihren eigenen Abhängigen auch solche anderer Herren als Amtleute ein. Dies lässt sich für die oben erwähnten Beispiele in dem Maß überprüfen, in dem die Kommissare die herrschaftliche Abhängigkeit der Zeugen als Personalie im Protokoll festhielten. So setzte das Stift Amsoldingen neben eigenen Abhängigen auch »servi«, das heißt vermutlich Leibeigene der benachbarten habsburgischen Herrschaft Oberhofen als Zehnteintreiber ein, und einige Flurausfseher des Klosters Hautcrêt waren nicht Abhängige des Klosters, sondern von Adligen der Umgebung.[53] Das Priorat

52 Zangger, *Alltagsbeziehungen*.
53 Kundschaft Hilterfingen (um 1312) FRB Bd. 5 S. 54 Nr. 34.

Romainmôtier hatte das Amt des »juge et gouverneur« im Dorf Vaux-et-Chantegrue mindestens einmal einem Abhängigen just jener Herren von Chalon anvertraut, die dem Priorat seine örtlichen Rechte im Prozess von 1432 streitig machten.[54] Der eine oder andere dieser herrschaftsfremden Amtleute mag auf Grund eines geliehenen Stücks Land grundherrlich mit der Herrschaft verbunden gewesen sein, die ihm ein Amt verlieh. Dabei handelte es sich aber weder um deren einzige herrschaftliche Bindung, noch um diejenige, die für die Kommissare maßgebend war.

Mindestens im französischsprachigen Westen zeichnen sich spätestens ab dem 15. Jahrhundert Laufbahnen ab, die durch Abfolgen von Tätigkeiten im Dienst wechselnder Herrschaften an verschiedenen Orten einer Region charakterisiert waren. Die Zeugen, die während der Kundschaft von 1432 aussagten, dass sie einst im Auftrag des Klosters Romainmôtier »juge et gouverneur« des Dorfs Vaux-et-Chantegrue gewesen waren, hatten unterdessen oft höhere Ämter inne. Während einige innerhalb der Ämterhierarchie des Klosters selbst aufgestiegen waren, hatten andere in den Dienst einer benachbarten Herrschaft gewechselt, und waren beispielsweise burgundische Kastellane.[55] Solche Ämterfolgen erinnern, wenn auch auf einer niedrigeren Hierarchiestufe und in engeren geographischen Grenzen, an die Laufbahnmuster der Inhaber hoher Ämter in der Verwaltung großer Territorialherren. Die Karrieren adliger und ritterbürtiger Personen waren um die gleiche Zeit durch rasch wechselnde Tätigkeiten als Kastellane, Richter, Vögte an verschiedenen Orten charakterisiert und konnten Einsätze für wechselnde Herren umfassen.[56] Auch die Ausübung dörflicher Ämter war offenbar nicht nur eine Frage der lokalen Verwurzelung und der Bindung an eine Herrschaft, sondern wies auch Ansätze zu einem Berufsfeld mit einem »Stellenmarkt« auf.

Die Delegation von Herrschaftskompetenzen intensivierte also nicht nur ohnehin schon bestehende Abhängigkeiten, sondern schuf auch von der höchsten bis zur niedrigsten Ebene ständig neue, über den eigentlichen Herrschaftsverband hinausreichende Kooperationsverhältnisse zwischen gesellschaftlich Höher- und Tiefergestellten. Das Ausmaß der Loyalität, die mit solchen Delegationen in der Praxis einherging, lässt sich kaum verallgemeinern. In der Situation der Unsicherheit über die rechtmäßigen Inhaber

54 Enquête Vaux-et-Chantegrue (1432) ACV Ad 25 fol. 52vf. (Jean de Domperie).

55 Enquête Vaux-et-Chantegrue (1432) ACV Ad 25 fol. 45v, 47v (Symon de Bannans), 49v, 50v (Jehan de Domperie).

56 Castelnuovo, *Ufficali*, S. 294–323, und unten, Kp. 4.3.

eines Herrschaftsrechts, in der Kundschaften entstanden, fing mancher, der von einer Herrschaft mit Ämtern betraut worden war, vorsorglich an, zwischen den Streitparteien zu lavieren. Dies äußert sich schon in der Befragung von 1278 über die Frage, ob das Recht der Fluraufsicht in Les Chevalleyres dem Kloster Hautcrêt oder den adligen Herren von Palézieux zustünden. Mindestens einer der Zeugen, den die Adligen mit dem Amt eines lokalen Fluraufsehers betraut und in den Zeugenstand gerufen hatten, untergrub deren Anspruch. Er sagte aus, er wisse nicht, ob die Adligen die Abgaben zu Recht oder Unrecht gesammelt hätten, wohl aber, dass dabei manchmal Gewalt angewendet worden sei.[57] Noch weniger verpflichtet fühlten sich die Männer, die 1337 in Sévaz für einige Adlige Zehnten gesammelt hatten, die auch der Bischof von Lausanne beanspruchte. Gleich drei von ihnen bestätigten, dass diese Zehnten eigentlich dem Bischof zustünden. Sie spekulierten vielleicht darauf, auch im Fall, dass der Bischof Recht erhielt, weiterhin, diesmal aber durch ihn, mit dem Sammeln von Zehnten betraut zu werden. Wo der Anspruch einer Herrschaft auf ein Herrschaftsrecht gefährdet war, kamen leicht auch die Loyalitäts- und Austauschverhältnisse ins Wanken, die sich rund um die Ausübung dieses Rechts entwickelt hatten.

In besonders angespannten Situationen konnten sich Herrschaften oft nicht mehr ohne Weiteres auf ihre regulären Amtleute verlassen, sondern mussten mit spezifischen Aufträgen versehene Sondergesandte, »boten« und »procuratores«, einsetzen. Andere Herrschaften versuchten ihren regulären Amtleuten besondere Anreize zu bieten, diese Rechte gegenüber Konkurrenten zu verteidigen. Ein Beispiel dafür schildert ein Zeuge in einer Kundschaft aus dem Jahr 1426 zu einem seit lange schwelenden Streit zwischen den Herrschaften Biglen und Worb um das Recht, das Wasser eines Bachs auf die eigenen Felder zu leiten: Der Streit habe sich schon bei einer früheren Gelegenheit einmal zugespitzt. Damals habe der Herr von Worb dem Vater des Zeugen, der ihm als Amtmann diente, auch die Fischereirechte im streitigen Bach verliehen, damit er gegenüber Übergriffen der Leute aus der Herrschaft Biglen umso wachsamer würde.[58] Die Möglichkeit, durch die Delegation von Herrschaftsrechten weitläufige Kooperationsnetzwerke zu

57 Enquête Hautcrêt (1278) ACV IB 55 Nr. 44: »[...] quod dictus Walterus [de Palézieux] cepit [...] tamen nescit utrum juste vel injuste [...]. Interrogatus si illi de Paleseuz poserunt ibi misselieres, respondit quod sic [...] in hoc anno cepit Wernerus [de Palézieux] ij gerbas per vim, et in anno preterito cepit xij gerbas ipse vel nuncius suus per vim« (Cunodus), vgl. auch Kundschaft Hilterfingen (um 1312) FRB Bd. 5 S. 73f. Nr. 34, vgl. S. 54 (H. Kriecho).

58 Kundschaft Worb (1436) StAB HA Worb 1436 fol. 9r (Dietrich Snider).

spannen, dürfte sowohl für die Herren als auch für deren Amtleute eine bisher zu wenig beachtete Motivation dafür gewesen sein, selbst zur Verteidigung wenig einträglicher Herrschaftsrechte kostspielige Gerichtsprozesse anzustrengen. Natürlich ging es dabei immer auch um die Bewahrung eines Rechtsbestandes. Ganz praktische Bedeutung hatten aber selbst die kleinsten Herrschaftsrechte vor allem als Instrumente der Strukturierung von Beziehungen. Sie erlaubten es, Anhänger auf allen gesellschaftlichen Ebenen für geleistete und noch zu erwartenden Dienste zu belohnen und an sich zu binden, indem man ihnen Kompetenzen übertrug und sie an den daraus fließenden Einkünften beteiligte.

Kundschaftsaufzeichnungen zeigen, dass Abhängige Herrschaft in der Praxis in erster Linie durch die Vermittlung persönlicher Beziehungen erlebten. Diese entfalteten sich aber entgegen den Suggestionen in Dokumenten, die Rechte verbindlich festlegten, nicht in erster Linie zwischen den Abhängigen und ihren lokalen Herren. Auf der Ebene konkreter Praktiken äußerte sich Herrschaft vor allem in der Form einer vielgliedrigen Delegation von Herrschaftskompetenzen an Amtleute und über die Amtleute hinaus an einen weiten, über den Herrschaftsverband hinausreichenden Kreis von Personen, die von Mal zu Mal mit Einzelaufgaben betraut wurden. Die Delegation von Herrschaftsaufgaben bildete eines von vielen Elementen von Austauschbeziehungen, deren Spektrum von Lohnarbeitsverhältnissen über Klientelen bis hin zu Haushalten mit ihren internen Rollenverteilungen reichte. Damit stellt sich auch die Frage nach den Dynamiken von Konflikten um Herrschaftsrechte neu, die Gegenstand des folgenden Abschnitts sind.

Um Rechte streiten

Spätmittelalterliche Streite um ungeschriebene lokale Rechte scheinen sich entlang von wenigen, strukturell immer ähnlichen Konfliktachsen abgespielt zu haben. In den darüber ausgestellten Dokumenten standen sich als Parteien und Ansprecher auf sich widersprechende Rechte oder Privilegien entweder zwei lokale Herren oder ein Herr und die Gesamtheit seiner örtlichen Abhängigen gegenüber. Ab der zweiten Hälfte des 14. Jahrhunderts erscheinen vermehrt auch Gemeinden als Prozessparteien, so dass zwei weitere Konstellationstypen hinzukamen: ein Herr gegen den durch eine Gemeinde vertretenen Verband seiner Abhängigen und eine Gemeinde gegen die andere.

Die beiden letzten Konstellationen lassen sich in einem rechtlichen Sinn als Varianten der beiden Ersten verstehen. Gemeinden erschienen in dem Maß als Prozessparteien, in dem sie beanspruchten, wie Herren über Regelungskompetenzen und Ansprüche auf Abgaben zu verfügen. Dagegen sind die aus relativ weiten Bevölkerungskreisen rekrutierten Personen, an welche die Herrschaften die Ausübung ihrer Rechte delegierten, nur selten als offizielle Streitparteien in größeren Gerichtsstreiten um Herrschaftsrechte beteiligt. Dies erstaunt, zumal deutlich geworden ist, dass Herrschaftsvertreter eigene Interessen mit Herrschaftsrechten verbinden konnten, die weder mit jenen der Herrschaft noch mit jenen der Abhängigen insgesamt deckungsgleich zu sein brauchten.

Waren also beispielsweise die Spannungen zwischen Amtleuten und Herren oder zwischen Amtleuten und Abhängigen nicht schwerwiegend genug, um gerichtlich ausgetragen zu werden? Diesen Eindruck erwecken weite Teile der deutschsprachigen Forschung, besonders ausgeprägt die Weistumsforschung, die seit dem Anfang des 20. Jahrhunderts Debatten darüber austrug, in welchem Maß die ländliche Gesellschaft durch Solidarität oder durch Antagonismen zwischen Herren und ihren Abhängigen geprägt war, aber Amtleute kaum in die Überlegungen einbezog. Dokumente wie Weistümer und Gerichtsurkunden weisen systematische Vereinfachungen auf, die gerade dann deutlich werden, wenn man sie Kundschaftsaussagen gegenüberstellt. Letztere stellen Konflikte noch aus mehreren Perspektiven dar und vermitteln Einblicke in die konfliktiven Vorgänge, die der gerichtlichen Austragung vorausgegangen waren. Im Folgenden wird versucht, rechtliche Darstellungskonventionen zur Logik der außergerichtlichen Konfliktaustragung in Beziehung zu setzen und dadurch zu einer neuen Deutung der Konfliktachsen zu gelangen, die rechtsetzende Dokumente in den Vordergrund stellen.

Die Fortpflanzung von Konflikten

In vielen Kundschaften erschienen Ereignisse, die in den untersten Verästelungen der Herrschaftsorganisation vorgefallen waren, als die aktuellen Anlässe der Konflikte, die schließlich die Gerichte als Prozess zwischen zwei Herrschaften beschäftigten. In den 1470er-Jahren löste ein wenig dramatisches Ereignis einen massiven Streit um die Jurisdiktionsrechte am Thunersee aus: Als ein gewisser Peter von Ringgenberg, ein Abhängiger der Herren von Spiez, über den Thunersee ruderte, ließ er es sich nicht nehmen, ein an seinem Boot vorbeischwimmendes Wildschwein abzustechen. Glücklich über diesen Fang verlor der Ruderer keinen Gedanken daran, der Stadt Thun eine Jagdabgabe zu entrichten.[59] Als ein Amtmann der Stadt Thun den Ruderer dafür büßen wollte, sahen dessen Herren von Spiez und mit ihnen eine ganze Reihe weiterer weltlicher und geistlicher Herrschaftsträger der Region darin einen anmaßenden Versuch der Stadt Thun, die alleinige Herrschaft über den See zu erlangen. Dies wurde zum Anlass ausgedehnter Gerichtsverfahren zwischen Herrschaften.

In einem 1465 aufgenommenen Kundschaftsprotokoll über den Verlauf der Jurisdiktionsgrenzen zwischen den beiden Zürcher Landvogteien Grüningen und Kiburg beschreibt ein Zeuge, der dem Vogt von Kiburg als Untervogt gedient hatte, wie eine lokale Auseinandersetzung Schritt für Schritt entlang der Hierarchie der Herrschaftsvertreter schließlich der Aufmerksamkeit der Territorialherrschaft zugetragen wurde. Beim Antritt eines neuen Vogts in Kiburg hatte ein Bauer, der im Grenzgebiet zwischen den Vogteien wohnte, dem neuen Vogt den Gehorsamseid geleistet. Erst einige Zeit später sei dies dem Untervogt von Grüningen zugetragen worden, der den Bauern aufgrund seines Wohnorts ebenfalls als Angehörigen seiner Vogtei beanspruchte und ihn für seinen Eid verhaften ging. Darauf habe die Tochter des Bauern den Zeugen in seiner Funktion als Kiburger Untervogt um Hilfe gebeten. Der nahm den Weg in die Stadt Zürich unter die Füße, um dort seinen Dienstherren, den Vogt von Kiburg, zu finden und ihm den Fall zu schildern. Der Vogt beauftragte einen Rechtskundigen, der den Untervogt vor seine oberste Herrschaft, den Rat der Stadt Zürich, begleiten sollten, um dort gegen den Landvogt von Grüningen zu klagen.[60]

Solche Episoden bilden mustergültige Beispiele für Herren, die deshalb mit anderen Herren in Streite verwickelt wurden, weil sie ihrer Verpflichtung nachkamen, ihren Abhängigen »Schirm« zu bieten. In der Nachfolge Otto Brunners verbanden Teile der deutschsprachigen Forschung zur ländlichen Gesellschaft mit dem Schirm eine weitgehende paternalistische Fürsorglichkeit des Herren, der sich dieser gemäß dem zeitgenössischen Rechtsverständnis befleißigen musste, wollte er einen legitimen Anspruch auf Abgaben und Gehorsam erheben. Entsprechend ist die herrschaftliche Schirmverpflichtung zum Gegenstand von Kontroversen darüber geworden, inwiefern loka-

59 Urkunde Thun (1478) StAB Urkunden F Thun 1478.9.9.

60 Kundschaft Grüningen (1465) StAZ A 131/1 Nr. 20a; Kundschaft Spiez (1478) StAB Urkunden F Interlaken 1478.11.3.

le Herrschaftsbeziehungen auch in der Praxis reziprok waren.[61] Besonders Weistümer erwähnen zwar die Schirmpflicht des Herrn gegenüber seinen Abhängigen häufig, erläutern diese aber selten näher und laden damit dazu ein, unter dem Schirm weitgefächerte Schutzleistungen der Herrn zu verstehen. Wo der »Schirm« aber ausnahmsweise genauer umschrieben wurde, beinhaltete er die Verpflichtung des Herrn, die eigenen Abhängigen vor dem Zugriff der Jurisdiktion anderer Herren und den damit verbundenen Forderungen nach Abgaben und Bußen zu schützen – entsprach also genau den hier wiedergegebenen Beispielen.[62] Einer solchen Schirmpflicht nachzukommen beinhaltete nicht viel mehr, als dass die Herren ihre eigenen Herrschaftsrechte und die damit verbundenen Einkünfte verteidigten.

Bisweilen erscheint es als geschickte Strategie einzelner Abhängiger, sich aus konkretem Anlass auf die Schirmpflicht des einen Herren zu berufen, um sich dem Zugriff des anderen zu entziehen. Dies hatte beispielsweise ein gewisser Johannes Tellin versucht, wie er später in der Kundschaft von 1444 über die Jurisdiktionsgrenzen zwischen dem Bistum Lausanne und der Herrschaft Cossonay einräumte. Laut seiner Aussage hatte er sich einmal so lange geweigert, einer Konfiskationsforderung eines Amtmanns des Bischofs nachzukommen, bis er den Amtmann der Herrschaft Cossonay dazu bewegen konnte, ihn als Angehörigen seiner Herrschaft zu beanspruchen und Einspruch gegen die Forderungen des bischöflichen Amtmanns zu erheben. Auf höherer Ebene scheint allerdings die Herrschaft Cossonay Tellins Anliegen nicht für bedeutend genug gehalten zu haben, um das Bistum Lausanne herauszufordern. Tellin räumte ein, dass er letztlich dem Amtmann des Bischofs neben den konfiszierten Gütern auch eine Buße für seinen Ungehorsam hatte entrichten musste. Dieser Ausgang der Geschichte ließ sich dann in der Kundschaft zugunsten von Lausanne als solides Beispiel dafür anführen, dass die Herren von Cossonay in der Vergangenheit das strittige Grenzgebiet nicht ernsthaft beansprucht hatten.[63]

Mehr als recht war dem Prior von Romainmôtier dagegen das Vorgehen eines Peter de Grensa. Der hatte im Dorf Bursins, über das die adligen Herren von Mont dem Priorat die Jurisdiktion strittig machten, einen Totschlag

61 Brunner, *Land*; Algazi, *Herrengewalt*.

62 Zum Beispiel Offnung Dietlikon Rieden (1420) RQZH Bd. 1.2 S. 394; Offnung Bassersdorf (vermutl. 15. Jh.) RQZH Bd. 1.1 S. 388; Offnung Meilen (15. Jh.) StAZ G I Nr. 102 fol. 14r.

63 Enquête Villars (1446) ACV C IV Nr. 460 fol. 3rf. Dieselbe Geschichte erzählt auch Johannes de Clauso, der die Konfiskation angefordert hatte, fol. 7r, für eine ähnliche Erzählung vgl. Kundschaft Grüningen (um 1430) StAZ A 124/1 Nr. 20.

verübt. Ihm sagte Katharina von Savoyen zu, beim Prior von Romainmôtier für ihn um Gnade zu bitten, worauf er sich dem Zugriff der Herren von Mont entzog, indem er sich selbst einen Strick um den Hals band und in diesem Aufzug an der Klosterpforte von Romainmôtier anklopfte. Damit verhalf er dem Kloster zu einer denkwürdigen Anekdote, die dieses auch noch viel später, im Jahr 1374, in einer Kundschaft als Beispiel der Anerkennung seiner Jurisdiktionsrechte über Bursins anführen konnte.[64]

Ein solidarisches Vorgehen von Herren und Abhängigen begründete der Schirm nur so weit, wie auch die Herrschaft bereit war, das Herrschaftsrecht, das ihnen ein Abhängiger zuschrieb, gegenüber konkurrierenden Herren geltend zu machen. Wenn Herren Konflikte weiterführten, die auf der untersten Ebene eines Herrschaftskomplexes ausgebrochen waren, taten sie dies in der Praxis nicht unbedingt aus Solidarität gegenüber ihren Abhängigen. Im Lauf ihrer Fortpflanzung nach oben veränderten sich die Gegenstände eines Konfliktes unter Umständen so weit, dass die zunächst von lokalen Akteuren vorgebrachten Anliegen durch Interessen ihrer Vorgesetzten überlagert wurden.

Berufung auf Herrschaftsrechte

Die Rechte, die in Rechtsdokumenten entweder als Recht des Herren oder der Abhängigen dargestellt sind, konnten nicht nur Ansprüche tatsächlicher Herrn oder tatsächlicher Abhängiger begründen. Für die Abhängigen erschienen Herrschaftsrechte, die Leute aus ihren eigenen Reihen in Vertretung wahrnahmen, nicht zuletzt als Machtressourcen in Auseinandersetzungen unter ihresgleichen, die allerdings eng mit ganz anders gelagerten Interessenlagen auf übergeordneten Ebenen der Herrschaftsorganisation verknüpft sein konnten. Ein in dieser Hinsicht besonders sprechendes Beispiel bilden Streitigkeiten in Wald, einem Dorf im Zürcher Oberland, das in Dokumenten der ersten zwei Drittel des 15. Jahrhunderts wiederholt als Herd des Widerstands gegen die territorialherrlichen Ansprüche der Stadt Zürich auftritt.

Die hohen Gerichtsrechte in Wald gehörten zur Landvogtei Grüningen, einem Besitz der Habsburger, die sie wechselnden Getreuen als Lehen verliehen hatten, bis sie ihn im Jahr 1408 an die Stadt Zürich verpfändeten. Bereits drei Jahre später figurierten Leute aus Wald prominent in einer Gruppe, welche die Schirmpflicht der Habsburger anriefen. Die Klagenden baten die

64 Enquête Brusins (1374) ACV C VIIa Nr. 404 fol. 5 (Nicholaus Bertholetus).

Habsburger, die Kontrolle über die Landvogtei wieder an sich zu bringen und sie so vor Übergriffen der neuen Zürcher Herrschaft zu schützen, welche sich über alte Rechtsgewohnheiten hinwegsetzte.[65] In Kundschaften zu einem Streit zwischen den Leuten von Grüningen und der Zürcher Herrschaft aus den 1430er-Jahren erscheinen Zeugen aus Wald als besonders vehemente Verfechter einer Beschränkung der Zürcher Gerichtsrechte.[66] Aus der Zeit nach 1466 liegt zudem die älteste erhaltene Version eines Weistums von Wald vor. Die Präambel enthält einen ungewöhnlich detaillierten geschichtlichen Rückblick auf die Herrschaftsverhältnisse des Dorfs, der weitgehende Privilegien und Abgabebefreiungen gegenüber der Stadt Zürich als Vogtherr begründen sollte.[67] Solche Rechtsdokumente zielten direkt darauf ab, Herrschaftsrechte und deren Einschränkung festzuschreiben und hielten den Ansprüchen der Herrschaft Zürich wechselweise die kommunalen Rechte des Dorfs oder die Schutzpflicht einer anderen Herrschaft entgegen. So schreiben sie Konflikte in die geläufigen Achsen (Herrschaft vs. Abhängige und Herrschaft vs. Herrschaft) ein.

Zwischen diesen Schriften entstand im Jahr 1441 eine weitere Klageschrift von Leuten aus Wald an die ehemalige österreichische Herrschaft, die stärker narrativ gehalten ist und die Eskalation eines konkreten Konflikts in den Vordergrund stellte.[68] Diese Klagen betrafen nun in erster Linie die Machenschaften eines Vertreters der prominenten lokalen Familie Strehler. Dieser Strehler habe den von der Stadt Zürich eingesetzten Vogt von Grüningen dazu überredet, mit ihm nach Zürich zu kommen und den städtischen Rat als Inhaber der hohen Gerichtsrechte zu bitten, ihm ein verbrieftes Privileg zu erteilen, die einzige Taverne im Dorf zu betreiben. Damit brachte Strehler andere, die bisher im Dorf ebenfalls Wein ausgeschenkt hatten, gegen die Herrschaft auf, die ihre Entscheidung jedoch auch nach Klagen aus dem Dorf nicht revidieren wollte. Mehr noch als die Zürcher Herrschaft zog sich jedoch Strehler selbst Feinde zu.

Viele Dorfleute fingen angeblich an, Strehlers Wirtshaus »etwas [zu] schüchen«, was er als Ausdruck davon empfand, dass man ihm »etwas gehass

65 Klageschrift (1411) Hottinger, *Beschwerdeschriften*, S. 133–138.

66 Kundschaften Grüningen (um 1430) StAZ A 124/1 Nr. 19, 20 (vor allem Heiri Baller), 21.

67 Offnung Wald (vermutl. nach 1466) StAZ A 97.7 Nr. 7. Für eine Datierung dieser Redaktion auf die Jahre nach 1466 spricht allerdings, dass der Text ziemlich unvermittelt und noch vor dem geschichtlichen Rückblick mit einer Bestimmung über die leibherrliche Todfallabgabe einsetzt, welche das Ergebnis eines Gerichtsentscheids dieses Jahrs zusammenfasst, vgl. Urkunde Wald (1466) StAZ A 97.7 Nr. 6.

68 Klageheft Grüningen (1441) StAZ 124/1 Nr. 26 fol. 5r.

were«. Strehlers zunehmende Isolation im Dorf habe ihn veranlasst, den Vogt um Grüningen noch einmal zu einem Gang vor den Zürcher Rat zu bewegen. Diesmal baten die beiden darum, Strehler zum Weibel von Wald, zum lokalen Stellvertreter des Vogts, zu ernennen. Die Zürcher Herrschaft gewährte auch diese Bitte.[69] Für die Vermittlungsdienste zeigte sich Strehler gegenüber dem Vogt von Grüningen erkenntlich, indem er verschärft darüber wachte, dass die Leute von Wald einer – wie auch die Klagenden zugeben – alten Pflicht nachkamen, die Ochsen ihres Vogts zu mästen. Zudem verärgerte Strehler die Dorfbewohner durch die Art, in der er als Weibel herrschaftliche Privilegien wie die Fischereirechte wahrnahm. Er laufe jedem durch seine Güter und zertrample Samen, Heu und Gras, um von den Gütern seiner Nachbarn aus zu fischen, man getraue sich nicht einmal mehr sich zu wehren, wenn er die Steine aus seinen Feldern in jene seiner Nachbarn schütte.[70]

Inhaltlich orientierte sich der Klagebrief aus Wald stark an einer innerdörflichen Perspektive. Die Bewohner von Wald warfen einem der ihren vor, sich hinter ihrem Rücken die Ermächtigung zur Ausübung von Herrschaftsrechten verschafft zu haben. Auf diese berufe er sich nun, um seine eigene Stellung innerhalb des dörflichen Machtgleichgewichts zu stärken und andere zu benachteiligen oder zu erniedrigen. Eher unterschwellig schwingt auch Kritik an einer als passiv dargestellten Zürcher Herrschaft mit, die Strehler gewähren ließ, sowie an ihrem Vogt, der durch die Ochsenmast als Nutznießer der Machenschaften Strehlers erscheint. Anlass zu Klagen gab vor allem das Herrschaftsgebaren von Strehler selbst, dem, obwohl er wie die Klagenden ein »Bauer« war, Unbilligkeit und Achtlosigkeit gegenüber der landwirtschaftlichen Anbautätigkeit vorgeworfen wurde – entsprach dies nicht den ganz klassischen Motiven der damaligen Herrschaftskritik?

Formal ging der Klagebrief die geschilderten Konflikte allerdings weder als innerdörfliches Problem noch als Auseinandersetzungen zwischen Abhängigen und ihrer Herrschaft an. Vielmehr riefen die Klagenden die Schirmpflicht ihrer ehemaligen habsburgischen Herren an, welche die Vogtei Grüningen als Pfand an Zürich versetzt hatten. Die Kläger zielten darauf ab, im Rahmen einer Auseinandersetzung zwischen konkurrierenden Herren Unterstützung für ihre Ansprüche zu erhalten. Damit setzten die mit Strehler un-

69 Auch noch 25 Jahre später erscheint ein Angehöriger der Familie Strehler als Vorsitzender des Dinggerichts, wobei es sich aber weder um die gleiche Person noch um eine kontinuierliche Amtsausübung handeln muss, Urkunde Wald (1466) StAZ A 97.7 Nr. 6.

70 Klageheft Grüningen (1441) StAZ 124/1 Nr. 26 fol. 5r.

zufriedenen Dorfbewohner den Konflikt in einen Zusammenhang, der sich auf der Ebene der beanstandeten örtlichen Zustände gar nicht äußerte. Es ist denkbar, dass sich hinter der Klage aus Wald eine Gruppe von Dorfbewohnern verbarg, die ihre guten Beziehungen zu den Habsburgern in lokalen Machtkämpfen in ähnlicher Weise in Vorteile umzusetzen hofften, wie Strehler seine Beziehung zur Zürcher Herrschaft. Zwingend ist dies jedoch nicht.

Die Berufung auf die Rechte der einen oder der anderen Herrschaft oder aber auf jene der Abhängigen bot sich im Rahmen der unterschiedlichsten Konfliktkonstellationen als Legitimierungsstrategie an. Zum Zeitpunkt der Abfassung der Klage musste es Strehlers Gegnern vielversprechend erscheinen, den Konflikt als Problem des Verhältnisses zwischen zwei konkurrierenden Herrschaften zu beschreiben. In den regionalen, meist als Alter Zürichkrieg bezeichneten Auseinandersetzungen um das Toggenburger Erbe gehörten die Habsburger einem gegen Zürich gerichteten Bund an, den das Land Schwyz anführte, das die Umgebung von Wald auch zeitweise militärisch besetzte. In dieser Situation hätte die Anrufung der Schirmpflicht den Habsburgern einen Anlass zur Herausforderung der Stadt Zürich bieten können – eine Möglichkeit, die aber schon zu Beginn des folgenden Jahrs durch eine neue Annäherung zwischen Zürich und Habsburg wieder zunichte gemacht wurde.[71]

Letztlich ist jede Darstellung eines Konfliktes, auch die eines Historikers, auf Abstraktionen angewiesen. Die abstrakten Formen, in denen ländliche Herrschaftsordnungen in spätmittelalterlichen Rechtsaufzeichnungen dargestellt wurden, eignen sich allerdings ausgesprochen schlecht als Grundlage einer Typologie der wichtigsten gesellschaftlichen Antagonismen und Akteure. Rechtliche Darstellungskonventionen verlangten, dass Rechte entweder Herren oder einheitlichen Verbänden aus ihren Abhängigen zugeschrieben wurden. Entsprechend zielten die während Kundschaftsverfahren gestellten Fragen vielfach darauf ab, Rechtsverhältnisse aus Beispielen direkter Face-to-face-Begegnungen zwischen einem Herren und seinen Bauern zu erschließen. Die Antworten der Zeugen ergaben jedoch oft kaum Beispiele von direkten Interaktionen der Abhängigen mit ihren lokalen Herren selbst. Stattdessen erscheinen die Herren dort als personalisierte Verkörperungen einer Trägerschaft von Rechtsansprüchen, die sich in der Praxis als durchaus überpersonal erwies.

71 Für die neusten Darstellungen dieser Ereignisse: Sieber, *Reichsstadt*, S. 485–491; Niederstätter, *Zürichkrieg*, S. 71–183.

Im Alltag wurde Herrschaft von lokalen Akteuren ausgeübt, die Rechte in Vertretung ausübten und als persönliche Ressourcen nutzten. Auf die Rechte eines Herrn konnten sich außer diesem auch Abhängige berufen, die sich dem Zugriff des Vertreters eines anderen Herrn zu entziehen versuchten. Und Dorfpotentaten, die sich gegenseitig Ämter und Vorrechte streitig machten, rechtfertigten ihre eigenen Ansprüche von Fall zu Fall mit den Rechten ihrer Herrn oder jenen der Abhängigen. Kennzeichnend für Konflikte um die lokale Herrschaftsordnung war oft, dass sich Interessengegensätze über mehrere Ebenen der Herrschaftsorganisation fortpflanzten, so dass in einem Konflikt oft mehrere Antagonismen zugleich angelegt waren. Entlang welcher der gängigen formalen Parteigegensätze ein Streit letztlich in einem Dokument dargestellt wurde, hatte nur ganz indirekt mit dem ihm zugrunde liegenden sozialen Dynamiken zu tun. Vielmehr handelte es sich dabei um Darstellungsstrategien, die sich flexibel momentanen Chancen anpassten, sich erfolgreich vor Instanzen durchzusetzen, die Ansprüche in standardisierter Form als Rechte von Herrn oder Rechte von Abhängigen festlegten und schriftlich aufzeichneten. Entsprechend waren rechtliche Beschreibungen lokaler Rechtsordnungen Ergebnisse komplexer kultureller Übersetzungs- und Darstellungsleistungen, die als solche noch viel zu wenig untersucht worden sind.

3.3 Gewohnheiten, Rechte oder Rechtsgewohnheiten?

Unregelmäßige Gewohnheiten

> […] lat iu dienen liute und gut in der gegende swes ez si, des enlazet ir deheinen fri. […] swaz ir mit gueten minnen noch hiute an in gewinnen, das muezens ouch zejare geben. da geturrens nimmer wider streben, so muzzen siz ouch immer tún. swe iu hiute git ein hún, der git iu ane geschrei zejare driu oder zwei.

Rat eines bösen Ratgebers an einen Herren, der eine neue Zwingburg errichtet
Aus: Der Stricker: Die Gäuhühner (13. Jh.)[72]

Dem Konzept der Rechtsgewohnheit oder der »consuetudo« lag die Vorstellung zugrunde, eine rechtliche Norm sei wesentlich deshalb gültig, weil sie

72 Fabeln und Märchen S. 78–87, hier S. 85 Vers 100–120.

gewohnheitsmäßigem Handeln entsprach. Rechte wären demnach weitgehend aus gängigen Mustern des Handelns ableitbar. Im Umkehrschluss ergab sich daraus, dass jede Handlung, die in ihrer Art nicht einmalig blieb, über das Potential verfügte, eine Rechtsgewohnheit zu begründen. Auf solche Vorstellungskomplexe stützten sich Fritz Kern und nach ihm viele andere Historiker und Sozialanthropologen des 20. Jahrhunderts ab, wenn sie ein Paradox der Rechtsordnung schriftarmer Gesellschaften feststellten: Deren Rechtsgewohnheiten mussten zwar per se als alt gelten, passten sich aber tatsächlich ständig neuen Verhältnissen an und durchliefen so Entwicklungen, die kaum als solche wahrnehmbar waren. Es scheint, als wären einem derartigen Rechtsbewusstsein scharfe Gegensätze zwischen Normen und Handlungen fremd, als forderte und förderte es vielmehr den gesellschaftlichen Konsens.[73]

Während des untersuchten Zeitraums selbst, besonders während der frühen Phasen, löste die Vorstellung, Rechte ließen sich aus gewohnheitsmäßigen Handlungen ableiten, zwiespältige Reaktionen aus. Der Dichter Stricker karikierte ein solches Verständnis, indem er es in der Rede seines bösen Ratgebers letztlich darauf hinauslaufen ließ, dass die Schwächeren den Ansprüchen der Stärkeren nachgeben mussten. Der Herr, der von Bauern – wessen Abhängige diese von Rechts wegen auch seien – in dem einen Jahr als Ausdruck eines freundlichen Verhältnisses (»in minne«) ein Huhn erhält, kann schon im folgenden Jahr Anspruch auf eine regelmäßige Hühnerabgabe erheben. Auch in frühen Rechtsdokumenten wurden Gewohnheiten manchmal die Rechtsgültigkeit mit der Begründung abgesprochen, sie seien »males consuetudines«.[74] Diese begriffliche Differenzierung, die es erlaubte, gewisse Handlungsweisen trotz ihrer gewohnheitsmäßigen Übung für unrecht zu befinden, begegnet uns in Frankreich, etwa im Zusammenhang mit der durch den König angeregten offiziellen Festschreibung von Rechtsgewohnheiten, auch noch im 15. Jahrhundert.[75] Dagegen stützten sich Verfahren der Rechtsfeststellung im untersuchten Raum immer stärker auf die Ansicht ab, Rechte ließen sich aus gewohnheitsmäßigem Handeln allein

73 Kern, *Recht*, S. 65f.; Goody, *Logic*, S. 127–170; Vollrath, *Rechtstexte*; ders., *Mittelalter*. Vgl. oben, Kp. 1.2.

74 Für einzelne Beispiele Bühler-Reimann, *Herkommen*, S. 96.

75 Olivier-Martin, *Roi*; vgl. für als schlecht bezeichnete »consuetudines« in hochmittelalterlichen monastischen Debatten: Boureau, *Moris*, S. 366–371.

zureichend begründen – eine Position, die auch der gelehrte Kommentar zum Plaict Général von Lausanne ganz explizit formulierte.[76]

Die Frage, wie Rechtsregeln aus Gewohnheiten erschlossen wurden, ist gar nicht so einfach zu beantworten, wie zeitgenössische Gültigkeitskriterien für Rechtsgewohnheiten zunächst suggerieren. Der Stricker warnte vor moralischen Fallstricken einer Herleitung von Verpflichtungen aus Handlungen der Vergangenheit. Überdies sollte die bloße Tatsache, dass die Inhalte von Rechtsgewohnheiten heftige Kontroversen auslösen konnten, vor einer Überschätzung der Automatik warnen, mit der Gewohnheiten zu als solchen anerkannten Rechtsgewohnheiten wurden – unabhängig davon, wie viel Konsens oder Zwang dabei im Spiel war. Jede einzelne überlieferte Kundschaft über Rechtsgewohnheiten zeugt ja davon, dass das gewohnheitsmäßige Handeln in dem entsprechenden Bereich keine ausreichende Verbindlichkeit erzeugt hatte – und dennoch suchten die Gerichte die Lösung genau in diesem gewohnheitsmäßigen Handeln! Im Folgenden sind zunächst Spannungsverhältnisse zwischen der Dynamik des Konflikthandelns und dem Vorhaben, Rechte aus Handlungen herzuleiten, zu erörtern. Anschließend wird diskutiert, wie in Kundschaftsaussagen Berichte über das alltägliche Handeln mit rechtlichen und anderen Normvorstellungen in Verbindung gesetzt wurden. Beobachtungen zu beiden Bereichen eignen sich, die Frage nach dem Verhältnis zwischen Rechtsgewohnheiten und alltäglichen Praktiken genauer zu stellen.

Konfliktlösungsmuster

Man unterschätzt leicht die ganz praktischen Probleme, die sich einer Rückführung von Rechten auf Handlungen der Vergangenheit schon in den Weg gestellt hatten, bevor die moderne Moralphilosophie aus grundsätzlicheren Überlegungen zu der Maxime gelangte, dass sich das Sollen nicht gültig aus dem Sein herleiten lässt. Gewohnheitsrechtliche Argumentationen setzten einerseits Annahmen über die Stabilität der sozialen Ordnung voraus. An-

76 Vgl. oben, Kp. 2.2. Commentaire Lausanne (um 1430) SDVD Bd. B1 S. 241: »Ideo videndum est quid est consuetudo. Est ius non scriptum diuturinis moribus populi comprobatum [andere Handschriften haben: approbatum], vel sic consuetudo est ius moribus vel usibus totius populi vel maioris partis immutatum communitatis et constitutum, habens legis autoritatem. Dicitur autem consuetudo quasi communis assuetudo.« Tatsächlich ist im savoyischen Raum auch dann nicht von »males consuetudines« die Rede, als der Graf von Savoyen eine von Gerichtsparteien angerufene Rechtsgewohnheit als inakzeptabel ablehnte, vgl. Tappy, *Amédée*.

derseits wurden sie gerade in gerichtlichen Auseinandersetzungen ins Feld geführt, denen oft Jahre vorausgegangen waren, während derer die Parteien in der Praxis einander entgegengesetzte Ansprüche wahrgenommen hatten. In der 1413 erhobenen Kundschaft zum Streit um Zehnten im Dorf Vernaz zwischen dem Priorat Romainmôtier und den adligen Herren von Mont sagte ein Zeuge aus, in den 30 Jahren, an die er sich zurückerinnere, seien die lokalen Zehntrechte immer umstritten gewesen. Im einen Jahr sei es der einen, im nächsten der anderen Partei gelungen, die Zehnten an sich zu bringen.[77] Kundschaften zu Jurisdiktionsrechten bezeugen, wie die eine Herrschaft wiederholt Straffällige abzuurteilen begann, die sie dann auf den Protest der anderen hin wieder ausliefern musste, oder wie die eine versuchsweise einen Galgen errichten ließ, den Vertreter der anderen wieder einrissen. Zu Streiten um Wasserrechte schildern Zeugen, wie die eine Partei Dämme baute, die sie unter dem Druck der anderen wieder abtragen musste.[78] Je länger solche Konflikte schwelten, desto häufiger kam es zu einander entgegengesetzten Handlungen.

Im Fall der Herrschaftsabgaben, die wohl am häufigsten Anlass zu Konflikten um Herrschaftsrechte boten, war es besonders schwierig, Handlungen als Ausdruck der Rechtslage zu interpretieren. Viele Herrschaften duldeten, dass die Abhängigen Abgaben mit beträchtlicher Verzögerung und in Raten entrichteten. Zwischen der Zahlungsverzögerung und einer eigentlichen Verweigerung, die angezeigt hätte, dass die Abhängigen den Anspruch der Herrschaft nicht anerkannten, lag eine breite Grauzone.[79] Selbst Zeugen, die das Recht einer Herrschaft auf bestimmte Abgaben bekräftigten, führten als Indiz dafür oft in der Vergangenheit erfolgte zwangsweise Pfändungen statt regulären, termingerechten Zahlungen der Abhängigen an.[80] Auch wer dabei

77 Enquête Apples (1413) ACV C VIIa Nr. 469: »Et per dictes triginta annos vidit semper debatum de dicta decima, quia aliquociens decimatores domini prioriis recollegerunt et levaverunt et aliquociens decimatores de Monterichier Johannes de Sever, Anthonii de Cottens dictam decimam recollegerunt et levaverunt« (Johannes Grinsoz, alias Gros).

78 Rückgabe von Gefangenen: Urkunde Romainmôtier (1360 im Transsumpt von 1373) ACV C VIIa Nr. 403; Enquête Villars (1446) ACV C IV Nr. 460 fol. 5r (Johannes Vuillod und Johannedus Guibaux). Vgl. die zugehörige Reversalurkunde in der Abschrift ebd. fol. 1 und AVL H4 363, im Original ACV C IV Nr. 403 bis. Zum Einreißen von Galgen vgl. oben, Kp. 3.2. Zu Wasserrechten: Kundschaft Dielsdorf (1489) StAZ C I Nr. 2689a (1435), fol. 1r (Üely Cristin).

79 Sablonier, *Leibherrschaft*; Weishaupt, *Zehntverweigerungen*; Zangger, *Alltagsbeziehungen*.

80 Zum Beispiel Enquête Roman (1277) ACV C Va Nr. 176 (1277) (Dominus Vivian); Enquête Villars (1446) ACV C IV Nr. 460 fol. 2v (Petrus Maulsavier), 3r (Anthonius Rossier), 3v Johannes Tellin und weitere.

wenig Hintergedanken hegte, sah sich leicht in der Lage, dem Vorschlag des bösen Ratgebers in Strickers »Gäuhühnern« zu folgen und Ansprüche schrittweise wahrzunehmen, bis allfällige Opponenten Einhalt geboten. Bis zu einem gewissen Grad entsprach dies den Bedingungen des Handelns innerhalb eines Ordnungssystems, in dem einerseits manches nicht allgemeinverbindlich festgelegt war und anderseits auch die Durchsetzung anerkannter Rechte weitgehend Sache der Parteien selbst war.

Es ist schwer zu beurteilen, inwiefern sich auch das außergerichtliche Konflikthandeln an der Konzeption der Rechtsgewohnheit orientierte. Gemäß dieser drohte selbst das kleinste Zugeständnis gegenüber der Gegenpartei die eigenen Rechte zu schmälern, sobald es unter dem Gesichtspunkt der Feststellung von Rechtsgewohnheiten in Erinnerung gerufen würde. Zeugenaussagen in Kundschaften spielen kaum je explizit auf Handlungen an, die durch Überlegungen dieser Art motiviert gewesen wären. Dagegen machen viele Zeugenaussagen deutlich, dass solche Handlungsweisen manche Gelegenheit zur außergerichtlichen Beruhigung von Konflikten zunichte gemacht hätten. Zu langwierigen Streiten zwischen konkurrierenden Herren über Abgaben berichten die Zeugen manchmal, dass die beiden Herrschaften im einen und dem anderen Jahr auch übereingekommen waren, die strittigen Abgaben unter sich aufzuteilen – wohl nicht zuletzt deshalb, weil beide Seiten über ihren Streitigkeiten leer auszugehen drohten.[81] In einem 1389 gerichtlich ausgetragenen Streit zwischen dem Kloster Amsoldingen und seinen Abhängigen über das Recht, den Weinausschank zu kontrollieren, gaben die Zeugen zugunsten der Abhängigen zu, dass das Kloster bisher Abgaben auf dem Weinausschank erhoben hatte. Doch wann immer es die Herrschaft dabei an Großzügigkeit fehlen ließ, hätten die Bauern ihren Wein in den Baumgärten ausgeschenkt und sich damit der herrschaftlichen Kontrolle ganz entzogen.[82] So pendelten sich wohl Regelungen in der Praxis oft schlicht dort ein, wo die Möglichkeiten der Durchsetzung von Ansprüchen an Grenzen stießen.

Zugunsten solcher Regelungen konnte das, was gemeinhin als recht empfunden wurde, auch ganz bewusst hintenan gestellt werden. In einer um die Mitte des 15. Jahrhunderts entstandenen Kundschaft über die Grenzen der Allmend von Willisau berichtete ein Zeuge von einer Absprache, zu der es einst aus Anlass einer der regelmäßigen Grenzabschreitungen der Allmend

81 Enquête Apples (1314) ACV C VIIa Nr. 469.

82 Kundschaft Amsoldingen (1389) FRB Bd. 10 S. 526 Nr. 1107 (Müller von Tannenbül, Jenni Kerno, Peter Stogker und weitere).

gekommen sei. Der alte Honegger sei den Beteiligten voran- und an einer Wiese vorbeigeschritten, bis ihm ein gewisser Ueli von Wangen wortreich vorgeworfen habe, er versuche diese Wiese so von der gemeinsamen Nutzung auszuschließen. Honegger stritt dies nicht etwa ab, sondern sagte: »Nun lass gut sein, du hast ja auch einen Zugang zur Allmend mit einer Pforte verbaut!« Der opponierende Ueli stritt wiederum nicht ab, dass er sich so einen Abschnitt der Allmend selbst angeeignet hatte, obwohl er zunächst versuchte, die Verantwortung dafür auf seine Pächter abzuschieben. Um den immer heftiger werdenden Wortwechsel der beiden zu beruhigen, sei man schließlich dem Vorschlag der ältesten Teilnehmer an der Grenzabschreitung gefolgt und keiner der beiden angeblichen Unregelmäßigkeiten weiter nachgegangen.[83]

Solche informelle Kompromisse eigneten sich vorzüglich dazu, Konflikte außerhalb der Gerichte einzudämmen. Gerade deshalb sind sie im überlieferten Schriftgut vermutlich massiv unterrepräsentiert. Sie kamen ohne schriftliche Dokumentation aus, und selbst Erinnerungen an sie liefen der Zielsetzung zuwider, welche die Gerichte am Ausgang des Mittelalters immer rigoroser verfolgten: die Lösung von Konflikten in Rechtsgewohnheiten zu suchen, deren Gültigkeit auf einer regelmäßigen Übung beruhte.

Handlungen rückgängig machen

Explizit angesprochen ist die Bedrohung von Rechtsgewohnheiten durch einzelne ihnen zuwiderlaufende Handlungen dagegen in einem spezifischen Typ von Urkunden, für den sich die Bezeichnung Reversalen durchgesetzt hat. Reversalen bestätigten das Versprechen des Ausstellers, für alle Zukunft darauf zu verzichten, ein aktuelles Ereignis im Zusammenhang mit der Feststellung von Rechtsgewohnheiten als Präzedenzfall anzuführen. Eine Reversale auszustellen, entsprach dem Versuch, eine bestimmte Handlung mit Blick auf eine spätere Feststellung von Rechtsgewohnheiten für irrelevant – gewissermaßen für ungeschehen – zu erklären. Erste Beispiele solcher Urkunden liegen aus dem frühen 14. Jahrhundert vor. Die Überlieferung wird ab der Zeit um 1340 dichter. Als Aussteller von Reversalen erschienen Herrschaftsträger, deren Kanzleien sich mit dem gelehrten Recht bestens auskannten, allen voran die savoyische Territorialherrschaft selbst, ab dem Ende des 14. Jahrhunderts öfter auch andere mittelgroße Herrschaften wie die Priore von Romainmôtier, die Grafen von Gruyère und die Herren von Grand-

83 Kundschaft Willisau (Mitte 15. Jh.) RQLU Bd. 2.2 S. 70f.

son oder Cossonay.[84] Sie versprachen kleineren Herren, aus Leistungen, die sie von deren Abhängigen bezogen hatten, keine weiteren Ansprüche herzuleiten.[85]

Ab der Mitte des 14. Jahrhunderts stellten Herrschaften vermehrt Reversalen zugunsten ihrer eigenen Abhängigen aus, die beispielsweise außerordentliche Abgaben entrichtet oder sich über ihre Verpflichtungen hinaus an Kriegszügen beteiligt hatten.[86] Der Aussteller anerkannte, dass die Adressaten ihm diese Leistungen als Geschenk oder als reinen Gunstbeweis (»ex mera gracia et liberalitate«, »de gracia speciali et non ex debito«) gegönnt hatten und dass er daraus keine künftigen Ansprüche ableiten, kein »preiudicium generari«, werde.[87] In frühen Reversalen erscheinen lokale Rechtsgewohnheiten manchmal noch nicht als unverbrüchlich feststehende Regeln, sondern als Gegenstand von Verhandlungen. So anerkannte Ludwig I. von Savoyen, Herr der Waadt im Jahr 1329, dass es einem einmaligen (»semel et non plus«) Zugeständnis der Leute des Orts Les Clées entspreche, dass sie ihm eine auf jedem Haushalt erhobene Steuer entrichtet hatten. Ludwig hatte sich dieses Zugeständnis noch einiges kosten lassen. Als Gegenleistung (»in recompensationem«) verzichtete er zugunsten der Leute von Les Clées auf die Nutzung der örtlichen Weiden, die er noch nicht gegen Zins verlie-

84 Reversalurkunden – der Prioren von Romainmôtier: SDVD Bd. B2 S. 390 Nr. 353 (1359), 392 Nr. 356 (1377) – der Grafen von Gruyère: 359 Nr. 331 (1475) – der Herren von Grandson: 92 Nr. 85f. (1356), 93 Nr. 86 (1366), 109 Nr. 98 (1434) – der Herren von Cossonay: 76 Nr. 70 (1404) – der Grafen und Herzöge von Savoyen, vgl. unten, Anm. 86.

85 Für Beispiele von Reversalurkunden, deren Adressaten andere Herrschaften waren: SDVD Bd. B2 S. 384 Nr. 347 (Savoyen an Romainmôtier, 1314), 449 Nr. 383 (Bailli de Vaud an Prior von Payerne, 1384).

86 Zahlreiche, vielfach in Gemeindearchiven liegende Reversalurkunden sind erfasst in SDVD Bd. 2B, wenn auch zum Teil nur in der Form von Regesten: Bei der Ausstellung der Dokumente spielten Anlässe eine prominente Rolle, in denen die savoyische Territorialherrschaft anderswo einen verbrieften Anspruch darauf gehabt hätte, durch außerordentliche Steuern Mittel zu beschaffen, so etwa Herrschereinzüge: SDVD B2 S. 330 Nr. 309 (1399), 280 Nr. 255 (1450), Besuche des Kaisers: S. 93 Nr. 86 (1366), 143 Nr. 124 (1365), 325 Nr. 301 (1365), 79 Nr. 72 (1414), 103 Nr. 93 (1414), 144 Nr. 130 (1414), 330 Nr. 310 (1414), die Aussteuer von Kindern der Savoyer: S. 140 Nr. 121 (1346), 144 Nr. 128 (1406), 81 Nr. 75 (1428), 145 Nr. 132 (1428), 280 Nr. 256 (1451), 280 Nr. 257 (1457), 14 Nr. 16 (1459), für Kriegszüge: S. 6 Nr. 6 (1391), 17 Nr. 21 (1487), 17 Nr. 22 (1488), 325 Nr. 301 (1365), 328 Nr. 304 (1387), 330 Nr. 307 (1391), 449 Nr. 383 (1384), für den Erwerb zusätzlicher Herrschaften: S. 227 Nr. 203 (1417), 81 Nr. 74 (1425).

87 Für diese Formulierungen zum Beispiel Reversalurkunden SDVD Bd. B2 S. 58 Nr. 61 (1329), 328 Nr. 304 (1387), 4 Nr. 4 (1362).

hen hatte, und erteilte ihnen das Stadtrecht des Städtchens Moudon, nahm also Veränderungen der lokalen Rechtsverhältnisse vor.[88]

Dagegen erscheinen Rechtsverhältnisse in den meisten späteren Reversalen nicht zuletzt darum stabiler, weil die Ausstellung der Reversalen selbst die einzige Gegenleistung für das Entgegenkommen des Empfängers darstellte, was diesen in eine ambivalente Lage versetzte. Auf der einen Seite ließ sich die empfangene Reversale künftig wie ein verbrieftes Privileg verwenden.[89] In dieser Funktion scheinen Reversalen besonders für Verbände von Abhängigen und kleinere Herren hohen Stellenwert gehabt zu haben, sind sie doch bisher vor allem in Gemeindearchiven gefunden worden. Auf der anderen Seite dürfte es im Moment, in dem eine Reversalurkunde abgefasst wurde, weit wichtiger gewesen sein, dass es dem Aussteller gelungen war, den Empfänger zum Verzicht auf ein ihm zustehendes Recht zu bewegen.

Die Rhetorik, wonach sich der Empfänger einer Reversale großzügig gezeigt hätte, verbirgt oft nur schlecht, dass die Zugeständnisse auch unter Druck der Gegenseite zustande gekommen waren. Graf Amadeus von Savoyen forderte seine Amtleute in Moudon im Jahr 1414 auf, die dortigen Einwohner aus Anlass des Durchzugs des Kaisers zur Entrichtung einer »freiwilligen« Abgabe zu bewegen. Gleichentags stellte er eine Reversale für diese Abgabe aus. Die beiden Dokumente schickte der Graf vermutlich in einer Sendung an seine Amtleute. Diese konnten so, während sie die Abgabe einforderten, den Abhängigen als Belohnung für die erfolgte Zahlung die Aushändigung der Reversale in Aussicht stellen.[90] Eine Reversale schützte den Empfänger zudem nicht vor der Wiederholung seines eigenen Verzichts. Im Jahr 1387 stellte die savoyische Territorialherrschaft eine Reversale darüber aus, dass sich die Bewohner der Kastellanei Yverdon über ihre Verpflichtungen hinaus an den savoyischen Kriegen im Wallis beteiligt hatten. Bereits vier Jahre später gönnten die Bewohner von Yverdon ihrer Herrschaft die gleiche Großzügigkeit noch einmal – und wurden auch dafür wieder mit einer Reversale bedacht.[91] Offenbar verstand sich vor allem die savoyische Territorialherrschaft darauf, Ausnahmen vom gewohnten Recht zu ihren Gunsten zu beanspruchen und diese mit vorerst wohlfeilen Versprechen zu

88 Reversalurkunde Les Clées (1329) SDVD Bd. B2 S. 58 Nr. 61.

89 Vgl. für ein Gebrauchsbeispiel: AST Camerale Savoia Inv. 139 fol. 13, 26v.

90 Urkunden Moudon (1414) SDVD Bd. B2 S. 144 Nrn. 129f. Vgl. die Reversale des Amadeus VI. von Savoyen aus dem Jahr 1382 an die Bewohner des Städtchens Payerne, die zugleich die Aufforderung enthält, die zugesagte Steuer endlich zu zahlen, Urkunde Payerne (1381) SDVD B2 S. 225 Nr. 198.

91 Reversalurkunden Yverdon (1387, 1391) SDVD Bd. B2 S. 328f. Nrn. 304 und 307.

belohnen, künftig nicht mehr zu verlangen, was ihr eingestandenermaßen gar nie zugestanden wäre.

Im Bereich der Gerichtsbarkeit erwähnen Kundschaftsaussagen ab der Mitte des 14. Jahrhunderts auch Zeremonien, durch die Amtshandlungen nicht nur für rechtlich irrelevant erklärt, sondern geradezu symbolisch »rückgängig« gemacht wurden.[92] Gelegentlich musste eine Herrschaft einräumen, dass sie in die Rechte einer anderen eingegriffen hatte, indem sie unter deren Jurisdiktion fallende Delinquenten festgenommen hatte. Ließen sich diese Delinquenten selbst, weil sie entweder bereits hingerichtet, in Gefangenschaft umgekommen oder freigelassen worden waren, nicht mehr ausliefern, konnte sich die Gegenpartei mit ihrer Rückgabe in der Form von Puppen begnügen. Wie die Reversalurkunden lässt sich das Vorgehen vor allem in französischsprachigen Gebieten nachweisen, erschien dort allerdings in einer standardisierten Form, die eine gewisse Ritualisierung verrät: Hatte die fehlbare Herrschaft die tatsächlichen Gefangenen bereits hingerichtet, musste sie zunächst deren Leichen von ihrem Galgen abhängen. Die Puppen wurden immer in derselben Weise aus mit Stroh gefüllten Leichenhemden hergestellt, denen man einen Galgenstrick um den Hals binden konnte. So übergab man sie im Rahmen einer Versammlung, bei der Vertreter beider Parteien zusammenkamen. Dies konnte am Ort der regelmäßigen Verhandlungen zwischen Vertretern benachbarter Herrschaften, der »Marchia«, geschehen. Die Puppen konnten aber auch an jene Stelle zurückgetragen werden, an der die Delinquenten ursprünglich verhaftet worden waren, um die widerrechtliche Amtshandlung von ihrem Anfang an rückgängig zu machen.[93]

Die Zeremonien verfehlten die beabsichtigte Wirkung nicht. In knappen Zeugenaussagen in Kundschaften werden sie manchmal zur Übergabe der Gefangenen selbst. Für einen Zeugen aus Oron verflochten sich in der Erinnerung Elemente der tatsächlichen Hinrichtung der Gefangenen und der Übergabe der Puppen so stark miteinander, dass er sagte, er habe gesehen, wie die Leichen vom Galgen abgehängt wurden, um der Gegenpartei über-

92 Vgl. die Reversalurkunden Romainmôtier (1388) ACV VIIa Nr. 433; Villars (1304) ACV C IV Nr. 433 fol. 1 (Kopie von 1446) mit einer weiteren Kopie unter AVL H4 Nr. 363 sowie Enquête Villars (1446) ACV C IV Nr. 433 und Enquête Oron (1396) ACV C IV Nr. 430.

93 Reversalurkunde Villars (1404) kopiert in ACV C IV Nr. 433 fol. 1: »[...] dum tamen recederent [...] ad dictum locum de Sorrens ibi proximum in quo dicte figure seu effigies preparate erant pro remissione seu recredentia corpium predictorum Johannis et Henslini [der beiden Delinquenten, es folgt eine sehr genaue Beschreibung des Orts] [...] reperierunt paratas duas effigies seu figuras in duabus camisis tele albe plenis paleis consutas et [...] ad modum corpum mortuorum vestitorum camisis albis [...]«.

geben zu werden.[94] An der rechtlichen Verbindlichkeit der durch die Übergabe symbolisierten Annullation einer Verhaftung zweifelten aber auch jene Zeugen nicht, die das Ereignis präziser schilderten, von einer Übergabe sprachen, die »in figura« oder »in effigie« geschehen war,[95] oder sich sogar noch daran erinnerten, wer die Puppen zusammengenäht und wer sie an den Versammlungsort getragen hatte.[96]

Trotz ihres archaischen Gepräges entsprachen die Übergaben von Puppen kaum einem uralten Rechtsbrauch. Sie waren weniger Folklore als »Herren-Lore«. Die Zeremonien zogen zwar zahlreiche Schaulustige an.[97] Aber als eigentliche Protagonisten erschienen namhafte Vertreter gerade jener Herrschaftskomplexe wie des Bistums Lausanne oder des Priorats Romainmôtier, die regelmäßig die Dienste gelehrter Juristen in Anspruch nahmen, die das Vorgehen manchmal auch urkundlich bestätigten.[98] In der Kundschaft von 1446 zu den Jurisdiktionsgrenzen bei Villars-Sainte-Croix forderten die Kommissare die Zeugen auf, alle möglichen Amtshandlungen der beiden streitenden Herrschaften zu schildern, des Bischofs von Lausanne und der Savoyer als Herren von Cossonay. Dabei erscheint die Puppenübergabe als das einzige Ereignis, bei dem überhaupt von der Gegenwart der höchsten lokalen Herrschaftsvertreter die Rede ist: Der Bailli von Lausanne erschien in Begleitung seines eigenen Statthalters, eines Prokurators des Bischofs und weiterer hochrangiger Ministerialen, und sein Gegenpart, der Kastellan von Cossonay, führte nach Auskunft eines Zeugen ein Gefolge von

94 Enquête Grenet (1396) ACV C IV Nr. 430 fol. 4v (Johannes Brugato), vgl. 3r, 3rf.

95 »In figura«: Enquête Grenet (1396) ACV C IV Nr. 430 fol. 4r, 5vf. (Mermetus Fornet, Johannes Maulmynyot), »in effigie«: Urkunde Villars (1404) kopiert in ACV C IV Nr. 433 fol. 1.

96 Zum Beispiel Enquête Villars (1446) ACV C IV Nr. 433 fol. 1v (Petrus Maulsalvier), 4v (Mermetus Michio).

97 In der im Jahr 1446 über die Gerichtsrechte bei Villars durchgeführten Kundschaft gelang es immerhin, noch 13 Männer zu befragen, die sagten, sie wären selbst bei einer mehr als vierzig Jahre zurückliegenden Puppenübergabe dabei gewesen, Enquête Villars (1446) ACV C IV Nr. 433, nämlich Petrus Maulsalvier, Anthonius Rossier, Johannes Tellin, Petrus de Spera, Guillelmus Clementis, Johannes Vuillod, Johannedus Guibaux, Johannes Sontrez, Johannes Cornyerez, Anthonius Reis, Bisuntius Besar, Perrodus Macheral, Mermetus Amondri. Von den 15 Zeugen, die im Jahr 1396 unter anderem über eine fast 30 Jahre zurückliegende Puppenübergabe befragt wurden, hatten dieser mindestens drei selbst beigewohnt, Enquête Grenet (1396) ACV C IV Nr. 430 (Nicodus de Sala, Mermetus Fornet, Johannes Rebolliat).

98 Vgl. oben Anm. 92.

zwölf Mann an.[99] Die Belege für die Übergabe von Puppen reichen in die Mitte des 14. Jahrhunderts, und damit genau in denjenigen Zeitraum zurück, in dem Reversalen erstmals in größerem Umfang ausgestellt wurden. Die Übergaben erscheinen denn auch als Umsetzung der Denkfigur, die in Reversalurkunden verschriftlicht vorlag, in eine ritualisierte Handlung. Während man sich in einer schriftlichen sprachlichen Äußerung damit begnügen konnte, eine Handlung für rechtsunerheblich zu erklären, erforderte die Logik einer Darstellung des Rechts durch Handlungen, ein Unrecht symbolisch rückgängig zu machen.

Obwohl das Konzept der Rechtsgewohnheit eine besondere Nähe rechtlicher Normen zum Alltagshandeln postuliert, stieß die Herleitung von Rechtsgewohnheiten aus dem Alltag gerade in der Praxis auf große Schwierigkeiten. Erinnerungen an Handlungen der Vergangenheit erwiesen sich vielfach als zu situativ, zu mehrdeutig und zu undurchsichtig, um Normen zu verkörpern, die sich im Sinn der gesuchten Rechtsgewohnheit hätten verallgemeinern lassen. Denn außerhalb gerichtlicher Verfahren der Rechtsfindung äußerte sich selten eine explizit formulierte Sorge, rechte Gewohnheiten zu bewahren. Eine Ausnahme bildeten Forderungen nach Reversalurkunden oder an deren Modell angelehnte Rituale, die Handlungen gegenstandslos oder symbolisch rückgängig machen sollten. Gerade solche Vorgänge waren besonders zweideutig, bezeugten sie doch statt einer Übereinstimmung zunächst eine Diskrepanz zwischen Handlungen und Normen. In manchen Bereichen mag sich die Verbindlichkeit von Rechtsgewohnheiten gewissermaßen fraglos aus dem Handeln ergeben haben. Aber wo deren Gültigkeit erst durch ein Verfahren gezielt überprüft werden musste, bedienten sich die Gerichte, indem sie eine bestimmte Rechtsgewohnheit suchten, unter Umständen einer Kategorie von Normen, die in den Alltagserfahrungen der Zeugen kaum auf Resonanz stieß.

99 Enquête Villars (1446) ACV C IV Nr. 433 fol. 3r (Johannes Tellin), vgl. 1v (Petrus Maualsalvier). Dagegen will Mermetus Michio (fol. 4v) den Kastellan nur im Gefolge dreier Begleiter gesehen haben. Die Begleiter des Bailli von Lausanne sind zu Beginn der Reversalurkunde von 1404 aufgezählt, die der Kundschaft unter derselben Signatur beigelegt ist.

Ungewohnte Rechte

In vielen Streitfragen fiel es ausgesprochen schwer, aus vergangenen Handlungen regelmäßige Muster abzulesen, die sich als Ausdruck einer Rechtsgewohnheit hätten interpretieren lassen. Es wäre freilich zu einfach, daraus den Schluss zu ziehen, dass sich in solchen Bereichen zuvor die Frage nach der Übereinstimmung von Handlungen mit Normen in keiner Form gestellt hätte. In Kundschaftsaussagen äußert sich immer wieder, dass die Zeugen Handlungen an anderen Normvorstellungen maßen, denen an dieser Stelle nachgegangen werden soll. Dabei gilt es zu berücksichtigten, dass die Zeugen während Kundschaftsverfahren unter spezifischen Bedingungen aussagten, die letztlich danach verlangten, die unterschiedlichsten Normen mit den eigentlich zur Debatte stehenden Rechtsgewohnheiten in Verbindung zu setzen. Daraus ergibt sich die Möglichkeit, das Verhältnis zwischen dem von den Gerichten in den Vordergrund gestellten Konzept der Rechtsgewohnheit und anderen Ordnungsvorstellungen zu problematisieren.

Vielfältige Normsysteme

Gerade das Rechtsverständnis der Zeugen selbst führte vielfach dazu, dass Rechtskundschaften zu ernüchternden Ergebnissen gelangten. Denn die Zeugen äußerten vielfach die Ansicht, dass Herrschaftshandlungen und Herrschaftsrechte weit auseinander klafften. In Kundschaften über die Jurisdiktionsrechte sagten sie, sie hätten wohl schon seit langer Zeit gesehen, wie Vertreter der einen Partei Abgaben, Pfänder und Frondienste empfingen, in solchen über die Wassernutzung, wie sie in ihre Felder oder auf ihre Mühlen leiteten, in solchen über das Nutzungsrecht an Wäldern, wie sie wohl Holz schlugen, wollten aber vermerkt haben, dass sie nicht wussten, ob dies auch recht war.[100] In manchen Fällen mögen sich die Zeugen mit solchen Be-

100 Zur Jurisdiktion: Urkunde Romainmôtier (1263) MDR Bd. 1.3 S. 59 (Dominus Nantelinus, Rochetus de Cletis); Enquête Hautcrêt (1278) ACV IB 55 Nr. 44 (Cunodus Cum); Kundschaft Rüeggisberg (um 1330) FRB Bd. 5 S. 772 Nr. 730 (Ulrich von Turnden, Herr Ruodolf Kilchherr von Rúgisperg), 773 (Heinrich Strubo, Cúnrat von Lonstorf, Laurencie Múntzer, Heinrich von Wallis, Johannes von Kramburg), 774 (Úlrich von Múleron, Lutold der Suter). Zu Wasserrechten: Kundschaft Worb (1437) StAB HA Worb 1437.5.21 fol. 1r; Kundschaft Dielsdorf (1435) StAZ C I Nr. 2689d fol. 1r (Johans Cristin). Zu Holzrechten: Enquête Dommartin (Ende 13. Jh.) ACV C Va Nr. 157 (Petrus Sugnens); Kundschaft Ringgenberg (1429) StAB Urkunden F Interlaken 1429.4.28 Heft 1 fol. 1v (Jenni im Boden), 2v (Welti Schiffmann), 4r (Zus von Bach).

hauptungen davor geschützt haben, im Streit zwischen zwei Parteien eindeutig Stellung nehmen zu müssen.[101]

Unter die Stimmen jener, die sagten, sie wüssten nicht, ob Handlungen recht waren, mischten sich auch solche, die die geschilderten Handlungen unmissverständlich als unrecht brandmarkten. Da wird in Kundschaften berichtet, die eine Herrschaft hätte Abgaben wohl eingetrieben, aber »minus juste«, »contra jure«, »per vim«, in einer Weise, durch die man die Rechte anderer »molestavit«, oder die Abhängigen hätten der herrschaftlichen Forderung von »gewalts und keines rechts wegen« nachgegeben.[102] Obwohl die Zeugen dies nicht ansprechen, lässt sich nicht ganz ausschließen, dass sie die eine oder die andere dieser Handlungen deshalb als unrecht empfanden, weil sie diese als Neuerungen gegenüber noch älteren Gewohnheiten empfanden. Naheliegender ist aber, dass Übereinstimmung mit der Gewohnheit nicht die einzige Norm darstellte, an der Handlungen gemessen wurden.

In savoyischen Kundschaften des 15. Jahrhunderts stellten die Kommissare ausgewählten Zeugen explizit die Frage, was eine »consuetudo« als solche eigentlich sei. Manche definierten diese in ihren Antworten tatsächlich als eine Norm, die ganz auf lange widerspruchsfrei geübten Handlungen beruhte.[103] Die Mehrheit der Befragten waren als Notare oder Inhaber hoher savoyischer Ämter und Lehen bestens mit der Praxis der savoyischen Gerichte vertraut, die in ihren Entscheidungen im Waadtland bereits seit einiger Zeit ein Verständnis von »consuetudo« als gewohnheitsmäßigem Handeln zugrunde gelegt hatten. Trotzdem erweisen sich die Antworten der Zeugen als erstaunlich heterodox. Manche wichen einer inhaltlichen Bestimmung aus und begnügten sich damit, die »consuetudo« als ungeschriebenes Recht zu umschreiben.[104] Anderen reichte gewohnheitsmäßiges Handeln allein zur Begründung einer »consuetudo« nicht aus. Sie führten zusätzliche Kriterien wie die Vernunft ein, indem sie etwa sagten, die »consuetudo« sei »bonus usus et bona racio diu observatis« oder »usus racionab-

---

101 Vgl. zu solchen Strategien Simon-Muscheid, *Reden*.

102 In der Reihenfolge der Erwähnung: Urkunde Romainmôtier (1263) MDR Bd. 1.2 S. 357ff.; Kundschaft Ringgenberg (1303) FRB Bd. 4 S. 135 Nr. 117 (Hainricus Jossi); Urkunde Hautcrêt (1278) ACV IB 55 Nr. 44; Urkunde Oron (1297, Vidimus von 1444) ACV IB 55 Nr. 56; Kundschaft Bülach (um 1430) StAZ A 97.2 Bülach Nr. 9 fol. 1v (Uli Keller), vgl. auch Kundschaft Schwamendingen (1344) StAZ C I Nr. 2996.

103 Zum Beispiel Enquête Gruyère (1439) SDVD Bd. A1 S. 118: »[...] usus longeve observatum donec prescriptio subsequenta fuerit« (Jean d'Aubonne).

104 Enquête Gruyère (1439) SDVD Bd. A1 S. 130 (Pierre Vionet), 134 (Antoine Servion), 139 (Antone Gilly), 121 (Perrod de Collonelli).

lis«.[105] Ein Notar aus Moudon ließ das Kriterium des gewohnheitsmäßigen Handelns in seiner Definition sogar ganz aus. Nach seiner Formulierung war die »consuetudo« das ungeschriebene Recht, durch das das Waadtland regiert werde und durch das jedem zuteil werde, was ihm zustehe. Der zweite Teil dieser Bestimmung ist auch Teil einer Definition der Gerechtigkeit in den Digesten des kanonischen Rechts.[106] Solche Definitionen ließen Raum dafür, bei der Beurteilung der Übereinstimmung einer Handlung mit dem Recht neben ihrer Übereinstimmung mit Gewohnheiten auch weitere Kriterien anzuwenden.

Außer auf das gelehrte Recht bezogen sich Zeugen auf früher gefällte Gerichtsurteile oder durch Schiedsgerichte vermittelte Vergleiche. Die Vielfalt der Normen, an denen Zeugen Ansprüche maßen, reichte bis hin zu Orts- und Flurnamen, die als Ausdruck gültiger Rechtsverhältnisse interpretiert wurden. So hielt ein Zeuge im Jahr 1474 dem Anspruch der Stadt Thun auf die hohe Gerichtsbarkeit über den gesamten Thunersee entgegen, man habe diesen See bis vor Kurzem meist den »Wendelsee« genannt und ihn damit weder der Stadt Thun noch einem anderen Herrschaftsträger zugeordnet.[107]

In Grundzügen war auch bäuerlichen Zeugen bewusst, dass das zeitgenössische Recht durch ein Nebeneinander unterschiedlicher Rechtssphären und Regelsysteme gekennzeichnet war. Im Jahr 1303 erhoben Vertreter des bischöflichen Gerichts in Konstanz eine Kundschaft zu einem Streit über Nutzungsrechte an Wäldern am Brienzersee, einer ausgesprochen stadtfernen Gegend. Dazu äußerten mehrere Zeugen, wer eine Sache, sei es eine Wiese, ein Pferd oder ein Wald, über sieben Jahre hinweg brauche, ersitze ein Recht an ihr. Sie fügten aber an, dass dies zwar zwischen Laien und vor weltlichen Gerichten gelte, während sie nicht wüssten, ob diese Regel auch vor einem geistlichen Gericht Bestand habe.[108] Über den Unterschied zwischen dem weltlichen und dem kirchlichen Recht hinaus war den Zeugen bewusst,

105 Enquête Gruyère (1439) SDVD Bd. A1 S. 115 (Pierre Lauent), 137 (Antoine Chartreir); Enquêtes Chalon (1470/71) SDVD Bd. A1 S. 223 (Jacques Praz).

106 Enquête Gruyère (1439) SDVD Bd. A1 S. 125: »[...] ius non scriptum mediante quo patria Vuaudi regitur et unicuique quod suum est tributur« (Jean Serragin), vgl. auch S. 115. Vgl. Digesten 1.1.10.

107 Kundschaft Interlaken (1478) StAB Urkunden F Interlaken 1478.10.31 (Hensli Kramer).

108 Kundschaft Ringgenberg (1303) FRB Bd. 4 S. 134 Nr. 117 (Petrus ab Egglon), vgl. S. 131 (R. Joner), 132 (Wernerus Seman).

dass Feudalbeziehungen einer eigenen Rechtssphäre angehörten.[109] In einer Kundschaft von 1471 zu einem Erbstreit unter Hochadligen berichteten bäuerliche Zeugen von einer Regel, die unter »minores«, »inferiores« oder »agricolae« beachtet werde, von der sie aber nicht wüssten, ob sie auch für Prinzen gelte.[110] Es ist wenig wahrscheinlich, dass die Streitpartei oder die Kommissare des Gerichts durch ihre Fragen solche Überlegungen provoziert hatten. Diese mochten in der gerichtlichen Verhandlung eine Rolle spielen, passten aber nicht zu der Aufgabe des Rapportierens von Gewohnheiten, die der Zeugeneinvernahme zukam. Viel wahrscheinlicher scheint, dass es die Zeugen selbst waren, die Hinweise auf die unterschiedlichen Rechtssphären und Normensysteme für relevant hielten.

Recht und Minne

Besondere Legitimität und einen hohen Stellenwert schrieben die Zeugen bewusst eingegangen Absprachen zu. Rechtliche Ansprüche, die aus Handlungen in der Vergangenheit hergeleitet wurden, stießen ständig auf den Einwand, diese entsprächen nicht einem feststehenden Recht, sondern seien aufgrund von Vereinbarungen aus spezifischem Anlass zustande gekommen. Behauptungen über eine rechtskonforme Regelmäßigkeit wurden immer wieder lebhafte Geschichten entgegengehalten, welche die Persönlichkeiten der beteiligten Akteure und die Spezifika bestimmter Situation betonten. So erinnerten Zeugen, die das Recht der Mitsprache von Abhängigen der Herrschaft Birmensdorf bei der Wahl herrschaftlicher Amtleute verteidigten, an die Zeit, als der Vogt das Dorf neu erworben hatte. Weil er noch kaum jemanden vor Ort kannte, hätten die Leute von Birmensdorf »von bitt wegen« ihre eigene Wahl rückgängig gemacht und es dem Vogt »gegönnt«, seinen Vertrauten Hensli Joss für eine Übergangszeit als Amtmann einzusetzen. Ähnliche Argumente ließen sich zugunsten der Herrschaft anführen. Um 1400 sagten Zeugen zugunsten des Stifts Amsoldingen aus, von der Wiese Villgi sei nur deshalb während einiger Zeit kein Zehnt entrichtet worden, weil ein früherer Vertreter des Stifts, Otto von Endlisberg, sich mit dem da-

109 Kundschaft Ringgenberg (1303) FRB Bd. 4 S. 141 Nr. 117 (Johannes Kienholts), 143 (Conradus Brenner).

110 Enquête Chalon (1470 / 71) SDVD A1 S. 212 (Jean Mistral), 243 (Jacques Bise), 252 (Pierre Aymonet), 400 (Jean de Ussie). Jacques de Praz (S. 492) macht darauf aufmerksam, dass man dies schwer wissen könne, da es in der Gegend ja außer den Savoyern und den Chalon keine Prinzen gebe. Ein anderer (Pierre de Compeyes, S. 388) ist sich sicher, dass für »minores« und »maiores« die gleichen Regeln gelten.

maligen Nutzer der Wiese, Peter von Gauenstein, »mit liebi« vereinbarte und ihm den Zehnt für einige Jahre »schankti«. [111]

Ansprüche der Herren auf Leistungen und Abgaben wiesen die Abhängigen immer wieder mit dem Argument zurück, das vermeintliche Recht werde aus freiwilligen Gunstbeweisen hergeleitet, für die vielfältige Motive angeführt wurden. Im Jahr 1429 wiesen Zeugen den Anspruch der Herrschaft Ringgenberg auf Fronarbeiten ihrer Abhängigen zurück. Sie gaben zwar zu, dass es in der Vergangenheit zu großen Arbeitseinsätzen von Einwohnern für die Herren auf der Burg gekommen sei. Diese seien aber »nût dûr mússen« oder als gesetztes Recht zustande gekommen. Vielmehr hätten die Herren von Ringgenberg eine große Eigenwirtschaft gehabt. Wenn sie hin und wieder Hilfe beim Heuen oder anderem brauchten, so hätten sie freundlich darum gebeten. Die meisten Bauern hatten diese Bitten ungern abgeschlagen – zumal guter Wille mit großzügigen Mählern und großer Dankbarkeit vergolten worden sei. Die Klageartikel der Abhängigen sprechen sogar davon, dass es zu einer eigentlichen Konkurrenz darum kam, wer bei den Herren mittun durfte. Um die gleiche Zeit bestätigten Zeugen aus dem Städtchen Bülach, dass einige in der Stadt dem lokalen Vogt ihrer Herrschaft hin und wieder Geschenke gemacht hätten, »umb dz, das er dester frûntlicher mit inen lepte«.[112] Unterschwellig schwang in solchen Aussagen auch Furcht vor den lokalen Herrschaftsvertretern mit, die 1433 ein Zeuge aus Vaux-et-Chantegrue ansprach. Es habe Zeiten gegeben, da seien ständig Serganten der Herren von Chalon im Dorf aufgetaucht, die einzelne Dorfbewohner einschüchterten oder hinters Licht führten, und die so »dem einen einen Käse oder zwei abforderten und dem anderen ein bis zwei Gulden oder auch größere Münzen, jedem, was sie gerade konnten«.[113]

111 Kundschaft Birmensdorf (15. Jh.) RQZH Bd. 1.2 S. 50 Nr. 16 (Hans Nesser, Albrecht Rútschy); Kundschaft Oberhofen (um 1300) StAB Urkunden F Stift Nr. 17 fol. 1r (Vyniger, Heini Hiltikon, Berthold von Riede, Wolhusen). Vgl. für ähnliche Beispiele Sablonier, *Leibherrschaft*.

112 Kundschaft Ringgenberg (1429) StAB Urkunden F Interlaken 1429.4.28 Heft 2 fol. 4v (Ueli Schilt), vgl. den Klagerodel (eingebunden in Heft 1 und paginiert mit fol. 10 und 15); Kundschaft Bülach (um 1430) StAZ A 97.2 Bülach Nr. 9 fol. 1r, vgl. 3v und 1v, wo von 60 Hühnern die Rede ist, die man der Herzogin von Österreich anlässlich ihres Besuchs in Baden schenkte.

113 Enquête Vaux-et-Chantegrue (1432) ACV Ad 25 fol. 52vf.: »[...] venoyent bien souvent esdites villes et par impression concussion et autrement extorquoyent desdits habitants plusieurs choses cestasavoir de l'un ung frommage ou deux et de l'autre ung florin ou deux ung gros ou deux et tout ce qu'ilz en pouyent avoir« (Jean de Domperie).

Es gibt gute Gründe, an der Verlässlichkeit solcher Erzählungen zu zweifeln. Sie erinnern verdächtig an den im Gedicht des Strickers verwendeten Topos der bösen Herrschaft, die Gunstbeweise der Abhängigen dazu missbrauchte, sie mit neuen Ansprüchen zu belasten. Dennoch sind diese Berichte in zweierlei Hinsicht interessant. Sie verweisen erstens durch ihre Inhalte auf plausible Praktiken, sind aber zweitens gerade durch ihre topische Form auch kennzeichnend für die Darstellungsweisen, die in Rechtskundschaften zum Einsatz gelangten. Diese beiden Aspekte sollen im Folgenden etwas näher ausgeführt werden.

Erstens weisen die Berichte inhaltlich auf auch anderweitig festgestellte Handlungsbedingungen hin, unter denen sich Herrschaftsrechte dadurch konsolidieren und ausbauen ließen, dass man sie bei jeder sich bietenden Gelegenheit versuchsweise ausübte. Hinter der angeblichen Großzügigkeit konnten sich Kompromisse in Fällen verbergen, in denen die Rechtslage umstritten und keine der beiden Seiten im Stande war, ihren Anspruch durchzusetzen. Überdies standen viele der Berichte über individuelle Absprachen mit Herrschaftsvertretern trotz ihres offensichtlich hohen Stellenwerts im alltäglichen Normsystem eher quer zum Ziel, lokale Herrschaftsordnungen zu klären. Denn vieles, was »von bitt wegen« oder »mit liebi« vereinbart wurde, hatte vermutlich weniger mit formalen Herrschaftsbeziehungen als mit ganz individuellen Kooperationsverhältnissen zu tun, die den Regeln des Markts, der Lohnarbeit oder der Pflege persönlicher Beziehungen gehorchten. Und unter diesen Gesichtspunkten – die bei der Untersuchung von Rechtsgewohnheiten freilich gar nicht zur Diskussion standen –, konnten die geschilderten Handlungen auch alles andere als freiwillig sein.

Zweitens sind diese Berichte ihrer Darstellungsform nach bezeichnend für die ganz spezifischen Anforderungen, die in Rechtskundschaften an die Beschreibung von Handlungen gestellt wurden. Individuelle Absprachen konnten in Befragungen über spezifische Rechtsgewohnheiten nur sofern zur Sprache gebracht werden, als sie sich einer beschränkten Zahl von rechtlichen Darstellungsformen unterordnen ließen. Relevanz für ein Kundschaftsverfahren konnten die geschilderten Ereignisse nur beanspruchen, wenn es gelang, diese entweder als Indizien für das Vorliegen der einen oder der anderen Rechtsgewohnheit oder als Beispiele für eine von einer Rechtsgewohnheit in einer speziellen Situation gewährten Ausnahme erschienen. Jede dieser Darstellungsoptionen setzte zwei Dinge schon voraus: dass zu dem betroffenen Bereich überhaupt eine verbürgte Rechtsgewohnheit bestand, und dass diese hier auch die einzige maßgebende Norm darstellte.

Gerade durch die topische Erzählform passten die Zeugen die geschilderten Ereignisse solchen Darstellungszwängen an. Indem sie die gegenüber den Herren erbrachten Leistungen mit Ausdrücken wie »nicht durch müssen«, »schenken« oder »durch liebi übertragen« umschreiben, lösten sie diese aus dem ursprünglichen Zusammenhang der Beziehungspflege oder der verbindlich unter Individuen getroffenen Vereinbarungen heraus und stellten sie – und sei es nur als Ausnahme – vor den Hintergrund eines verbindlichen geltenden Rechts.[114]

Damit entsteht der Eindruck, die Absprachen unterschiedlichster Art hätten in der einen oder anderen Weise vor dem Hintergrund geltender Rechtsgewohnheiten stattgefunden, und zwar selbst dann, wenn es bei näherem Hinsehen eher unwahrscheinlich wirkt, dass in den beschriebenen Bereichen überhaupt gültige Rechtsgewohnheiten vorhanden waren. Solche Anpassungen der Darstellung an die Erfordernisse der Rechtsfeststellung leisteten wohl oft schon die Zeugen, indem sie sich durch den zur Debatte stehenden Streitgegenstand und die von den Parteien ausgearbeiteten Frageartikel lenken ließen, spätestens taten es aber die Schreiber des Protokolls. Aufgrund solcher Darstellungszwänge bringen Kundschaftsprotokolle eine Vielzahl von normativen Orientierungen, die im alltäglichen Handeln eine zentrale Rolle spielen konnten, zwar nicht ganz zum Verschwinden, verschleierten aber deren ursprüngliche Bedeutung.

Liest man Kundschaften zwischen den Zeilen, wird deutlich, dass Vorstellungen über ein in Gewohnheiten verankertes Recht keinesfalls die einzigen Normen begründeten, mit denen im ländlichen Herrschaftsalltag argumentiert wurde. Einen hohen Stellenwert beanspruchten in vielen Zusammenhängen auch Elemente des gelehrten und feudalen Rechts oder Entscheidungen lokaler Schiedsgerichte, vor allem aber zahllose bewusst zwischen einzelnen Personen eingegangene Abmachungen, die im weitesten Sinn kontraktuellen Charakter hatten. Handlungen, die diesen ausgesprochen vielfältigen Formen der normativen Orientierung entsprachen, konnten in Kundschaften, in deren Methodik das Vorhandensein einer bestimmten Rechtsgewohnheit immer schon vorausgesetzt war, wenn überhaupt nur in Kategorien thematisiert werden, die sie mit der gesuchten Rechtsgewohnheit in Verbindung setzten. Es ist also die Methodik einer auf das zielgerichtete Finden einer spezifischen Rechtsgewohnheit ausgerichteten Kundschafts-

114 Clanchy, *Law*. Für eine Sichtweise, die das Element der Konsensfindung auch als Bestandteil der formalen Verfahren des Spätmittelalters auffasst, plädiert: Dilcher, *Bildung*. Für den hier untersuchten Raum: Stelling-Michaud, *Université*, S. 254.

erhebung selbst, welche den oberflächlichen Eindruck erzeugt, in der ländlichen Gesellschaft hätten vorwiegend Normen existiert, die im regelmäßigen Handeln angelegt waren, so dass Normen mit gewohnheitsmäßigem Handeln oder Recht mit Tradition zusammenfielen.

3.4 Schluss

Verglichen mit einem modernen Staatsrecht wirken die Kategorien, in denen spätmittelalterliche Rechtsdokumente wie Weistümer und Urkunden die ländliche Ordnung beschrieben, bestechend alltagsnah: Als Akteure oder Konfliktparteien standen sich personifizierte Herren und homogene Gruppen ihrer Abhängigen gegenüber. Das Verhältnis zwischen solchen Akteuren ließ sich als persönliche Beziehung darstellen und auf Rechtsgewohnheiten zurückführen, deren Ursprung und Geltungsgrund in Handlungsmustern lag, die den Alltag seit unvordenklichen Zeiten prägten. Ganz im Sinn solcher Beschreibungen zielten Kundschaftsverfahren über Herrschaftsrechte zunehmend darauf ab, die Existenz einer Rechtsgewohnheit, auf die sich eine Streitpartei berief, dadurch zu überprüfen, dass Zeugen Beispiele alltäglicher Handlungen der Vergangenheit beibrachten.

Die in den Kundschaftsprotokollen beschriebenen Vorgänge, die außerhalb des Gesichtsfelds der meisten anderen rechtlichen Dokumente liegen, fördern allerdings eine erstaunliche Serie von Inkongruenzen zwischen den gängigen rechtlichen Kategorien und alltäglichen Erfahrungen zu Tage: Die Herren, zu denen die Abhängigen in einem persönlichen Verhältnis stehen sollten, traten in der alltäglichen Herrschaftsorganisation kaum in Erscheinung. Den vor Gericht ausgetragenen Streitfällen, als deren Antagonisten im Recht zwei konkurrierende Herren oder ein Herr und seine Abhängigen erschienen, lagen tatsächlich oft Konflikte zwischen heterogenen Interessengruppen zugrunde. Und die vor Gericht gesuchten Rechtsgewohnheiten entsprachen, besonders wenn sie umstritten waren, oft weder den Handlungen noch den Normen, an die Zeugen aus dem Alltag gewohnt waren.

Das braucht nicht zu bedeuten, dass Spezialisten der gerichtlichen Rechtsfindung Kategorien an »Laien« herantrugen, die diesen in jeder Hinsicht fremd waren. Die Diskrepanz zwischen rechtlichen Beschreibungen und alltäglichen Wahrnehmungen kam erst dadurch zustande, dass sich die Gerichte nur auf einen schmalen Ausschnitt aus den Ordnungsvorstellungen abstützten, die in außergerichtlichen Auseinandersetzungen angerufen wurden. Das einfache, personalisierte und statische Bild der Herrschaftsorganisation stellte schon für die Zeitgenossen eine Abstraktion dar, an die sie Beschreibungen von Konflikten vor Gericht bewusst anpassten und die keineswegs der einzig denkbaren Sichtweise der legitimen Ordnung entsprach. Damit entfällt ein wichtiges Argument für Postulate wie jenes Otto Brunners, wonach diese rechtlichen Kategorien den einzigen adäquaten Ausgangspunkt der Beschreibung der ländlichen Sozialordnung bilden. Herrschaftsrechte funktionierten in der Praxis auch als Ressourcen. Ihre praktische Ausübung war eng mit Austauschbeziehungen familiärer, freundschaftlicher, klientelistischer oder merkantiler Art verbunden und unterlag damit auch den heterogenen Normen dieser Beziehungen. Dieser Befund trägt dazu bei, die alte Frage, wie spätmittelalterliche Herrschaften selbst mit bescheidenen Durchsetzungsapparaten Einfluss auf die Bevölkerung ausüben konnten, neu zu beantworten – ohne dass es nötig wäre, dabei Zuflucht zu Mutmaßungen über tiefe Treuegefühle oder über nur durch Gewalt kontrollierbare Antagonismen zwischen Herr und Bauern zu nehmen.

Es gehört zu den Paradoxen der Darstellungskonventionen spätmittelalterlicher Rechtsdokumente, dass dort Kategorien zum Einsatz gelangten, in die gerade die wichtigsten Initianten der Rechtsverschriftlichung – nämlich die immer mächtigeren Territorialherrschaften und die immer zahlreicheren herrschaftlichen Amtleute – nicht richtig hineinpassten. Auch die Ansprüche von Territorialherrschaften und Amtleuten mussten durch die Rechte eines lokalen Herrn oder seiner Abhängigen begründet werden. Dennoch kamen die rechtlichen Beschreibungskategorien der Dynamik und Komplexität der tatsächlichen Herrschaftsverhältnisse sogar entgegen. Die Autorität der Herrschaft ließ sich von den Personen, die diese ausübten, gerade dadurch trennen, dass Rechte vor Gericht einheitlich abstrakten Trägern wie personifizierten Herren oder Verbänden von Abhängigen zugewiesen wurden. Dies erleichterte es, Herrschaftsrechte als Entitäten zu behandeln, die man in territorialen Machtkomplexen bündeln, an wechselnde Personen delegieren und in relativ weiten Kreisen der Bevölkerung zirkulieren lassen konnte.

Die Prozesse der gerichtlichen Festschreibung von Rechtsgewohnheiten war am Ausgang des Spätmittelalters zunehmend mit dem Anspruch verbunden, lediglich eine Ordnung ins Bewusstsein zu heben, die im lokalen Handeln bereits angelegt war – in der Praxis wurde allerdings damit oft gerade das Gegenteil bewirkt: Die exklusive Ausrichtung auf ganz spezifische

Beschreibungskategorien, die im Alltag der Herrschaftsorganisation gar nicht unbedingt im Vordergrund standen, erlaubte es, die bislang maßgebenden persönlichen Verflechtungen, Akteurgruppen und Normvorstellungen aus der gerichtlichen Konfliktlösung auszuklammern. In mancher Hinsicht bestand die Stärke dieser Form der Beschreibung des Rechts weniger darin, eine schon bestehende Ordnung festzustellen, als den Weg dafür freizulegen, neuartige Regelungen festzusetzen.

4 Kundschaftsaufzeichnungen: Protokollier- und Erzähltechniken

4.1 Einleitung

Aufzeichnungen von spätmittelalterlichen Befragungen über Rechtsgewohnheiten präsentieren ein Wechselspiel von Fragen und Antworten, in dessen Verlauf Zeugen Aspekte ihrer Lebens- und Vorstellungswelt zur Sprache bringen. Während die einen von Jagdpartien, fröhlichen Wirtshausrunden oder hitzigen Wortwechseln zwischen Amtleuten berichteten, beschrieben andere archaisch wirkende Rechtsrituale oder erzählten mysteriöse Geschichten aus längst vergangenen Zeiten. Verständlicherweise nutzte die rechts-, alltags- und mentalitätsgeschichtliche Forschung diese Aufzeichnungen immer wieder als Steinbrüche, die anderweitig kaum zugängliche Informationsfragmente bereit hielten. Dagegen ist noch kaum gefragt worden, wie solche Erzählungen als Indizien für Rechtsgewohnheiten funktionierten und wie sich Kundschaftsaufzeichnungen als Dokumentgattung entwickelten.
Dieses Kapitel untersucht Kontinuitäten und Umbrüche in der materiellen und sprachlichen Gestaltung spätmittelalterlicher Kundschaftsaufzeichnungen. Auf diese wirkten neben den bereits im zweiten Kapitel diskutierten Befragungsverfahren mindestens drei weitere Faktoren ein: erstens Techniken der Protokollierung, zweitens die Art, in der Zeugen vergangene Erinnerungen vergegenwärtigten, formulierten und als Indikatoren von Rechten erzählten, und drittens die kollektiven Vorstellungen, auf die sie dabei zurückgriffen. Während die Protokollierungstechniken bisher kaum untersucht worden sind, liegen schon Arbeiten zu der Frage vor, wie sich Zeugen im Mittelalter erinnerten und wie sie dabei aus einem kollektiven Gedächtnis schöpften. Der Stand dieser Forschungsdiskussionen sei hier kurz kommentiert.
Die Geschichtsforschung setzte sich während der letzten Jahrzehnte vermehrt mit alltäglichen Praktiken auseinander und entwickelte in diesem Zusammenhang ein wachsendes Interesse für mittelalterliche Protokolle von Zeugenverhören, außer zu Kriminal- und Häresieprozessen eben auch zu

Rechtskundschaften.[1] Dabei machte sich nicht zuletzt der Einfluss der Arbeiten von Emmanuel Le Roy Ladurie und Carlo Ginzburg geltend. Sie hatten eine Forschungstradition begründet, welche solchen Aufzeichnungen zugrunde liegende Protokollierungstechniken nur ganz am Rand berücksichtigte, ja die Protokolle oft als recht unproblematische Mitschriften alltäglicher mündlicher Aussagen behandelte. Gegenstand quellenkritischer Überlegungen wurden eher die Aussagen der Zeugen als die Protokolle, die diese wiedergeben.[2] Dies beruht auf der meist implizit bleibenden Annahme, dass das Vertrauen, das mittelalterliche Gerichte einem Verhörprotokoll entgegenbrachten, auch Garant seiner Zuverlässigkeit als historische Quelle sei. Emmanuel Le Roy Ladurie selbst verlieh diesem Standpunkt prägnant Ausdruck, indem er Jacques Fournier, den Urheber der Inquisitionsprotokolle, die er als zuverlässige Quellen zur Alltagsgeschichte des Dorfs Montaillou verwendete, als einen obsessiven, detailversessenen Vorläufer des Kommissars Maigret beschrieb, des famosen Helden französischer Kriminalromane des 20. Jahrhunderts.[3]

Im Bemühen, die Warte der Opfer gerichtlicher Verfolgung zu rekonstruieren, deckte die neuere Forschung zu Gerichtsprotokollen Techniken auf, durch die mittelalterliche Kanzleien schriftliche Aufzeichnungen von Zeugenbefragungen manipulierten, um Verfolgungen zu legitimieren.[4] Zu eigentlichen Manipulationen kam es auch während Kundschaften über bislang ungeschriebene Rechte, was dort freilich weniger gravierende Einzelschicksale nach sich zog als im Fall der Verfolgung von Straftätern und Andersgläubigen. Im Folgenden stehen jedoch die Implikationen der ganz regulären Protokollierungsgrundsätze im Vordergrund. Diese beruhten auf spezifischen Vorannahmen über die Eigenart der gesuchten Rechte, über ihr Verhältnis zum alltäglichen Handeln und zur kollektiven Erinnerung. Damit legten sie auch schon weitgehend fest, wie und worüber die Zeugen aussagen konnten. Fragen nach Protokollierungstechniken betreffen ein noch zu wenig thematisiertes Grundsatzproblem der Produktion rechtlich-politischer Wahrheit.[5]

1 Le Roy Ladurie, *Montaillou*; Ginzburg, *Formaggio*; Schwerhoff, *Köln*. Vgl. für den hier untersuchten Raum: Burghartz, *Leib*; Simon-Muscheid, *Reden*.

2 Zum Beispiel Fried, *Schleier*, S. 175–186; Tremp-Utz, *Gedächtnis*; Marchal, *Meisterli*.

3 Le Roy Ladurie, *Montaillou*, S. 14.

4 Scharff, *Suche*; Maire Vigueur/Paravicini Bagliani, *Parola*; Rosaldo, *Door*. Einen grundlegenden Beitrag zu dieser Diskussion legte schon Grundmann, *Ketzerverhöre*, vor.

5 In dieser Hinsicht inspirierend: Vismann, *Akten*; Kittler, *Aufschreibsysteme*.

Auf welche Weise sich die Zeugen in Rechtskundschaften an Ereignisse erinnerten, thematisierten während der letzten Jahrzehnte mehrere Arbeiten zur schriftlosen Erinnerungskultur des Mittelalters. Diese Forschungsrichtung hat das Verständnis dafür geschärft, dass mündliche Überlieferungen ausgesprochen formbar waren und sich rasch und oft unmerklich veränderten Bedingungen anpassten. So wurde gezeigt, dass Zeugen, die Ereignisse vergegenwärtigten, diese nicht einfach abbildeten, sondern in aktuelle Sinnzusammenhänge einordneten, wodurch sie Handlungsabläufe und Äußerungen der Vergangenheit in überformter Weise wiedergaben. Solche Beobachtungen verhalfen auch in der Mittelalterforschung Untersuchungen zum Durchbruch, die Erinnerung nicht mehr nur als rekonstruktiven, sondern auch als konstruktiven, ja kreativen Prozess erfassen.[6]

An der Erinnerungskultur interessierte Arbeiten verstehen Kundschaftsprotokolle meist als unmittelbaren Ausdruck mündlicher Traditionen und stellten kaum auch nur die Frage, wie Kundschaftsaussagen durch Umstände und Praktiken ihrer schriftlichen Aufzeichnung geformt wurden. Diese Problematik lässt sich nicht durch summarische Hinweise auf grundsätzliche Unterschiede zwischen den Medien, etwa auf die Formbarkeit der Mündlichkeit und die Fixiertheit der Schrift, abhandeln. Solche generelle Gegenüberstellungen geben für sich genommen wenig Aufschluss über die Umdeutungen, die mit den konkreten Aufzeichnungsvorgängen verbunden waren. Denn dabei gelangten sehr vielfältige Techniken der Wiedergabe gesprochener Worte zum Einsatz. Sich Kundschaftsaussagen gewissermaßen mit Methoden der »oral history« anzunähern, verbietet sich auch deshalb, weil sich schon nur die Frage, in welchem Maß Aussagen den Formulierungen der Zeugen oder denjenigen der Schreiber entsprachen, selten eindeutig beantworten lässt. Ein mündlicher Sprachduktus ist nicht zwingend Überrest der Mündlichkeit der Zeugen, sondern konnte auch durch spezifische Techniken der schriftlichen Darstellung zustande kommen und Gestaltungsabsichten dienen, die wenig mit einer schriftlosen Kultur zu tun hatten.[7] Auch wenn Kundschaftsaufzeichnungen oft in einer engen Verbindung zu mündlichen Befragungen aufgezeichnet wurden – als juristische Dokumente waren sie immer auch Erzeugnisse und Instrumente einer Rechts- und Schriftkultur.

6 Marchal, *Mémoire*; Trossbach, *Baur*. Für eine Diskussion des weiteren Forschungskontextes: Kuchenbuch, *Ecriture*.

7 Vgl. die unten, Kp. 5.3, diskutierte Literatur.

Die Beschäftigung mit Techniken des Erzählens und Protokollierens bietet auch neue Ansatzpunkte für die Erforschung des kollektiven Gedächtnisses. Gemäß einer für viele Fragestellungen fruchtbaren Unterscheidung Jan Assmanns zerfällt das kollektive Gedächtnis einer Gesellschaft in ein »kommunikatives Gedächtnis«, das auf geteilten Alltagserfahrungen beruht, und in ein »kulturelles Gedächtnis«, das zentrale religiöse, moralische oder eben rechtliche Leitideen der gesellschaftlichen Ordnung verfügbar hält.[8] Zu untersuchen, inwiefern sich in Kundschaftsaussagen ein mittelalterliches »kulturelles Gedächtnis« äußert, ist ein ziemlich diffiziles Unterfangen. Denn die Verfahren der Durchführung von Kundschaften zielten ja ab der Zeit um 1300 gerade darauf, ungeschriebene Rechte in der einen oder anderen Form als Bestandteile eines gesellschaftlichen Konsenses auszuweisen, der unter Umständen auch in einem herbeigeredeten kulturellen Gedächtnis gesucht werden konnte.

Die Beschäftigung mit der praktischen Ausübung von Herrschaftsrechten hat ergeben, dass die Regeln, die in Kundschaftsverfahren zur Untersuchung gelangten, oft schon aufgrund ihrer generalisierenden Form wenig Entsprechungen in den Erfahrungen und Ordnungsvorstellungen der Zeugen hatten.[9] Das vorliegende Kapitel richtet sich jedoch vor allem auf diejenigen Zeugenaussagen aus, die zumindest behaupteten, aus den Gewohnheiten der Bevölkerung ließen sich Antworten auf Fragen nach dem gültigen Recht herleiten. Auch in solchen Fällen muss sorgfältig untersucht werden, wie weit unterschiedliche Zeugenaussagen wirklich miteinander übereinstimmten und wie sich Elemente des Konsenses mit solchen des Dissenses vermischten. Denn so ergeben sich am ehesten Einblicke in die Art, wie die Aussagen konsensuelle Vorstellungen nicht nur widergespiegelten, sondern diese, selbst wenn sie eindeutig fiktionalen Charakter hatten, gezielt als Argumente einsetzten.

Die folgenden Ausführungen nähern sich in drei Etappen der Frage, wie Kundschaftsprotokolle Rechte erzählten. Zunächst werden – gewissermaßen auf der äußersten Gestaltungsebene – Entwicklungen der materiellen Erscheinungsformen der Aufzeichnungen untersucht: ihrer Formate, Layouts und graphischen Gliederung (5.2). Diese Entwicklungen standen mit der Durchsetzung neuer Lektüre- und Auswertungstechniken in Verbindung, wirkten sich aber auch auf die Spielräume und Grenzen der inhaltlichen Wiedergabe von Zeugenaussagen aus. Mit deren Inhalten befasst sich der

8 Assmann, *Gedächtnis*, S. 48–66.

9 Vgl. oben, Kp. 3.4.

anschließende Abschnitt (5.3). Dieser diskutiert, wie Zeugen ihre Erlebnisse vergegenwärtigten, in Worte fassten und zu kollektiven oder zumindest weithin verbreiteten Vorstellungen in Beziehung setzten. Dabei lohnt es sich, einen eigenen Abschnitt der Analyse von Zeugenaussagen über eine weit zurückliegende, märchenhafte Vergangenheit zu widmen. Denn am Beispiel solcher Erzählungen wird besonders deutlich, wie sich neue Anforderungen an Form und Inhalt von Kundschaftsaussagen durchsetzten, wie sich der Einsatz weithin bekannter Erzählstoffe wandelte und wie damit letztlich auch der Vergangenheit als solcher eine neue normative Bedeutungen zugewiesen wurde.

4.2 Objekteigenschaften und Handhabung der Aufzeichnungen

Von der Urkunde zum Rodel

Die materielle Gestaltung, die Formate und die Layouts von Kundschaftsaufzeichnungen durchliefen zwischen dem 13. und dem 15. Jahrhundert grundlegende Veränderungen. Die Beschäftigung mit solchen gewissermaßen als Objekteigenschaften zu umschreibenden Merkmalen der Dokumente eröffnet den direktesten Zugang zu der Frage, wie sich diese überhaupt handhaben, vorzeigen und kommentieren ließen – kurz: in welche Praktiken der Rezeption und der Sinngebung die einmal aufgezeichneten Zeugenaussagen eingingen.[10]

Wichtige Impulse zur Veränderung der materiellen Gestaltung von Kundschaftsprotokollen gingen zunächst von den zwei bereits erörterten Umbrüchen in den Befragungsverfahren aus: Als sich diese ab der Zeit um 1300 zunehmend an das Vorbild der Zeugenverhöre in römisch-kanonischen Zivil- und Inquisitionsverfahren anlehnten, erschienen ungeschriebene Rechte vermehrt als Erkenntnis- statt als Verhandlungsgegenstände. Im 15. Jahrhundert bildeten sich dann Verfahrensvarianten aus, die vermehrt auf den Nachweis von Regeln ausgerichtet waren, die innerhalb ausgedehnter

10 Grundsätzlich zur materiellen Gestaltung mittelalterlicher Dokumente: Mostert, *Organizing*; Saenger, *Space*; Illich, *Vineyard*; Rouse/Rouse, *Witnesses*; Martin/Vezin, *Mise en page*; Clanchy, *Memory*, S. 114–144.

geographischer Räume Gültigkeit beanspruchen konnten.[11] Die materielle Gestaltung der Kundschaftsprotokolle entwickelte sich allerdings nicht ganz synchron zu diesen Umbrüchen. Denn die Protokolle veränderten sich nicht nur im Zusammenhang mit den neuen Formen ihrer Herstellung, sondern auch in Abhängigkeit von neuen Stilen ihres Gebrauchs in Auseinandersetzungen.

Die folgenden Ausführungen stellen die Entwicklungen der Gestaltung und Rezeption der Protokolle im Wesentlichen in einer chronologischen Reihenfolge dar und setzen jeweils bei einem Wechsel des Formats an. In diesem Abschnitt kommt zunächst ein Übergang von Urkunden zu Rodeln in der Zeit um 1300 zur Sprache, im folgenden Abschnitt die um 1400 erfolgte Ablösung dieser Rodel durch Hefte und Bücher. In beiden Abschnitten wird auch von allmählichen, durch weniger einschneidende Zäsuren gekennzeichneten Entwicklungen der graphischen Gestaltung, des Layouts und der Spuren des Gebrauchs der Dokumente die Rede sein.

Den überlieferten Aufzeichnungen, die hier zur Untersuchung gelangen, lagen aufwändige Vorarbeiten zugrunde. Über das Vorgehen bei der ersten Verschriftung mündlicher Kundschaftsaussagen ist nur wenig bekannt. Dazu gehörte vor allem in den früheren Phasen oft auch eine Übersetzung von den Volkssprachen ins Latein. Möglicherweise folgten die Kommissare einem Vorgehen, das für kirchliche Inquisitionsprozesse nachweisbar ist. Dort las man den Zeugen eine erste Version der Aufzeichnung – in laufender Rückübersetzung – zur Bestätigung noch einmal vor und schrieb sie dann ins Reine.[12] Bei den heute überlieferten Aufzeichnungen handelt es sich um solche sorgfältig gestaltete Reinschriften und kaum je um während der Befragung selbst angefertigte Mitschriften. Eine im 15. Jahrhundert im Auftrag eines Gerichts der Stadt Zürich durchgeführte Kundschaft gehört zu den ganz wenigen, zu denen außer der Reinschrift auch ein Entwurf erhalten geblieben ist.[13] Vergleicht man die beiden Dokumente, wird deutlich, in welchem Maß Kundschaftsaufzeichnungen redaktionell überarbeitet wurden: Wo der Entwurf Personen nur mit ihren Vornamen nannte, wurden in der Reinschrift Nachnamen und Titel hinzugefügt. Einzelne in der älteren Version enthaltene Aussagen ließ die jüngere ganz aus – vermutlich weil sie in zu wenig direkter Verbindung zu der untersuchten Rechtsfrage standen. Vor allem entstanden aus den halben Sätzen des Entwurfs in der Reinschrift

11 Vgl. oben, Kp. 2.3.

12 Le Roy Ladurie, *Montaillou*, S. 18; Given, *Inquisition*, S. 25–51.

13 Kundschaft Grüningen (ca. 1430) StAZ A 124/1 Nr. 18 und 17.

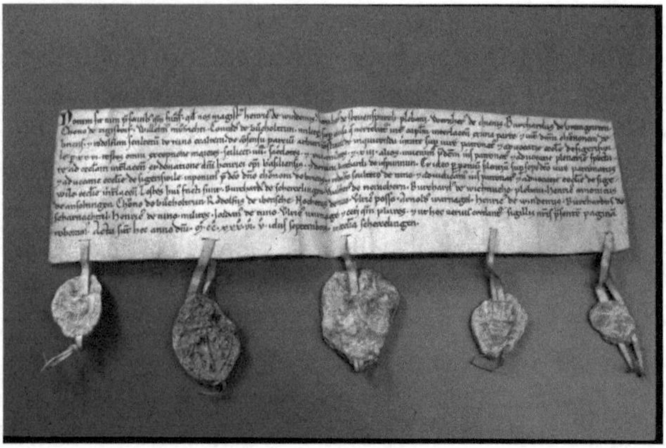

Abb. 1: Urkunde Hüttmannsey bei Interlaken (1239). Die Aussage über die geltenden Rechtsverhältnisse ist den namentlich genannten Zeugen kollektiv zugeschrieben und in die Urkunde integriert, die das Gericht am Ende des Verfahrens über sein Urteil ausstellte. StAB Urkunden F Interlaken 1239.7.22, ediert in: FRB Bd. 2 S. 189f. Nr. 190.

Abb. 2: Ein frühes Beispiel eines eigentlichen Kundschaftsprotokolls im Rodelformat, das aus der Urteilsurkunde des Gerichts ausgelagert, in diesem Fall aber noch an ein Urkundenkonzept angenäht ist. Enquête Hautcrêt (1278) ACV IB 55 Nr. 44.

ganze Sätze. Dies hatte paradoxerweise den Effekt, dass die Reinschrift viel stärker an lebhafte mündliche Äußerungen erinnert als der Entwurf, der diesen tatsächlich näher stand. Solche Überarbeitungsprozesse räumten den Schreibern und ihren Auftraggebern weite Spielräume bei der Gestaltung der Protokolle ein.

Ausbildung eines Protokollformats

Bis über die Mitte des 13. Jahrhunderts hinaus wurden Ergebnisse von Zeugenbefragungen über ungeschriebene Rechte in Urkunden aufgezeichnet. Außer den Namen der Zeugen wurde dabei lediglich ein Endergebnis in der Form einer expliziten Formulierung der gesuchten Regel festgehalten (vgl. Abb. 1).[14] Dass dies in der Form von autoritativen Urkunden geschah, verweist auf die Verbindlichkeit der normativen Sätze, auf die sich in den damaligen Verfahren meist hochrangige Zeugen untereinander geeinigt hatten.[15] Diese Aufzeichnungsform ließ sich kaum mit den neuen, verstärkt auf die Wahrheitsfindung ausgerichteten Befragungsmethoden vereinbaren, die sich ab der Zeit um 1300 durchsetzten. Nunmehr suchten Kommissare die Zeugen an ihren Wohnorten auf, unterzogen sie Einzelverhören und ließen die Aussagen jedes Befragten gesondert aufzeichnen. Statt auf direkte Fragen nach dem Wortlaut der gesuchten Regel mussten die Zeugen auf zahlreiche Teilfragen oder »articuli« antworten, die Indizien für die Gültigkeit einer Regel betrafen.

Die Ergebnisse solcher Befragungen wurden in eigentlichen Befragungsprotokollen aufgezeichnet und nicht mehr in rechtsverbindliche Urkunden integriert. Die Urteilsurkunden enthielten jetzt höchstens noch knappe Hinweise auf die Durchführung der Kundschaft, die dem Urteil vorausgegangen war, und erwähnten diese manchmal überhaupt nicht mehr.[16] Zu Beginn dieser Entwicklung ließen die Gerichte das Befragungsprotokoll manchmal

14 Zum Beispiel Urkunde Hautcrêt (1221) ACV IB 55 Nr. 19; Urkunde Sigriswil (1236) FRB Bd. 2 S. 163 Nr. 151; Urkunde Hüttemannsey bei Interlaken (1239) FRB Bd. 2 S. 189 Nr. 190; Urkunde Romainmôtier (1263) MDR Bd. 1.3 S. 357ff.; Enquête Roman (1277) ACV C Va Nr. 176.

15 Vgl. oben, Kp. 2.3

16 Zum Beispiel Urkunde Payerne (1375) AST Corte 12 pq. 34 (Payerne) Nr. 11 mit der kurzen Bemerkung: »inquisitione diligencius ut valuimus per nos facte«, ähnlich Urkunde Hallwil (1429) RQAG Bd. 2.1 S. 179f.

noch an die Urkunde annähen (Abb. 2).[17] Mit der Zeit erschienen aber Kundschaftserhebung und die nunmehr dem Gericht überlassene Urteilsfindung auch auf der Ebene der darüber ausgestellten Dokumente als deutlich voneinander getrennte Verfahrensschritte. In aller Regel wurden die Protokolle weder datiert, noch besiegelt oder in anderer Form mit Authentifizierungszeichen versehen. Kundschaftsprotokolle in der Form von Notariatsinstrumenten auszustellen, setzte sich in den französischsprachigen Teilen des untersuchten Raums erst ab dem Ende des 14. Jahrhunderts,[18] in den deutschsprachigen noch später durch.[19] Im Gegensatz zu den älteren Urkunden dienten die Protokolle als Hilfsmittel im Verfahrensablauf, waren aber nicht mehr darauf angelegt, nach dessen Abschluss weiterhin Verbindlichkeit zu beanspruchen.

Für die Befragungsprotokolle setzte sich das Format schmaler, oft aber mehrerer Meter langer Rodel durch, die zunächst aus Pergament-,[20] ab der Mitte des 14. Jahrhunderts vermehrt auch aus Papierstücken aneinandergenäht wurden.[21] Dieses Format wiesen eine ganze Reihe zeitgenössischer Schriftstücke auf, die wesentlich für den mündlichen Vortrag vorgesehen waren, während dessen sie sich nach und nach abrollen ließen: frühe Aufzeichnungen der höfischen und geistlichen Dichtung,[22] aber vor allem auch herrschaftliche Einnahmen- und Ausgabenverzeichnisse, aus denen Amtleute Schuld- und Rechungsbeträge laut vorlasen. In Urkunden über Ge-

17 Enquête Hautcrêt (1278) ACV IB 55 Nr. 44; vgl. Enqûete Oron (1360) ACV IB 56 Nr. 171.

18 Zu den frühen als Notariatsinstrumente ausgestellten Protokollen gehören: Enquête Estavayer (1337) ACV Va Nr. 157; Enquête Grenet (1396) ACV C IV 439 fol. 7r (Vidimus, welches das nicht mehr erhaltene Original als Notariatsinstrument beschreibt); Enquête Villars (1446) ACV C IV Nr. 460. Noch keine Authentifizierungszeichen weisen dagegen beispielsweise auf: Enquête Bursins (1374) ACV C VIIIa Nr. 404; Enquête Oron (1360) ACV IB 56 Nr. 71.

19 Zum Beispiel Kundschaft Regensberg (1409) StAZ C I Nr. 2690; Kundschaft Bülach (um 1430) StAZ A 97.2 Bülach Nrn. 6–9; Kundschaft Grüningen (um 1430) StAZ A 124/1 Nrn. 15–23; Kundschaft Hallwilersee (1481) StAB UP 8 Nr. 39 und 40.

20 Urkunde Morges (1296) SDVD Bd. B2 S. 120–125 Nr. 107, Photographie bei Millioud, *Seignieur*, (Anhang); Kundschaft Ringgenberg (1303) StAB Urkunden F Interlaken 1303; Kundschaften Hilterfingen (um 1312) StAB Urkunden F Stift 1318.8.7; Enquête Estavayer (1337) ACV Va Nr. 157; Kundschaft Schwamendingen (1344) StAZ C I Nr. 2996.

21 Zum Beispiel Enquête Oron (1360) ACV IB 56 Nr. 171; Enquête Romainmôtier (1374) ACV C VIIa Nr. 404; Kundschaft Konolfingen (14. Jh.) RQBE Bd. 2.4 S. 12f. Nr. 8; Kundschaft Grüningen (ca. 1430) StAZ A 1/124 Nrn. 15, 18; Kundschaft Landiswil (1422) StAB Varia I Landiswil 1422; Enquête Hautcrêt (1424) ACV IB 148 Nr. 259.

22 Bäuml/Rouse, *Roll.* Hierzu kritisch: Bumke, *Kultur*, S. 774; Clanchy, *Memory*, S. 135–144.

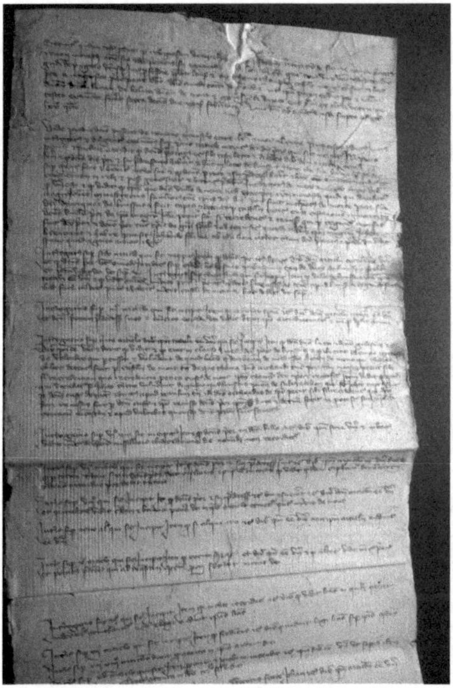

Abb. 3: Ausschnitt aus einem Kundschaftsprotokoll im Rodelformat, in dem sowohl die befragten Zeugen als auch die ihnen gestellten Fragen konsequent nummeriert und durch klare Abschnittbildung voneinander getrennt sind. Die Aussagen eines einzigen Zeugen beanspruchen praktisch den ganzen abgebildeten Ausschnitt. Enquête Bursins (1374) ACV C VIIa Nr. 404.

richtsurteile, die nach der Aufnahme einer Rechtskundschaft durch Kommissare gefällt wurden, ist oft davon die Rede, dass das Gericht die »kundschaft verhört« habe,[23] sich also vermutlich solche Protokolle laut vorlesen ließ.

Obwohl Kundschaftsprotokolle zunächst offenbar vor allem darauf ausgerichtet waren, laut vorgelesen zu werden, experimentierten die Schreiber schon früh auch mit Formen einer visuellen Gestaltung, die den Bedürfnissen von Rezipienten entgegenkam, welche die Aufzeichnungen selbst vor Augen hatten. Die neuen Verfahren, in denen die Zeugen im Einzelverhör auf mehrere Teilfragen antworten mussten, eröffneten grundsätzlich neue Möglichkeiten, die Aussagen durch Vergleiche auf Widersprüche und auf ihren Wahrheitsgehalt hin zu überprüfen. Solche Rezeptionstechniken wurden durch Layouts erleichtert, welche die einzelnen Aussagen visuell voneinander abhoben. Die ersten Aufzeichnungen, welche die Äußerungen jedes Zeugen gesondert aufführten, bestanden wie herkömmliche Urkunden noch

23 Zum Beispiel Urkunde Bern (1305) FRB Bd. 4 S. 227f. Nr. 196; Kundschaft Zug (1399) UBZG Bd. 1 S. 138 Nr. 313, in der von einer früheren Kundschaft die Rede ist, welche durch die eine Streitpartei »erzellet« wurde.

aus einem einzigen ungegliederten Textblock.[24] Erst in den Jahrzehnten um 1300 begannen Schreiber, mit Gliederungsmethoden zu experimentieren, indem sie etwa die Aussagen jedes Zeugen auf einer neuen Zeile, nach einer Leerzeile oder dem Wort »item« beginnen ließen[25] oder diese nummerierten.[26] In dieser frühen Phase blieben solche Gliederungssysteme oft Programm. Sie wurden nur zu Beginn eines Protokolls konsequent umgesetzt und verloren sich auf den folgenden Seiten allmählich.[27]

Erst ab der Mitte des 14. Jahrhunderts und vor allem im französischsprachigen Westen strukturierten die Schreiber die Kundschaftsprotokolle konsequent durch Abschnittbildungen und Nummerierungen sowohl der Zeugen als auch ihrer Antworten auf jede einzelne der ihnen gestellten Fragen. Diese Gliederung erlaubte es, die Protokolle entlang von zwei Koordinaten (Zeugen/Teilfragen) nach dem Muster einer Tabelle, der einfachsten Form einer Datenbank, zu organisieren. Das Befragungsergebnis erschien so als ein System aus kleinen Informationseinheiten, die man in mehrfacher Weise aufeinander beziehen konnte. Vor dem Gericht des savoyischen Kastellans von Morges entstand im Jahr 1374 eines der älteren erhaltenen Protokolle, in denen diese Gestaltungsgrundsätze rigoros umgesetzt sind. Selbst wenn ein Zeuge zu einem der 27 vorgelegten »articuli« nichts zu sagen wusste, hielten die Schreiber dies an der entsprechenden Stelle in einer kurzen Notiz explizit fest. Aufgrund der minutiösen Aufzeichnungstechnik konnte hier schon die Aufzeichnung der Aussagen eines einzigen Zeugen einen erheblichen Umfang erreichen und mehrere Pergamentstreifen füllen (Abb. 3).[28]

---

24 Kundschaft Morges (1296) SDVD Bd. B2 S. 120–125 Nr. 107, vgl. Millioud, *Seignieur*; Kundschaften Hilterfingen (um 1312) StAB Urkunden F Stift 1318.8.7.

25 Urkunde Evian (1278) ACV IB 55 Nr. 44.

26 Enquête Moudon (1305) ACV C II Nr. 33, Teiledition in SDVD Bd. B2 S. 138f. Nr. 118. Die Nummerierung der Zeugen begegnet einem während des 14. Jahrhunderts noch verschiedentlich als Eigenheit von Kundschaften aus dem Umfeld des Bistums von Lausanne, vgl. Enquête Estavayer (1337) ACV C IV Nr. 224 bis; Enquête Bursins (1374) ACV C VIIa Nr. 404; Enquêtes Grenet (1396) ACV C IV Nr. 430 und 436; Kundschaft Ringgenberg (1303) FRB Bd. 4 S. 130–146 Nr. 117, vgl. StAB Urkunden F Interlaken 1303.

27 Kundschaft Ringgenberg (1303) FRB Bd. 4 S. 146–149 Nr. 117. Ein anderer Schreiber hielt die Zuordnung von Abschnitten der Zeugenantworten zu den einzelnen Artikeln nur gerade bei den ersten sechs von insgesamt vierzig Zeugen durch, Kundschaft Hilterfingen (um 1312) FRB Bd. 5 S. 65–70 Nr. 34.

28 Zum Beispiel Enquête Bursins (1374) ACV C VIIa Nr. 404 Bl. 3: »Interrogatus super nono articulo praedicto dixit quod nichil scit« (Aymo Baron), ähnliche Einträge auch zu den meisten folgenden Zeugen.

Protokolle so auszugestalten, setzte eine rigide Disziplin voraus, sowohl seitens der Kommissare, welche die Befragung durchführten, als auch seitens der Schreiber, die darüber Protokoll führten. Die Kommissare mussten die Verhöre eng führen und durften sich von den Zeugen nicht in freie Gespräche verwickeln lassen, wodurch die Reihenfolge der Fragen durcheinander geraten wäre. Im Protokoll zu Bursins von 1374 zeigt sich wiederholt, dass die Zeugen schon zu Beginn der Befragung auf Dinge zu sprechen kamen, nach denen erst spätere »articuli« eigens fragten. Die Schreiber stellte dies vor die Aufgabe, an jener Stelle des Protokolls, an der das Vorweggenommene ordnungsgemäß zur Sprache hätte kommen sollen, auf Stellen weiter oben zu verweisen.[29] Die Kanzleien des deutschsprachigen Ostens entwickelten etwas später, am Übergang zum 15. Jahrhundert, Techniken, die geringere Anforderungen an die innere Organisation der Aufzeichnungen stellten, dafür aber eine sehr überlegte Verteilung der erhobenen Information auf unterschiedliche Dokumente voraussetzte: Die einzelnen Antworten der Zeugen wurden oft nicht mehr fortlaufend, sondern auf nach Fragen gesonderten Blättern aufgezeichnet.[30]

So angelegte Protokolle dienten offensichtlich nicht mehr primär dazu, dem urteilenden Gremium laut vorgelesen zu werden, ja wären im mündlichen Vortrag sogar kaum verständlich gewesen. Vielmehr entsprachen sie

---

29 Eines unter zahllosen Beispielen: Enquête Bursins (1374) ACV C VIIa Nr. 404. Der Zeuge Perrodus Passerat erzählte die Beispiele über die für Körperverletzungen bestraften Thomas Gottefloz und Johannes Tehns, deren Sanktionierung Gegenstand der Artikel 16 und 17 war, schon als Antwort auf den fünften Artikel, der sich allgemein darauf bezog, dass die Gegenpartei die Gerichtsrechte des Priors bisher anerkannt hatte (Blatt 1f.). Unter Artikel 16 hielt der Schreiber dann fest (Bl. 2): »Interrogatus super xvjo articulo, qui sic incipit: Item quod quid vocatus fratre Johann etc. Dixit ipsum articulum esse verum ut superius de ipso declaravit.« (Perrodus Passerat). Vgl. sehr ähnlich Bl. 5 (Nicholaus Bertholetus).

30 Kundschaft Grüningen (um 1465) StAZ A 131/1 Nr. 21 (dreizehnseitiges Heft mit individuellen Aussagen), 22 (sechsseitiges Heft mit einer anfangs festgehaltenen Aussage und einer Liste der Zeugen, die dieser zustimmten und vereinzelt Ergänzungen anfügten), 25 (Rodel mit Liste von Zeugen, die einer am Anfang festgehaltenen Aussage zustimmten), 28 (schmaler Papierstreifen mit Aussagen nur dreier Zeugen); zugunsten von Kiburg: Nrn. 33 (Rodel mit individuellen Aussagen), 26 (Rodel mit Liste von Zeugen, die einer am Anfang festgehaltenen Aussage zustimmten), 28, 30, 31 (vermutlich Konzepte zu Nr. 33), 20a (Urkunde des Gerichts von Winterthur über die vor Gericht vorgenommene Befragung von fünf Zeugen). Unklar ist, zugunsten welcher Partei die Aussagen auf den beiden Zetteln, Nrn. 23 und 24, aufgenommen wurden. Ähnlich in mehrere Dokumente aufgesplittert sind auch: Kundschaft Grüningen (um 1430) StAZ A 124/1 Nr. 15, 19, 22; Urkunden F Interlaken 1422; Kundschaft Oberhofen (um 1400) StAB Urkunden F Stift Nr. 17; Kundschaft Dielsdorf (um 1435) StAZ C I Stadt und Land Nr. 2689 a, b, c, d, e (undatiert, um 1435).

den Bedürfnissen von Lesern, welche die Wortlaute systematisch und durch ständiges Nachschlagen miteinander vergleichen wollten, um Tatbestände zu erhärten oder sie durch Hinweise auf Unstimmigkeiten zwischen den Aussagen mehrerer Zeugen in Frage zu stellen. Schon für die Entwicklung der Verfahrensformen ließ sich feststellen, dass diese zunehmend auf der Voraussetzung beruhten, dass sich ungeschriebene Rechte in ganz ähnlicher Weise wie Tatbestände erkennen, beweisen oder widerlegen ließen. Diese Vorstellung veränderte nicht nur die Verfahren der Befragung, sondern mit einiger Verzögerung auch Formen der Rezeption von Befragungsergebnissen vor Gericht. Dabei verschoben sich die Akzente vom Hören auf das Sehen, vom lauten Vorlesen zu einer stillen Lektüre, während der die Aufzeichnungen systematisch auf Übereinstimmungen und Widersprüche hin abgesucht wurden.

Vom Rodel zum Buch

Im 15. Jahrhundert wurden Kundschaften statt in Rodeln vermehrt in Heften und Büchern aufgezeichnet. Dies hing damit zusammen, dass die nach 1300 aufgekommenen Rezeptionstechniken Weiterentwicklungen erfuhren, die hier zunächst an zwei außergewöhnlichen Überlieferungen dargelegt werden sollen. Zu zwei Gerichtsfällen des 14. Jahrhunderts sind außer Kundschaftsprotokollen zugunsten einer Partei auch die hierzu von der Gegenpartei schriftlich abgegebenen Stellungnahmen erhalten. Dabei handelt es sich um eigentliche Zufallsüberlieferungen, denn sofern solche Stellungnahmen überhaupt schriftlich festgehalten wurden, bestanden kaum Gründe, diese nach Abschluss des Prozesses weiterhin aufzubewahren. Das ältere Beispiel entstand um 1312 während eines Streits um das Patronatsrecht der Kirche Hilterfingen, das sowohl das Kloster Interlaken als auch das Chorherrenstift Amsoldingen für sich beanspruchten. Die jüngere Stellungnahme betrifft einen Konflikt von 1396 zwischen dem Bischof von Lausanne und den Herren von Oron über die Grenzen zwischen ihren Jurisdiktionskreisen.[31] In keinem der beiden Fälle lässt sich der Ablauf der gerichtlichen Streitaustragung genau erfassen, ja es ist nicht einmal sicher, ob letztlich überhaupt von den Betroffenen anerkannte Urteile gefällt worden waren. Immerhin sind

31 Stellungnahme Hilterfingen (um 1312) FRB Bd. 5 S. 56–59 Nr. 34; Stellungnahme Grenet (1396) ACV C IV Nr. 436 Heft B fol. 8r–11v.

aber die in beiden Streitfällen vorgebrachten Argumente außergewöhnlich gut dokumentiert.

Auswertung von etwa 1312

Zum Prozess um die Kirche Hilterfingen von etwa 1312 ist zwar nur das Kundschaftsprotokoll zugunsten einer der beiden Parteien, jener des Klosters Interlaken, überliefert. Dafür ist aber die dazu abgegebene Stellungnahme der Amsoldinger Gegenpartei (Replik) ebenso erhalten wie die Stellungnahme der Interlakner zum nicht überlieferten Kundschaftsprotokoll zugunsten von Amsoldingen (Duplik). Die Interlakner ließen während ihrer Kundschaft 38 Zeugen verhören, die nicht weniger als 27 verschiedene Teilfragen oder »articuli« beantworten mussten. Wie in anderen Kundschaftsverfahren, die sich an den Methoden römisch-kanonischer Zivilprozesse orientierten, fragte keiner dieser »articuli« direkt nach einer Formulierung des von Interlaken beanspruchten Patronatsrechts über die Kirche Hilterfingen. Stattdessen mussten die Zeugen Indizien dafür beibringen, dass das beanspruchte Recht wirklich Interlaken zustand. Die Antworten auf die »articuli« sollten beispielsweise zeigen, dass Interlaken seine Rechte über die Kirche zusammen mit Grund- und Gerichtsrechten über die Umgebung der Kirche von den adligen Herren von Eschenbach erworben hatte, dass diese das Patronatsrecht zuvor tatsächlich ausgeübt und es sogar schon rund 40 Jahre zuvor im Rahmen eines Schiedsgerichts mit Erfolg gegen Ansprüche des Stifts Amsoldingen verteidigt hatten. Je einer der Artikel betraf dann beispielsweise die Namen der damaligen Schiedsrichter, das auch damals schon durchgeführte Kundschaftsverfahren und die Verkündigung des Urteils. Die Aufzeichnung einer so angelegten Befragung fiel natürlich sehr umfangreich aus und wurde auf einem mehrere Meter langen Pergamentrodel in kleiner, dichter Schrift festgehalten.[32]

Was erwiderte der Verfasser der Stellungnahme der Gegenpartei, des Stifts Amsoldingen, auf diesen Rodel? Die Datenfülle beeindruckte ihn nicht sonderlich. Er bemerkte despektierlich, es sei oftmals besser, wenig Passendes zu äußern, als die Ohren des Zuhörers mit viel Unnützem zu überfluten. Er kritisierte auch die große Zahl der befragten Zeugen, zumal sich darunter zahlreiche unfreie Männer und – was sehr ungewöhnlich war – auch einzelne Frauen befanden. Der Verfasser gab dem Gericht zu bedenken, dass die Op-

32 Kundschaft Hilterfingen (um 1312) FRB Bd. 5 S. 36f. Nr. 34, vgl. StAB Urkunden F Stift 1318.8.7.

ponenten besser daran getan hätten, weniger, aber dafür vertrauenswürdigere Personen in den Zeugenstand zu rufen. Hierzu zitierte er ein Sammelsurium von Bestimmungen des kanonischen Rechts, wonach ältere Zeugen jüngeren, jene höheren solchen tieferen Standes, jene männlichen solchen weiblichen Geschlechts und Freie Unfreien vorzuziehen seien.[33]

Konsequenterweise ging die Amsoldinger Stellungnahme nicht auf die Aussagen der einzelnen Zeugen ein. Dasselbe gilt auch umgekehrt für die Stellungnahme der Interlakner zu den nicht überlieferten Zeugenaussagen zugunsten des Stifts Amsoldingen. Beide kritisierten pauschal einige Berichte, die mehrere Zeugen der jeweiligen Gegenpartei in ihren Antworten angeführt hatten und zweifelten an, dass diese überhaupt Indizien für die behauptete Rechtslage darstellten. So wurde den ausschweifenden Schilderungen der Ausübung der lokalen Herrschaftsrechte durch die Adligen von Eschenbach entgegengehalten, diese belegten wohl die weltliche Herrschaft (das »dominium«) über die Umgebung, woraus aber noch lange kein Patronatsrecht über die Kirche hervorzugehen brauche. Denn ein solches könne auch unabhängig von weltlichen Herrschaftsrechten bestehen.[34] Die Interlakner warfen der Gegenpartei vor, ihre Zeugen stützten sich insgesamt zu stark auf Erzählungen ab, die sie nur vom Hörensagen kannten, statt zu berichten, was sie selbst gesehen hätten. Diese Präferenz für Aussagen über das »visum«, über Dinge, welche die Zeugen selbst gesehen hatten, charakterisierte auch den römisch-kanonischen Zivilprozess.[35] Die Stellungnahme begründet diesen Standpunkt allerdings mit einem Satz aus Horaz' Ars Poetica, einer Schrift zur Theorie des Theaters: »Das Gemüt wird durch das, was es durch das Ohr empfängt, weniger bewegt als durch das, was zuverlässig durch die Augen wahrgenommen wird.«[36] Dagegen machte keine der beiden Parteien Gebrauch von der Möglichkeit, den Wahrheitsgehalt der Erzählungen der Zeugen der Gegenpartei in Zweifel zu ziehen. Dies, obwohl zwischen den protokollierten Aussagen der Zeugen offensichtlich Widersprüche bestanden und mehrere gesagt hatten, die fraglichen Ereignisse lägen zeitlich derart weit zurück, dass sie dem menschlichen Erinnerungsvermögen entzo-

33 Stellungnahme Hilterfingen (um 1312) FRB Bd. 5 S. 56–59 Nr. 34: »[...] melius est pauca ydonea effundere, quam aures audiencium multis inutilibus pergravare«.

34 Stellungnahme Hilterfingen (um 1312) FRB Bd. 5 S. 58 Nr. 34.

35 Lepsius, *Zweifeln*, S. 87ff.

36 Übersetzung ST. Stellungnahme Hilterfingen (um 1312) FRB Bd. 5 S. 60 Nr. 34: »Segnius irritant animos demissa per aures, quam que sunt oculis subjecta fidelibus.« Vgl. Herrman, *Horace*, S. 38, Vers 180.

gen seien.[37] In den Verhandlungen fiel dies aber kaum ins Gewicht. Denn diese kreisten hauptsächlich um die Fragen, ob die Zeugen würdige Gewährsleute und die erzählten Episoden für die Streitfrage relevant waren.

Auswertung von 1396

Einem ganz anderen Muster folgte die Debatte über das Kundschaftsprotokoll, das ungefähr drei Generationen später, im Jahr 1396 entstand, als sich der Bischof von Lausanne und die adligen Herren von Oron über den Verlauf der Grenze zwischen ihren Jurisdiktionsgebieten in der Umgebung des Flüsschens Grenet stritten. In diesem Fall sind zwar die Protokolle der Zeugenbefragungen zugunsten beider Parteien, aber nur eine der dazu abgegebenen Stellungnahmen überliefert: nämlich die in französischer Sprache verfasste Replik des Vertreters, er nannte sich Prokurator, der Herren von Oron zur Kundschaft des Bischofs. Der Prokurator ging, anders als der Verfasser der Stellungnahme im Streit um die Kirche Hilterfingen, der Reihe nach auf die Aussagen jedes einzelnen der 15 Zeugen des Bischofs ein. Gegen fast alle brachte er zunächst Einwände »ad personam« vor, indem er ihnen die Eignung als Zeugen absprach, meist weil er sie bezichtigte, Abhängige des Bischofs und deshalb parteilich zu sein. Einen Zeugen wies der Prokurator mit der Begründung zurück, dieser sei seit 20 Jahren exkommuniziert und stehe überhaupt in schlechtem Ruf. Außerdem verwarf der Prokurator pauschal alle Berichte, welche die Zeugen nur vom Hörensagen kannten.[38]

Den übrigen Aussagen sprach der Prokurator nicht etwa die Relevanz für die streitige Rechtsfrage ab. Stattdessen zog er deren Faktizität in geradezu pedantischer Weise in Zweifel, indem er ausgewählte Punkte einer harschen Kritik unterzog. Beispielsweise hatte ein Zeuge namens Johanet Burgator versucht, den Standpunkt des Bischofs durch folgenden Bericht zu unterstützen: Vor etlichen Jahren hätten Amtleute der Herren von Oron zwei auswärtige Diebe innerhalb des Gebiets gefangen, über das der Bischof von Lausanne die Jurisdiktion beanspruchte. Der Zeuge beschrieb, was für die Frage des Grenzverlaufs entscheidend war, ganz genau, an welchem Ort sich die Verhaftung ereignet hatte. Weiter behauptete er, gesehen zu haben, wie die Amtleute die Diebe am Galgen von Oron aufhängten. Deren Leichen

37 Vgl. unten, S. 191–193.

38 Stellungnahme Grenet (1396) ACV C IV Nr. 436 Heft B fol. 8v–9v. Zu den Kriterien des Ausschlusses von Zeugen im römisch-kanonischen Verfahren vgl. Lespius, *Zweifeln*, S. 39–45; Schnapper, *Testes*.

hätten die Amtleute anschließend, entgegen dem Brauch, diese am Galgen vermodern zu lassen, gleich wieder vom Galgen heruntergeholt, womit sie, so der Zeuge, eingestanden, dass die Hinrichtung die Jurisdiktionsrechte des Bischofs verletzt hatte.[39] Auf Nachfrage gab der Zeuge an, das Schauspiel des Abhängens der Leichen von einer Wiese beim Kloster Hautcrêt beobachtet zu haben. Gegen diese Aussage wandte der Prokurator ein, der Zeuge könne diese Vorgänge unmöglich beobachtet haben. Denn von Hautcrêt aus könne man, »selbst wenn einem alle Augen der Welt zu Gebot stünden«, nicht bis zur Richtstätte von Oron hinübersehen.[40] Unwidersprochen blieb dagegen die Angabe des Zeugen, wonach der Ort der Gefangennahme innerhalb des Jurisdiktionsgebiets des Bischofs lag – obwohl es auf den ersten Blick scheint, dass dies den Kern der Streitfrage sehr viel direkter betraf.

In einem Fall wurde es der Lausanner Partei geradezu zum Verhängnis, dass mehrere Zeugen das gleiche Ereignis beschrieben, aber unterschiedlich datiert hatten.[41] Auch der Zeuge Johanet de Symon sollte sich durch einen Datierungsfehler disqualifiziert haben. Er schilderte eine relevante Amtshandlung, von der er sagte, sie habe sich 22 Jahre zuvor ereignet, nämlich als Peronet Marsens noch als Kastellan auf dem Schloss Oron amtierte. Diese Aussage entwertete der Prokurator durch den Hinweis darauf, dass Marsens schon vor 30 Jahren als Kastellan zurückgetreten und vor gut 24 Jahren gestorben war.[42] Wenn diese Zeitangaben zutrafen, konnte der Prokurator sie wohl nur deshalb so genau kennen, weil er als Verwaltungsspezialist Zugang zu schriftlichen Quellen hatte und damit die vageren Formen der Zeitrechnung der bäuerlichen Zeugen an die Wand zu spielen vermochte.[43] In kei-

39 Enquête Grenet für Lausanne (1396) ACV C IV Nr. 430 fol. 4v.

40 Stellungnahme Grenet (1396) ACV C IV Nr. 436 Heft B fol. 9v: »Item de ce qu'il dit qu'il vit despendre le ij larons, il apparet clerement le contraire. Que deis la place don il dit qu'il loz vit despendre, se il avoit tous les oix qui sont ou monde, il – ne autre – ne povoit voir le forches d'Orons des telle place.«

41 Stellungnahme Grenet (1396) ACV C IV Nr. 436 Heft B fol. 8v: »Item ait dipose et de la noie ensy com il dit com il contient en sa diposition qui sont xxxviij ans, si Perrod Meszongie a dit qui ne sont meisqu' xx en cay par quoy lous dipositions ne vaillent.« Vgl. fol. 8v: »La dipsosition de la feme noie ne vaul, por la cause devant au premier et au second proposes et ausy il ne sait le temps ne qui feme estoit.«

42 Stellungnahme Grenet (1396) ACV C IV Nr. 436 Heft B fol. 9r: »Item il a dipose d'une retrete qui dit qui Peronet Marsens de Monda, le quel estoit chastellain d'Orons, et dit que sont xxij an. Il appart clerement la dite diposition non valoir, quar se sont plus de xxx ans que Peronet Marsens ne fuit chastellein d'Orons et sont bien xxiiij ans qu'il fuit mors [...]«.

43 Zu Zeitrechnungsmethoden vgl. Marchal, *Mémoire*, S. 567–575; Bedell, *Memory*.

nem dieser Fälle hielt der Prokurator es für nötig zu erörtern, ob sich die jeweiligen Ereignisse nicht vielleicht trotz widersprüchlicher Datierungen zugetragen hatten. Seine Strategie bestand offenbar darin, möglichst zahlreiche Zeugenberichte als unfundiert auszuweisen. Auf diese Weise versuchte er, der Behauptung der Gegenpartei, ihr Rechtsstandpunkt sei im sicheren Wissen und der Praxis der Bevölkerung verankert, die Grundlage zu entziehen.

In der Gegenüberstellung zeigen sich zwischen den beiden Stellungnahmen vom Anfang und vom Ende des 14. Jahrhunderts Unterschiede, die erstaunlich gut zu den Entwicklungen passen, welche die materielle Gestaltung der Protokolle in der Zwischenzeit durchlaufen hatte. Da es sich bei den beiden Dokumenten um einzigartige Überlieferungen handelt, lassen sie für sich genommen zwar keine Schlüsse darauf zu, wie repräsentativ sie für zeitgenössische Formen der Auswertung von Kundschaften waren. Aber in Verbindung mit dem Wandel der Protokollierungstechniken ergibt sich doch der Eindruck, dass in der Gestaltung der Protokolle immer stärker angelegte Möglichkeiten zum systematischen Vergleich und zum Aufdecken von Widersprüchen in vermeintlichen Nebensächlichkeiten auch tatsächlich zunehmend genutzt wurden.

Die Entwicklung war mit einer zweifachen Gewichtsverschiebung vom Gehörten zum Gesehenen verbunden. Zum einen gilt dies für die Praktiken der Auswertung der Protokolle. Um Inhalten von Kundschaftsaufzeichnungen summarisch die Relevanz abzusprechen, wie es die Verfasser der Stellungnahmen zum Streit um die Kirche Hilfterfingen taten, hätte es durchaus ausgereicht, sich das Protokoll vorlesen zu lassen. Das Vorgehen des Prokurators von Oron, der die Aussagen skrupulös und bis in die kleinsten Einzelheiten auf Widersprüche absuchte, setzte dagegen fast zwingend voraus, dass er die Protokolle selbst vor Augen hatte. Seine Vorgehensweise war ganz dem auch in den Befragungsverfahren selbst immer deutlicher hervortretenden Verständnis verpflichtet, dass die Gültigkeit einer Regel von der Faktizität der Berichte über ihre Befolgung abhing.

Die neuen Rezeptionspraktiken verlangten auch nach Zeugenaussagen, die sich am Sichtbaren orientierten. Schon die Stellungnahme von 1312 kritisierte die Zeugen der Gegenpartei dafür, sich zu stark auf das Hörensagen und zu wenig auf Selbstgesehenes abzustützen. Dieser Standpunkt erscheint in der Stellungnahme des Prokurators von 1396, wenn er auf dem Hörensagen beruhendes Wissen pauschal ablehnte, in radikalisierter Form. Zeugenaussagen, die rechtliche Normen explizit zitierten, waren damit fast zwangsläufig suspekt geworden. Denn Normen lassen sich nun einmal nur hören – oder allenfalls lesen –, nicht aber sehen. In den seit dem zweiten Drittel des 14. Jahrhunderts entstandenen Protokollen berichteten die Zeugen auch tatsächlich zunehmend über selbst gesehene, bisweilen ausgesprochen dramatische Beispiele der Ausübung von Rechten. Dass das Reden über das Recht immer ausgeprägter die Form von Berichten über erlebte Praktiken annahm, lässt sich nicht direkt auf die Absichten benennbarer Akteure zurückführen. Vielmehr ergab sich dieser Wandel weitgehend aus einer Eigenlogik der Entwicklungen der Kundschaftsverfahren und der Methoden der Auswertung von Kundschaftsprotokollen.

Die Informationsfülle bewältigen

In der Zeit um 1400 veränderte sich das Format der Aufzeichnungen erneut. Das bis dahin eingesetzte Rodelformat eignete es sich nicht besonders gut für eine genaue Vergleichsarbeit an den Wortlauten der verschrifteten Zeugenaussagen, wie sie der Prokurator von Oron im Jahr 1396 leistete. Die Kundschaftsprotokolle, die er kommentierte, gehörten vermutlich zu den frühesten, die in Heften aufgezeichnet wurden, einem Format, auf das dann im Lauf des 15. Jahrhunderts bei der Aufzeichnung von Kundschaften immer häufiger zurückgegriffen wurde.[44] Wo es großangelegte Kundschaften schriftlich festzuhalten galt, etwa jene der Gerichte der Grafen von Savoyen, bei denen Zeugen aus dem gesamten Waadtland befragt wurden, schwollen die Hefte zu dicken, bisweilen Hunderte von Seiten umfassenden Folianten an.[45] Damit näherten sich Kundschaftsprotokolle, auch was ihr Format an-

44 Enquête Grenet für Lausanne (1396) ACV C IV Nr. 430. Weitere frühe Beispiele bilden etwa: Kundschaft Zug (1399) UBZG Bd. 1 S. 138–140 Nr. 313; Kundschaft Oberhofen (um 1400) StAB Urkunden F Stift Nr. 17; Kundschaft Ringgenberg (1429) StAB Urkunden F Interlaken 1429.4.28; Kundschaft Grüningen (um 1430) StAZ 124/1 Nr. 16; Enquête Thonon (1430) AST Corte 12 pq. 4 Nr. 3, teilweise aufgrund einer späteren Kopie auszugsweise ediert in SDVD Bd. A1 S. 3–16; Kundschaft Bülach (um 1432) STAZ A 97.2 Bülach Nr. 6–9; Kundschaft Landenberg (1437) StAZ A 131/1 Nr. 14 und 14a.

45 Besonders umfangreiche, jeweils mehrere hundert Folio umfassende Beispiele bilden: Enquête Blonay (1433) ACV Af 11; Enquête Aubonne (1437) ACV Ab 15; Enquête Gruyère (1439) ACV IB 325 Nr. 35/1; Enquêtes Chalon (1470/71) ACV Af 5 bis und weitere, vgl. hierzu auch die von einem Gericht der Herzöge von Burgund zugunsten des Priorats Romainmôtier durchgeführte Enquête Vaux-et-Chantegrue (1432) ACV Ad Nr. 25 sowie die Bände zur Kundschaft über landesherrliche Rechte in Oberschwaben, die beschrieben sind bei: Maurer, *Gedächtnis*, S. 185f.

belangte, Gegenständen eines stillen Studiums am Schreibtisch an: Sie wurden Bücher.

Dieses Format erleichterte es, bestimmte Passagen wiederzufinden und Argumente aufzubauen, die sich auf Kombinationen mehrerer, an weit auseinander liegenden Stellen aufgezeichneten Aussagen abstützten. Kundschaftsprotokolle ließen sich jetzt mit Seitenzahlen versehen. Leser strichen im Innern der Hefte und Bücher ihnen wichtig scheinende Passagen am Rand an, unterstrichen sie, trugen Randbemerkungen ein oder zeichneten Merkzeichen in die Margen, vor allem Hände, deren ausgestreckter Zeigefinger auf eine Formulierung wiesen.[46] Ein neues Hilfsmittel, das sich überhaupt nur in Heften und Büchern einsetzen ließ, waren fingerbreite, längliche Papierstreifen, die zwischen die zu markierenden Seiten gelegt wurden. Darauf hielten die Schreiber flüchtige, oft in entstellter Syntax gehaltene Schlagworte fest, wie »hec [sic!] testis vidit donationem et feudationem factam domino Vuillelmi« oder »egregie [!] ac circumspecte [!] vir«.[47] Solche Zettel zeugen von einer stillen Interpretationsarbeit am Text, die aber auch darauf abzielte, während der Gerichtsverhandlung im richtigen Moment rasch zentrale Stellen zitieren zu können.

Aus dem 15. Jahrhundert finden sich vermehrt auch Spuren von Arbeitsgängen, die darin bestanden, umfangreiche Protokolle gezielt nach bestimmten Punkten abzusuchen. Ein Beispiel bildet das 1446 abgefasste Protokoll einer Kundschaft über Jurisdiktionsgrenzen bei der Ortschaft Villars-Sainte-Croix. Es hält ausschweifende Anekdoten fest, in denen sich der umstrittene Verlauf der Grenzen äußern sollte. In den Margen markierte ein Leser mit den immer gleichen Zeichen mehr als 30 Textstellen, die einen bestimmten Bach namens Pontisel erwähnten.[48] Solche Lektürepraktiken zielten auf die Bewältigung großer Datenmengen ab. Sie ermöglichten Auswertungsoperationen, die sich ansatzweise schon auf den seriellen Charakter der Protokolle

46 Anstreichen: Zum Beispiel Enquête Vaux-et-Chantegrue (1432) ACV Ad Nr. 25 fol. 37v, 39v, 43v, 46r, 96v, 97r; Enquêtes Chalon (1470/71) ACV Af 5 bis fol. 67vf., 71vf., 72rf., 77rf., 79vf., 94v, 95r, 101vf. Für ähnliche Vorgehensweisen in den Zeugenprotokollen römisch-kanonischer Prozesse vgl. Lepsius, *Zweifeln*, S. 28. Unterstreichen: Zum Beispiel Enquête Vaux-et-Chantegrue (1432) ACV Ad Nr. 25 fol. 12v–13v, 22v, hier vor allem zur Markierung von Zitaten gebraucht. Randbemerkungen: Zum Beispiel Enquête Grenet zugunsten Herren von Oron (1396) ACV C IV fol. 2v, 4v, 5r, 5v, 6r; Enquête Vaux-et-Chantegrue (1432) ACV Ad Nr. 25 fol. 26r; Enquête Villars (1446) ACV C IV Nr. 460 passim; Enquêtes Chalon (1470/71) ACV Af 5 bis fol. 97r, 97v.

47 Die Zettel liegen lose in: Enquêtes Chalon (1470/71) ACV Af Nr. 5 bis zwischen fol. 90 und 91 sowie zwischen fol. 133 und 134.

48 Enquête Villars (1446) ACV C IV Nr. 460 fol. 1v–5r etc.

ausrichteten und sich mit der Frequenz befassten, in der gewisse Elemente darin wiederkehrten.

In Protokollen des 15. Jahrhunderts fanden weitere Gestaltungsformen Verbreitung, die der Auswertung sehr umfangreicher Serien von Aussagen entgegenkamen. Diese Entwicklung war mit der Durchsetzung eines neuen Verständnisses ungeschriebener Rechte verbunden, was schon bei der Diskussion neuer Verfahrensvarianten zum Ausdruck gekommen war: Die untersuchten Regeln wurden vermehrt als Wissensbestände ganzer regionaler Bevölkerungen verstanden und im Rahmen von Verfahren untersucht, die zahlreiche Zeugen aus ausgedehnten geographischen Räumen einbezogen.[49] Dabei entstanden Protokolle, deren Layouts nicht mehr nur die einzelnen Zeugen und ihre Antworten auf Teilfragen graphisch voneinander abhoben, sondern mit der Gruppierung der Zeugen nach Orten eine dritte Gliederungsebene einführten.

Wenn die zentralen savoyischen Gerichte Kundschaften bei Notabeln aufnahmen, die verstreut über das weitläufige Waadtland lebten, gliederten sie die darüber ausgestellten Protokolle in erster Linie gemäß der Verwaltungsgliederung des Territoriums und ordneten die Zeugen den Hauptorten der savoyischen Kastellaneien zu. Das Protokoll einer Kundschaft über das Erbrecht aus dem Jahr 1437 besteht beispielsweise aus je einem als solchem markierten Abschnitt mit Aussagen von Zeugen aus den Verwaltungszentren Moudon, Vevey, Morges, Aubonne, Nyon und Coppet.[50] Selbst die Aufzeichnungen von Befragungen, welche die Gerichte von kleineren Herrschaften des französischen und des deutschen Sprachraums in engen Einzugsgebieten durchführten, wurden so in »Ortskapitel« aufgegliedert. Das Protokoll einer Befragung über Herrschaftsrechte im Aargauerdorf Kölliken, in der nur Zeugen aus benachbarten Dörfern zu Wort kamen, bestand aus Abschnitten, die mit Ortsnamen wie »Muhen«, »Kölliken«, »Gränichen«, »Schöftland« oder »Niederentfelden« überschrieben waren. Schon das Itinerar der Kommissare, die während der Befragung von einem Ort zum anderen reisten, führte natürlich dazu, dass die Zeugen im Protokoll in einer Reihenfolge erschienen, die durch ihre Wohnorte bestimmt war. Dass diese Anordnung außerdem graphisch hervorgehoben wurde, verrät aber darüber hinaus eine bewusste Absicht, die Zeugenaussagen auf territoriale Verwaltungseinheiten zu beziehen.

49 Vgl. oben, S. 59-62.
50 ACV IB 325 Nr. 35/1.

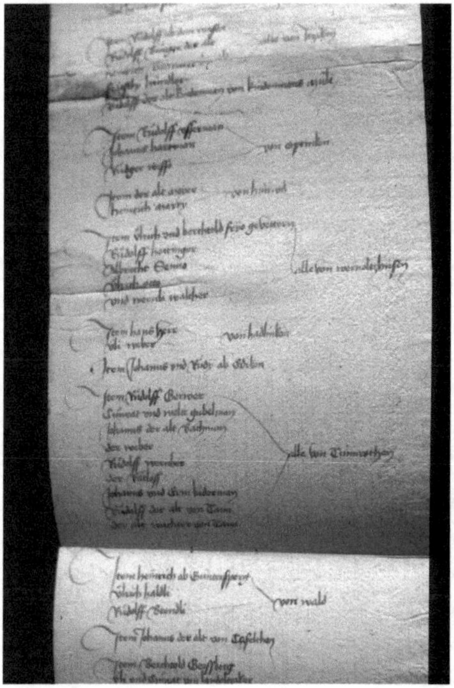

Abb. 4: Ausschnitt aus einem Kundschaftsprotokoll im Rodelformat, an dessen Kopf eine einzige Aussage festgehalten ist. Darauf folgt eine Liste der Zeugen, die der Aussage zustimmten. Sie sind durch spitze Winkel ihren Wohnorten zugeordnet. Kundschaft Grüningen (um 1430) StAZ A 124/1 Nr. 15.

Mit der Gruppierung der Zeugen nach Ortschaften ging oft eine starke Standardisierung der Aufzeichnung ihrer Aussagen einher. Dabei wurde ein in Ansätzen schon in der Zeit um 1300 eingesetztes Verweissystem, das eine Verdichtung der Aufzeichnungen erlaubte, ausgebaut und der Gliederung der Protokolle nach geographischen Räumen untergeordnet: Viele Protokolle gaben jeweils nur noch am Anfang des Abschnitts für jeden Ort die Antworten eines oder einiger weniger Zeugen genau wieder. Zu den folgenden Zeugen ist nur noch vermerkt, mit welcher der schon wiedergegebenen Aussagen seine Antwort übereinstimmte. Allenfalls fügten die Schreiber einzelne Punkte hinzu, in denen die Aussagen eines Zeugen von denen eines Vorgänger abwichen.[51] Dies förderte eine Lektüre, die sich weniger auf die Aussagen einzelner Zeugen als auf Übereinstimmungen und Variationen in den Aussagen örtlich definierter Zeugengruppen richtete. Mit besonders radikalen Lösungen experimentierten die Schreiber der Stadt Zürich. Sie

51 Beispielsweise Kundschaft Ringgenberg (1429) StAB Urkunden F Interlaken 1429.4.28; Kundschaften Worb (1436/37) StAB HA Worb 1436.4.10 und 1437.5.21; Kundschaft Grüningen (um 1430) StAZ A 124/1 Nrn. 15, 20, 22; Kundschaft Grüningen (um 1465) StAZ A 131/1 Nrn. 22, 25.

stellten Kundschaftsprotokolle in der Form umfangreicher Dokumente aus, an deren Spitze sie eine einzige, keinem spezifischen Zeugen zugeschriebene Aussage festhielten. Der ganze Rest des Dokuments bestand dann nur noch aus einer nach Wohnorten gegliederten Liste aller Zeugen, die dieser Aussage zugestimmt hatten (Abb. 4).[52] Solche Aufzeichnungstechniken, die nur noch die bloße Zustimmung erfassten, markierten den Kulminationspunkt einer zunehmenden Engführung der Befragungen, die in Ansätzen schon um 1300 mit der Einführung feiner Raster aus Teilfragen begonnen hatte. Eine standardisierte schriftliche Erfassung von Zeugenaussagen erleichterte Auswertungsmethoden, für die sich geradezu die Umschreibung »quantitativ« aufdrängt: Im Vordergrund standen die Menge der zustimmenden Zeugen, ihre Zuordnung zu räumlichen Einheiten, das heißt der Nachweis der gleichmäßigen Verbreitung eines rechtlichen Wissens innerhalb von ganzen Bevölkerungen geographischer Räume. Dies geschah in einem Zeitraum, während dessen man »die Bevölkerung« auch erstmals in der Form von Haushalts- und Steuerverzeichnissen systematisch zu erfassen und konturieren versuchte.[53] In diesem Zusammenhang trat an die Stelle des genauen vergleichenden Lesens vermehrt eine Operation, die in nicht mehr zu übertreffender Weise objektivierend und präzis war: das genaue Zählen.

Die Objekteigenschaften von Kundschaftsaufzeichnungen veränderten sich zwischen dem 13. und dem 15. Jahrhundert auf mehreren Ebenen. Hinsichtlich des Formats wurden Urkunden ab der Zeit um 1300 durch Rodel und diese wiederum im 15. Jahrhundert durch Hefte und Bücher ersetzt. Hierzu nicht ganz synchron ergaben sich Veränderungen auf der Ebene der Layouts. An die Stelle ungegliederter Fließtexte traten zunehmend komplexe graphische Gestaltungen, die es erlaubten, Aussagen systematisch miteinander zu vergleichen und diese als Ausdruck einer räumlichen Streuung von Rechtswissen auf herrschaftstopographische Einheiten zu beziehen.

Dieser Wandel vollzog sich in engem Zusammenhang mit zwei anderen Entwicklungen, die respektive die Verfahren der Zeugenbefragungen und den Gebrauch der darüber ausgestellten Dokumente betrafen. Zum einen entsprach der Übergang von den autoritativen Urkunden zu den unauthentifizierten Rodeln der gewandelten Aufgabe der Zeugen in den Befragungsverfahren: Hatten die Zeugen in den frühen Verfahrensformen Rechte noch direkt verbindlich festlegen müssen, erschöpfte sich ihre Rolle später darin, bloße Indizien für die Existenz und Verbreitung von Rechten zu liefern.

52 Kundschaft Grüningen (um 1430) StAZ A 124/1 Nr. 15.

53 Vgl. etwa Schorer, *Untertanenrepräsentation*, S. 217–245; Head, *Haushalt.*

Zum anderen wurde die materielle Gestaltung der Protokolle neuen Formen ihrer Rezeption vor Gericht angepasst: Das Rodelformat eignete sich vor allem dazu, Befragungsergebnisse vor Gericht in herkömmlicher Weise laut und integral vorzulesen. Dagegen kamen Hefte, Bücher und elaborierte Layouts neuen Formen der Rezeption durch das genaue Studieren der Texte und schließlich auch ihrer quantitativen Auswertung entgegen.

Die materielle Gestaltung und die Rezeptionsformen veränderten sich also im Takt mit den Sinngebungsprozessen, in deren Mittelpunkt zunächst das Hören, dann das Sehen und schließlich das Zählen standen. Hören konnte man Rechte, deren Gültigkeit auf Vereinbarungen beruhte. Als man dagegen davon auszugehen begann, dass Rechte nicht Verhandlungs-, sondern durch Indizien beweisbare Erkenntnisgegenstände waren, erschlossen sich diese visuell durch stille Lektüre und genaue Vergleiche. Das Zählen kam schließlich hinzu, als Rechte überdies einem weithin verbreiteten Wissen entsprechen mussten.

4.3 Typisierte Erzählungen

Erinnerungen an Rechtsverfahren und Rechtsformeln

Die meisten Kundschaftsaussagen enthalten Berichte, die eine mehr oder weniger gezielte schriftlose Weitergabe von Rechtswissen schildern. Hierzu trugen zum einen strengen Formen gehorchende Rechtsverfahren wie Schiedsgerichte oder Vereidigungszeremonien bei, während derer Regeln entweder durch Prozeduren verkörpert oder in feierlichen Formeln verkündigt wurden. Zum anderen fanden vor allem in jüngere Kundschaftsprotokolle vermehrt Zitate von Äußerungen über das geltende Recht Eingang, die in weniger förmlichen Situationen gefallen waren. Auch die aktuelle Forschung zu schriftlosen Gesellschaften geht davon aus, dass solche ritualisierte und alltägliche Formen der Verkündigung oder Anrufung von Regeln wichtige Garanten der mündlichen Tradierung von rechtlichem Wissen und der Perpetuierung eines gesellschaftlichen Konsenses über dessen Verbindlichkeit darstellten.[54]

---

54 Vgl. die oben, Anm. 6, zitierte Literatur.

Auf dem heutigen Kenntnisstand herrscht weitgehende Einigkeit darüber, dass ein so überliefertes Wissen nicht gleich stabil war wie schriftlich festgehaltene Regeln, sondern sich ständig neuen Umständen anpasste. Allerdings ist die mittelalterliche Überlieferung in den seltensten Fällen dicht genug, dass fassbar würde, wie solche Anpassungen konkret abliefen. Wenn überhaupt mehrere Formulierungen derselben schriftlos tradierten Rechtsregel vorliegen, entstanden diese meist im Abstand mehrerer Jahre. Auf dieser Grundlage lässt sich nicht einmal entscheiden, ob Variationen überhaupt darauf beruhten, dass sich ein Konsens allmählich veränderte, und nicht schlicht darauf, dass dieser gar nie bestanden hatte. Dagegen erlauben es Kundschaftsprotokolle festzustellen, worin genau Erinnerungen, die zum gleichen Zeitpunkt und unter vergleichbaren Bedingungen zustande gekommen waren, übereinstimmten und voneinander abwichen. Im Folgenden sollen solche Aussagen mit Methoden verglichen werden, die denjenigen mittelalterlicher Gerichte ziemlich ähnlich sind. Hier geht es allerdings nicht darum, den Wahrheitsgehalt von Zeugenaussagen zu bestimmen. Vielmehr interessiert die Frage, wie Zeugenaussagen, die für die Existenz eines ungeschriebenen Rechts argumentierten, individuelle Erinnerungen zu einem kollektiven Gedächtnis in Beziehung setzten, und wie sich entsprechende Erzähltechniken im Lauf der Zeit veränderten. Zunächst kommen Berichte über Rechtsverfahren und in ihrem Rahmen verkündete Rechtsformeln zur Sprache, anschließend Zitate von Äußerungen über das geltende Recht, die in alltäglicheren Zusammenhängen gefallen waren.

Widersprüchliche Aussagen

Im Jahr 1303 verteidigten die adligen Herren von Ringgenberg ihr Recht auf die Nutzung von Wäldern am Südostufer des Brienzersees gegen Ansprüche des Klosters Interlaken und ließen zu diesem Zweck eine Kundschaft aufnehmen. Die befragten Zeugen mussten unter anderem über ein Schiedsgericht Auskunft geben, das angeblich schon etwa vierzig Jahre zuvor, um 1260, dieselbe Streitfrage zugunsten der Herren Ringgenberg entschieden hatte. Vier der befragten Zeugen gingen in ihren Antworten näher auf dieses Ereignis ein. Für sich genommen erweckt jede der Aussagen den Eindruck, präzis über den Ablauf eines Rechtsverfahrens zu informieren. In der Gegenüberstellung zeigt sich allerdings, dass auf die Zeugenaussagen zumindest in den Einzelheiten wenig Verlass war. Diese widersprachen sich sowohl hinsichtlich der Datierung als auch der personellen Zusammensetzung und der Verfahrensweise jenes Gerichts. So beschrieb ein Zeuge, wie vier Männer aus verschiedenen Dörfern der Herrschaft Ringgenberg einen Eid darauf abgelegt hatten, dass das Nutzungsrecht bei ihrem Herrn lag. Zwei andere beschrieben eine Form der Eidesleistung, die für das 13. Jahrhundert verschiedentlich belegt ist: Zunächst hätten sieben Zeugen das Recht der Herren von Ringgenberg beschworen, anschließend hätten sieben weitere mit erhobenen Händen – wie es Brauch sei – einen Eid darauf geleistet, dass die sieben ersten recht geschworen hatten.[55] Beide Zeugen, die diesen letzten Verfahrenstyp schilderten, zählten die Leute auf, die den ersten Eid geleistet hatten, nannten aber völlig unterschiedliche Namen. Beide zitierten in deutscher Sprache die in solchen Verfahren angeblich übliche (»ut vulgariter dicitur«) Formel des Eids, gaben aber zwei unterschiedliche Formulierungen wieder.[56]

Wenn die Beschreibungen der Zeugen auch nicht alle zutreffen konnten, so äußert sich doch in allen ein Bemühen, Einzelheiten der Durchführung eines Schiedsgerichts anzuführen, die dessen Gültigkeit ausmachten: Es musste bestimmten hergebrachten Verfahrensformen folgen, zu denen auch Eide gehörten, die namentlich bekannte Personen mit brauchtümlichen Gesten und gemäß einer verbürgten Formel sprechen mussten – nur bestand wenig Einigkeit darüber, um welches Verfahren, um welche Personen und um welche Eidformel es sich konkret gehandelt hatte.

Die Varianten in Aussagen über die Durchführung von Schiedsgerichten machen ein Phänomen besonders deutlich, das in weniger offensichtlicher Form auch andere Aussagen in Kundschaften und in gewisser Weise Erinnerungen überhaupt prägt. Gemäß dem Schemamodell, das Vertreter der experimentellen psychologischen Gedächtnisforschung einsetzen, verblassen Erinnerungen im Lauf der Zeit zwar insofern, als Einzelheiten eines vergangenen Ereignisses mit der Zeit aus dem Gedächtnis entfallen. Dadurch braucht das Erinnerte jedoch nicht blass zu erscheinen. Denn an die Stelle der tatsächlichen Einzelheiten treten oft solche, die für die Art der erinnerten Situation gemäß einem jeweils aktivierten Schema oder Skript typisch schei-

55 Kundschaft Ringgenberg (1303) FRB Bd. 4 S. 143 Nr. 117 (Conradus dictus Brenner und Hainricus dictus z'Utrost), 146 (Rúdulfus dictus an der Hupplon).

56 Die Formulierung lautete gemäß Rudolf Hupplon, die erste Gruppe habe »rain und stette unt reht« ausgesagt, Hanrich z'Utrost formulierte »raine und nut maine«, Kundschaft Ringgenberg (1303) FRB 4 S. 146 Nr. 117 (Rúdulfus dictus an der Hupplon), 140 (Hainricus dictus z'Utrost).

nen.[57] Wenn Zeugen im Rahmen eines Verfahrens, von dem sie wussten, dass es der Feststellung von Rechten diente, über rechtliche Prozeduren aussagten, neigten sie bewusst oder unbewusst dazu, ihre Erinnerungen mit Einzelheiten zu versehen, die sie für die rechtsgültige Durchführung eines solchen Vorgangs für konstitutiv hielten. Dabei orientierten sie sich vielleicht eher an jüngeren Erfahrungen oder aktuellen und im Einzelnen divergierenden Sollvorstellungen als an dem fraglichen Ereignis selbst. Die Antworten der Zeugen wiesen damit neben deskriptiven Elementen auch solche auf, die in verschiedener Hinsicht normativ sein konnten, etwa im Sinn dessen, was sie als üblich, charakteristisch oder sogar rechtskonform empfanden. Damit näherten sich die Berichte über rechtliche Verfahren der Vergangenheit schon Normen im Sinn der gesuchten Rechtsgewohnheiten an.

Erinnerungen an einen Eid

Eine Kundschaft des 15. Jahrhunderts eröffnet einzigartige Einblicke in Muster, gemäß denen sich in Zeugenaussagen weithin geteilte Vorstellungen mit Erinnerungen vermischten, die individuellen Variationen unterlagen. Im Jahr 1421 stritten sich die Stadtgemeinde Payerne und die Herrschaft des Städtchens, das gleichnamige Cluniazenserpriorat, über den Umfang ihrer jeweiligen Rechtskompetenzen. Sie brachten diesen Streit vor das Gericht des Herzogs von Savoyen, der hierfür sowohl als Territorialherr als auch als Kastvogt des Priorats zuständig war.[58] Das savoyische Gericht führte ein Kundschaftsverfahren durch, während dem 36 Zeugen unter anderem Angaben über den Eid machten, welche die Stadträte (»consules«) beim Antritt ihres Amtes gegenüber dem Kloster als Stadtherr ablegen mussten. Einer der befragten Zeugen sagte, er kenne den Wortlaut des Eides nicht,[59] neun weitere gaben lediglich zu Protokoll, dieser werde in einer durch die Gewohnheit verbürgten Weise (»more solito«, »more consueto«) gesprochen.[60] Dage-

57 Searleman/Herrmann, *Memory*, S. 123–142. Vgl. hierzu die mit der Schema-Theorie kombinierbaren Ansätze, welche von der experimentell recht gut bestätigten Annahme ausgehen, dass die Inhalte, die jemand aus seinen (zum Teil vermeintlichen) Erinnerungen hervorruft, entscheidend davon abhängen, welche Fingerzeige und Stichworte (engl. »cues«) – etwa in der Form bestimmter Fragen – ihn dazu veranlassen, vgl. Roediger/Guynn, *Process*, S. 201–225. Vgl. auch Fried, *Schleier*, S. 121–152.

58 Zu diesem Streit, dem Verfahren und dem Protokoll: Wirz, *Moignes*; Kern, *Notes*.

59 Enquête Payerne (1420) Wirz, *Moignes*, S. 270 (Pierre de Stabulo).

60 Enquête Payerne (1420) Wirz, *Moignes*, S. 257 (Jean de Marlier), 266 (Pierre Grunel), 268 (Guilaume Cussar), 269 (Jean de Cimtière), 273 (Anserme Ansel), 274 (Jean Mander), 275 (Pierre Bident, dit Girard), 281 (Octet Berroux), 282 (Octet Chevrod).

gen gaben 26 Zeugenaussagen den Inhalt des Eids wieder. Keine zwei dieser Formulierungen stimmten ganz miteinander überein. Schon ihr Umfang variierte zwischen acht und vierzig Wörtern.[61] Nur für drei der Zeugen gehörte das Versprechen, die Verhandlungen des Stadtrates geheim zu halten, zum Eid.[62] Und nur ein einziger erwähnte das Versprechen, neben der eigenen Herrschaft keine andere anzuerkennen, eine Formulierung, die möglicherweise auch durch Erinnerungen an das dritte biblische Gebot kontaminiert war.[63]

Trotzdem erwecken die meisten Formulierungen für sich genommen den Eindruck, eine verbindlich festgelegte Eidformel wiederzugeben. Praktisch alle Formulierungen enthalten Wortpaare und Präzisierungen, die an die formelhafte Sprache rechtlicher Dokumente erinnern. Einige formale Elemente kehren in fast allen Zeugenaussagen wieder. Sie stellten beispielsweise mit den beiden Verben »procurare« und »evitare« das, was zu fördern war, dem gegenüber, was es zu vermeiden galt. In einer der knappsten Formulierungen ergab dies etwa die Eidformel: »jurant [...] de se habendo fideliter, iura domini et ville possethenus procurando et contrarium evitando«.[64] Die beiden Verben bezogen sich allerdings in jeder Aussage auf andere Objekte. So konnte sich »procurare« außer mit »iura«[65] auch mit jedem der folgenden Substantive allein oder in Kombinationen aus mehreren verknüpfen: »proficuum«,[66] »honor«,[67] »commodum«,[68] »liberates, francheisas et

61 Extremfälle sind die Aussagen Enquête Payerne (1420) Wirz, *Moignes*, S. 202 (Gauchet de Citurno), 230 (Guillaume Paquerod).

62 Enquête Payerne (1420) Wirz, *Moignes*, S. 218 (Jaquet Nardin), 220 (Jean Girard), 230 (Guillaume Paquerod).

63 Enquête Payerne (1420) Wirz, *Moignes*, S. 187 (Jaquet Langue-de-Bœuf): »neminem alium dominum exprimendo«, was allerdings nur inhaltlich, nicht aber sprachlich an die Vulgata anklingt.

64 Enquête Payerne (1420) Wirz, *Moignes*, S. 270 (Guillaume Bouczanet).

65 Enquête Payerne (1420) Wirz, *Moignes*, S. 202 (Gauchet de Citurno), 204 (Pierre Willero), 220 (Jean Girard), 226 (Jean Bavoux), 230 (Guillaume Paquerod), 242f. (Mermet Chambret), 245 (Jaquet Bussy), 246 (Jean Colondel), 270 (Guillaume Bouczanet), 271 (Guillaume Ponterousa), 288 (Jaquet Thomas).

66 Enquête Payerne (1420) Wirz, *Moignes*, S. 187 (Jaquet Langue-de-Bœuf), 208 (Etienne Corder), 210 (Henri Pudraul), 228 (Pierre Bretonnière), 230 (Guilaume Paquerod), 237 (Mermet Perriar), 241 (Jaquet Pictet), 260 (Jean Perroctet), 288 (Jaquet Thomas).

67 Enquête Payerne (1420) Wirz, *Moignes*, S. 210 (Henri Pudraul), 234 (Girard Gellex), 237 (Mermet Perriar), 241 (Jaquet Pictet), 260 (Jean Perroctet), 271 (Guillaume Ponterousa), 288 (Jaquet Thomas).

68 Enquête Payerne (1420) Wirz, *Moignes*, S. 208 (Etienne Corder), 210 (Henri Pudraul), 220 (Jean Girard), 228 (Pierre Bretonnière), 230 (Guillaume Paquerod), 234 (Girard Gellex),

consuetudines«[69] oder »utlitas«, [70] wobei alle diese »Güter« entweder nur dem Herrn (zum Beispiel »utilitas domini«) oder aber sowohl dem Herrn als auch der Stadt zustehen konnten (»utilitas domini et ville«).[71] Die Zusammensetzung solcher Ausdrücke zu einer Formel folgte mindestens einem von zwei Grundmustern der Aneinanderreihung. Viele Formulierungen sind durch Verben in drei Nebensätze aufgeteilt (wie im Beispiel oben: »habendo, [...] procurando [...] et evitando«).[72] Die längeren Versionen lassen zudem oft drei Verben als Präzisierungen unmittelbar aufeinander folgen (zum Beispiel »procurare, facere et servare«).[73] In dieser und in anderen Kundschaften zu Formulierungen von Eiden und Regeln lässt sich feststellen,[74] dass inhaltliche Abweichungen auf Variationen einer relativ einheitlichen Struktur entsprachen.

Kein einziger Zeuge sagte, der Wortlaut der Eidformel könne variieren. Im Gegenteil bemühten sich alle, den Wortlaut Vorstellungen darüber anzupassen, was einen typischen verbindlichen Eid ausmachte. Und dabei machen sich durchaus Vorstellungen geltend, über die weitgehend Konsens bestand oder – in der psychologischen Terminologie – kollektive Schemata, welche die Erinnerungen der meisten Zeugen strukturierten. Diese betrafen allerdings eher die sprachliche Form als den genauen rechtlichen Inhalt der Eidformeln. Die Modalitäten der Erinnerungen der Zeugen lassen sich weitgehend mit der in der Literaturwissenschaft entwickelten »oral formulaic theory« in Übereinstimmung bringen.[75] Gemäß dieser Theorie lagen Dichtungen, die über längere Zeit mündlich tradiert wurden, feststehende kleine Kompositionselemente zugrunde, die sich gemäß einer beschränkten Zahl von Verknüpfungsregeln miteinander kombinieren ließen. Auf diese Weise

252 (Jean Cagniar), 271 (Guillaume Ponterousa).

69 Enquête Payerne (1420) Wirz, *Moignes*, S. 242 (Mermet Chambret).

70 Enquête Payerne (1420) Wirz, *Moignes*, S. 187 (Jaquet Langue-de-Bœuf), 230 (Guillaume Paquerod), 252 (Jean Cagniar).

71 Enquête Payerne (1420) Wirz, *Moignes*, zum Beispiel S. 187 (Jaquet Langue-de-Bœuf), 230 (Guillaume Paquerod), 252 (Jean Cagniar).

72 Enquête Payerne (1420) Wirz, *Moignes*, S. 270 (Guillaume Bouczanet), vgl. 208 (Etienne Corder), 210 (Henri Pudraul), 218 (Jaquet Nardin), 270 (Guillaume Bouczanet).

73 Enquête Payerne (1420) Wirz, *Moignes*, S. 204 (Pierre Willero, dit Mouro), 211 (Nicod Bonnet), 220 (Jean Girard), 228 (Pierre Bretonnière), 229 (Guillaume Paquerod), 237 (Mermet Perriar), 271 (Guillaume Ponterousa).

74 Vgl. hierzu Enquête Erlach (1403) AST Corte 12 pq. 9 (Cerlier) Nr. 5; Kundschaft Rüeggisberg (um 1330) FRB Bd. 5 S. 772–777 Nr. 730; Kundschaft Pieterlen (1373) FRB Bd. 9. S. 359–371 Nr. 799.

75 Hierzu kritisch mit weiterführender Literatur: Fried, *Schleier*, S. 208–222; Bäuml, *Texts*.

entstanden homologe Wortlaute, die nicht nur bei jedem Erzähler, sondern auch in jeder Erzählung desselben Erzählers von einander abwichen. Zugleich folgten solche Varianten aber Mustern, die einheitlich genug waren, dass zeitgenössische Zuhörer sie als identisch und als gemäß dem Gebrauch (»more solito«) gesprochen empfanden.

Im Fall von Eidformeln verbanden sich die Stabilität einerseits und die Beweglichkeit der mündlichen Überlieferung anderseits, welche die »oral formulaic theory« beschreibt, mit ganz spezifischen Spielräumen. Die Einzelheiten der Wortwahl erlaubten es, Akzente zu setzen, auf die es in einer konkreten Situation der Eidesleistung durchaus ankommen konnte: Beispielsweise konnten Amtleute während Auseinandersetzungen um Abgaben die »utilitas« der Herrschaft, Stadtbüger die »libertates« ihrer Stadt oder Ratsherren während innerstädtischen Parteistreitigkeiten die Vertraulichkeit der Ratsverhandlungen in den Vordergrund rücken – und die jeweiligen Opponenten konnten gerade diese Versprechen übergehen.

Im savoyischen Hofarchiv findet sich ein notariell beglaubigtes Dokument, welches Hauptergebnisse der Auswertung des Kundschaftsprotokolls aus Payerne, das in der modernen Edition mehr als hundert Druckseiten umfasst, auf nur anderthalb Seiten zusammenfasste. Darin ist unter anderem die im Rahmen der Befragung angeblich »gefundene« Eidformel festgehalten. Auch diese Version stimmt mit keiner der Zeugenaussagen ganz überein, folgt aber den vertrauten formalen Mustern: Sie ist durch drei Verben gegliedert, von denen zwei wieder das zu Fördernde dem zu Vermeidenden (»procurare« und »evitare«) gegenüberstellten.[76] Unter den vielen von den Zeugen genannten Varianten wählte der Notar jene aus, die »procurare« auf das »commodum« der Herrschaft bezog. Mit dem dritten Prädikat, »iuraque eiusdem et prohibitiones observare«, rückte diese Version den Gehorsam der Stadträte gegenüber der Herrschaft in den Vordergrund. Dabei setzte die »amtliche« Version mit »befolgen« (»observare«) ein Verb, das nur ein einziger Zeuge,[77] und mit den »Verboten« (»prohibitiones«) ein Substantiv ein, das kein einziger gebraucht hatte. Die Variabilität der Vorstellungen über den richtigen Eid erlaubte es auch der Territorialherrschaft, in ihrer Formulierung den eigenen Interessen entsprechende Akzente zu setzen, ohne von

76 In der Version der Zusammenfassung lautet der Eid: »[...] tenetur iurare [...] procurare commodum domini et evitare eius incommodum iuraque eiusdem et prohibitiones observare cum pariter dicti domini prioris et comunitatis«, Notariatsinstrument Turin (um 1421) AST Corte Protocolli Ducali 71 fol. 69r.

77 Enquête Payerne (1420) Wirz, *Moignes*, S. 218 (Jaquet Nardin).

verbreiteten formalen Elementen abzuweichen, die einen hergebrachten verbindlichen Wortlaut suggerierten.

Fiktive Rituale

In Situationen, in denen Erinnerungen mit Hinblick auf die Festlegung einer rechtlichen Regel aufgerufen wurden, verstärkte sich die schon in den psychologischen Funktionsweisen des Gedächtnisses angelegte Tendenz zu schematisierten Darstellungen. Kundschaftsaussagen neigten offenbar dazu, die Formelhaftigkeit von Äußerungen oder die Regelmäßigkeit und den Ritualcharakter von Ereignissen zu überzeichnen. Besonders deutlich wird dies, wenn Zeugen ritualisierte Rechtshandlungen beschrieben, die niemand je stattfinden gesehen hatte. Im Jahr 1432 ließ das Priorat Romainmôtier eine Kundschaft durchführen, um sein Recht auf die Ausübung der hohen Gerichtsbarkeit im Juradorf Vaux-et-Chantegrue gegen Ansprüche der adligen Herren von Chalon zu verteidigen. Die Antworten der Zeugen förderten ein schwerwiegendes Problem zu Tage: Kein Einziger der Befragten konnte sich an eine Straftat erinnern, die gravierend genug gewesen wäre, um einer der beiden Herrschaften Anlass zur Ausübung der hohen Gerichtsbarkeit zu bieten und die Todes- oder andere Körperstrafen zu verhängen.[78]

Doch viele Zeugen schilderten ein Ritual, von dem sie gehört hatten, dass es für die Bestrafung schwerer Vergehen grundsätzlich vorgesehen wäre. Der Delinquent wäre durch die Richter des Priorats zu verurteilen und dann ganz nackt (»tout nu«) bei der Mühle von Vaux den Amtleuten der Herren von Chalon zur Vollstreckung des Urteils zu übergeben.[79] Dieser Vorgang entsprach einer Rechtsregel, die andere Zeugen in abstrakter Form wiedergaben: Dem Priorat standen Urteile in hohen Gerichtsfällen und die Konfiskation sämtlicher Güter des Delinquenten zu, während die Herren von Chalon für die Überführung des Delinquenten aus dem Dorf zu ihrer Richtstätte und die Vollstreckung des Urteils verantwortlich waren. Dafür durften sie keine materielle Entschädigung beanspruchen – eben nicht einmal die

78 Enquête Vaux-et-Chantegrue (1432) ACV Ad Nr. 25.

79 Solche Aussagen machten nicht etwa einfache Bauern, sondern vor allem auch die ehemaligen Inhaber des Amts eines »juge et gouverneur« des Priorats am Ort: Enquête Vaux-et-Chantegrue (1432) ACV Ad Nr. 25 fol. 22v (Jean Mayeur), 51r (Jehan de Domperie). Ferner: 26v (Guyot Charpillat), 37r (Girard le Boiteux), 66r (Cyprien Robert), 68v (Perron Gonger), 72r (Aymon Pouget), 77v (Jean Meiget), 83r (Jehan Burgy), 86v (Jehan Fornaigedu), 92rf. (Besançon Willalmin).

Kleider, die der Verurteilte am Leib trug.[80] Die geschilderte Handlung entsprach in diesem Fall überhaupt keiner Erinnerung an ein tatsächliches Ereignis, sondern einer imaginären Konstruktion, die eine Rechtsregel statt in der Form eines gehörten expliziten Satzes in der anschaulicheren Form eines zumindest in der Vorstellung »sichtbaren« Rituals ausdrückte.

Die Konventionen der Abfassung rechtsverbindlicher Dokumente selbst konnten die Beschreibung ritualisierter feierlicher Handlungen erforderlich machen, die sich gar nicht in der geschilderten Weise ereignet hatten. Hierzu ist die Kundschaftsaussage eines Waadtländer Notars aufschlussreich, der gefragt wurde, in welcher Form gemäß lokalen Rechtsgewohnheiten verbindliche Versprechungen geleistet werden mussten. Darauf antwortete der Zeuge, solche Versprechen würden manchmal feierlich auf das Evangelium, oft aber auch schlicht in die Hand eines Notars geleistet. Unabhängig davon, ob ein Versprechen tatsächlich durch die feierlichere oder die zwangslosere der beiden Handlungen geleistet worden war, würden die Notare bei der Ausstellung schriftlicher Instrumente immer schreiben, das Versprechen sei auf das Evangelium geleistet worden.[81]

Zwischen schriftlich festgehaltenen Normen und feststehenden Ritualen bestand insofern eine besondere Affinität, als sich das eine besonders leicht in das andere übersetzen ließ. Das Bedürfnis, abstrakte Rechtsregeln in der Form von Handlungen zu veranschaulichen, konnte dazu führen, dass Handlungen, die gar nicht besonders regelmäßigen Formen gehorcht hatten, als Rituale geschildert und im Extremfall sogar Rituale beschrieben wurden, die fiktional waren, gewissermaßen literarische Schöpfungen einer administrativen Schreibkultur. Solche Befunde nähren Zweifel an gängigen Annahmen, wonach der Rückgriff auf feststehende Rituale gerade für schriftarme Gesellschaften kennzeichnend war. Die diskutierten Beispiele weisen im Gegenteil darauf hin, dass gerade die Verschriftung von Normen starke Anreize bieten konnte, Handlungen als feststehende Rituale und Äußerungen als feststehende Formeln zu schildern. Denn so ließen sich Regeln, die erstmals

80 Für besonders präzise Formulierungen der Regel in abstrakter Form siehe Enquête Vaux-et-Chantegrue (1432) ACV Ad Nr. 25 fol. 43r (Jaquet Fou), 57r–58r (Vuillemin Burnet), 63v (Jehan de Lac-Dampvaulthier), 72r (Aymon Pugnet).

81 Enquêtes Chalon (1470/71) SDVD Bd. A1 S. 458: »Interrogatus [...] quomodo debet prestari talis promissio, dicit quod aliquando super evangeliis Dei, aliquando super manu notarii recipientis talem donacionem, sed si res fuerit magne importancie, videtur eidem testi quod debeat prestari promissio super euvangeliis Dei, quoniam notarii in registrando et grossando instrumenta dicunt semper ›Super sanctis Dei evangeliis‹ est quod non fuerit prestitum juramentum nisi super eorum manu.« (Udriod Guilly)

festgeschrieben werden sollten, dadurch legitimieren, dass sie schon längst unbestrittenen Mustern des Handelns und Redens entsprachen.

Die Gegenüberstellung von Aussagen verschiedener Zeugen deutet auf eine geringe Stabilität und Kontinuität der schriftlosen Überlieferung präziser Rechtsinhalte hin. Dennoch kamen die Aussagen, die in die Kundschaftsprotokolle Eingang fanden, der gerichtlichen Interpretationsarbeit entgegen: Nicht nur weil die Aussagen den Gerichten weite Spielräume bei der Festsetzung der künftig gültigen Regeln ließen. Die Kundschaftsverfahren selbst und die mit diesen verbundenen Vorgänge – zunächst der Erinnerung von Begebenheiten, dann der Formulierung von Erinnerungen und schließlich der schriftlichen Aufzeichnung von Formulierungen – nahmen die Rolle von Vermittlern zwischen Ereignissen und rechtlichen Normen wahr. Hier wurden wiederholt nicht mehr genau rekonstruierbare Ereignisse und Äußerungen der Vergangenheit von Vorstellungen darüber überlagert, wie diese charakteristischerweise oder idealerweise hätten verlaufen müssen. So entstanden stark typisierte Schilderungen, die neben einer deskriptiven auch schon eine im weitesten Sinn normative Dimension aufwiesen. Diesen war eine Form eigen, die sich leicht in abstrakte Rechtsregeln umsetzen und als Legitimierung dafür anführen ließ, dass diese Regeln schon vor ihrer gerichtlichen Feststellung gegolten hatten.

Der zitierte Alltag

Schon die ersten, ab dem Ende des 13. Jahrhunderts entstandenen Kundschaftsprotokolle, in denen die Aussagen der einzelnen Zeugen individuell aufgezeichnet wurden, enthalten zahlreiche Zitate in der direkten Rede. In lateinischen Protokollen sind Zitate manchmal in der deutschen oder der romanischen Umgangssprache wiedergegeben, oft bestehen sie aus Wechseln von Rede und Widerrede, enthalten direkte Anreden und Interjektionen wie »non me parle de czo [ça]!« oder »Bissinger, du hast gefreffnet!«. [82] Solche Replikenwechsel vermitteln auch dem heutigen Leser noch das Gefühl, durch Kundschaftsprotokolle ungewöhnlich lebendige und authentische Einblicke in einen längst vergangenen Alltag zu erhalten. Obwohl solche Zitate die Singularität des Berichteten suggerieren, zielten auch sie hauptsächlich auf Typisierungen. Denn sie erleichterten es, nicht nur Beschreibun-

82 Kundschaft Hilterfingen (um 1312) FRB Bd. 5 S. 55; Enquête Oron (1360) ACV IB 56 Nr. 71 (1360).

gen von feststehenden Rechtsakten und Rechtssätzen, sondern auch Anekdoten aus dem Alltag als Konkretisierungen von Normen erscheinen zu lassen. Damit kam der Einsatz von Zitaten neuen Verfahren der Erhebung und Aufzeichnung von Kundschaften entgegen, in denen sich die Zeugen weniger an explizite Normen und feierliche Akte ihrer Festlegung erinnern sollten, als an Ereignisse, aus denen die Befolgung von Normen hervorging. Am Beispiel neuer Formen des Einsatzes von Zitaten lässt sich besonders deutlich aufzeigen, wie sich zusammen mit dem Verständnis ungeschriebener Rechte und den Verfahren der Verständigung über diese auch der Erzählstil von Kundschaftsaussagen veränderte.

Grundsätzlich ließen sich durch Zitate fast beliebige Anekdoten in Verkörperungen von Normen umfunktionieren. Besonders auffällig ist dies wiederum in Fällen, in denen mehrere Zeugen auf die gleiche Anekdote zurückgriffen, diese aber durch geringfügige Varianten einander entgegengesetzten Interpretationen zugänglich machten. Ein Beispiel dafür enthalten die Kundschaftsprotokolle zum Streit zwischen dem Stift Amsoldingen und dem durch das Kloster Interlaken eingesetzten Pfarrer von Hilterfingen über die Verteilung der Zehnterträge dieser Kirche. Hier erzählen zwei Zeugen von einer Auseinandersetzung des kürzlich verstorbenen letzten Pfarrers mit seinem Vikar Ulrich, der ihn im Amt vertrat. Ulrich selber, der gegen den Anspruch des Stiftes Amsoldingen auf Zehnten aussagte und deren Umfang kleinreden wollte, berichtete Folgendes: Als er einmal seinen Pfarrlohn eingefordert habe, habe ihm der offizielle Pfarrer vorgehalten: »Ihr verdient an eurem Vikariat mehr als ich an der ganzen Kirche.«[83] Ein Zeuge der Gegenpartei, der zugunsten der Zehntansprüche des Stifts Amsoldingen aussagte, beschrieb den gleichen Wortwechsel, von dem er behauptete, er habe ihm zugehört. Ihm gelang es, in seine Wiedergabe den ganzen Rechtsstandpunkt des Stifts einzuflechten: Vikar Ulrich habe dem Pfarrer vorgehalten, seine Entschädigung als Vikar sei dürftig (»tenuis«). Darauf habe der Pfarrer erwidert: »Mir stehen auch nicht mehr als ein Drittel der Zehnten dieser Kirche zu, denn zwei Drittel gehen an das Stift Amsoldingen, aber wenn ihr eure Sache gut macht, werde ich euch auch gut halten.«[84] Auf diese Weise konn-

83 Kundschaft Hilterfingen (um 1312) FRB Bd. 5 S. 80: »Dicit etiam, quod idem quondam H. prepositus et rector, quandoque dixit ipsi deponenti, quando postulavit prebendam sua: ›vobis cedit plus de vicaria, quam mihi de ecclesia‹.« (Dominus Uolricus, canonicus Zurziacensis)

84 Kundschaft Hilterfingen (um 1312) FRB Bd. 5 S. 67: »[...]respondit domino Uolrico: ›non habeo hic, nisi terciam partem decimarum ecclesie hujus, quia due partes capitulo A., tamen si bene facitis, ego faciam et vobis bene‹.« Vgl. die Aussage eines weiteren ehemaligen

ten die Zeugen – oder waren es die Schreiber? – auch in Kundschaften, in denen sie nicht mehr direkt aufgefordert wurden, eine strittige Rechtsnorm explizit zu formulieren, diese dennoch im Rahmen einer Erzählung einer Figur als alltägliche Äußerung in den Mund legen. Dadurch wurden Episoden, die sich ohne das Zitat nach mehreren Richtungen hin hätten deuten lassen, zu eindeutigen Indizien.

Neue Erzählmuster

Zwischen der Zeit um 1300 und dem Ende des 15. Jahrhunderts veränderten sich die Rahmenerzählungen, in die solche Zitate eingebaut wurden: Das Schwergewicht verschob sich allmählich von feierlichen zu ganz alltäglichen Zusammenhängen. In Protokollen des 13. und frühen 14. Jahrhunderts finden sich vorwiegend Zitate von Worten, die während verbindlichen Verfahren gefallen waren und der gezielten Feststellung oder Vermittlung von Rechtsregeln gedient hatten, an Ding- und Schiedsgerichten,[85] im Rahmen von förmlichen Amtshandlungen wie die Verteilung von Einkünften zwischen dem Pfarrer von Hilterfingen und seinem Vikar, und häufig auch in der Form von Aussagen, die ein Amtsträger auf dem Sterbebett so gemacht hatte, dass er sie »uff sin jungste fart neme«.[86]

Am Ausgang des Mittelalters erlangten die Rahmenerzählungen und die narrativen Elemente, die Zitate umgaben, größeres Gewicht. Die behaupteten Rechtsfakten hatten sich in Erzählungen über den Alltag zu bewähren.

Vikars, der zugunsten des Stifts ein ähnliches Erlebnis beschrieb: »[…] idem rector dixit sibi: ›Plebane et vicarie‹ (minime dixit sibi ›socie‹) ›vos debetis scire, quod de ista ecclesia mihi tamquam rectori vix cedunt duodecim marce tantum, et ex illis habeo providere vicario‹; et ipse deponens quesivit, cui ergo deunt superflua, ipse rector respondit, quod canonicis Ansoltingensibus due partes redditum ibidem cederunt.« Ebd. S. 72 (Chuonradus, rector ecclesie in Stetlon).

85 Enquête Romainmôtier (1263) MDR Bd. 1.3 S. 558; Kundschaft Rüeggisberg (um 1330) FRB Bd. 5 S. 777 Nr. 730; Kundschaft Schwamendingen (1344) StAZ C I Nr. 2996; Kundschaft Amsoldingen (1389) FRB Bd. 10 S. 515 Nr. 1090; Kundschaft Ringgenberg (1303) FRB Bd. 4 S. 140, 147 Nr. 117; Kundschaft Hilterfingen (um 1312) FRB 5 S. 46 Nr. 34; Urkunde Rue (1270) ACV IB 55 Nr. 36.

86 Kundschaft Brugg (1452) StAB A I 453a fol. 134f. »Item do seit Frenkli er hette vom alten Effinger gehört, das der in sinem tod bett rette und das uff sin jungste fart neme […] «. Vgl. Kundschaft Hilterfingen (um 1312) FRB Bd. 5 S. 55: »[…] dicit se scire a patre suo, qui eo vocato in articulo mortis, sibi dixit ista verba […]« (C. dictus Hurni), 48: »Et dum esset in agone, interfuit iste testis, et vidit at audivitquod questium fuit ab eo […] et hoc dixit per mortem sibi incumbentem« (Uolricus dictus Buchenzo), vgl. auch S. 79; Enquête Evian (1272) ACV IB 73 Nr. 102.

Besonders deutlich äußert sich dies in Kundschaften zu Grenzverläufen, die oft Angaben über Örtlichkeiten enthalten, an denen sich Grenzsteine befanden. Bis über die Mitte des 14. Jahrhunderts beschrieben die Zeugen nüchtern die Lage von über die Landschaft verstreuten Zeichen, welche die Zugehörigkeit von Räumen zu Herrschaften markierten.[87] Dagegen sind solche Lagebeschreibungen in Aussagen aus dem 15. Jahrhundert meist in kleine Erzählungen eingekleidet.[88] In der Kundschaft über die Jurisdiktionsgrenzen bei Villars-Sainte-Croix aus dem Jahr 1446 sagten zwölf verschiedene Zeugen über einen dreikantigen, mit drei Wappen versehenen eisernen Pfahl aus, der an der Stelle stand, an der die drei Herrschaften Echallens, Cossonay und Lausanne aneinanderstießen. Keiner der Zeugen beschränkte sich auf eine Lagebeschreibung. Die meisten erzählten entweder, wie der Pfahl einst in den Boden geschlagen worden war oder wie jemand sie hingeführt hatte, damit sie ihn anschauen konnten.[89] Ein Zeuge beschreibt sogar, wie man den Pfahl bei einer Gelegenheit nicht gefunden hatte – wieder eine Episode, die ohne wörtliches Zitat keinerlei Beweiswert gehabt hätte. Er habe damals einen Girard Crestelliet schimpfen gehört: »Verflucht sei, wer einen Pfahl von diesem Ort entfernte, denn es sind keine drei Jahre her, dass er noch hier war und die Grenze der drei Herrschaften markierte!«[90]

Erst in Protokollen aus dem 15. Jahrhundert erscheinen vermehrt Zitate von Äußerungen, die in recht unspektakulären Zusammenhängen gefallen waren und so hervorhoben, dass die Kenntnis der zitierten Regel einer unentbehrlichen Voraussetzung der Alltagsbewältigung gleichkam. In derselben Kundschaft aus dem Jahr 1446 erinnerte sich ein Zeuge an einen Fuhrmann, der im Gebiet von Lausanne jemanden verprügelt hatte. Als der

87 Enquête Oron (1360) ACV IB 56 Nr. 171; Urkunde Rue (1270) ACV IB 55 Nr. 36; Enquête Bursins (1374) ACV C VIIa Nr. 404 fol. 1r.

88 Kundschaft Bülach (um 1430) STAZ A 97.2 (Bülach) Nr. 7 und 8 fol. 1r; Kundschaft Emmenbrücke (1437) Marchal, *Meisterli*, S. 524.

89 Enquête Villars (1446) ACV C IV Nr. 460. Von namentlich genannten Personen davon gehört hatten: fol. 2r (Petrus Maulsalvier), 4v (Mermetus Michio), 8v (Stephanus Michio), für längere Episoden siehe 1v (Johannedus Clauso), 4r (Mermetus Tuppin), 5v (Aymonetus Periez), 10r (Vuillermus Rastel und Johannes Pitie), 10v (Dominus Henricus Pappam, Presbyter).

90 Enquête Villars (1446) ACV C IV Nr. 460 fol. 5r: »[...] eundo a Villario Sancte Crucis tendens apud May qui fuerunt versus dictum rivum de Pontisel tunc ipse Girardus douz Crestelliet dixit: 'maledicatur qui traxit a loco isto unum vallum feri, quia non fuit adhuc tres anni quod erat ibidem et faciebat differentiam trium dominorum, videlicet de Cossonay, Lausanne et Exchallens [...]« (Johanedus Guibaux), vgl. 7v (Bisuntius Bessar) für eine zweite Version dieser Episode.

Fuhrmann etwas später seinen Karren über den Bach ziehen wollte, der angeblich die Grenze zum Lausanner Gerichtskreis bildete, hätten ihm die Leute warnend zugerufen: »Wenn du nach Lausanne rüber gehst, wirst du dort bleiben, denn du hast in der Jurisdiktion des Bischofs einen Frevel verübt!« – worauf der Fuhrmann seinen Karren gewendet habe und nach Hause zurückgekehrt sei.[91] Solche Zitate brachten gar nicht mehr die zu beweisende Regel selbst zum Ausdruck, sondern deren implizite Anerkennung durch die Bevölkerung.

Auch in einer Kundschaft aus dem Jahr 1478 schrieben die Schreiber Einzelheiten der Zeugenberichte mit, von denen es zunächst scheint, dass sie mit der streitigen Frage denkbar wenig zu tun zu hatten. Eigentlich ging es damals um die Feststellung der Grenzen der Gerichtsbarkeit des Propsts von Interlaken auf dem Thunersee und das damit verbundene Recht auf das Haupt oder stattdessen ein großes Stück Fleisch der innerhalb dieser Grenzen gefangenen Wildtiere. Dazu berichtete ein Zeuge, wie er einst zusammen mit anderen einem Hirsch nachjagte, bis der Hund eines Jagdkumpanen namens Stalder diesen in den See trieb. Der Hund selbst habe übrigens Frank geheißen und sei seinem Besitzer so lieb gewesen, dass er jenen, die mit ihrem Boot hinter dem Hirsch her ruderten, zurief, sie möchten nur aufpassen, dass ihnen der Hund nicht ertrinke. Als der Hirsch getötet und an Land gezogen war, hätten einige der Jäger vorgeschlagen, dem Propst ein großes Stück Fleisch zu überlassen, statt das Leder des Hirschs dadurch zu beschädigen, dass man ihm den Kopf abschlug. Da habe der Stalder gesagt: »Was liegt uns schon an so viel Leder!« – und habe das Haupt kurzerhand abgeschlagen.[92] Solche reich ausgeschmückten Berichte fanden nicht etwa Eingang in die Protokolle, weil Zeugen und Schreibern im 15. Jahrhundert zunehmend der Sinn für das Wesentliche abging, sondern weil sich neue Begriffe davon durchsetzten, was für die Rechtsfindung wesentlich war. Die Einzelheiten suggerierten die Authentizität eines Berichts über die Befolgung einer Regel, die durch das wörtliche Zitat des Jägers Stalder so selbstverständlich erscheint, dass man sich nicht mehr darüber stritt, ob man ihr, sondern wie man ihr – durch die Lieferung des Fleischs oder des Haupts? – nachleben sollte.

91 Enquête Villars (1446) ACV C IV Nr. 460 fol. 1vf.: »[…] sibi dictum fuit per aliquos: si vadas Lausanne tu manebis, quia offendisti penes dominium Lausanne.' Et tunc reversus fuit currum suum et illum duxit apud Voufflens villam, nec ivit postea Lausanne […].« (Johannedus de Clauso)

92 Kundschaft Aeschi (1478) StAB Urkunden F Interlaken 1478.10.26.

Während in frühen Kundschaftsprotokollen vor allem feierliche Akte der bewussten Festlegung und Tradierung von Rechten zitiert wurden, erscheinen in Protokollen des fortgeschrittenen 14. und 15. Jahrhunderts vermehrt Wiedergaben alltäglicher Wortwechsel. Zunächst setzten die Zeugen solche Zitate ein, um einer als zuverlässig geltenden anderen Person eine explizite Formulierung der zu beweisenden Regel in den Mund zu legen. Dazu traten vermehrt Zitate, aus denen gar nicht mehr die Regel selbst, sondern deren fraglose Beachtung hervorging. Als ungeschriebene Rechte vermehrt als Ausfluss der alltäglichen Praktiken der Bevölkerung galten, mussten Kundschaftsaussagen der Anforderung genügen, ein Bild eines facettenreichen Alltags zu vermitteln, zu dessen Selbstverständlichkeiten es gehörte, dass man die zu beweisenden Regeln beachtete. Beschreibungen der spezifischen Umstände, unter denen etwas gesagt worden war, nahmen immer breiteren Raum ein und wurden immer vielfältiger. So wie Aussagen in frühen Kundschaften den Abstand zwischen Regeln und Praktiken verringerten, indem sie typisierte feierliche Rechtsakte oder Rechtsformeln schilderten, argumentieren die Aussagen späterer Verfahren mit Berichten, die das Bild einer typisierten Alltagswelt suggerieren, in der Leute den jeweils streitigen Regeln immer schon nachgelebt und sie immer schon im Bewusstsein getragen hatten.

Funktionswandel der »grauen Vorzeit«

Sporadisch finden sich in Kundschaftsprotokollen Erzählungen über Ereignisse, die zeitlich so weit zurücklagen, dass sie auch die ältesten Zeugen nicht mehr selbst erlebt haben konnten. Solche Berichte üben auf den heutigen Leser eine besondere Faszination aus. Gerade an ihnen hat sich ursprünglich auch das Interesse der historischen Forschung an Kundschaftsaussagen entzündet. Die ältere politische Ereignisgeschichte erhoffte sich besonders von Erzählungen, die das Hochmittelalter zu betreffen schienen, Aufschlüsse über Ereignisse, über die ansonsten kaum Informationen vorliegen. In dieser Hinsicht bezeichnend ist, wie die Editoren des chronologisch geordneten Urkundenbuchs der Stadt Bern vorgingen. Sie reihten um 1312 gemachte Zeugenaussagen über die erste Hälfte des 13. Jahrhunderts unter den Dokumenten aus letzterem Zeitraum ein.[93]

93 FRB Bd. 1 S. 456f. Nr. 61.

Arbeiten der letzten Jahrzehnte beurteilten den Tatsachengehalt solcher Zeugenaussagen kritischer. Zu den auffälligen Merkmalen von Kundschaftsaussagen über weit zurückliegende Ereignisse gehört, dass sie vielfach ganz ohne explizite zeitliche Ordnungsraster auskamen. Ereignisse, welche die Zeugen einigermaßen präzis datierten, lagen selten mehr als 60 Jahre zurück. Was sich vorher abgespielt hatte, erscheint meist bereits als Bestandteil einer chronologisch nur noch vage verorteten »alten Zeit«, der sich märchenhafte Züge zuschreiben ließen.[94] Die neuere Forschung thematisierte solche Berichte vermehrt als Ausdruck eines »imaginaire« über die Vergangenheit, das teils als spezifisch bäuerlich, teils aber ganz einfach als Bestandteil einer allgemeinen mittelalterlichen Erinnerungskultur eingeschätzt wird, an der auch Gelehrte teilhatten.[95]

Es entspräche allerdings einer Verkürzung, die in Kundschaftsprotokollen enthaltenen Erzählungen als unmittelbare Reflexe einer unhintergehbaren Mentalität aufzufassen. Zweifellos hatten viele der Erzählstoffe schon vor der Durchführung der Befragung in der einen oder der anderen Form in der Bevölkerung zirkuliert. Doch die Aufnahme dieser Stoffe in Aussagen über das geltende Recht richtete sich weitgehend nach den Funktionen, die sie im Rahmen eines Verfahrens der Rechtsfeststellung erfüllen konnten. Dieses Unterkapitel diskutiert, wie Berichte über die ferne Vergangenheit als Begründungen ungeschriebener Rechte funktionierten und wie sie im Zusammenhang mit Entwicklungen der Befragungsverfahren und der Erzählstile von Kundschaftsaussagen veränderten. Dabei sollen nacheinander zwei unterschiedliche Typen solcher Berichte einander gegenübergestellt werden. Ein älterer, schon ab der Zeit um 1300 nachweisbarer Typus stellte dar, wie ein bestimmtes Recht zustande gekommen war. Ab dem 15. Jahrhundert tauchte zusätzlich ein weiterer Typus von Erzählungen auf, die weniger die *Ursprünge* eines Rechts *in* sehr alten Zeiten, sondern mehr dessen *Ausübung seit* sehr alten Zeiten hervorhoben. Die Gegenüberstellung der beiden Typen soll zeigen, wie sich jeder mit eigenen Erzählweisen und Formen des Rückgriffs auf weithin bekannte Erzählstoffe verband und wie sich in Durchsetzung des neuen Erzähltyps ein Wandel der Vorstellungen über die normative Bedeutung der Vergangenheit äußert.

94 Für ähnliche Feststellungen: Fried, *Schleier*, S. 174; Trossbach, *Baur*, S. 236ff.
95 Algazi, *Blick*; Marchal, *Meisterli*; ders., *Mémoire*; ders., *Memoria*, S. 289–320.

Ursprünge von Rechten

Aufzeichnungen von Kundschaftsverfahren des 13. Jahrhunderts, in denen die Zeugen die umstrittenen Rechte noch explizit formulierten, enthalten kaum je Beispiele ihrer tatsächlichen Beachtung in der Vergangenheit. Es lässt sich zwar spekulieren, die Zeitgenossen hätten Regeln, die sie so darstellten, für althergebracht gehalten. Ebenso plausibel scheint allerdings, dass sich ihnen die Frage nach dem Alter des jeweiligen Rechts gar nicht dringlich stellte. Erst Kundschaften aus der Zeit um 1300, die nach Handlungen fragten, an denen sich die Gültigkeit von Rechten zeigte, boten stärkere Anreize, in die Aussagen neben Erzählungen aus der jüngeren gelegentlich auch solche aus einer fernen Vergangenheit aufzunehmen.

In diesem Zusammenhang äußerte sich auch ein verstärktes Bedürfnis zu dokumentieren, dass während Kundschaften auch sehr alte Zeugen zu Wort kamen, etwa indem diese über ihr Alter explizit befragt wurden. Dabei konnten sich die Schreiber oft nicht mit den eigenen Angaben der Zeugen begnügen. Denn diese bekannten oft, dass sie ihr eigenes Alter nicht kannten oder machten Angaben wie jener Bewohner des Bergdorfs Brienz, der in einer Kundschaft von 1303 behauptete, er habe schon zweimal 50 Jahre lang gelebt, jedoch nichts davon wissen wollte, schon hundertjährig zu sein.[96] In solchen Fällen setzten die Schreiber manchmal suggestive Techniken der Altersbestimmung ein, in der Kundschaft aus dem Jahr 1303 etwa eine faszinierende Typologie der ergrauenden Bärte. Da wurde etwa notiert: »Burchardus [...] est canus [grau] in barba, sed nescit etatem suam.« Von anderen heißt es: »incipit canescere in barba«, »canescit«, »est in parte« oder »totus canus in barba«. Gab dies nichts her, standen weitere Behelfe zur Verfügung wie im Fall Konrad Rissers, der beim Sprechen dermaßen gewackelt habe, dass er über 70 sein müsse.[97]

Bis ins 15. Jahrhundert hinein griffen die Zeugen auf Geschehnisse dieser alten Zeit praktisch nur zurück, um zu erklären, wie eine Herrschaft zu einem beanspruchten Recht gelangt war. Für diesen älteren Typus von Erzählungen sind hier zunächst Beispiele aus dem schon verschiedentlich berührten Protokoll einer Kundschaft von etwa 1312 zum Streit zwischen dem Kloster Interlaken und dem Stift Amsoldingen über das Patronatsrecht der

96 Kundschaft Ringgenberg (1303) FRB Bd. 4 S. 145 Nr. 117: »Et dicit quod habet bis quinquaginta annos, et tamen credit se non habere centum annos.« (Heinrich Unkande)

97 Kundschaft Ringgenberg (1303) FRB Bd. 4 S. 145ff. Nr. 117 (zu Werner Hanfla, Heinrich Wisse, Walter Endine, Konrad Stein, Walter im Tenne, Friedrich usirm Kienholtz, H. Rot).

Kirche Hilterfingen vorzustellen. Hier finden sich gleich drei unterschiedliche Berichte über sehr weit zurückliegende Ereignisse, die erklären sollten, wie eine der Streitparteien das umstrittene Recht erworben hatte. Die erste dieser Geschichten, die zwei bäuerliche Zeugen erzählten, ist besonders eingängig: Es seien vor Zeiten zu Oberhofen drei Brüder gewesen, welche die gesamte Herrschaft Oberhofen erbten, die auch das Dorf Hilterfingen und seine Kirche umfasste. Die Brüder beschlossen, ihr Erbe unter sich aufzuteilen. Der Erste habe mit seinem Teil das Kloster Interlaken gegründet. Der zweite schenkte seinen Erbteil dem Stift Amsoldingen. Der Dritte aber erhielt die Burg Oberhofen selbst und die umliegenden Güter, zu denen die Kirche Hilterfingen gehörte. Die Namen dieser Herren kenne niemand mehr, denn dies alles sei »nimis antiqum factum«. Aber der dritte Bruder müsse ein Ahne des Walter von Eschenbach gewesen sein, der die Kirche schließlich dem Kloster Interlaken schenkte.[98]

Einen zweiten Bericht brachten zwei Chorherren des Klosters Interlaken vor: Demnach stand die Kirche Hilterfingen auf Gütern, die einst einem Herrn Werner von Oberhofen gehört hatten. Er habe sein ganzes Erbe seiner Tochter Ita hinterlassen. Diese habe mit Walter von Schnabelburg einen Sohn namens Berchtold gezeugt, den man, wegen einer anderen Erbschaft, die ihm ebenfalls zufiel, nicht Berchtold von Schnabelburg, sondern Berchtold von Eschenbach nannte. Berchtolds Sohn Walter schließlich, den einige Zeugen noch gekannt hatten, habe die Kirche dem Kloster Interlaken geschenkt.[99] Eine dritte, ganz andere Version der Gütergeschichte erzählten die Zeugen zugunsten des Stifts Amsoldingen. Demnach hätte ein gewisser Libo dem Stift seine Güter und alle Herrschaftsrechte in Hilterfingen geschenkt. Ein Zeuge bezeichnete Libo als freien Ritter, aber kein einziger macht nähere Angaben zu seiner Lebenszeit, Herkunft oder Genealogie. Dagegen erwähnen viele, dass für Libos Seele jeden Sonntag in der Kirche gebetet wurde.[100]

---

98 Kundschaft Hilterfingen (um 1312) FRB Bd. 5 S. 47f. Nr. 34 (Walter Krenzing), 53 (R. von Eichholz).

99 Kundschaft Hilterfingen (um 1312) FRB Bd. 5 S. 43f. Nr. 34 (Werner von Basel, Chorherr von Interlaken), 45 (Heinrich Rudentz, Chorherr von Interlaken). Ein »minister« des Klosters führte den Besitz der Herren von Eschenbach ebenfalls auf die Herren von Oberhofen zurück, sagte aber, dass man nicht mehr wissen könne, durch welche Verwandtschaftsbeziehungen und Personen dieser Erbgang verlaufen sei, S. 52 (Walter Buchser).

100 Kundschaft Hilterfingen (um 1312) FRB Bd. 5 S. 66 Nr. 34 (H. von Amsoldingen), 68 (Konrad Sprangli), 69 (Johannes Kaldschmid), 70 (Walterus de Ansoltingen), 80 (Ulrich Chorherr von Zurzach). Die ältere regionale Geschichtsschreibung hat die drei Erzählungen bisweilen als Fragmente einer einzigen, kohärenten und mit den Tatsachen über-

Die Geschichten weisen zahlreiche Gemeinsamkeiten auf. Neben der vagen zeitlichen Einordnung fällt besonders der erzählerische Minimalismus auf. Alle Berichte erschöpfen sich in wenigen stereoptyp wiederholten Einzelheiten, welche die einzelnen Zeugen wenn überhaupt nur sehr sparsam ausschmückten. Dies mag zum Teil darauf beruhen, dass die Erinnerungen an so weit zurückliegende, ohnehin nur vom Hörensagen bekannte Ereignisse weitgehend verblasst waren. Wichtiger ist jedoch, dass einige wenige Einzelheiten offenbar unverzichtbar, weil für die gegenwärtige Rechtslage unmittelbar relevant waren.

Die Relevanz der Geschichte über die drei Brüder in Oberhofen bestand darin, dass sie sowohl die beiden Streitparteien, das Kloster Interlaken und das Stift Amsoldingen, als auch den zwischen ihnen umstrittenen Gegenstand, die Herrschaft über die Kirche Hilterfingen, auf ein einziges gemeinsames Erbe zurückführte. So wurden sowohl der Streit als auch die dahinter verborgene Ordnung in den denkbar einfachen Zusammenhang einer Kernfamilie eingegliedert. Noch karger war die Geschichte über Libo, die den entgegengesetzten Anspruch des Stifts Amsoldingen gerade dadurch unterstrich, dass der Stifter nicht einmal einem bestimmten Adelsgeschlecht zugeordnet war. Er stand dadurch überhaupt nur mit dem Stift und mit keinem anderen Herrschaftsträger der Region in einer erkennbaren Beziehung. Einzig die von den Interlakner Klosterbrüdern erzählte Geschichte ist insofern etwas komplexer, als sie konkrete Namen nennt. Gerade dies könnte allerdings ihren argumentativen Wert geschmälert haben. Eigentlich soll die Geschichte den Anspruch des Klosters auf das Patronatsrecht über die Kirche Hilterfingen durch eine dynastische adlige Erbfolge rechtfertigen. Diese setzte allerdings wegen der genannten Namen auch weibliche Erbfolgen und Namenswechsel voraus, die eigentlich näherer Erklärungen bedurft hätten.[101] In allen Fällen erscheint die mit den Geschichten verbundene Argumentation als annähernd zirkulär. Die Geschichten bestanden weitgehend aus Elementen, die sich aus jenen angeblichen gegenwärtigen Verhältnissen herleiten ließen, die sie auch beweisen sollten.

Solche Geschichten zirkulierten zwar vielleicht schon vor der Befragung in der Form mündlicher Erzählungen. Sie mussten allerdings nicht Bestandteilen einer autochthonen Volkskultur entsprechen, sondern konnten auch auf herrschaftliche Traditionsbildungen zurückgehen. Die Geschichte über

---

einstimmenden Geschichte verstanden, eine Annahme, gegen die sich mehrere Einwände vorbringen lassen, vgl. Teuscher, *Herr*, S. 206–209.

101 Teuscher, *Herr*.

Libo kannten die Zeugen vor allem aus der Amsoldinger Stiftermemoria und damit aus der gezielten liturgischen Verbreitung eines Geschichtsbilds durch einen geistlichen Herrschaftsträger. Der Bericht über die drei Brüder könnte mit vagen Erinnerungen an Inhalte von Urkunden zusammenhängen, etwa an die in ihrer Echtheit umstrittene Gründungsurkunde des Klosters Interlaken von 1137, die einen Herrn von Oberhofen als dessen Stifter auszeichnet, nicht aber dessen Brüder nennt.[102] Bei diesen Berichten könnte es sich also um mündliche Erzählungen handeln, die sich um schriftliche Überlieferungen rankten, deren Inhalte aber im Lauf des Weitererzählens ergänzt und zum Teil märchenhaft überformt worden waren. Obwohl einige Zeugen weit verbreitete Erzählstoffe aufgriffen, entsprach es vermutlich gerade nicht dem kollektiven Gedächtnis, diese Stoffe mit den jeweils zur Debatte stehenden Rechtsverhältnissen zu verbinden. Wahrscheinlicher scheint, dass solche Verbindungen aus den Legitimierungsbedürfnissen des Moments heraus entstanden, zumal sie ja jeweils nur von einzelnen oder einigen wenigen Zeugen und zwar in einander widersprechenden Formen vorgenommen wurden.

Ab der Zeit um 1300 wurden Rechte in Kundschaftsaussagen vermehrt durch Berichte über eine Vergangenheit begründet, die so weit zurücklag, dass sie keiner der befragten Zeugen mehr selbst erlebt hatte. Dabei stand zunächst ein Typ von relativ spröden Erzählungen im Vordergrund, die erklärten, wie eine spezifische Rechtslage durch eine Vereinbarung, einen Erbgang, eine Schenkung oder einen Kauf zustande gekommen war. Obwohl solche Berichte bisweilen märchenhafte Züge aufwiesen und einer strengen Überprüfung des Wahrheitsgehalts, wie sie Gerichte zunehmend vornahmen, kaum standhielten, entfalteten sie eine nicht zu unterschätzende Suggestivkraft. Denn sie griffen auf bekannte Erzählstoffe zurück, verknüpften diese in neuer Weise mit einem gegenwärtigen Rechtsstreit und erweckten so den Eindruck, anerkannte Traditionen hielten Antworten auf umstrittene Fragen der Gegenwart bereit.

Ursprüngliche Gewohnheiten

Im 15. Jahrhundert trat in Kundschaftsaussagen vor allem des deutschen Sprachraums zum älteren ein neuer Typ von Erzählungen über die ferne Vergangenheit hinzu. Dieser sollte weniger bestimmte Momente der Entstehung von Rechtsverhältnissen, sondern uralte Muster ihrer Befolgung belegen. Dieser Typ verband sich mit einem neuen Erzählstil und neuen Formen

102 Urkunde Interlaken (1137) FRB Bd. 1 S. 405 Nr. 9.

der Verknüpfung von Erzählgegenständen mit kollektiven Erinnerungen. Diese Innovationen in den Erzählstrategien sollen im Folgenden skizziert und in den weiteren Zusammenhang gestellt werden. In Kundschaftsprotokollen sowohl des deutschen als auch des französischen Sprachraums finden sich vielfältige weitere Hinweise darauf, dass die ferne Vergangenheit am Ausgang des Mittelalters eine neue Bedeutung für die Legitimierung von Rechts- und Gesellschaftsordnungen erlangte.

Zur Illustration des Typs von Erzählungen über die ferne Vergangenheit, die im 15. Jahrhundert aufkamen, sollen drei Beispiele ausführlich in moderner Übersetzung wiedergegeben werden. Eine erste Geschichte ist durch Guy Marchals Aufsatz bekannt geworden, der entscheidend dazu beitrug, dass sich die neuere Forschung vermehrt für Kundschaftsprotokolle zu interessieren begann. Die Aussage findet sich in einem Kundschaftsprotokoll, das die Stadt Luzern im Jahr 1437 ausstellen ließ, als sie ihr Recht verteidigte, außerhalb der Stadt, bei der Ortschaft Emmenbrücke, eine Brücke zu bauen. Als Opponent trat ein Adliger auf, der in Emmenbrücke eine Fähre unterhielt, von den Passagieren Fahrgeld einzog und den Brückenbau als Übergriff auf diese Einnahmenquelle empfand. Die Stadt Luzern begründete ihr Recht damit, dass an derselben Stelle schon vor Jahrzehnten eine unterdessen verfallene Brücke gestanden sei. Jenni im Holtz, ein Zeuge, der zugunsten von Luzern aussagte, unterstützte das Argument der Stadt mit der folgenden Geschichte, die ihm einst jemand bei einem Abendessen erzählt hatte.[103]

[...] »vorziten« sei ein Mann aus Schwyz auf der einstigen Brücke auf und ab gegangen. Da sei einer gekommen, der hieß Meisterli, und sprach zu ihm: »Was gehst hier suchen? Hast du etwas verloren?« Der habe geantwortet: »Ich habe lange geträumt, ich solle auf der Emmenbrücke einen Hafen voller Geld finden. Nun habe ich nie gewusst, wo Emmenbrücke lag, bis man mir in Luzern sagte, es sei hier.« Da antwortete ihm das Meisterli: »Ei, was bist du für ein Narr, dich darum zu kehren! Ich habe auch viel geträumt, ich solle nach Schwyz gehen in das Haus eines Mannes« – und er nannte den, der da auf der Brücke stand und suchte – »und sollte da unter dem Wielstein[104] suchen und fände da einen Hafen voller Pfennige. Trotzdem bin ich nie dorthin gegangen!« Also kehrte derselbe Mann heim nach Schwyz und suchte, wie ihm gesagt worden war, hinter seinem Wielstein und fand dort einen Hafen voller Pfennige.

103 Übersetzung ST nach Kundschaft Emmenbrücke (1437) Marchal, *Meisterli*, S. 523ff.

104 Der »wielstein« ist eine Herdstelle, die aus einer Steinplatte besteht, vgl. Grimm/Grimm, *Wörterbuch*, Bd. 29 Sp. 1566; Schweizerisches Idiotikon, Bd. 11 Sp. 908.

Ein zweites Beispiel entstand zwischen 1419 und der Mitte des 15. Jahrhunderts und stammt aus einer Kundschaft zu einem Streit um die hohe Gerichtsbarkeit über das Dorf Kölliken, um die sich die Stadt Bern und der lokale Herr Thomas von Falkenstein stritten. Die Berner fragten die Zeugen nach Beispielen dafür, dass ihr Vogt an seinen Gerichten in Lenzburg oder Muhen – und eben nicht der Falkensteiner an seinem lokalen Dinggericht in Kölliken – die hohe Gerichtsbarkeit über den Ort ausgeübt hatte. Obwohl das Befragungsprotokoll die Aussagen der Zeugen über weite Teile in stark standardisierter Form wiedergibt, protokollierten die Schreiber die folgende, einzigartige Antwort sehr ausführlich. Vorgebracht hatte sie ein gewisser Rüdi Zeglinger aus dem nahe bei Kölliken gelegenen Städtchen Aarburg:[105]

> [...] er habe von seinen Vorfahren gehört, wie einer ins Wirtshaus in Kölliken kam und zu der Wirtin sprach: »Gebt mir genug zu essen.« So bat er die Wirtin zuletzt: »Macht mir verlorene Eier!« Da sprach die Wirtin zu ihrem Ehemann: »Der will verlorene Eier, ich weiß aber nicht, wie man die macht.« Da antwortete er: »Nimm Eier und schlag die«, und er nahm Stroh und hackte es, und sie nahmen es und taten es in eine Pfanne und buken es. Als ihm [das heißt dem Gast] die Wirtin das gab, da wurde er sehr zornig. Da legte der Wirt einen Balken in den Türring und ging seine Nachbarn herbeirufen. Als die nun kamen, da ging der Wirt hinein und sprach: »Was wütest du? Da kommen gar viele Leute und wenn du dir selbst lieb bist, dann mach dich davon!« Da sprach er: »Ja, ich habe nicht mehr getan, als ein Pferd zu stehlen, das steht noch am Hag.« So hat ihn der Wirt überführt, denn weder er noch jemand anderes wusste davon. Und er [der Gast] wurde gefangen im Dorf Kölliken und in Muhen gehängt.

Die beiden Erzählungen aus dem 15. Jahrhundert heben sich schon durch ihren Erzählstil von jenen des oben diskutierten älteren Typs ab. Während jene den Ursprung eines umstrittenen Rechts in sprödem Stil erläuterten, sprühen die neuen Geschichten über die Ausübung der Rechte nur so von Ausschmückungen. Zahlreiche in den Zeugenaussagen enthaltene Einzelheiten waren nicht nur ohne Belang für die jeweils streitigen Rechtsfragen, sondern bildeten nicht einmal unentbehrliche Elemente der Erzählungen selbst: Dem Mann, der auf der Emmenbrücke seinen Geldhafen suchte, hatte man den Weg dorthin in Luzern erklärt. Und die Wirtin in Kölliken war nicht nur außerstande, selbst verlorene Eier zuzubereiten, sondern war auch beim Hacken von Stroh auf die Hilfe ihres Mannes angewiesen. Auf solche Angaben hätte ein ökonomischer Protokollierungsstil leicht verzichten kön-

105 Kundschaft Kölliken (15. Jh.) StAAG Urkunden Lenzburg 65 Bl. 2 (auszugsweise ediert in: RQAG Bd. 2.1 S. 509–515.

nen. Vor dem Hintergrund des in älteren Kundschaften gebräuchlichen Einsatzes von Zitaten stechen zudem in der direkten Rede gehaltene Interjektionen ins Auge wie »ei, du bist ein Narr!« oder »gebt mir genug zu essen!«, die mit Blick auf die Beachtung der streitigen Regel ohne jede Bedeutung waren, geschweige denn ein Rechtsverhältnis oder dessen Begründung auf den Punkt brachten.

Gutes mündliches Erzählen der Zeugen allein reichte nicht aus, um diese Geschichten auch in schriftlich protokollierter Form noch authentisch und spontan wirken zu lassen. Der Anschaulichkeit und dem Unterhaltungswert der Episoden lag eine gewisse literarische Gestaltung zugrunde. Dazu brauchte es auch Schreiber, die bereit und fähig waren, Ausschmückungen und Wechsel zwischen direkter und indirekter Rede gekonnt in die schriftliche Form umzusetzen, wobei sie sich vielleicht vom Vorbild der zeitgenössischen Schwankliteratur leiten ließen. Letztlich erhoben in dieser Weise erzählte Geschichten den Anspruch, es gehe hier um Ereignisse, die, wenn sie auch nicht ganz alltäglich waren, sich doch mitten im Alltag zugetragen hatten und deshalb von alltäglichen Handlungsabläufen und Redeweisen durchzogen waren. Die Ausbreitung solcher Erzählmuster während des 15. Jahrhunderts ließ sich auch schon für Berichte feststellen, welche die Zeugen selbst erlebt hatten. Die Alltäglichkeit der fernen Vergangenheit heraufzubeschwören, stellte allerdings andere Ansprüche an die Erzähltechnik.

Es scheint noch zweifelhafter als im Fall der Berichte über den Ursprung von Rechten, dass es sich bei den Geschichten über deren Ausübung um Erzählstoffe handelte, die gemeinhin – als Bestandteil eines kollektiven Gedächtnisses – mit der jeweils streitigen Rechtslage in Verbindung gesetzt wurden. Während die Geschichten der ersten Serie zwar nicht von vielen, aber doch von mehreren Zeugen wiederholt wurden, finden sich jene der zweiten Serie jeweils nur in der Aussage eines einzigen Zeugen. Das heißt allerdings nicht, dass die Erzähler ihre Geschichten selbst erfunden hätten. Auch für diese Geschichten gab es Vorlagen. Guy Marchal hat den Bericht aus Emmenbrücke nach der internationalen Motivtypologie der Volkserzählungen von Stith Thompson als den Erzähltyp Nr. N 531.15 über den Doppeltraum vom Schatz auf der Brücke identifiziert. Es handelt sich um eine Geschichte die zwischen dem 10. und dem 20. Jahrhundert in verblüffend ähnlicher Form über Brücken auf den britischen Inseln, an der Ostsee, quer durch den europäischen Kontinent, im persisch-arabischen Raum und bis hin nach Japan erzählt worden ist.[106] Nichts spricht dagegen, dass eine sol-

106 Marchal, *Meisterli*, S. 528–531.

che Geschichte auch manchem Zuhörer des 15. Jahrhunderts aus der Umgebung von Luzern bekannt vorkam.

Die Geschichte aus Kölliken entspricht gemäß derselben Typologie dem Motiv N 275 über den tolpatschigen Delinquenten, der sich selbst verrät, weil er fälschlicherweise glaubt, er sei ertappt worden. Die bekannteste Umsetzung dieses Motivs enthält das Märchen »Doktor Allwissend« aus der Sammlung der Brüder Grimm, eine mittelalterliche Version enthalten die französischen »Cent Nouvelles Nouvelles«. Zwar ließ sich keine Parallele dafür finden, dass sich dieses Motiv wie in Kölliken mit demjenigen der schlechten Gastfreundschaft verband. In mehreren Versionen erscheinen jedoch zweifelhafte Helden wie der Wirt von Kölliken, die der Wahrheit aus purem Zufall auf die Spur kommen.[107] Mit Bezug auf die eigentlich zur Debatte stehenden Regeln wiesen beide Geschichten einen beträchtlichen Bedeutungsüberschuss auf, was darauf hindeutet, dass die Erzähler diese ursprünglich in ganz anderen Sinnzusammenhängen kennengelernt hatten. Die Zeugen machten also mit einiger Sicherheit Anleihen bei einem Vorrat aus gängigen mündlichen Erzählungen.

In den jüngeren Beispielen diente der Rückgriff auf solche Erzählstoffe bezeichnenderweise dazu, Beispielen für die Befolgung eines Rechts zu Umstandsbedingungen zu verhelfen, die durch ihre märchenhafte Form uralt wirkten. Dagegen hatten die Berichte des älteren Typs Erzählungen eingesetzt, die zu erklären schienen, wie eine bestimmte Rechtslage zustande gekommen war. Durch diese Verschiebung von der Illustration der Entstehung von Rechten zur Illustration der Dauerhaftigkeit von Rechten passten sich Erzählungen über eine ferne Vergangenheit dem neuen Verständnis ungeschriebener Rechte an. Diese wurden im 15. Jahrhundert nun weniger deshalb als gültig empfunden, weil Entscheidungsträger sie zu irgend einem Zeitpunkt der Vergangenheit vereinbart hatten, als weil sie seit unvordenklicher Zeit der Gewohnheit entsprachen. An der »alten Zeit« interessierten damit nicht mehr nur Ereignisse, durch die Weichen für die Gegenwart gestellt worden waren, sondern auch ganz unspektakuläre Selbstverständlichkeiten, denen nunmehr normative Bedeutung für die Gegenwart zukam.

107 Thompson, *Motif-Index*, Bd. 5 S. 92. Vgl. die Beispiele bei: Bolte/Polívka, *Anmerkungen*, Bd. 2 S. 412ff.

Das uralte Recht

Auch in weniger stark stilisierten Kundschaftsaussagen des 15. Jahrhunderts machen sich Bestrebungen geltend, Gewohnheiten in einer tiefen Vergangenheit zu verankern. Während dieses Zeitraums behaupteten Zeugenaussagen vermehrt, ein bestimmtes Recht sei seit sehr langer Zeit ausgeübt worden, ohne dass sie dafür ein konkretes Beispiel anführten. Stattdessen sagten die Zeugen, sie hätten dies von Gewährsleuten erfahren, deren Erfahrungen viel weiter zurückreichten als ihre eigenen. Schon in Kundschaften aus dem 14. Jahrhundert hatten einzelne Zeugen Berichte wiedergegeben, die sie aus zweiter Hand kannten, von »sui seniores« oder »homines antiquissimi«, unter denen der eine oder der andere angeblich ein »centenarius« war.[108]

Ab der Mitte des 15. Jahrhunderts wurden auf diese Weise verlängerte Erinnerungen noch weiter gestreckt. Zum einen berichteten die Zeugen öfter Geschichten, die sie nicht nur aus zweiter, sondern aus dritter Hand kannten. Dabei folgten sie etwa dem Muster, wonach der aussagende Zeuge eine Geschichte einst von einem damals hundertjährigen Mann erfahren hatte, der diese wiederum von dessen altem Vater gehört hatte.[109] Zum anderen fingen die Zeugen an, geradezu biblische Angaben über das Alter ihrer Gewährsleute zu machen. Kundschaftsaufzeichnungen zugunsten des Klosters Interlaken aus dem Jahr 1478 hielten Aussagen von Zeugen fest, die sich nicht mehr nur auf neunzig- bis hundertjährige, sondern zusätzlich auch auf hundertzehn- und hundertzwanzigjährige Gewährsleute beriefen.[110] Das Protokoll einer im Jahr 1494 in Heimberg erhobenen Kundschaft hielt Berichte aus zweiter Hand fest, welche die Zeugen von Männern erfahren hatten, die angeblich nicht etwa nur 120 und 130 Jahre alt waren, sondern sich so viele Jahre zurückerinnern konnten![111]

Es wirkt paradox, dass solche Zeugenaussagen gerade zu der Zeit aufkamen, als Berichte, welche die Zeugen nur vom Hörensagen kannten, auf zunehmende Skepsis stießen. Sowohl die Befragungsverfahren als auch die Praktiken der Auswertung von Kundschaftsprotokollen verlangten spätestens seit der Zeit um 1400 in erster Linie nach Augenzeugenberichten. Der

108 Zum Beispiel Kundschaft Hilterfingen (um 1312) FRB Bd. 5 S. 47 Nr. 34 (Johannes de Erlach, Walterus dictus Kenzing), 52 (Walterus dictus Buchser), 55 (C. dictus Hurni)

109 Zum Beispiel Kundschaft Riedburg (1463) StAB A I 453a fol. 203r–205r.

110 Kundschaften Leissigen und Interlaken (1478) StAB Urkunden F Interlaken 1478.10.31.

111 Kundschaft Heimberg (1494) RQBE 2.4 S. 101–109 Nr. 59 (1494), hier 102 (Bezug auf den »blinden Roten, der sich hundert und drissig jare besinte«, 103 (Bezug auf »Matzisberg, der hundert jar alt were«), 103 (Bezug auf Großvater, der sich 120 Jahre erinnerte).

Widerspruch relativiert sich allerdings, wenn berücksichtigt wird, dass solche alte Erinnerungen nie für sich allein standen, sondern jeweils jüngere Beispiele der Beachtung eines Rechts ergänzten. Kennzeichnend für die im 15. Jahrhundert aufkommende Art der Begründung von Rechten durch Berichte über die ferne Vergangenheit war gerade, dass die fraglichen Rechte damals schon in der genau gleichen Weise beachtet worden waren wie in der Gegenwart. Dadurch konnten Alt und Neu stärker miteinander verfließen als in Berichten über Rechtsverhältnisse, die in alter Zeit geschaffen oder verändert worden waren.[112]

Kundschaftsprotokolle, die im Einzugsgebiet der savoyischen Territorialherrschaft entstanden, enthalten in der Regel weder offensichtlich märchenhafte Berichte noch Angaben über phantastisch alte Gewährsleute. Mit dafür verantwortlich war wohl, dass die savoyischen Kommissare des 15. Jahrhunderts meist ausgesprochen feine Befragungsraster einsetzten. Sie stellten den Zeugen zahllose standardisierte Teil- und Präzisierungsfragen, die wenig Freiräume für ausschweifende Antworten boten. Dagegen provozierten savoyische Kommissare ab dem zweiten Drittel des 15. Jahrhunderts explizite Zeugenaussagen über das Alter ungeschriebener Rechte. So mussten die Zeugen vermehrt darüber Auskunft geben, wer die fraglichen Rechtsgewohnheiten, »consuetudines«, eingeführt hatte oder wie weit sich ihre Beachtung in die Vergangenheit zurückverfolgen lasse. Erstmals nachweisbar sind solche Fragen in einem Kundschaftsprotokoll aus dem Jahr 1433. Damals antworteten viele Zeugen noch schlicht, sie wüssten es nicht.[113] Andere waren sich zumindest sicher, dass eine »consuetudo« vor ihrer Geburt eingeführt worden war, einer mutmaßte vielleicht 50, ein anderer vielleicht 200 Jahre vorher. Weitere Zeugen äußerten vage, sie hätten gehört, die Einführung der »consuetudo« gehe auf die Vorgänger der Herren und Bewohner der Region oder einfach die »antiquissimi« des Landes – »de quibus non posset scire« – zurück.[114]

Eine Kundschaft des Jahres 1437, in der praktisch nur Notare und hohe Amtleute befragt wurden, ergab neben ähnlichen auch radikalere Antworten: Die »consuetudo« habe seit der Gründung des Landes Waadt (»a fundatione dicte patrie«) existiert, sie sei schon befolgt worden, bevor das geschrie-

112 Vgl. oben, Kp. 4.2, und zum Begriff der »seichten Vergangenheit«: Algazi, *Blick*.

113 Enquête Fief Blonay (1433) ACV Af 11 fol. 43r (Margereta relicta), 22v, 23v (Johanes Chalini), 51r (Petrus Tronery), 76r (Johannes Chompardi), 107r (Cappellanus Aymo).

114 Enquête Fief Blonay (1433) ACV Af 11 fol. 10vf. (Guido de Crosernes), vgl. 5r (Roletus Giglard), 123v (Dominus Johannes de Albona), vgl. auch 13v (Franciscus de Coionay), 33v (Johannes Pepini), 37v (Mermetus Gogenet), 76r (Johannes Chompardi).

bene Recht erfunden worden sei, oder die Kaiser hätten sie seit dem Anfang der Welt eingeführt (»ab initio mundi«, vgl. für den Ausdruck Math. 24.21). In einer Kundschaft des Jahrs 1439 sagte ein Notar, er habe gehört, dass die Bewohner des Städtchens Moudon ihre Rechtsgewohnheiten seit ewig (»ab eterno«) übten.[115] Ein Zeuge, der Doktor beider Rechte war, wandte sich gegen die landläufige Meinung, die »consuetudo« sei älter als das Recht selbst, freilich ohne der »consuetudo« ein hohes Alter abzusprechen: Diese sei nämlich erst in der Generation von Adams Sohn Kain entstanden.[116] Diese Position entsprach durchaus den Voraussetzungen, auf denen die Anlage der savoyischen und die meisten anderen Kundschaftsverfahren des 15. Jahrhunderts beruhten: Sie gingen davon aus, dass Rechtsgewohnheiten keinerlei göttlichen Charakter oder transzendente Letztbegründungen hatten, sondern ganz aus Fakten über menschliche Gewohnheiten hergeleitet werden konnten, die desto mehr Gewicht hatten, je weiter in die Vergangenheit sie sich zurückverfolgen ließen – in letzter Konsequenz bis auf den Sündenfall.

Sicher griffen in Kundschaftsaussagen enthaltene Erzählungen über eine graue Vorzeit Versatzstücke eines kulturellen Gedächtnisses auf. Dazu gehörten mehr oder weniger präzise Erinnerungen an Chroniken, Urkunden, klösterliche Traditionsgeschichten, märchen- und sagenhafte Erzählungen oder vage Vorstellungen über die Ursprünge der Rechtsordnung. Dennoch waren die spezifischen Rechte, die Kundschaftsverfahren klären sollten, nicht unbedingt mit feststehenden kollektiven Vorstellungen über die Vergangenheit verbunden. Die starken Variationen zwischen den Aussagen deuten darauf hin, dass einzelne Zeugen solche Elemente des kulturellen Gedächtnisses individuell verschieden und wohl oft erst aus Anlass der Befragung mit den umstrittenen Rechten in Verbindung setzten. Der Rückgriff auf geläufige Vergangenheitsbilder erscheint dabei vor allem als Argumentationsstrategie, die darauf zielte, auch durchaus umstrittene Rechtsstandpunkte als Bestandteile eines weithin geteilten Wissens auszugeben.

Am Übergang zur Neuzeit veränderten sich Formen und Funktionen dieser Argumentationsstrategie grundlegend. In Aussagen aus der Zeit vor 1400 erschien selbst die sagenhafteste Vergangenheit als Zeitraum, während

115 Enquête Aubonne (1437) SDVD Bd. A1 S. (in Reihenfolge der Nennung oben) 29 (Johannes Landrici), 47 (Anthonius Musiti), 32 (Johannes Ioliveti); Enquête Gruyère (1439) SDVD Bd. A1 S. 127; Enquêtes Chalon (1470/71) SDVD Bd. A1 S. 413: »consuetudo de qua deposuit est ab eterno« (Jean de Montrichier).

116 Enquêtes Chalon (1470/71) SDVD Bd. A1 S. 316f.

dessen sich legitime Veränderungen der Rechtslage ergeben konnten, durch die in der Gegenwart beanspruchte Rechte überhaupt erst zustande gekommen waren. Dagegen lassen Aussagen des 15. Jahrhunderts Rechtsgewohnheiten der Gegenwart vermehrt aus einer Kontinuität immer schon gleich gewesener Alltagspraktiken hervorgehen. Erst in diesen Aussagen des jüngeren Typs scheinen Rechte durch das bloße Alter ihrer Beachtung begründet zu sein. Gefördert wurde dieser Wandel zweifellos durch die zunehmende Ausrichtung der Kundschaftsverfahren auf die Schilderung von Alltagssituationen, aus denen die Befolgung einer Rechtsgewohnheit hervorging. Dass so vermehrt auch angeblich sehr alte Alltagssituationen zur Darstellung gelangten, entsprach auch einem neuen Verständnis von Rechtsgewohnheiten als sehr alten und deshalb gänzlich unverhandelbaren Normen. Dieses neue Verständnis war nicht spezifisch volkstümlich. Die radikalsten Aussagen über das Alter von Rechtsgewohnheiten machten gerade Notare und gelehrte Juristen. Diese sahen »consuetudines« einerseits im Kontrast zum gelehrten Recht und suchten anderseits auch nach überzeugenden Gründen, diese neben dem Recht gelten zu lassen.

4.4 Schluss

Die Hauptergebnisse dieses Kapitels sollen abschließend noch einmal den unterschiedlichen Aspekten der Gestaltung der Aufzeichnungen zugeordnet werden. Dabei ist bei den Objekteigenschaften der Dokumente anzusetzen, die besonders eng mit Praktiken ihrer Rezeption zusammenhingen. Anschließend ist die Ebene der einzelnen Aussagen zu thematisieren, auf der sich zeigt, wie die Erinnerungen der Zeugen zustande kamen und erzählerisch umgesetzt wurden. Schließlich sind Beziehungen zwischen diesen Erinnerungen und Elementen eines kollektiven Gedächtnisses zu erörtern.

Zum Wandel der Objekteigenschaften von Kundschaftsaufzeichnungen trugen außer neuen Befragungsverfahren auch veränderte Praktiken ihrer Rezeption bei, in denen zunächst das Hören, dann die visuelle Lektüre und schließlich das Auszählen im Vordergrund standen. Frühe Aufzeichnungen waren als Urkunden oder Rodel ausgestaltet und darauf ausgerichtet, dass sich autoritative Aussagen über geltende Normen laut vorlesen ließen. Dagegen setzten sich später Protokolle in der Form von Heften und Büchern mit zunehmend komplexen Gliederungen, elaborierten Findmitteln und rigiden

Standardisierungen durch, die ein intensives Studium und eine systematische Überprüfung des Wahrheitsgehalts durch Vergleiche und letztlich durch Auszählungen der Zeugenaussagen ermöglichten. So passten sich die Techniken der Gestaltung und der Auswertung der Aufzeichnungen allmählich einem Verständnis an, wonach sich ungeschriebene Rechte wie Fakten beweisen ließen und Gegenstand eines in ganzen Bevölkerungen verbreiteten Wissens sein mussten.

Im Zusammenhang mit den Formaten und Layouts wandelten sich auch der Stil und die Gegenstände der Erzählungen der Zeugen. Diese hatten ab der Zeit um 1300 immer seltener direkte Fragen nach Rechtsregeln zu beantworten, sondern solche nach Handlungen, die als Indizien der Gültigkeit solcher Regeln dienen konnten. In älteren Protokollen dominierten noch Berichte über ritualisierte Formen der schriftlosen Tradierung von Rechtsregeln oder über bestimmte Ereignisse und Absprachen, die Rechtsverhältnisse der Gegenwart erst hervorgebracht hatten. Erst in Protokollen des 14. Jahrhunderts breiteten sich Berichte über die vielfältigsten Alltagssituationen aus. Aus diesen ging im weiteren Verlauf der Entwicklung oft weniger eine Rechtsregel selbst als das Bewusstsein dafür hervor, dass diese befolgt werden musste. Dabei schwollen die Angaben zu den ganz spezifischen Begleitumständen der eigentlich rechtsrelevanten Handlung zusehends an und erlangten zugleich eine gesteigerte Bedeutung als Ausdruck der Selbstverständlichkeit der Beachtung von Regeln. Als immer wichtigeres Kriterium der Gültigkeit ungeschriebener Regeln galt das Maß, in dem sie dem gewohnheitsmäßigen Handeln entsprachen. Dieses Verständnis verleitete gerade Zeugen wie Juristen und Notare, die mit dem gelehrten Recht vertraut waren, zu phantastisch wirkenden Behauptungen über das Alter der streitigen Gewohnheiten und zu Erzählungen darüber, wie diese seit einer märchenhaften »grauen Vorzeit« kontinuierlich befolgt worden waren.

Berichte, die Beispiele des alltäglichen Handelns beschreiben, werfen besonders drängende Fragen danach auf, wie sich vergangene Ereignisse so darstellen ließen, dass sie sich als Indikatoren geltender Normen gebrauchen ließen. Eine Antwort liegt darin, dass Erinnerungen unter den Bedingungen einer Kundschaftsbefragung in typisierten Formen hervorgerufen, formuliert und verschriftet wurden. In diese Typisierungen flossen normative Elemente unterschiedlicher Art ein, etwa in der Form von Vorstellungen darüber, was Handlungsweisen und Äußerungen als charakteristisch oder regelhaft auszeichnete. Dadurch überwanden die Berichte die Situationsgebundenheit und Spezifik des tatsächlich Vorgefallenen und drängten dieses in eine Darstellungsform, in der es als Substrat der Herleitung allgemein verbindlicher Regeln dienen konnte.

Die bloße Tatsache, dass Zeugenbefragungen über geltende Rechte durchgeführt wurden, wirft die Frage auf, ob die eingeholten Aussagen die Hoffnung erfüllten, ein kollektives Rechtsbewusstsein fassbar zu machen, das schon vor der Befragung durch eine schriftlose Erinnerungskultur tradiert worden war. Tatsächlich führten die Befragten ihr Wissen oft auf feierliche Formen der mündlichen Verkündigung von Rechten im Rahmen von Gerichtsverfahren oder auf Äußerungen von anerkannten Rechtskennern zurück. Auch inhaltlich griffen die Aussagen vergleichsweise feststehende Leitideen und weit verbreitete Erzählungen oder Sagen auf. Dies bedeutet aber nicht unbedingt, dass auch die eigentlich zur Debatte stehenden Rechtsinhalte selbst Bestandteile eines feststehenden kulturellen Gedächtnisses und eines gesellschaftlichen Konsens waren. Vielmehr entsprach es einer verbreiteten Strategie, umstrittenen Rechtsstandpunkten Autorität zu verleihen, indem man sie mit Vorstellungen verknüpfte, über die Konsens bestand. Dass dies oft erst als Reaktion auf momentane Erfordernisse der Befragungssituation geschah, zeigt sich daran, dass die einzelnen Zeugen je ganz unterschiedliche Verknüpfungen herstellten. Der durch die Aussagen suggerierte Eindruck, selbst umstrittene Aussagen über das geltende Recht wären Bestandteil eines kulturellen Gedächtnisses gewesen, war also Ergebnis typisierender Darstellungstechniken.

Schließlich veränderten neue Gestaltungsgrundsätze das Gesamtbild der Rechtskultur und Herrschaftsordnung, das Kundschaftsaufzeichnungen vermittelten. Je später diese entstanden, desto eher suggerieren sie das Bild einer Gesellschaft, die Charakteristiken aufwies, die gemeinhin als traditional gelten: In Kundschaftsaussagen des 15. Jahrhunderts wurden Regeln konsequent dadurch begründet, dass die Bevölkerung diese seit unvordenklichen, wenn nicht sogar seit ewigen Zeiten in ihren Handlungen beachtet hatte, die feststehenden, ritualhaften Formen gehorchten. Rechte wurden mit Traditionen gleichgesetzt, so dass sich Unterschiede zwischen Normen und Handlungen verwischten. Die Erzählweisen, die solche Bilder hervorbrachten, waren nicht aus einer traditionalen bäuerlichen Kultur hervorgegangen, sondern als Anpassung gegenüber Anforderungen an Zeugenaussagen, die erst als Ergebnis jüngerer Entwicklungen gestellt worden waren: Entwicklungen des Rechtsverständnisses, der Verfahren der Rechtsfeststellung und der Methoden der Aktenführung und -auswertung.

Als sich Gerichte zunehmend darauf ausrichteten, Rechte als gewissermaßen volkstümlich auszugeben, war dies mit einer ambivalenten Haltung gegenüber den Zeugen verbunden. Noch in der Zeit um 1300 richtete sich die Gestaltung von Kundschaftsaufzeichnungen nach Praktiken von Entscheidungsträgern, die sich von Wort zu Wort anhörten, was die Zeugen über das Recht zu sagen hatten. Dagegen wurden Zeugen im 15. Jahrhundert zunehmend als Repräsentanten einer einheitlichen Bevölkerung verstanden und deren Aussagen weniger angehört als rigiden Überprüfungen, quantitativen Analysen und kritischen Interpretationen unterzogen. Gerade die Aufzeichnungen, die das Recht auf das Wissen und Handeln der Bevölkerung zurückführten, dienten zugleich dazu, eben diese Bevölkerung und ihr Wissen zu objektivieren und gelehrten Experten das letzte Wort bei der Feststellung des Rechts einzuräumen.

5 Weistümer: Mikrokosmische Rechtsdarstellungen

5.1 Einleitung

Seit der Mitte des 19. Jahrhunderts zogen Weistümer die Mittelalterforscher immer wieder in ihren Bann.[1] Weistümer führen jeweils für eine einzelne Ortschaft Serien von Rechtsregeln auf, welche die Abhängigen an Dinggerichtsversammlungen in der Gegenwart ihrer Herren mündlich verkündet oder eben »gewiesen« haben. In der Regel enthalten Weistümer weder Hinweise auf ein ortsübergreifendes Rechtssystem noch auf andere Rechtsaufzeichnungen. Jeder lokale Herrschaftsverband, so scheint es, folgte seinem eigenen Recht. Weistümer lassen auch kaum Spuren eines professionalisierten und gelehrten Rechtswesens oder einer Zentralisierung von Macht erkennen, wie sie für territoriale Herrschaftskomplexe ab dem Ausgang des Spätmittelalters kennzeichnend wurden. Die Hinweise auf mündliche Weisungen und volkstümlich anmutende Sprachelemente erwecken den Eindruck, Weistümer entsprächen ersten Versuchen, mündliche Traditionen schriftlich festzuhalten, um der Erinnerung größere Beständigkeit zu verleihen. Weistümer erscheinen so als Äußerungen mikrokosmischer Ordnungssysteme, die gleich in mehrfacher Hinsicht zu Bildern passen, die man sich seit dem 19. Jahrhundert von traditionalen Gesellschaften macht: Sie heben eine schriftlose Erinnerungskultur, das Fehlen zentraler Autoritäten und ein Ordnungsgefüge hervor, das auf unmittelbaren Begegnungen zwischen lokalen Herren und Beherrschten beruhte.

Für Pioniere der Weistumsforschung wie Jacob Grimm stand fest, dass Rechte, die so aufgezeichnet wurden, mindestens bis in das frühe Mittelalter, wenn nicht bis in das germanische Stammesleben zurückreichten.[2] Dem

---

1 Systematische Forschungsüberblicke bieten: Rösener, *Dinggenossenschaft*; Werkmüller, *Weistümer*; ders., *Aufkommen*; Schmitt, *Territorialstaat*, S. 26–34; Spieß, *Einleitung*; Blickle, *Rechtsquellen*.

2 Besonders unverblümt etwa in Briefen: Oechsli, *Briefwechsel*, S. 126ff.; Grimm, *Poesie*.

steht die Tatsache entgegen, dass die überwiegende Mehrheit der überlieferten Weistümer erst ab dem fortgeschrittenen 14. oder sogar dem 15. Jahrhundert entstand.[3] Heute besteht in der Forschung weitgehend Einigkeit darüber, dass die in Weistümern enthaltenen Regeln kaum viel älter sind als die Dokumente selbst.[4] In Fortführung dessen, was man als »Grimmsches Paradigma« umschreiben könnte, gelten aber Weistümer weiterhin als Äußerungsformen einer ländlichen Gesellschaft, die auch am Übergang zur Neuzeit noch weitgehend schriftlos, lokalistisch und einfach organisiert – eben traditional war. Ein solches Verständnis von Weistümern fügt sich in Entwicklungsvorstellungen ein, die von einer engen Verbindung zwischen der Verbreitung des Schriftgebrauchs im Rechtsleben und dem Übergang zu modernen, zentralisierten und bürokratischen Verwaltungs- und Gesetzgebungspraktiken ausgehen.[5] Die Bestimmtheit, mit der Weistümer als Ausdruck eines traditionalen Ausgangspunkts der Modernisierung bewertet werden, erstaunt. Denn bislang ist sehr wenig darüber bekannt, wie diese Dokumente hergestellt und gebraucht wurden. Diese Fragen sollen hier untersucht werden.

Die bisherige Forschung beschäftigte sich nur am Rand mit dem Problem, wie Weistümer genau zustande kamen. Zahlreiche Untersuchungen folgten den Angaben in den Dokumenten selbst, wonach diese Aufzeichnungen mündlicher Weisungen am Dinggericht darstellten. Dem hielten einzelne kritische Stimmen entgegen, vor allem ältere Dokumente könnten auf Seiten der Herren verfasst und erst nachträglich als Aussagen der Abhängigen ausgegeben worden sein.[6] Auch solche Vermutungen wurden jedoch kaum zum Anlass genommen, den Vorgehensweisen bei der Aufzeichnung der Dokumente im Einzelnen nachzugehen. Hier wurde schon als Ergebnis der Ausführungen zur Durchführung von Dinggerichten festgehalten, dass diese in Weistümern kaum direkt abgebildet sein können.[7] Es lohnt sich des-

3 Werkmüller, *Aufkommen*, S. 146–149; Patzelt, *Entstehung*, S. 67–74; Müller, *Offnungen*, S. 35f.

4 Werkmüller, *Weistümer*, Sp. 1248.

5 Zu Weistümern als Übergangsphänomenen zwischen mündlich-traditionalen und schriftlich-modernen Ordnungssystemen: Kroeschell, *Rechtsgeschichte*, Bd. 2 S. 127ff.; Bühler-Reimann, *Gewohnheit*; Holenstein, *Huldigung*, S. 198–216.

6 Von ersterer Position geht praktisch die ganze ältere Forschung aus, neuere Beispiele bilden: Rösener, *Dinggenossenschaft*; Algazi, *Blick*; Toch, *Asking*. Vgl. dagegen Morsel, *Prélèvement*, S. 160ff.; Spieß, *Einleitung*, S. 6f. sowie auch schon einige ältere Arbeiten wie Patzelt, *Entstehung*, S. 32ff., 37f.; Perrin, *Chartes*.

7 Vgl. oben, Kp. 2.2.

halb, der Herstellung von Weistümern vermehrt unter den Gesichtspunkten der Schreibpraxis und des Dokumentgebrauchs nachzugehen.

Das Problem des Gebrauchs von Weistümern wurde lange weitgehend auf die Frage nach den Ursachen des Aufkommens der Dokumentgattung verkürzt. Die deutschsprachige Forschung wies auf die Auflösung der großen, von lokalen Grundherren selbst bewirtschafteten Fronhöfe und deren Zersplitterung in kleinere bäuerliche Betriebseinheiten hin.[8] Dem Erklärungsansatz des Franzosen Charles-Edmond Perrin kommt das Verdienst zu, Weistümer nicht nur mit Regelungen der Beziehungen zwischen Herren und ihren Abhängigen, sondern auch mit Konkurrenzverhältnissen unter Herren selbst in Verbindung gesetzt zu haben. Er führte die Entstehung der Gattung auf Versuche geistlicher Grundherren zurück, ihre lokalen Herrschaftsrechte gegen die Ansprüche ihrer adligen, ursprünglich für den Schutz des Klosters zuständigen Vögte zu verteidigen.[9] Diese Prozesse, die sich alle wesentlich während des 11. und 12. Jahrhunderts vollzogen, waren wohl tatsächlich Voraussetzungen einer vermehrten Verschriftlichung örtlicher Rechtsverhältnisse. Dies erklärt aber kaum, wieso Weistümer viel später weite Verbreitung erlangten. Erst in den letzten Jahrzehnten versuchten einige Studien, die Entstehung von Weistümern mit der Ausbildung großer territorialer Herrschaftskomplexe und besonders als Verteidigungsstrategie der dadurch unter Druck kommenden kleineren Herren zu verstehen. Dieser Ansatz verknüpfte Weistümer erstmals mit Entwicklungen, die tatsächlich während des Zeitraums, während dessen sie sich stark ausbreiteten, besondere Dynamik entfalteten,[10] stellt allerdings weiterhin eher die Gründe ihres Aufkommens als ihre Gebrauchszusammenhänge in den Vordergrund.

Alle diese Erklärungsansätze standen letztlich im Dienst – und auch im Schatten – einer Kontroverse, welche die Weistumsforschung während des gesamten 20. Jahrhunderts stark dominierte. Sie entzündete sich an der Frage, ob die Inhalte von Weistümern vorwiegend den Interessen der Bauern oder jener der Herren entsprachen oder – in den stärker auf zwischenherrliche Interessenkonflikte ausgerichteten Ansätzen – jenen der Vögte oder der Territorialherren.[11] Ganz abgesehen davon, dass sich Kategorien wie Herren und Bauern kaum zur Umschreibung kohärenter Interessengruppen eige-

8 Patzelt, *Grundherrschaft*; dies., *Entstehung*, S. 72–91; Kollning, *Weistümer*, S. 38f.; Rösener, *Dinggenossenschaft*, S. 64–68.

9 Perrin, *Recherches*, S. 675–690; ders., *Chartes*, S. 16–20.

10 Eder, *Weistümer*; Müller, *Offnungen*.

11 Überblicksdarstellungen dieser Diskussionen: Rösener, *Dinggenossenschaft*, S. 68–73; Spieß, *Einleitung*; Burmeister, *Rechtsfindung*; Brunner, *Land*, S. 347.

nen, ist bislang zu wenig thematisiert worden, dass sich Interessen nicht nur im Moment der Herstellung von Dokumenten, sondern auch in ihrem späteren Gebrauch artikulieren.[12] Wem eine Rechtsaufzeichnung letztlich zugute kam, zeigt sich grundsätzlich weniger auf der Ebene ihrer Inhalte als auf jener des Einsatzes dieser Inhalte, der starken Veränderungen unterliegen konnte. Dabei ist nicht nur nach den Interessen einzelner Akteure, sondern auch nach den Handlungs- und Argumentationsbedingungen zu fragen, unter denen sich der Einsatz von Weistümern lohnte. Auch Vermutungen über den Zusammenhang von Weistümern mit traditionellen Gesellschaftszuständen werden erst einer kritischen Überprüfung zugänglich, wenn die Handlungszusammenhänge ins Auge gefasst werden, in die Weistümer eingingen.

Die Weistumsforschung etablierte sich im Lauf des 20. Jahrhunderts als spezialisiertes Fachfeld, das Weistümer als überregionale, von anderen Dokumenttypen abgegrenzte, unter sich aber relativ einheitliche Phänomene behandelte. Diese Vorgehensweise verlieh einer zweiten großen Kontroverse, jener über die Gattungsdefinition, besondere Brisanz. Die Tatsache, dass die Beziehung von Weistümern zu Rechtsweisungen am Dinggericht in den bisherigen Forschungsdiskussionen stark im Vordergrund stand, rechtfertigt den Vorschlag von Spieß, nur solche Aufzeichnungen als Weistümer zu bezeichnen, in denen Serien von Rechtsregeln explizit mit Inhalten von Rechtsweisungen an Dinggerichten in Verbindung gesetzt werden. Die Dokumente konnten im Einzelnen in recht unterschiedlicher Art auf Dinggerichte verweisen:[13] Manche schreiben vor, die aufgeführten Regeln in der Zukunft an jedem Dinggericht zu weisen. Andere behaupten, diese seien an einem bestimmten, datierten Dinggericht der Vergangehnheit gewiesen worden. Und dritte führen Regeln auf eine alte Tradition gleichförmiger Weisungen an regelmäßig durchgeführten Dinggerichten zurück, was manchmal weniger explizit behauptet als suggeriert wird, indem eine Präambel oder die ersten Bestimmungen der Aufzeichnung den regelmäßigen Ablauf solcher Rechtsweisungen schildern. Tatsächlich konnten sich diese Grundtypen in vielfältiger Weise miteinander vermischen, und es lohnt sich, die Frage nach der Art des Bezugs auf Dinggerichte nicht nur für jedes Weistum, sondern auch für jede seiner Redaktionsvarianten gesondert zu beantworten.

12 Vgl. hierzu die grundsätzlichen Überlegungen bei Hildbrand, *Quellenkritik*; Sablonier, *Schriftlichkeit*; ders., *Verschriftlichung*.

13 Spieß, *Einleitung*, S. 1–7, mit weiterführender Literatur.

Hier zielt die Definition der Dokumentgattung nicht darauf ab, alternative Formen der Aufzeichnung lokaler Rechte von der Untersuchung auszuschließen. Vielmehr soll dadurch eine Auseinandersetzung mit Beziehungen zwischen Weistümern und anderen Aufzeichnungstypen erleichtert werden. Denn richtet man den Blick auf Formen des Gebrauchs von Weistümern, dann erscheinen diese unweigerlich in engem Zusammenhang mit vielfältigen anderen Dokumenten. Ebenso präsentieren sich Vorgänge der Herstellung und redaktionelle Bearbeitung von Weistümern über weite Strecken als Operationen der Übertragung von Inhalten aus anderen Aufzeichnungsformen. Ein erster Teil dieses Kapitels untersucht Weistümer im weiteren Zusammenhang anderer Aufzeichnungen lokaler Rechte. Zunächst soll ein Vergleich mehrerer Dokumentgattungen die spezifischen Gebrauchsspielräume klären, welche die Darstellungsform Weistum eröffnete. Vor diesem Hintergrund können dann auch die Verbreitung von Weistümern und die fassbaren Anlässe ihrer Aufzeichnung differenzierter beurteilt werden. Der zweite Teil unter dem Titel »Weistumsgenesen« verbindet Fragen nach dem Handeln mit den Dokumenten und solche nach dem Handeln an den Dokumenten. Hier werden Beispiele dichter Überlieferungen als Zugang zur Untersuchung von Operationen der Herstellung und redaktionellen Überarbeitung von Weistümern genutzt. Beide Teile zielen darauf, das Aufkommen und die Fortentwicklung von Weistümern in den Zusammenhang eines Wandels von Dokumentierungsbedürfnissen zu stellen, der seinerseits mit Entwicklungen der Herrschaftsorganisation und der Rechtskultur in Verbindung stand.

5.2 Varianten der Verschriftlichung lokaler Rechte

Prozesse der Gattungsdifferenzierung

Wer sich mittelalterlichen Praktiken der Dokumentierung lokaler Rechte annähern will, tut gut daran, Weistümer im Zusammenhang mit anderen Formen der Aufzeichnung lokaler Rechte zu untersuchen. Denn ein Vergleich mit anderen Dokumenttypen macht besonders deutlich, mit welchen spezifischen Ordnungsvorstellungen und Spielräumen des Dokumentgebrauchs die Darstellung von Rechten in der Form von Weistümern einherging. Auf dem gegenwärtigen, relativ fortgeschrittenen Stand von Erschließungs- und Editionsprojekten kann es als gesichert gelten, dass die Überlieferung eigentlicher Weistümer für das Gebiet der heutigen Schweiz ab der zweiten Hälfte des 13. Jahrhunderts zaghaft einsetzt und sich erst ab dem 14. und vor allem dem 15. Jahrhundert vervielfacht.[14] Dieser Sachverhalt lässt sich trotz aller berechtigten Hinweise auf Veränderungen in den Überlieferungsbedingungen letztlich kaum erklären, ohne eine zunehmende Verbreitung der Herstellung solcher Aufzeichnungen anzunehmen. Im Folgenden sind zunächst Aufzeichnungen lokaler Rechte aus dem 13. Jahrhundert zu diskutieren, was es erlaubt, die Ausbreitung von Weistümern mit Prozessen der Ausdifferenzierung von Dokumenttypen in Verbindung zu setzen. Der zweite Abschnitt geht auf das 14. und 15. Jahrhundert und damit auf denjenigen Zeitraum ein, während dem der Großteil der überlieferten Weistümer entstand. Hier werden Varianten der Darstellung lokaler Rechte sowie Überlieferungsmuster und Herstellungsanlässe von Weistümern zur Sprache kommen. Diese Diskussionen zielen letztlich darauf, zu einem präziseren Bild der Regelungsbedürfnisse zu gelangen, die der Aufzeichnung von Weistümern zugrunde lagen.

Vorläufer des 13. Jahrhunderts

»Cono, prepositus Lausannensis, ivit apud Dunmartin.« Mit Sätzen dieser Art beginnt eine ganze Reihe von Einträgen im Kartular des Kapitels von Lausanne, die während der ersten Jahrzehnte des 13. Jahrhunderts entstanden.[15] Außer nach Dommartin, einer nördlich von Lausanne gelegenen Ortschaft, begab sich der langjährige Propst Cono gemäß Angaben in anderen Kartulareinträgen auch an viele weitere Orte, in denen sein Kapitel Herrschaftsrechte beanspruchte, und schlichtete dort Streite, verlieh Lehen oder nahm Treueeide seiner Vasallen entgegen. Drei der Einträge verdienen hier besondere Beachtung. Sie wurden schon von Grimm in seine Weistümersammlung aufgenommen und gehören tatsächlich zu den frühsten im untersuchten Raum nachweisbaren Versuchen, lokale ländliche Rechtsordnungen in einer Weise schriftlich zu inventarisieren, die sich der Darstellungsform von Weistümern annäherte – sich von dieser aber in entscheidenden Punkten auch noch unterschied.[16]

14 Vgl. oben, Anm. 3.

15 Edition und Kommentare: MDR Bd. 3.3.

16 Grimm, *Weisthümer*, Bd. 5 S. 2–9.

Die drei Einträge betreffen die Ortschaften Crans (1212), Saint-Prex (1221) und eben Dommartin (1230). Jeder Eintrag verweist auf einen datierten Vorgang der Festlegung lokaler Rechte. Dabei besuchte Propst Cono angeblich jedesmal persönlich den betroffenen Ort, wo er mit zahlreichen weiteren Persönlichkeiten zusammentraf, mit Chorherren des Kapitels, Priestern und Rittern aus der Umgebung, den örtlichen Amtleuten des Kapitels sowie weiteren Ortsbewohnern. Die so Versammelten anerkannten (»recognoverunt«) ganze Serien von Rechten und Pflichten, was moderne Editoren veranlasste, diese Art von Aufzeichnungen als »Recognitiones« zu umschreiben.[17]

Alle drei Recognitiones halten einige Regelungen fest, die das Verhältnis zwischen dem Kapitel als Herrschaft und der Gesamtheit seiner örtlichen Abhängigen betrafen. Dazu gehören Angaben zum Umfang der Gerichtsrechte des Kapitels, zur räumlichen Eingrenzung seiner Herrschaftsansprüche (»Umkreise«) und zum Tarif der Bußen, die für spezifische Regelübertretungen verhängt werden sollten. Außerdem finden sich besonders in den Einträgen zu Crans und Saint-Prex in unübersichtlicher Mengenlage zahllose Bestimmungen, die sich jeweils nur auf einzelne Abhängige bezogen, die manchmal in der Form von Listen aufgezählt wurden und die beispielsweise zusätzliche Fuhr-, Arbeits- und Bewirtungsdienste schuldeten. Die Darstellung komplizierte sich dadurch weiter, dass sie sich mit Aufzählungen der Rechte und Pflichten der herrschaftliche Amtleute wie des lokalen Kellerers, Maiers und Viztums verflocht. Sie alle hatten Ordnungsaufgaben zu erfüllen, aber auch Abgaben zu entrichten, von denen sie einige dem Kapitel insgesamt, andere nur dem Propst und dritte einander schuldeten, und auch diese Empfänger mussten die Erträge oft wieder mit anderen teilen. Die Einträge unterschieden sich grundlegend von den aus dem gleichen Zeitraum weit zahlreicher überlieferten Dokumenten wie Lehensverträgen, die jeweils nur Rechte und Pflichten zwischen zwei Parteien festhielten.[18] Hier entstanden komplexe Gesamtbilder von örtlichen Geflechten aus Verpflichtungen

17 Recognitiones (frühes 13. Jh.): MDR Bd. 3.3 S. 195f. Nr. 195 (Dommartin), 281f. Nr. 319 (Saint-Prex), S. 424–429 Nr. 493–495 (Crans). Zu diesem Dokumenttyp: Ciardo/Morerod, *Chartes*.

18 Solche Dokumente sind gerade auch im Kartular des Kapitels weit zahlreicher vertreten. Hier nur einige von zahlreichen Beispielen: MDR Bd. 3.3 S. 122f. Nr. 89 (1225 Absprache mit Villicus von Essertines), 125 Nr. 92 (1235 Homagium des Meiers von Essertines), 155 Nr. 142 (1219 Homagium des Villicus von Dommartin), 162 Nr. 152 (Streitbeilegung zwischen dem Kapitel und dem Meier von Dommartin), 258 Nr. 289 (1228 Homagialurkunde des Villicus von Epalignes) und viele mehr.

zwischen ganz unterschiedlichen, in vielfältiger Weise interdependenten Parteien, gewissermaßen von rechtlichen Mikrokosmen.

Damit entsprechen die Einträge im Kartular einem Darstellungsprinzip, das als grundlegendes Charakteristikum von Weistümern erscheint, wie sie vereinzelt ab der Mitte des 13. Jahrhunderts und dann vermehrt gegen die Mitte des 14. Jahrhunderts entstanden. Zu den frühen, einigermaßen zuverlässig datierbaren Beispielen aus der Region gehören etwa die Weistümer für Romainmôtier (1266), Apples (1327), Höngg (1338) und Birmensdorf (1330–1347).[19] In ihrer überwiegenden Mehrheit führten auch solche Weistümer die Rechte unterschiedlicher Herrschafts- und Lehens- und Amtsträger nebeneinander auf und grenzten so örtliche Ansprüche des Grund- und des Vogteiherren und einer Reihe lokaler Amtleute voneinander ab.[20] Auch die Sachfragen, die in den drei Einträgen des Kartulars geregelt sind, stimmen mit den inhaltlichen Schwerpunkten späterer Weistümer überein. Dazu gehörten einmal Bestimmungen zur Abgrenzung und Handhabung von Jurisdiktionsrechten sowie zu Abgaben und Dienstleistungen, auf die verschiedene Inhaber von Herrschaftsrechten an einem Ort Anspruch hatten. Viele Weistümer regeln außerdem die Nutzung von Allmenden, Weiden oder Wäldern und enthalten Bestimmungen über die Rechte der Abhängigen, Güter zu veräußern oder sich selbst der Herrschaft zu entfremden (Ungenossamenehe, das heißt Heirat mit Angehörigen anderer Herrschaften, Wegzug). Diese Ausrichtung auf das Rechtsgeflecht des Orts verband sich offenbar schon früh mit der Erfordernis, Regelungen nicht mehr einfach wie in Lehensverträgen auf bilaterale Vereinbarungen, sondern auf Ortsversammlungen zurückzuführen, an denen sich nicht etwa nur die lokale Bevölkerung und ihre

19 Plaict Romainmôtier (1266) SDVD Bd. B2 S. 375–378 Nr. 343; Offnung Höngg (1338) (lateinische Version) Statutenbücher S. 149–154; Offnungen Birmensdorf (vor 1350, zwei Versionen) RQZH Bd. 1.2 S. 20–38; Offnung des Klosters Engelberg für die Höfe im Aargau und Zürichgau (14. Jh.) StA Engelberg D1 ediert in RQAG Bd. 2.1 S. 157–159 Nr. I.2 und Weisthümer Bd. 1 S. 1f.

20 Ab dem Übergang zum 15. Jahrhundert entstanden vereinzelt Weistümer, die durch Titel in einzelne Kapitel unterteilt sind, die jeweils den Rechten und Pflichten eines einzelnen Rechtsträgers gewidmet sind, zu denen sich neben Teilhabern an der Herrschaft auch die Gemeinde als Gesamtheit der Abhängigen gesellen konnte. So folgen sich etwa in der Offnung für die unter der Grundherrschaft des Chorherrenstifts stehende Zürcher Ortschaft Hegi Abschnitte über »des brobsts recht«, »des vogts recht«, »der gemeind recht« und der »chorherren recht«, Offnung Hegi (1396/1518) Kläui, *Geschichte*, S. 356–361. Vgl. für ähnliche Beispiele Offnung Kölliken (1414) RQAG Bd. 2.1 S. 499–509; Offnung Berg am Irchel (15. Jh.) RQZH Bd. 1.1 S. 486–497; Offnung Breite-Hakab (1439) RQZH Bd. 1.1 S. 137–142 Nr. 2 und 3 (ein Dokument, in der Edition in zwei aufgeteilt).

Herrschaft, sondern auch alle großen und kleinen Potentaten, die mit dem Ort durch Rechte und Pflichten verbunden waren, zugleich gegenüberstanden. Hier wurde weniger bilateral als multilateral verhandelt.

Von Weistümern des 14. und 15. Jahrhunderts unterschieden sich die Einträge im Kartular von Lausanne allerdings in mehrerlei Hinsicht. Einmal weisen die Kartulareinträge die festgehaltenen Rechte nicht als Inhalte regelmäßiger Weisungen alter Rechtsgewohnheiten an Dinggerichten aus. Obwohl die personelle Zusammensetzung der Versammlungen, zu denen sich Propst Cono begab, an jene von Dinggerichten erinnert, spricht manches dagegen, dass es sich im engeren Sinn um solche handelte. So erwähnen die Einträge zu Crans und Saint-Prex lokale, regelmäßig abzuhaltende Dinggerichte (»plaits«) beiläufig, aber nur als Anlässe, bei denen die örtlichen Amtleute Abgaben erhoben.[21] Dagegen scheint der Propst die beschriebenen Versammlungen jeweils aus aktuellen Anlässen einberufen zu haben. Der Eintrag zu Dommartin vermerkt etwa explizit, die Versammlung sei eigens einberufen worden, um gewalttätige Auseinandersetzungen unter den Ortsbewohnern beizulegen, bei denen einige verwundet worden waren.[22] In den Einträgen fehlen auch Hinweise auf eine Auffassung, wonach die Versammlungen alte Rechte feststellten. Einzelne Stellen beschreiben im Gegenteil, wie neue Regeln vorgeschlagen, diskutiert und vereinbart oder abgewiesen wurden. So sollen die Leute von Dommartin wohl aufgrund ihrer Erfahrungen während der jüngsten Konflikte gefragt haben, ob man für Gewaltübergriffe, die innerhalb der lokalen Burg verübt wurden, künftig doppelte Bußen verlangen könnte. Diese Regelung sei dann mit Zustimmung aller Anwesenden festgelegt worden (»de assensu omnium qui erant presentes [...] fuit statutum«). Dagegen hätten in Saint-Prex »omnes de villa« ein Begehren des Meiers abgelehnt, künftig von jedem Haushalt jährlich ein Weißbrot zu erhalten. Als Geltungsgrund der festgelegten Regeln erscheint, ähnlich wie in Kund-

21 Recognitiones (frühes 13. Jh.) MDR Bd. 3.3 S. 425, 426, 428 (Crans), 282 (Saint-Prex). Vgl. Kp. 4.3 zu den Aufgaben, welche die Dinggerichte von Lausanne und Romainmôtier in diesem Zeitraum nachweislich erfüllten.

22 Recognitiones Dommartin (1230) MDR Bd. 3.3 S. 280 Nr. 195. Auch für das Treffen in Crans lässt sich ein aktueller Anlass erahnen. Dort war soeben das Amt des lokalen Kellerers neu besetzt worden, das zuvor über lange Jahre von einem Geistlichen wahrgenommen worden war. Entsprechend ist von Rechten die Rede, die Petrus »sacerdos et villicus antiquitus« schon einmal anerkannt hatte, wobei es sich um jenen »Petrus, capellanus de Crant, qui villicus est« handeln dürfte, den schon der ältere Teil des Dokuments erwähnt. Recognitiones Crans (1212) MDR Bd. 3.3 S. 424–429 Nr. 493-495.

schaftsverfahren des 13. Jahrhunderts, die bloße Tatsache, dass man sich in einem von den Betroffenen anerkannten Verfahren darauf geeinigt hatte.[23]

Urbar und Weistum

Ein weiterer grundlegender Unterschied zwischen den Einträgen im Kartular von Lausanne und späteren Weistümern betrifft die Darstellung der Verpflichtungen der örtlichen Abhängigen. Weistümer des 14. und 15. Jahrhunderts führten von ganz vereinzelten Ausnahmen abgesehen Rechte und Pflichten auf, die für alle Abhängigen eines Orts einheitlich galten. Differenzierungen bezogen sich allenfalls auf verschiedene Kategorien von Abhängigen wie leib- und grundherrlich Gebundene, nicht aber auf individuelle Personen oder Güter. Dagegen wirken die Kartulareinträge für den heutigen Leser nicht zuletzt deshalb unübersichtlich, weil sie Rechte und Pflichten auf Seite der Herren und auf Seite der Abhängigen gleichermaßen differenziert aufführen und dadurch streckenweise die Gestalt von Verzeichnissen der auf einzelnen Personen und Gütern lastenden Abgabeschulden annehmen. Dass sich solche Darstellungsformen zu einem frühen Zeitpunkt nachweisen lassen, unterstützt möglicherweise die schon von Charles-Edmond Perrin formulierte These, wonach sich Weistümer aus hochmittelalterlichen Zinsverzeichnissen und Güterbeschreibungen, die Darstellungselemente spätmittelalterlicher Urbare vorwegnehmen, entwickelt hatten.[24]

Während sich die Frage nach den ältesten Ursprüngen von Weistümern angesichts der schmalen frühen Überlieferung kaum abschließend klären lässt, steht außer Zweifel, dass Weistümer einerseits und Abgabeverzeichnisse andererseits am Ausgang des Mittelalters meist als in formaler und inhaltlicher Hinsicht deutlich voneinander unterschiedene Typen der Aufzeichnung lokaler Rechtsverhältnisse erscheinen. In der Überlieferung des 14. und 15. Jahrhunderts finden sich einerseits Weistümer und mit diesen verwandte Dokumenttypen, die allgemeine örtliche Rechtsordnungen darstellten, die für die Gesamtheit der örtlichen Abhängigen verbindlich waren. In aller Regel schon materiell deutlich davon getrennt sind anderseits im weitesten Sinn als Urbare zu umschreibende Typen, welche die Abgabeverpflichtungen einzelner, namentlich genannter Personen und Güter in Listenform aufführ-

23 Recognitiones Saint-Prex (1221) MDR Bd. 3.3 S. 195 Nr. 195, 283 Nr. 319. Vgl. oben, S. 50–53.

24 Perrin, *Recherches*, S. 685–690; ders., *Chartes*, S. 27.

ren.[25] So übergangslos wie in den Einträgen im Lausanner Kartular aus dem frühen 13. Jahrhundert gehen diese beiden Darstellungsformen in der späteren Überlieferung kaum mehr ineinander über. In einzelnen Dokumenten aus der Zeit um 1300 vermischen sich die beiden Darstellungsformen zwar noch, erscheinen aber anders als im Kartular von Lausanne schon als Ergebnisse zweier distinkter Befragungsverfahren: Während zur Feststellung der Abgabeverpflichtungen der einzelnen Abhängigen Einzelbefragungen zum Einsatz gelangten, wurden Regeln, die alle Ortsansässigen betraffen, bei Kollektiven erfragt.[26] Offensichtlich entsprach es einem wachsenden Bedürfnis der Herrschaften, die Festlegung individueller und kollektiver Verpflichtungen der Abhängigen durch unterschiedliche Verfahren zu legitimeren.

Die Differenzierung der beiden Aufzeichnungstypen Urbar und Weistum verfestigte sich im Lauf des 14. und 15. Jahrhunderts zusehends. Es trifft zwar zu, dass Dokumente beider Typen oft weiterhin gemeinsam aufbewahrt, nacheinander in Kopialbücher aufgenommen und an das eine und das andere Weistum nachträglich Notizen urbarieller Art angehängt wurden.[27] Dabei handelt es sich aber in aller Regel um stilistisch und durch Hinweise auf unterschiedliche Entstehungszusammenhänge klar voneinander getrennte Einträge.[28] Statt ineinander überzufließen, erscheinen die beiden Aufzeichnungstypen am Ausgang des Mittelalters vermehrt als komplementär zueinander, und gerade diese Komplementarität bietet wichtige Anhaltspunkte dafür, welche neuen Darstellungsbedürfnisse der Ausbreitung von Weistümern zugrunde lag. Dabei ging es nicht in erster Linie um eine Unterscheidung ökonomischer und politischer Verpflichtungen, wie dies die moderne Editionspraxis dadurch nahelegt, dass sie Weistümer oft in Sammlungen von Rechtsquellen und Urbarien in solche von Wirtschaftsquellen aufnimmt.[29] Und auch der Vorschlag, Weistümer würden in den Urbaren

25 Zu dieser Differenzierung auch Morsel, *Prélèvement*, S. 185f. Zu Urbaren: Sablonier, *Verschriftlichung*, S. 92–120; Egloff, *Urbar*; Gelting, *Hommes*; Ott, *Probleme*.

26 Urkunde Maracon (1297 im Vidimus von 1444) ACV IB 55 Nr. 56; Extentes Dommartin (1317) ACV Ac 27 bes. fol. 16rf., 40r. Zu diesem Dokument auch Rück, *Registres*, S. 178.

27 Vgl. hierzu Morsel, *Prélèvement*, S. 162–171; Perrin, *Chartes*, S. 27.

28 Beispiele für die Aufnahme von – klar als eigenständige Dokumente markierten – Weistümern in Urbarbücher bilden etwa die Offnungen Erlinsbach (1331, 1349 und 1432) RQAG Bd. 2.2/2 S. 144–147, 156; Weistum Aeugst-Borsikon-Breitmatt (1412) RQZH Bd. 1.1 S. 58–63; Vogtweistum Weinigen (frühes 15. Jh.) StAZ A 97.7 Nr. 18 (nach einem dicken Strich, der über die ganze Breite der Seite ausgezogen ist); Hallwiler Seerecht (1419) RQAG Bd. 2.1 S. 163–169.

29 Nicht untypisch, aber besonders deutlich ist in dieser Hinsicht die Anlage der Sammlung schweizerischer Rechtsquellen, zu deren frühsten, dem ländlichen Raum gewidmeten

fragmentiert aufgeführte Rechte einer Herrschaft wieder zu einem Gesamtbild zusammenfügen,[30] trifft am ehesten für Regeln zu Abgaben, nicht aber für die zahlreichen anderen, in Weistümern normalerweise enthaltenen Normen zu.

Ein durchweg wichtiges Distinktionsmerkmal jener herrschaftlichen Rechte, die in Weistümern, nicht aber in Urbarien zur Darstellung gebracht wurden, besteht darin, dass sich diese einheitlich auf ganze Verbände von Abhängigen an einem Ort beziehen ließen. Durch die Beschränkung auf solche Rechte unterscheiden sich spätere Weistümer auch grundlegend von Aufzeichnungen wie jenen im Lausanner Kartular aus dem frühen 13. Jahrhundert, die wechselseitige Pflichten zwischen Herrschaftsvertretern und einzelnen Abhängigen aufführten. Verglichen mit solchen Dokumenten lassen Weistümer Herren und ihre als anonym dargestellten Abhängigen als in kategorialer Weise voneinander unterschieden und den Abstand zwischen beiden als entsprechend groß erscheinen. Die Darstellung der Abhängigen als homogene Kategorie impliziert, dass sich diese als einheitlicher Verband verstehen lassen. Nur wenige Weistümer sprechen zwar mit Ausdrücken wie »universitas«, »communitas« oder »Gemeinde« auch explizit eine bestimmte Form der politischen Selbstverwaltung dieses Verbandes an. Dagegen setzten sie die aufgeführten Rechte mit Weisungen an regelmäßig durchgeführten dörflichen Dinggerichten und damit durchaus mit einer institutionalisierten Form der lokalen Organisation in Verbindung. Es liegt nahe, diese zunehmende Ausrichtung auf organisierte örtliche Verbände in den weiteren Zusammenhang von Prozessen der Dorfbildung zu setzen. Dabei ist weniger an die frühen siedlungsgeographischen und wirtschaftsorganisatorischen, als an die erst im vorgerückten Spätmittelalter fassbar werdenden rechtlich-politischen Dimensionen dieses Prozesses zu denken, etwa an die Ausbildung kommunaler Selbstverwaltungsformen und die vielerorts früher fassbare Ausrichtung an Dörfern als herrschaftlichen Verwaltungseinheiten.[31]

Im Lauf des Spätmittelalters kam es zu einer fortschreitenden Differenzierung von Listen individueller Abgabeverpflichtungen (»Urbaren«) und Aufzeichnungen von Regeln, die alle an einem Ort Ansässigen gleichermaßen betrafen (»Weistümer« und Vorläufer), sowie zu einer starken quantitative Zunahme der Letzteren. Dies deutet auf wachsende Bedürfnisse, kohä-

---

Bänden reine Weistumsbände gehören – RQZH Bd. 1.1–2 (1910) –, während Urbare aus dem gleichen Raum Gegenstand eines gesonderten Projekts wurden: Urbare und Rödel.

30 So ein Vorschlag von Morsel, *Prélèvement*, S. 186ff.

31 Spieß, *Gesellschaft*; Genicot, *Communities*.

rente Rechtsordnungen für Ortschaften zu definieren. In einer frühen Phase wurden solche dörfliche Rechtsordnungen oft noch auf Verhandlungen an ad hoc einberufenen Versammlungen zurückgeführt. Ab dem 14. Jahrhundert setzten sich dagegen vermehrt Weistümer im engeren Sinn durch, die Rechtsordnungen auf regelmäßige Verkündigungen feststehender Rechte an Dinggerichtsversammlungen zurückführten. Dass sich Dokumente, die Rechtsordnungen gewissermaßen als unverrückbare Eigenheiten von Ortschaften auswiesen, stark ausbreiteten, beruhte nicht zuletzt auf solchen Darstellungen inhärenten Einsatzmöglichkeiten. Diese sind Thema des folgenden Abschnitts.

Alternativen und Anlässe der Aufzeichnung von Weistümern

Weistümer waren keineswegs die einzige Dokumentgattung, durch die sich Rechte auf Orte und einheitliche örtliche Verbände radizieren ließen. Grundsätzlich erscheint die Herstellung von Weistümern im ganzen untersuchten Raum des schweizerischen Mittellands ab dem Ende des 13. Jahrhunderts als eine von mehreren Varianten der Verschriftlichung lokaler Rechtsordnungen. Das Maß, in dem diese Möglichkeit wahrgenommen wurde, variierte stark. Im Folgenden gelangen zunächst Verbreitungsmuster dieses Aufzeichnungstyps zur Sprache. Anschließend sollen alternative Formen der Verschriftung lokaler Rechte einander gegenübergestellt und Anlässe ihrer Herstellung erörtert werden, was es schließlich erlaubt, die spezifischen Darstellungsprinzipien und Einsatzmöglichkeiten von Weistümern genauer einzugrenzen.

Verbreitung

Im europäischen Vergleich lassen sich für das Spätmittelalter sehr unterschiedliche, zum Teil regional ganz eigenständige Typen von Aufzeichnungen örtlicher Rechte nachweisen. Die Verbreitung von Dokumenten, die sich als Weistümer umschreiben lassen, ist weitgehend auf ein Gebiet beschränkt, das im deutschen Sprachraum den Süden und die Rheinlande und im französischen Sprachraum den Osten (Belgien, Lorraine, Alsace, Franche-Comté, Suisse Romande) umfasste.[32] Für die durch die Forschungstradition geprägte Annahme, Weistümer entsprächen eher einem Phänomen des deutschen als

32 Morsel, *Prélèvement*, S. 155–160; Gilissen, *Pays*, S. 306f.; Perrin, *Chartes*, bes. S. 29f.; Werkmüller, *Aufkommen*, S. 156f.

des französischen Sprachraums, bietet die Überlieferung wenig Anhaltspunkte. Systematische Erschließungsarbeiten ergaben etwa für die französischsprachigen Gebiete des Fürstbistums Basel im Jura und für die deutschsprachige Umgebung der Stadt Zürich ähnlich dichte Überlieferungen von Weistümern.[33]

Einer genaueren quantitativen Erfassung der räumlichen Verbreitung von Weistümern stellen sich enorme methodische Probleme entgegen. Dazu gehört schon, dass die verschiedenen wissenschaftlichen Erschließungsprojekte sehr unterschiedliche Kriterien der Erfassung von Dokumenten als Weistümer eingesetzt haben. Weiter hingen Überlieferungschancen von Weistümern entscheidend von frühneuzeitlichen Formen ihres Gebrauchs ab, über die noch wenig bekannt ist. Schließlich bietet es ungleich viel größere Schwierigkeiten als etwa im Fall von Urkunden oder Kundschaftsaufzeichnungen, die Weistumsüberlieferung in zählbare Einheiten aufzubrechen. Weistümer sind ausgesprochen flüssige Texte. Sie liegen oft für denselben Ort in zahlreichen nur zum Teil datierten Abschriften vor, deren Wortlaute mehr oder weniger stark voneinander abweichen. Solche Versionen lassen sich schwer eindeutig Kategorien wie »Konzept«, »Original« und »Kopie« zuweisen. Im Lauf der redaktionellen Bearbeitungen wurde manchmal ein Weistum, das sich auf mehrere Orte zugleich bezog, in mehrere jeweils nur für einen Ort geltende Weistümer aufgegliedert. In anderen Fällen ersetzte man umgekehrt die Weistümer mehrerer Orte durch ein einziges regionales »Einheitsweistum«.[34] Wo sollten da präzise Zählungen ansetzen?

Gewisse Ungleichmäßigkeiten in der räumlichen Verteilung der überlieferten Weistümer lassen sich allerdings auch ohne genaue Zählungen benennen. Markante Unterschiede ergibt weniger eine Aufgliederung der noch vorhandenen Weistümer nach Regionen als eine nach Typen lokaler Herrschaftsträger. Für einen frühen, etwa bis zur Mitte des 14. Jahrhunderts reichenden Zeitraum sind praktisch nur Weistümer für Ortschaften überliefert, die kirchlichen Herrschaftsträgern unterstanden. Vielleicht sind geringere Überlieferungschancen dafür verantwortlich, dass sich Weistümer für kleine Adelsherrschaften erst für den Zeitraum ab 1400 in größerer Zahl nachweisen lassen.[35] In einzelnen Gegenden, etwa im Einzugsgebiet territorialherr-

33 Vgl. etwa die Erschließungserfolge bei: Bühler-Reimann, *Gewohnheitsrecht*; RQZH Bd. 1.1–2.

34 Vgl. die in Kp. 4.3 diskutierten Beispiele.

35 Zu den älteren Beispielen gehören: Offnung der Landgrafschaft Buchsgau (1323) FRB Bd. 5 S. 314 Nr. 268; Offnung des Twinghofs Holderbank (spätes 14. Jh.) RQAG Bd. 2.1

licher Ansprüche der Stadt Zürich, lässt sich für das 15. Jahrhundert eine starke Zunahme der Zahl überlieferter Weistümer für weltliche Lokalherrschaften feststellen, die damals von Stadtbürgern aufgekauft wurden.[36] Dagegen fehlen bislang Nachweise von Weistümern für lokale Adelsherrschaften im Einzugsgebiet der savoyischen Territorialherrschaft, das heißt in einer Gegend, für die reiche Quellen überliefert sind. Es scheint, dass in zahlreichen lokalen Herrschaften während ausgedehnter Zeiträume oder sogar während das ganzen Spätmittelalters ganz darauf verzichtet wurde, Weistümer aufzuzeichnen.

Die Überlieferung deutet weiter darauf hin, dass auch die großen Herrschaften mit territorialherrlichen Ambitionen Weistümer in ganz unterschiedlichem Maß einsetzten. So ist bislang gar kein Weistum nachgewiesen worden, dessen Aufzeichnung auf die direkte Initiative der größten und am straffsten organisierten Territorialherrschaft der Region, jener der Grafen und späteren Herzöge von Savoyen zurückging. Dagegen ließen die kleineren Territorialherren an den Grenzen des savoyischen Einflussgebiets verschiedentlich Weistümer aufzeichnen. Dies gilt für die Grafen von Valangin und Neuchâtel[37] und noch ausgeprägter für die kirchlichen Territorialherren wie den Bischof von Lausanne und die Priorate Romainmôtier und Payerne, die Weistümern als Ausdruck lokaler Rechtsordnungen überdies einen sehr hohen Stellenwert zuwiesen.[38] Irmtraud Eder hat aufgrund ihrer Untersuchung saarländischer Weistümer vorgeschlagen, diese als Instrumente zu verstehen, mit denen vor allem schwache Herrschaften, die ihre Eigenständigkeit im Prozess der Territorienbildung nur mit Mühe zu behaupten vermochten, ihre Rechte zu sichern versuchten. Einer solchen Charakterisierung von Weistümern als Instrumente der potentiellen »Verlierer« des Territorialisierungs-

---

S. 657–664; und eher früh ist auch noch das Hallwiler Seerecht (1414) RQAG Bd. 2.1 S. 163–169.

36 Zum Beispiel Offnung Oberwinterthur (1472) Kläui, *Geschichte*, S. 347–352; Altstetten (1429) RQZH Bd. 1.1 S. 268–285; Offnung Dübendorf (15. Jh.) RQZH Bd. 1.1 S. 445–459; Offnung Dietlikon-Rieden (1420) RQZH Bd. 1.2 S. 394–399; Offnung Weiningen (15. Jh.) StAZ A 97.7 Nr. 18; Offnung Wiedikon (15. Jh.) Weisthümer Bd. 4 S. 286–290.

37 Plaid Vautravers (1302) Glaenzer, *Plaid*, S. 46; Plaid Lugnorre (Vully) (1398) Ducrest, *Esquisse*, S. 29 (»Edition« in modernisierter Sprache); Plaid de St. Maurice, Le Landeron (1493) SDNE Bd. 1 S. 75–81 Nr. 24; »Us et coutumes« Béroche (1398) SDNE Bd. 1 S. 72 Nr. 22 (Regest), ediert in: Pierrehumbert.

38 Vgl. Kp. 4.3 und 6.3 sowie Poudret, *Rôle*. Dasselbe gilt für die weit ab vom savoyischen Einflussgebiet gelegene Abtei St. Gallen, die um die Mitte des 15. Jahrhunderts die Aufnahme und Erneuerung von weistumsähnlichen Dokumenten sehr gezielt als Element der Systematisierung ihrer Territorialverwaltung einsetzte, vgl. Müller, *Ergebnisse*.

prozesses widerspricht, dass im hier untersuchten Raum auch sehr erfolgreiche Territorialherren wie die städtischen Kommunen Bern und Zürich ab der Zeit um 1400 häufig Aufzeichnungen von Weistümern initiierten.[39]

Obwohl recht deutlich ist, dass sich individuelle weltliche Herrschaftsträger in ganz unterschiedlichem Maß an der Aufzeichnung von Weistümern beteiligten, fällt es schwer, dies im Sinn Eders einheitlich mit bestimmten Merkmalen wie der Durchsetzungskraft dieser Herrschaften selbst in Verbindung zu setzen. Mit aller gebotenen Vorsicht lässt sich die Überlieferungslage allenfalls dahin deuten, dass das Interesse an Weistümern in Konstellationen begrenzt blieb, in denen das Verhältnis zwischen den Inhabern lokaler und übergeordneter territorialer Herrschaftsrechte stark institutionalisiert war. Die Grafen von Savoyen hatten schon während des 13. Jahrhunderts die Oberherrschaft über die meisten lokalen Herrschaften des Waadtlands erlangt und verliehen diese in der Folge lokalen Adligen als Lehen. Dies ermöglichte es, sowohl Konflikte der lokalen Lehensträger untereinander als auch solche zwischen diesen und der savoyischen Zentralverwaltung vor territorialherrlichen Gerichten auszutragen, welche die jeweils umstrittenen Rechte manchmal in der Form von Kundschaften abklären ließen. Angesichts solcher Konfliktlösungsmuster dürften weder auf Seiten der Territorialherrschaft noch auf Seiten der lokalen Herrschaften dringende Bedürfnisse nach Weistümern bestanden haben. In vielen Fällen bieten solche institutionellen Zusammenhänge allerdings keine hinreichende Erklärung für Muster der Weistümerverbreitung, für die erhebliche Unregelmäßigkeiten geradezu kennzeichnend sind. Dies ist auch vor dem Hintergrund der Tatsache zu sehen, dass zahlreiche Alternativen zur Aufzeichnung von Rechten in der Form von Weistümern zur Verfügung standen.

Alternativen

Selbst in jenen Herrschaften, aus denen zahlreiche Weistümer überliefert sind, gelangten auch ganz andere Aufzeichnungstypen zum Einsatz, um Regelungen festzuhalten, die typischen Inhalten von Weistümern entsprechen. Schon ab dem 13. Jahrhundert sind bisweilen in Urkundenform ausgestellte Verträge zwischen mehreren Mitherren oder zwischen Grund- und Vogtei-

39 Für die Stadt Zürich vgl. zum Beispiel Offnung Altstetten (1430 revidierte Fassung) RQZH Bd. 1.1 S. 268–285 Nr. 4; ferner Weisthümer Bd. 4 S. 297–300; Offnung der Freien der Grafschaft Kiburg (1433) StAZ A 98.1; Offnung von Unterdürnten (1480) RQZH Bd. 1.2 S. 487 Nr. 3; Vogtoffnung Meilen (15. Jh.) Zürcherische Rechtsquellen S. 88–90.

herren überliefert, die örtliche Herrschaftsrechte unter sich aufteilten und sich dabei ohne Mittun ihrer Abhängigen auf Regelungen einigten, die inhaltlich stark an Weistümer erinnern.[40] Umgekehrt bezeugen einzelne Dokumente vor allem aus dem 15. Jahrhundert, wie sich die Abhängigen einer Ortschaft außerhalb des Dinggerichts unter sich, wenn auch mit Erlaubnis ihrer Herrschaft, auf Regelungen einigten, die explizit als Veränderungen der bestehenden Rechtsordnung bezeichnet wurden. Solche Ordnungen, die dem Vorgehen der Rechtsfestlegung nach an städtische Satzungen erinnern, betreffen allerdings meist nur beschränkte Sachbereiche, etwa Veränderungen des Erbrechts in Brienz und Interlaken aus dem Jahr 1400 oder eine Reorganisation der Nutzung von Bergweiden in Grindelwald von 1404.[41] Außerdem lassen sich für das 14. und 15. Jahrhundert weiterhin als Recognitiones umschreibbare Dokumente nachweisen, die Regelungen als Ergebnisse von ad hoc einberufenen Versammlungen zwischen Herrschaftsvertretern und lokalen Abhängigen ausweisen, ohne auf regelmäßige Rechtsweisungen an Dinggerichten hinzuweisen.[42] Rechnet man hierzu auch Aufzeichnungen von Verfahren, die sich frühneuzeitlichen Huldigungsakten annäherten, nimmt die Überlieferung dieses Typus am Ausgang des 15. Jahrhunderts sogar wieder zu.[43]

Ausgesprochen verbreitete Formen der Aufzeichnung lokaler Rechte waren Privilegienbriefe für ländliche Ortschaften, hofrechtliche Aufzeichnungen und Urkunden über Urteile von Schiedsgerichten. Die Rechtsinhalte dieser Dokumenttypen kommen denjenigen von Weistümern vielfach so nahe, dass sie moderne Editoren in Weistumssammlungen aufgenommen haben. Tatsächlich ordneten solche Dokumente Rechte aber in ganz andere Begründungszusammenhänge ein: Privilegienbriefe stellten lokale Rechtsordnungen als Ergebnis eines willentlichen Aktes der Veränderung des Rechts

40 Beispiele dafür bilden etwa Verträge zwischen Grund- und Vogteiherren: Urkunden Mollens (1267 und 1285) AST 12 pq. 27 (Mollens) Nr. 1 (1265) und ACV IB 217 Nr. 22a und b, der Vertrag der drei Mitherren von Gerzensee (1299) FRB Bd. 3 S. 730f. Nr. 723 oder jener zwischen dem Inhaber des Meieramts von Lucens und der Gesamtheit der Abhängigen am Ort (1375) ACV C IV Nr. 385.

41 RQBE Bd. 2.6 S. 124–127 Nr. 90 (Grindelwald 1404), 269 Nr. 160 (Brienz 1400), 113–124 Nr. 88f. (Interlaken 1404).

42 Recognitiones Avenches (1259) SDVD Bd. B1 S. 590f. Nr. 354 und (1338) S. 593 Nr. 356; Recognitiones La Roche (1438) MDR Bd. 1.27 S. 246–250 Nr. 87, erwähnt in SDVD Bd. B1 S. 610 Nr. 367.

43 Vgl. unten, Kp. 6.3, das Beispiel aus Romainmôtier. Eher um diesen Typus als um Weistümer im engeren Sinn handelt es sich bei den St. Galler »Offnungen«, die Gegenstand sind von: Müller, *Offnungen*. Vgl. Holenstein, *Huldigung*.

durch eine Herrschaft, die ihre Abhängigen begünstigte, dar.[44] Akute Konflikte um die lokale Rechtsordnung sowohl zwischen mehreren Herrschaften als auch zwischen einer Herrschaft und ihren Abhängigen wurden statt vor den Dinggerichten oft vor Potentaten aus der Nachbarschaft beigelegt, die als Schiedsrichter fungierten und in ihren Urteilen umfassende Serien lokaler Rechtsregeln festsetzten.[45] Wo es in erster Linie darum ging, einen innerhalb einer Herrschaftsorganisation bestehenden Konsens über lokale Rechtsordnungen festzuhalten, taten hofrechtliche Aufzeichnungen ihren Dienst. In diesen sind – sehr ähnlich wie in Weistümern – ganze Serien örtlicher Regeln aufgeführt, deren Gültigkeit aber oft gar nicht begründet oder allenfalls als einseitige Festsetzung durch die betroffene Herrschaft ausgewiesen werden. Hier fehlen also sowohl Berichte über Rechtsweisungen an regelmäßigen Dinggerichten oder an außerordentlichen Versammlungen als auch überhaupt Hinweise auf eine Ratifizierung der Regeln durch eine neutrale oder übergeordnete Instanz.[46]

In keinem dieser Dokumenttypen erschienen lokale Normen wie in Weistümern als Bestandteile einer feststehenden lokalen Rechtsordnung, die durch regelmäßige Verkündigungen an Dinggerichten verbürgt war und die nur festgestellt, aber nicht verändert werden konnte. Auch im ländlichen

44 Aktuelle Beiträge zur reichen Literatur zu Stadtrechtsbriefen bilden: Stercken, *Kleinstadt*; Kroeschell, *Stadtrecht*; Riguadière, *Chartes*; Dilcher, *Zukunft*; Anex-Cabanis, *Franchises*; Ciardo/Morerod, *Chartes*; Mariotte-Löber, Ville; Perrin, *France*.

45 Rennefahrt, *Beitrag*; Bader, *Schiedsverfahren*; Usteri, *Schiedsgericht*; ders., *Schiedsurkunden*. Eher zufällige Beispiele für Schiedsgerichtsurkunden, die sich um ein Vielfaches erweitern ließen, sind nachfolgend nach unterschiedlichen formalen Konfliktkonstellationen geordnet aufgeführt. Zu zwischenherrlichen Konflikten: Frutigen (1301) FRB Bd. 4 S. 75f. Nr. 67; Payerne (1350) ACV C Va Nr. 908; Romainmôtier (1388) ACV C VIIa Nr. 433 – zu Konflikten zwischen Herrschaft und Abhängigen: Romainmôtier (1263) MDR Bd. 1.3 S. 557ff.; Interlaken (1296) FRB Bd. 3 S. 644f. Nr. 654; Frienisberg (1303) FRB Bd. 4 S. 156f. Nr. 126; Schinznach (1375 und 1425) RQAG Bd. 2.2 S. 192–198 – zu Konflikten zwischen Herrschaft und Amtleuten: Rüeggisberg (1275) FRB Bd. 3 S. 151f. Nr. 157; Lucens (1335) SDVD Bd. B1 S. 642ff. Nr. 394 – zu Konflikten unter den Abhängigen: Amsoldingen (1320) FRB Bd. 5 S. 188f. Nr. 137.

46 Vgl. zu diesem Typus: Schulz, *Hofrecht*; Rösener, *Hofrechte*; Perrin, *Recherches*, S. 679–685 (als »coutumiers« umschrieben); Müller, *Offnungen*, S. 25. Spieß umschreibt solche Dokumente als »Formweistümer«, eine Bezeichnung, die sich allerdings nur so weit rechtfertigen lässt, wie ein Gebrauch in Weisungen tatsächlich nachweisbar ist, vgl. Spieß, *Einleitung*, S. 4–7. Solche Aufzeichnungen sind schon aus dem Hochmittelalter überliefert, meist in der Form von Einträgen in Zinsbüchern und Kartularen. Aus dem untersuchten Raum liegen einige prominente Beispiele aus dem 13. Jahrhundert in der Form eigenständiger Dokumente vor: Hofrecht Murbach (13. Jh.) RQAG Bd. 2.1 S. 655f. Nr. 284; ferner auch: Weisthümer Bd. 4 S. 367f.; Hofrecht Ferrach (1238) ZUB Bd. 2 S. 18f. Nr. 517.

Rechtsleben wurde also keineswegs zwingend auf jene Vorstellungen über ein altes hergebrachtes Recht zurückgegriffen, die Weistümer mobilisierten, und diese Vorstellungen sollten deshalb auch nicht voreilig – wie dies seit Grimm und Kern immer wieder getan worden ist – als Ausdruck einer unhintergehbaren ländlichen Mentalität verstanden werden. Hofrechtliche Aufzeichnungen sprachen das Alter und die Unveränderbarkeit von Rechten zumindest nicht explizit an, und sowohl in Privilegienbriefen als auch in Schiedsgerichtsurkunden wurden Regelungen durchaus als Ergebnisse willentlicher Veränderungen der Ordnung dargestellt. Die Aufzeichnung von Rechten in der Form von Weistümern war also offenbar das Ergebnis ganz spezifischer Darstellungsabsichten. Um genauer zu klären, woher diese rührten, sollen im Folgenden Umstände diskutiert werden, in denen Weistümer aufgezeichnet und redaktionell überarbeitet wurden.

Anlässe

Für die meisten überlieferten Weistümer, deren Entstehungszeit überhaupt einigermaßen eingrenzbar ist, lassen sich die konkreten Aufzeichnungsanlässe bestenfalls ahnen. Einige entstanden in einem recht offensichtlichen Zusammenhang mit Spannungen zwischen konkurrierenden lokalen Herrschaftsträgern. Diese versuchten vermutlich durch Weistümer, eigene Rechtsansprüche gegenüber Konkurrenten abzugrenzen, die im Wortlaut des Weistums manchmal nicht einmal explizit erwähnt sind.[47] In einer ganzen Reihe von Fällen, in denen sich die Anlässe der Herstellung, Abschrift oder Überarbeitung eines Weistums einigermaßen genau fassen lassen, handelte es sich um Situationen, in denen Herrschaftsrechte ihre Inhaber wechselten. Aus einer im Jahr 1430 ausgestellten Urteilsurkunde eines Gerichts, dem eine Partei das Weistum von Altstetten als Beweismittel vorlegte, erfahren wir, dass dieses einige Jahre zuvor aus Anlass des Verkaufs der örtlichen Vogteirechte aufgezeichnet worden war.[48] Im Jahr 1539 baten Vertreter von Adligen, die eben die Vogteirechte über das Zürcher Dorf Berg am Irchel geerbt hatten, den Rat der Stadt Zürich um ein Vidimus des örtlichen Weistums, wie es bei einer früheren Gelegenheit in das Zürcher Stadtbuch abgeschrieben worden war. In diesem Fall beriefen sich die Bittsteller explizit darauf, dass sie ein

47 Für Beispiele vgl. unten, im folgenden Abschnitt.

48 Urkunde Zürich (1430) RQZH Bd. 1.1 S. 285ff. Nr. 5; vgl. das Weistum ebd. S. 268–282 Nr. 4.

solches Dokument vor allem auch brauchten, um ihre Rechte künftig vor Gericht dokumentieren zu können.[49]

Nachdem die Stadt Bern 1406 die ausgedehnte Landgrafschaft Kleinburgund erworben und ihrem Territorium einverleibt hatte, nahmen Vertreter des Stadtrats schon im Sommer 1409 in kurzen Abständen an drei wichtigen Dinggerichten dieses Gebiets Weistümer auf. Die überlieferten Dokumente selbst geben als Zweck dieses Unterfangens an, die Herrschaftsrechte festzuhalten, die der Stadt in diesem »núwlingen« erworbenen Gebiet zukamen.[50] An nagenden Zweifeln über den Umfang dieser Rechte scheinen die städtischen Amtleute nicht gelitten zu haben. Zwar gehören die drei Weistümer zu den wenigen aus dem untersuchten Raum, welche die Weisung präzis als Vorgang schildern, der durch Fragen der Herren und Antworten der Abhängigen strukturiert war. Dennoch fielen die Wortlaute für alle drei Dinggerichte abgesehen von geringfügigen sprachlichen Varianten identisch aus – sie müssen also schon festgestanden haben, als die Befragungen durchgeführt wurden. Bei der Aufnahme der Weistümer scheint es der Stadt ganz gezielt darum gegangen zu sein, Dokumente herzustellen, durch die sie ihre neuen Herrschaftsansprüche nach außen hin legitimieren konnte.

Durch Erbgänge, Verkäufe und Änderungen in Lehensverhältnissen wechselten oft nicht die gesamten örtlichen Herrschaftsrechte den Inhaber. Vielmehr wurden Teile derselben, die zuvor in unterschiedlichen Händen gelegen hatten, zusammengezogen oder bisher einheitlich verwaltete Rechte unter mehrere Herrschaften aufgeteilt. Letzteres führte etwa dazu, dass für das am Zürichsee gelegene Dorf Meilen gleichzeitig zwei verschiedene Weistümer entstanden. Dort nahm der Propst des Zürcher Großmünsterstifts sowohl die grund- als auch die vogteiherrlichen Rechte wahr, die schon um die Mitte des 14. Jahrhunderts in hofrechtlichen Aufzeichnungen zusammengestellt und in die Statutenbücher des Stifts eingetragen worden waren.[51] Als der Propst im Jahr 1424 seine vogteiherrlichen Rechte über Meilen an die Stadt Zürich verpfändete, während er die grundherrlichen weiterhin selbst wahrnahm,[52] wurde je ein Weistum über die Rechte Zürichs als Vogt und eines über jene des Großmünsters als Grundherr aufgezeichnet, die beide auch Bestimmungen zu Kompetenzen der Amtleute und zum Schutz der

49 Urkunde Embrach (1539) RQZH Bd. 1.1 S. 486f. Nr. 6.

50 Offnung Murgeten (1409.7.26) RQBE Bd. 1.3 S. 412ff. Nr. 127k.1; Konolfingen (1409.8.26) RQBE Bd. 1.3 S. 414 Nr. 127k nur erwähnt, ediert in: RQBE Bd. 2.4 S. 19–23 Nr. 13; Zollikofen (1409.9.12) RQBE Bd. 1.3 S. 414–418 Nr. 127k.3.

51 Statutenbücher S. 160–163.

52 Vgl. die Bestimmungen der Verpfändungsurkunde Meilen (1424) StAZ C I Nr. 3098.

Abhängigen vor ungerechtfertigten Ansprüchen des jeweiligen Herrn enthielten. Beide Weistümer bestehen weitgehend aus deutschen Übersetzungen der lateinischen Bestimmungen in den alten hofrechtlichen Aufzeichnungen, deren Inhalte allerdings auf zwei verschiedene Dokumente aufgeteilt wurden.[53]

Wo Herrschaftsrechte über Ortschaften, für die bereits Weistümer vorlagen, in unveränderter Form die Hand wechselten, erforderte die Anpassung an die neuen Herrschaftsverhältnisse oft nur geringfügige Änderungen des Wortlauts. Nachdem die Stadt Zürich im Jahr 1431 ihrem Bürger Johannes Tumb die Vogteirechte über die Ortschaft Altstetten abgekauft hatte, überarbeiteten ihre Schreiber das Weistum, das der Verkäufer im Jahr 1429 hatte aufnehmen lassen, als er die Herrschaft gekauft hatte. In der neuen Version wurde nicht nur die Schilderung dieses Weisungsvorgangs, sondern auch dessen Datierung auf das Jahr 1429 beibehalten, aber bei der Nennung des Inhabers der gewiesenen Herrschaftsrechte statt des Namens des damaligen Vogts schlicht »min herren von Zürich« eingesetzt.[54] Solche rudimentäre Anpassungen von Weistümern an neue Herrschaftsverhältnisse erforderten kaum Weisungen am Dinggericht, sondern wurden von den herrschaftlichen Kanzleien in eigener Regie bewerkstelligt.

Weistümer eigneten sich wie kaum ein anderer Dokumenttyp, örtliche Rechtsordnungen gewissermaßen als Tatsachen eines Orts darzustellen, die unabhängig davon galten, wer im Moment welches Herrschaftsrecht wahrnahm. Unter diesem Gesichtspunkt erlitt die Glaubwürdigkeit eines Weistums tatsächlich kaum Schaden, wenn ein neuer Inhaber einer Herrschaft im jeweiligen Weistum schlicht den eigenen Namen an die Stelle desjenigen seines Vorgängers setzte, ohne eine erneute Weisung durchzuführen. Auf diese Art der Darstellung lokaler Rechtsordnungen als etwas Gegebenem wurde offenbar besonders zur Abgrenzung der Kompetenzen von Herrschaften zurückgegriffen, deren Verhältnis zueinander nicht schon durch

53 Die »Vogtoffnung« Zürcherische Rechtsquellen S. 88ff.; Die »Propstoffnung« StAZ G I Nr. 102 fol. 11v–14v. Für ähnliche Beispiele vgl. Offnung Weiningen (frühes 15. Jh.) StAZ A 97.7 Nr. 18; Offnung Adlikon (frühes 14. Jh. und Mitte 15. Jh.) RQZH Bd. 1.1 S. 7–11 Nrn. 1 und 2.

54 Offnung Altstetten (nach 1430) RQZH Bd. 1.1 S. 268–282 Nr. 4. Dass diese nicht im Jahr 1429, auf das sie weiterhin datiert ist, entstanden sein kann, geht aus der Urkunde über den Erwerb der Herrrschaftsrechte im Jahr 1432 hervor, ebd. S. 287 Nr. 6. Die ältere Version ist nicht erhalten, wird aber in einer Urkunde aus dem Jahr 1430 beschreiben, die auch nahelegt, dass sie tatsächlich im Jahr 1429 aufgezeichnet wurde, ebd. S. 285ff. Nr. 5. Vgl. für ein ähnliches Beispiel: Offnungen Erlinsbach (1. Hälfte 14. Jh. und 2. Hälfte 14. bis Anfang 15. Jh.) RQAG Bd. 2.2 S. 144–147 Nr. 76 und 152–156 Nr. 79.

andere intensive Rechtsbeziehungen wie etwa die Zugehörigkeit zum gleichen Lehensverband oder zur gleichen Stadtbürgerschaft dicht geregelt waren. Dies traf einerseits auf Herrschaftskonstellationen zu, in denen das Verhältnis zwischen territorialen und lokalen Herrschaften wenig verfestigt war oder in denen sich kleinere territoriale Herrschaften gegenüber größeren behaupten mussten. Anderseits ergaben sich Bedürfnisse nach solchen Darstellungen in spezifischeren Situationen, in denen Herrschaftsrechte ihre Inhaber wechselten.

Im Zusammenhang mit anderen zeitgenössischen Typen der Aufzeichnung lokaler Rechte betrachtet, zeigt sich, dass Weistümer für die mittelalterliche Rechtskultur gar nicht in jeder Hinsicht repräsentativ waren. Sehr ähnliche Inhalte ließen sich auch in Dokumenten festhalten, die Rechte nicht aus alten schriftlosen Traditionen herleiteten, sondern diese explizit willentlich neu festsetzten. Woher rührte also die spezifische Darstellungslogik der Weistümer? Weite Teile der bisherigen Forschung ließen sich von der scheinbaren Archaik der Weistümer dazu verleiten, Gründe für deren Ausbreitung in Entwicklungen des Hochmittelalters zu suchen. Dagegen wurde hier festgestellt, dass sich Weistümer erst im 14. und 15. Jahrhundert stark ausbreiteten und dass dies mit Prozessen der Ausdifferenzierung von Dokumentgattungen zusammenhing: Rechte, die sich einheitlich auf Orte und örtliche Verbände beziehen ließen, wurden ab dem 14. Jahrhundert immer öfter aus herkömmlichen Abgabeverzeichnissen ausgelagert, in separate Dokumente aufgenommen und als Inhalte alter, unveränderbarer lokaler Traditionen gedeutet. Paradoxerweise kam gerade die für Weistümer kennzeichnende Art, lokale Rechtsordnungen als stark fixiert darzustellen, einer Mobilisierung lokaler Herrschaftsrechte entgegen, die für das Spätmittelalter kennzeichnend war. Derart formulierte Rechte ließen sich einfach in die Ordnung größerer territorialer Verwaltungskomplexe eingliedern, als Grundlage der Pflichtenhefte von auf Zeit ernannten Amtleuten verwenden, in nachvollziehbarer Weise unter mehreren Herrschaftsträgern aufteilen, aber auch durch Verkauf, Verpfändung und Verleihung an Dritte übertragen. Die Darstellungselemente von Weistümern, die scheinbar in das Hochmittelalter zurückverweisen, entfalteten damit gerade am Ausgang des Mittelalters besondere Relevanz.

5.3 Weistumsgenesen

Zürcher Offnungen

Die Frage, wie Weistümer eigentlich hergestellt wurden, lässt sich nicht auf das in der bisherigen Forschung oft einseitig in den Vordergrund gestellte Problem reduzieren, in welchem Maß sich Herren und Bauern an der Ausformulierung von Regeln beteiligten. Vielmehr gilt es, neben den Protagonisten auch die konkreten Praktiken der Verschriftung in den Blick zu fassen. Schon als Ergebnis der Beobachtungen zur Durchführung von Dinggerichten konnte festgehalten werden, dass sich die Inhalte von Weistümern kaum restlos auf mündliche Weisungen zurückführen lassen (Kp. 2.3). Erstens waren Weisungen am Dinggericht oft stark auf Auseinandersetzungen des Moments ausgerichtet und ergaben nur Bruchstücke der umfassenden lokalen Rechtsordnungen, die Weistümer darstellen. Zweitens konnten solche Weisungen durchaus aus dem Verlesen von bereits schriftlich aufgezeichneten Regeln bestehen.[55] Hinter der Aufzeichnung von Weistümern standen, wie hier gezeigt werden soll, oft weniger einmalige Vorgänge als über längere Zeiträume andauernde Prozesse.

Obwohl Weistümer generell nur ganz selten explizit auf schriftliche Vorlagen verweisen,[56] spielten solche bei ihrer Entstehung eine wichtige Rolle. Darauf deutet schon die Tatsache hin, dass viele Weistümer in zahlreichen voneinander abweichenden Redaktionen vorliegen. Der bisherigen Forschung ist dies zwar nicht entgangen, es erschien ihr aber vor allem als Hindernis auf der Suche nach den ursprünglichsten, einer mündlichen Weisung am nächsten stehenden Versionen. Dabei blieb die Chance ungenutzt, Überlieferungslagen als Zugänge zur Diskussion der Herstellung und der Handlungsrelevanz von Weistümern zu nutzen. Denn in jeder Redaktion äußern sich Gebrauchsabsichten, und Prozesse der Umarbeitung bestehender Vorla-

55 Vgl. oben, Kp. 2.2.

56 Ähnliche Feststellungen machte: Müller, *Offnungen*, S. 117, 172. Eine Ausnahme bildet: Offnung Unterdürnten (1480) RQZH Bd. 1.2 S. 487–500. Diese enthält eine Passage zum Erbrecht, die explizit als Beschluss und Satzung des Rats der Stadt Zürich, welche die örtlichen Vogteirechte innehatte, formuliert ist. Einige Weistümer für Ortschaften, die dem Chorherrenstift Embrach unterstanden, erwähnen in den Präambeln Urkunden, die die jeweiligen Orte betreffen, ohne diese aber als Quellen von Weistumspassagen auszuweisen: Offnung Hegi (1396); Kläui, *Geschichte*, S. 356–360; Offnung Berg am Irchel (15. Jh.) RQZH Bd. 1.1 S. 486–497.

gen waren nicht nur Bestandteile einer Gebrauchskultur, sondern zeigen auch an, wie sich diese veränderte.

Unter diesem Gesichtspunkt stellt sich auch das Problem des Verhältnisses von Weistümern zur mündlichen Tradition nicht mehr ausschließlich als Frage nach den Ursprüngen eines Urtextes. Verschiedene Versionen eines Weistums unterscheiden sich oft gerade auch in der Art, in der sie sich auf mündliche Traditionen beziehen. Vielfach lassen sich diese Unterschiede nicht ohne Weiteres darauf zurückführen, dass eine Version der Mündlichkeit näher und eine andere ihr weniger nahe stand. Während der letzten Jahrzehnte führten die mediävistischen Sprach- und Literaturwissenschaftler intensive Diskussionen über in schriftliche Aufzeichnungen eingebaute Verweise auf mündliche Traditionen und an den mündlichen Sprachduktus erinnernde Formulierungen. Heute besteht weitgehende Einigkeit darüber, das solche Textelemente nicht in jedem Fall als Spuren der Herkunft eines Texts aus dem Medium der gesprochenen Sprache zu werten sind. Sie konnten auch im Rahmen elaborierter redaktioneller Überarbeitungen in Wortlaute eingebaut werden, um bestimmte Vorstellungen über ihre Herkunft hervorzurufen oder um bestimmte Gebrauchsweisen zu erleichtern.[57] Diese Befunde verdienen auch bei der Beschäftigung mit Aufzeichnungen rechtlicher Art vermehrt Beachtung.

Im Folgenden gelangen der Reihe nach je ein Beispiel einer Weistumsüberlieferung aus dem deutschen und aus dem französischen Sprachraum zur Sprache. Die Wahl fiel auf Überlieferungen, die reich genug sind, um vielfältige Motive, Operationen und Techniken der Aufzeichnung von Weistümern sichtbar zu machen. Als Beispiele aus dem deutschen Sprachraum dienen Aufzeichnungen für Dörfer, die unter der Herrschaft des Zürcher Großmünsterstifts standen. Für den französischen Sprachraum handelt es sich um die sogenannten Plaicts Généraux der weltlichen Herrschaften des Bistums Lausanne und des Kluniazenserpriorats Romainmôtier. Alle diese Überlieferungen sind schon in Grimms Sammlung vertreten, beschäftigten in der Folge auch die überregionale Forschung wiederholt und sind immer wieder als Beispiele von Weisungstraditionen angeführt worden, die sich zeitlich besonders weit zurückverfolgen lassen.[58]

57 Schäfer, *Vokalität*; Bäuml, *Mündlichkeit*; Koch/Oesterreicher, *Sprache*.

58 Grimm, *Weisthümer*. Dabei erweist sich Grimms Weistumsbegriff als sehr weit, er edierte Aufzeichnungen, die zum Teil nur aus der Ferne an Weistümer erinnern, für Ortschaften der folgenden Herrschaften: des Großmünsterstifts: Bd. 1 S. 5 (Höngg), Bd. 4 S. 295f. (Schwamendingen), 302ff. (Stettbach), 322–331 (Rengg, Fluntern, Albsrieden, Rüfers, Rüschlikon, Meilen) – des Bistums Lausanne: Bd. 5 S. 1–9 (Lausanne, Crans, Saint-Prex,

Territorialisierung von Rechten im 14. Jahrhundert

Die frühe Entwicklung der Rechtsaufzeichnungen für Ortschaften, die zur weltlichen Herrschaft des Großmünsterstifts St. Felix und Regula in Zürich gehörten, lässt sich hauptsächlich aufgrund der sogenannten Statutenbücher des Stifts rekonstruieren.[59] Dabei handelt es sich um zwei im Jahr 1344 abgefasste, in ihren Grundbeständen identische Bände, von denen vermutlich je einer für den Propst und einer für das Kapitel bestimmt waren. Die aufwändige Gestaltung beider Exemplare lehnt sich an das Vorbild liturgischer Bücher an. Die beiden Statutenbücher enthalten zum einen Abschriften zahlloser älterer, bis in das 13. Jahrhundert zurückreichender Privilegienurkunden und stiftsinterner Statuten zur Liturgie und zur Güterverwaltung, von denen viele als Vorlagen bei der Herstellung von Weistümern dienten. Zum anderen finden sich hier auch Abschriften jüngerer Dokumente, darunter kurz vor der Abfassung der Bände entstandene, noch in lateinischer Sprache gehaltene Weistümer und hofrechtliche Aufzeichnungen. Diese bildeten ihrerseits zusammen mit weiteren Dokumenten Vorlagen für neue deutsche Weistumsredaktionen, die im Lauf des 15. Jahrhunderts entstanden. Diese fanden nicht mehr Eingang in die Statutenbücher, sondern in verschiedene andere Bestände des Stiftsarchivs. Im Folgenden sollen die Redaktionsstufen des 14. und jene des 15. Jahrhunderts nacheinander vorgestellt und daraufhin untersucht werden, wie die einzelnen Versionen zustande kamen.

Die ältesten überlieferten Versionen der Aufzeichnungen lokaler Rechte des Stifts finden sich in einem Block am Ende der Statutenbücher. Diesen ist ein kurzer historischer Bericht über die angebliche Gründung und Ausstattung des Stifts durch Karl den Großen vorangestellt.[60] Danach folgen in dieser Reihenfolge Einträge über Rechtsverhältnisse in den sieben Dörfern Höngg, Fluntern, Albisrieden, Rüschlikon, Rüfers, Meilen und Schwamendingen. Alle Einträge enthalten Bestimmungen zu den herrschaftlichen Gerichtsrechten, zu deren Abgrenzung von Rechten adliger Vögte und zur Wahl und den Kompetenzen dörflicher Amtleute des Stifts wie der Meier, Kellerer,

---

Essertines, Dommartin), 14–23 (Lucens, Pully, Avenches, Faoug) – des Priorats Romainmôtier: Bd. 4 S. 455–459 (Romainmôtier), Bd. 5 S. 9–14 (Apples). Einige der Weistümer des Großmünsterstifts gehören zu den am frühsten edierten ländlichen Rechtsquellen der Schweiz, eines wurde sogar auch als Editions-Prototyp für die Sammlung schweizerischer Rechtsquellen ausgewählt: Zürcherische Rechtsquellen; Rechtsquellen von Höngg.

59 Codices 10a und 10b der Zentralbibliothek Zürich. Edition und Komentar: Statutenbücher.

60 Statutenbücher S. 147ff.

Förster und Hirten. Dazu kommen Angaben zum Verfahren der Rechtsprechung an den lokalen Dinggerichten, zu Gesamtsummen örtlicher Abgabeverpflichtungen sowie zur dörflichen Wirtschaftsorganisation samt Weg-, Weide- und Zaunrechten.

Einzig der Eintrag für Höngg ist durch einen Abschnitt eingeleitet, der schildert, wie die nachfolgenden Bestimmungen an einem Dinggericht des Jahrs 1338 gewiesen wurden.[61] Dagegen sind die übrigen Einträge in einem auffällig komprimierten, gelehrten Stil gehalten. Sie entstandenen vermutlich alle in einem Arbeitsgang. Sie ließen sich eigentlich auch nur im Zusammenhang miteinander und mit der Aufzeichnung für Höngg lesen. Statt Regelungen für jeden Ort separat aufzuführen, verweisen diese Einträge ständig auf andere Einträge in den Statutenbüchern oder aufeinander, beispielsweise in der Form: »quod suprascriptum est in curia Höngge«. Der Eintrag für Rüfers erschöpft sich weitgehend in der Aneinanderreihung solcher Verweise. Hier wird nach einigen einleitenden Sätzen lapidar festgehalten, dass der Propst in Rüfers dieselben Gerichtsrechte wahrnehme wie in Albisrieden, das Gericht gemäß den Bestimmungen für Albisrieden und Rüschlikon durchzuführen sei und für das Umzäunen der Weiden, das Eintreiben von Pfändern, für die Vorkaufsrechte bei Güterverkäufen und für die Gerichtstermine dieselben Bestimmungen einzuhalten seien wie in allen anderen zum Stift gehörenden Ortschaften.[62]

Die Abhängigkeit von anderen Dokumenten verrät auch, wie diese Rechtsaufzeichungen hergestellt worden sind. Selbst wo explizite Querverweise fehlen, erweisen sich viele Formulierungen als Paraphrasen von Passagen aus älteren Urkunden, Satzungen und Pflichtenheften, die in vielen Fällen an anderen Stellen auch vollständig in die Statutenbücher abgeschrieben worden waren. Am Anfang aller Dorfrechte ist etwa das Recht des Propsts formuliert, jährlich zweimal zu bestimmten Terminen im Ort Gericht zu halten. Diese Passagen bilden Paraphrasen eines Abschnitts aus dem wesentlich älteren Pflichtenheft des Propsts, das die Statutenbücher auf den ersten Seiten wiedergeben. Dieses nennt unter anderem die Verpflichtung des Propsts, sich auf eigene Kosten zweimal im Jahr auf die Höfe der Grundherr-

61 Ebd. S. 149f.

62 Statutenbücher S. 159: »Item in Rúfers preopsitus Thuricensis habet omnem iurisdicionem ut in Rieden et iudicare habet ut ibidem et in Rüschlikon et de custodiis segetum et vitium idem iuris est in omnibus curtibus et de censibus solvendis, pignoribus dandis, vendendis et possessionibus alienandis ac iudiciis temporibus placitorum sollempniter exercendis.« Hierzu vgl. ähnliche Formulierungen in den Bestimmungen für Albisrieden, Rüschlikon und Meilen: ebd. S. 156–159, 161.

schaft des Stifts zu begeben, um dort Gericht zu halten.[63] Was aber das Pflichtenheft eben als Pflicht des Propsts gegenüber dem Stift formulierte, erscheint in den Dorfrechten neu als Recht des Propsts und seines Stiftes gegenüber den Abhängigen der jeweiligen Ortschaft. Im Anschluss an das Pflichtenheft verzeichnen die Statutenbücher grundherrliche Abgaben, die dem Propst persönlich zustanden. Daraus übernahm man beispielsweise die Albisrieden betreffenden Einträge wiederum als Abgabeverpflichtung des Abhängigenverbands von Albisrieden gegenüber dem Propst.[64] Bestimmungen über das Eintreiben von Pfändern bei abgabesäumigen Bauern stammen aus einem wohl noch vor dem Ende des 13. Jahrhunderts entstandenen Verzeichnis der stiftsinternen Pflichten des Kellerers, zu dessen Aufgaben solche Pfändungen ursprünglich gehörten.[65] So wurden ältere Statuten und dort ursprünglich auf die Beziehung zwischen Mitgliedern des Stifts bezogene Bestimmungen zu Verpflichtungen von Dörfern umformuliert und als Grundgerüst der Beschreibungen der Herrschaftsansprüche des Stifts in den dörflichen Rechtsaufzeichnungen wiederverwendet.

Dazwischen sind Passagen eingefügt, für die sich in den Statutenbüchern keine Vorlagen finden. Allerdings könnten auch diese Bestimmungen häufiger, als sich auf der Grundlage der heute noch vorhandenen Überlieferung nachweisen lässt, auf Vorlagen beruht haben. So entspricht die Regelung von Weidrechten im Eintrag für Albisrieden der Formulierung einer Urkunde, die zwar nicht Aufnahme in die Statutenbücher fand, aber im Original erhalten ist. Sie hielt das Urteil eines Schiedsgerichts von 1332 fest, das einen Streit zwischen Dorfbewohnern und dem Stadtbürger Rudolf Bors über dessen Zugangsrechte zu Dorfweiden beigelegt hatte. Bei der Übernahme des Urkundeninhalts in den dörflichen Rechtstext im Statutenbuch wurden allerdings alle Hinweise auf den Konflikt von 1332 und die daran beteiligten Parteien weggelassen. Der Passus erscheint dadurch als eine grundsätzliche Bestimmung des dörflichen Rechts. Durch solche Übernahmen in die dörf-

63 Statutenbücher S. 150 (Höngg), 154f. (Fluntern), 157 (Albisrieden), 159 (Rüschlikon), 159f. (Rüfers), 160 (Meilen), 163 (Schwamendingen), vgl. S. 13 (Pflichtenheft).

64 Statutenbücher S. 14, vgl. S. 158.

65 Hier wurde mehrmals zwischen Latein und Deutsch hin und her übersetzt. Vermutlich bildete ein lateinischer Anhang zum Kelleramtsurbar die Vorlage für eine deutsche Fassung dieses Pflichtenhefts aus dem Jahr 1333: Urbare und Rödel S. 120, 197f. Die deutsche Fassung bildete dann die Grundlage des lateinischen Eintrags zu den Pflichten des Kellerers in den Statutenbüchern, aus dem Passagen in die dörflichen Rechtsaufzeichnungen übernommen wurden. Statutenbücher S. 53–57 (»De officio cellerari«), hier S. 54, vgl. S. 151, 158.

lichen Rechtstexte wurden aus Regelungen sehr spezifischer Konflikte gewissermaßen allgemeingültige Dorfgesetze.[66]

Durch die Übertragung in die Weistümer wurden Regelungen unterschiedlichen Ursprungs nicht einfach reproduziert, sondern neu auf die einzelnen Dörfer als räumliche Einheiten radiziert. In der alltäglichen Verwaltungspraxis brauchte das Stift solche territorialisierte Darstellungen von Rechten und Pflichten vermutlich gar nicht primär im Verkehr mit den am jeweiligen Ort lebenden Bauern, sondern zur Regelung der Tätigkeit örtlicher Amtleute. Die spätmittelalterlichen Verwaltungsreformen großer geistlicher Herrschaftsträger wie des Großmünsterstifts liefen ganz allgemein auf eine »Territorialisierung« von Zuständigkeiten hinaus: Dignitäre wie Pröpste und Chorherren übten weltliche Verwaltungsaufgaben immer seltener selbst aus, sondern überließen dies Amtleuten mit territorial definierten Kompetenzen und Pflichten wie den örtlichen Meiern, Kellerern und Förstern. Diese waren in der Praxis dafür verantwortlich, dass die Verpflichtungen, welche die dörflichen Rechtsaufzeichnungen den dörflichen Verbänden der Abhängigen insgesamt zuweisen, erfüllt wurden: Sie trieben die Gesamtsummen herrschaftlicher Abgaben ein, pfändeten zahlungssäumige Abhängige, führten die Dinggerichtsversammlungen durch und wachten über die Einhaltung von Regeln über die Nutzung von Wäldern, Weiden und Allmendgebieten. Die spezifischen, explizit genannten Verpflichtungen dieser Amtleute sowie die Prozeduren ihrer Wahl nehmen in den dörflichen Rechtstexten entsprechend breiten Raum ein.[67]

Sieht man vom Eintrag für Höngg ab, der schon in der ältesten lateinischen Version als Weistum ausgeformt und möglicherweise auch als eigen-

66 Urkunde Albisrieden (1332) UBZ Bd. 11 S. 333ff. Nr. 4432. Unmittelbare Vorlage war wohl das Kopialbuch des Großmünsterstifts, in dem sich eine Abschrift der Urkunde befindet: StAZ G I Nr. 96 fol. 150, vgl. Statutenbücher S. 158: »Item villani habere debent accessum et egressum cum peccoribuis suis in die Wilden Huobe et econverso dominus huobe cum suis peccoribus ad pascua ville tempore debito. Et dominus huobe pacificare debet segetes cum lignis sepium, si ibi satis habet; sin autem incidere debet in ligno necessaria ad faciendum sepes, sicut alter villanus.«

67 Es sind auch just diese Bestimmungen, die – zusammen mit denjenigen zu den Pflichten der örtlichen Vögte gegenüber dem Stift – weit häufiger als andere Passagen mit Zeigehänden oder der Bemerkung »nota« von späteren Händen am Textrand besonders hervorgehoben wurden. Etabliert nach Codices 10a und b in der Zentralbibliothek Zürich, aber hier situiert gemäß der Edition, die Anstreichungen nur zum Teil vermerkt: Statutenbücher S. 150 (Pflichten des Vogtes), 153 (Wahl des Försters), 156 (Einkünfte des Försters), 158 (Abgaben des Meiers), 158 (Pflichten des Försters), 158 (Wahl des Försters), 162 (Pflichten des Vogts), 167 (Wahl des Försters).

ständiges Dokument verfügbar war, eigneten sich die in die Statutenbücher aufgenommenen Aufzeichnungen dörflicher Rechte schon aufgrund ihrer materiellen Handhabbarkeit kaum dazu, den Abhängigen an Dinggerichtsversammlungen vorgelesen zu werden. Aufgrund der komplexen Verweisstruktur setzte der Gebrauch der Texte spezifische Nachschlage- und Lektüretechniken voraus, mit denen am ehesten die Stiftsherren selbst und ihre Schreiber vertraut waren. Die schweren, prunkvollen Bände kamen überhaupt kaum für einen regelmäßigen Gebrauch außerhalb des Stiftgebäudes in Frage. Sie weisen auch keine Spuren der Abnutzung auf, die dies nach sich gezogen hätte. In der Stiftskanzlei, in der die lokalen Amtleute ihre Instruktionen empfingen und gegenüber der Herrschaft Rechenschaft ablegten, dürften die Bände aber als Nachschlagewerke zu Einzelfragen und als autoritative Verkörperungen der geltenden Ordnung durchaus wirksam gewesen sein.

Oralisierung und Achaisierung im 15. Jahrhundert

Auf der Grundlage der in den Statutenbüchern enthaltenen dörflichen Rechte entstanden ab den Jahrzehnten um 1400 und im Lauf des ganzen 15. Jahrhunderts deutsche Redaktionen. Anders als ihre lateinischen Vorläufer liegen diese meist in mehreren Abschriften und vielfältigen Überlieferungsformen vor. Sie wurden nicht mehr nur innerhalb des Verwaltungsapparats des Stifts, sondern nachweislich auch in Auseinandersetzungen mit konkurrierenden Herrschaftsträgern gebraucht. Nach dem weitgehenden Rückzug der habsburgischen Territorialherrschaft aus der Region ab der Zeit um 1400 sah sich das Stift vor allem der Konkurrenz der Stadt Zürich ausgesetzt, die jetzt aggressiv den Aufbau eines eigenen Territoriums vorantrieb.[68] So müssen etwa die neuen deutschen Aufzeichnungen für Fluntern in Verhandlungen zwischen der Stadt und dem Stift verwendet worden sein, finden sich doch Auszüge daraus auf einem Fragment der Verhandlungsprotokolle (Manuale) des Zürcher Rats. Viele der neuen Fassungen liegen als Einträge in kleinen Heften vor, die sich bestens dazu eigneten, zu Gerichts- und Schiedsgerichtsverhandlungen mitgebracht zu werden, die weit ab von der Kanzlei des Stifts etwa vor der eidgenössischen Tagsatzung oder vor einem fernen Reichsgericht stattfanden.[69]

68 Eugster, *Adel*; ders., *Entwicklung*. Vgl. auch Largiadèr, *Anfänge*.

69 Hefte Großmünster (15. Jh.) StAZ A 79.4 Nr. 11; G I Nr. 102; Ratsmanuale Zürich (1489) StAZ RM II Nr. 15 S. 16. Weiter wurden Auszüge aus den Aufzeichnungen für die Orte Schwamendingen und Oberhusen auf einem losen Blatt zusammengestellt, das im Zu-

Lediglich die deutsche Aufzeichnung für Höngg, die bereits in ihrer ältesten lateinischen Fassung als Weistum ausgestaltet war, beruhte auf deren praktisch wortgetreuer Übersetzung. Die deutschen Versionen für die fünf Dörfer Fluntern, Albisrieden, Meilen sowie Rüschlikon und Rüfers enthalten zwar Passagen, die Wort für Wort aus den jeweiligen lateinischen Vorläufern übersetzt sind. Zusätzlich erfuhren diese Aufzeichnungen aber weitreichende Überarbeitungen, denen neben weiteren Kompilationen der bereits beschriebenen Art zwei weitere redaktionelle Operationen zu Grunde lagen, die sich schlagwortartig als Oralisierung und Archaisierung umschreiben lassen. Diese bedürfen an dieser Stelle einer genaueren Erläuterung.

Zur Oralisierung im Sinn einer Annäherung an den mündlichen Sprachduktus gehört zunächst natürlich die Übersetzung in die deutsche Umgangssprache. Außerdem wurden die meisten der Aufzeichnungen erst jetzt zu Weistümern im engeren Sinn umgearbeitet. Während in den lateinischen Versionen allenfalls vage von einer »publicatio iurium« an den Dinggerichten die Rede gewesen war, wurden den meisten deutschen Versionen nunmehr genaue Regelungen zur Durchführung regelmäßiger Rechtsweisungen vorangestellt.[70] Die neuen Eingangspassagen beschwören farbige Bilder feierlicher Begegnungen zwischen Herrschaft und Bauern herauf. Sie schildern etwa, wie das Dinggericht frühzeitig in der Kirche anzukündigen war und wie man vor Beginn der Versammlung die Kirchenglocken läuten musste, um die Hofgenossen zu mahnen, auf dem Gerichtsplatz vor ihren Herrn zu treten.[71] Andere Texte beschreiben, wie sich die Bauern zur Beratung zurückziehen mussten, ehe einer der ihren dem Herren das Recht wies, oder wie die Verhandlungen schließlich in gemeinsamen Umtrünken oder Mahlzeiten einen festlichen Abschluss fanden.[72]

Solche Eingangspassagen suggerieren eine sehr unmittelbare Beziehung zwischen dem Weisungsvorgang und dem Wortlaut der anschließend festgehaltenen Regeln. Der Eindruck der Nähe der neuen deutschen Versionen zu mündlichen Rechtsweisungen wurde durch den Verzicht auf alle Querverweise verstärkt, welche die lateinischen Vorläufer mit Aufzeichnungen für andere Dörfer und mit älteren in den Statutenbüchern enthaltenen Einträ-

sammenhang mit Vereinbarungen über Herrschaftsrechte überliefert ist: Blatt Zürich (um 1400) StAZ C II 10 Nr. 2270.

70 Offnungen (15. Jh.) StAZ G I Nr. 102 fol. 11v; G I Nr. 103 fol. 9r (Rüschlikon und Rüfers), 25v (Albisrieden); Zürcherische Rechtsquellen S. 88f. (Meilen), 139 und 145 (Fluntern).

71 Offnung Meilen (15. Jh.) STAZ G I Nr. 102 fol. 11v.

72 Offnung Albisrieden (15. Jh.) STAZ G I Nr. 103 fol. 25v; vgl. Zürcherische Rechtsquellen S. 88f. (Offnung Meilen), 139 (Offnung Fluntern).

gen in Beziehung gesetzt hatten. Wo in den lateinischen Fassungen des 14. Jahrhunderts Hinweise wie »quod suprascriptum est in Höngga« den Leser zum Nachschlagen aufgefordert hatten, boten die deutschen Fassungen vollständige Übersetzungen oder mindestens Paraphrasen dessen, worauf zuvor nur verwiesen worden war.[73] Dadurch näherten sich die Aufzeichnungen einander inhaltlich zwar an, aber jede einzelne präsentierte sich auch als gänzlich autarker volkssprachlicher Wortlaut. Die Vernetzungen mit anderen Texten, welche für die lateinischen Vorlagen mit ihren zahlreichen Querverweisen kennzeichnend gewesen waren, wurden durchtrennt. Als einziger äußerer Bezugspunkt erschienen nun die mündlichen Aussagen der Bauern am Dinggericht.

Auch stilistische Anklänge an eine mündliche Ausdrucksweise häufen sich erst in den überarbeiteten deutschen Fassungen. Wo die lateinischen Vorläufer präzise Mengenangaben machten, neigten die neuen deutschen Fassungen dazu, diese durch anschauliche Erzählungen zu umschreiben. So hält schon die lateinische Version der Aufzeichnungen für Albisrieden fest, dass die Hofgenossen dem Stift jährlich eine Abgabe in der Form von Holz schuldeten und nach der Lieferung zum Stiftsgebäude mit Brot zu verköstigen waren. Dabei wurden in etwas umständlicher, aber sehr präziser Weise nicht nur die Menge der zu verteilenden Brote beziffert, sondern auch der Gehalt an Getreide jedes Brots: »unum modium tritici in pane et 16 panes de uno quartali tritici«. Die deutsche Version reduziert diese Angabe auf die eingängige Formulierung, dass den Bauern für jedes Rad ihrer acht Holzfuhren ein Brot auszuhändigen sei. Gleich anschließend steht die geradezu pittoreske Angabe über die Größe der Weißbrote (»simlen«), mit denen das Stift den dortigen Meier für gewisse Amtshandlungen entschädigen musste: Jedes der Brote müsse groß genug sein, »dass der meyer die simlen uf sinen

73 Zum Beispiel Eintrag Albisrieden (14. Jh.) Statutenbücher S. 158 zu den Modalitäten der Pfändung abgabesäumiger Bauern: »[...] et circa pignora huiusmodi servari debet idem, quod in Hönga«. Das, worauf zuvor nur verwiesen wurde, ist in der deutschen Fassung in den Text integriert. Offnung Albisrieden (15. Jh.) StAZ G I Nr. 102 fol. 27v: »War ouch das yeman den andern ze Rieden pfandte, der sol die pfaender in den meyerhof antwurten und da lassen acht tag beliben. Und sind es aessende pfand, so sol man dem meyer sinen schaden vor allen dingen ablegen.« Der Einschub bildet eine Paraphrase des lateinischen Eintrags Höngg (14. Jh.) Statutenbücher S. 151: »Et eadem pignora debent servari per octo dies in curia villicatus sine prejudicio villici«, diese Formulierung geht wiederum auf das Kelleramtsurbar zurück!

rist [Fußrist] setzet und ab der selben simlen an sinem knü [Knie] sinem knecht ein morgenbrot abschnidet«.[74]

Solche volkstümlich wirkenden Formulierungen wurden an verschiedenen Stellen in die neuen Weistümer eingebaut. Schon die lateinische Fassung des Textes für Meilen schrieb eine »Todfallabgabe« vor, das heißt ein Recht des Propsts, beim Ableben eines seiner Abhängigen aus dessen Erbmasse das wertvollstes Stück Vieh (»Besthaupt«) einzuziehen. Jedoch verdeutlicht erst die deutsche Fassung in einer märchenhaften Formulierung, dass die Herrschaft diesen Anspruch im Fall von Verstorbenen, die kein Vieh gehalten hatten, nicht auf andere Güter ausdehnen durfte: Wo er kein besseres Vieh finde, möge der Propst den »Han uf dem Sädel [Dachfirst] oder die Katz bi dem Für« an sich nehmen und solle sich damit begnügen.[75] Es sind anschauliche Sprachbilder und eingängige Formulierungen dieser Art, die seit Grimm immer wieder als Indizien einer unmittelbaren Herkunft der Weistümer aus der volkstümlichen Mündlichkeit der Bauern gewertet worden sind.[76] Im Fall der Überlieferung des Großmünsters wurden allerdings die meisten dieser Stilelemente erstmals während des 15. Jahrhunderts in die Aufzeichnungen eingearbeitet.

Die Operation der Archaisierung, die den neuen deutschen Fassungen zugrunde lag, äußert sich in ihrem seltsam widersprüchlichen Verhältnis zum gesellschaftlichen Wandel, den die weltlichen Herrschaften des Großmünsters seit der Mitte des 14. Jahrhunderts durchlaufen hatten. Die landwirtschaftliche Produktion der Ortschaften war zunehmend auf den Absatz von Produkten auf dem städtischen Markt ausgerichtet, und kommunale Organisationselemente erlangten immer größere Regelungskompetenzen.[77] Diesen überließen die Herren am Ausgang des Spätmittelalters oft weite Bereiche der Wirtschaftsorganisation, während sie sich selbst auf den Einzug und die Vermarktung von Abgaben konzentrierten. Die herrschaftliche Präsenz vor Ort nahm damit auch weniger unmittelbare Formen an.

Gerade vor dem Hintergrund solcher Veränderungen wirken eine ganze Reihe neuer Einschübe seltsam anachronistisch. Die deutschen Überarbeitungen aus dem 15. Jahrhundert schildern Face-to-face-Begegnungen zwischen den Stiftsherren und den Bauern weit häufiger als ihre lateinischen

74 Offnung Albisrieden (15. Jh.) StAZ G I Nr. 103 fol. 26v. Vgl. die lateinische Version aus dem 14. Jh.: Statutenbücher S. 162. Eintrag Albisrieden (14. Jh.) Statutenbücher S. 158.

75 Offnung Meilen (15. Jh.) StAZ G I Nr. 102 fol. 12v.

76 Grimm, *Poesie*; Oechsli, *Briefwechsel*, S. 126ff.; Kollnig, *Weistümer*, S. 118–134; Perrin, *Chartes*, S. 32f.

77 Vgl. zum Beispiel Zangger, *Wirtschaft*, S. 395f.

Vorläufer aus dem 14. Jahrhundert. Beispielsweise folgt auf die Bestimmungen über die jährlich durchzuführende Bestätigungswahl des Meiers von Albisrieden ein Zusatz, der eine rituelle Handlung, eine Art »convivium« vorschreibt. Demnach musste der bestätigte Meier dem Vogt eine Quantität guten Weins schenken, den dieser gleich vor Ort zusammen mit der »gebursame« trinken sollte. Und während die lateinische Aufzeichnung für Fluntern aus dem 14. Jahrhundert Frondienste nur am Rand erwähnt, schildert die deutsche Fassung aus der Zeit um 1500 farbig, wie die Erblehensträger alle sechs Monate frisches Stroh für die Betten der Stiftsherren nach Zürich tragen und den Kreuzgang des Stifts sauber kehren mussten.[78]

Es ist erstaunlich, dass solche Schilderungen neu in die Weistümer aufgenommen wurden. Denn die praktisch mit der Stadt Zürich zusammengewachsene Grundherrschaft Fluntern war weitgehend monetarisiert und auf die Produktion von Wein für den städtischen Markt ausgerichtet. Nach Auskunft von Abgabeverzeichnissen war ein großer Teil der dortigen Erblehen des Stifts durch Zürcher Stadtbürger besetzt, die im Rahmen dieses Leihe- und Abhängigkeitsverhältnisses ihr Kapital in den Weinbau investierten. Unter ihnen figurieren schon im 14. Jahrhundert nicht nur Vertreter der stadtadligen Geschlechter wie der Manesse und der Schwend, sondern sogar die Grafen von Toggenburg. Solche Leute verbargen sich also hinter den »Bauern«, die nach dem neuen Wortlaut des Weistums verpflichtet gewesen wären, den Chorherren ihre Betten zu machen![79]

Ein vages Gefühl, die Weistümer beschrieben sehr alte Zustände, ist vermutlich genau, was die Kompilatoren in den Lesern erwecken wollten. Auch Wendungen, die Bestimmungen explizit als alt ausgeben – wie »als das her ist kommen und gewonlich ist gesin von alter her« – sind in den deutschen Fassungen des 15. Jahrhunderts besonders zahlreich vertreten.[80] Schon in den lateinischen Versionen bezeugte ja der vorausgeschickte Bericht über die Ausstattung des Stifts duch Karl den Großen ein Bestreben, die aufgezeichneten Rechte als alt erscheinen zu lassen. Die neuen deutschen Versionen suchten die Anbindung an die Vergangenheit nicht mehr »oben« in der

78 Offnung Albisrieden (15. Jh.) StAZ G I Nr. 103 fol. 25v; Offnung Fluntern (15. Jh.) Zürcherische Rechtsquellen S. 142.

79 Ganz, *Beiträge*, S. 83–88.; Urbare und Rödel S. 200, 202, 204, 213. Schon früh werden unter den Schöffen von Fluntern Leute erwähnt, die in der Stadt wohnten und wohl auch Stadtbürger waren, zum Beispiel Urkunde Zürich (1289) UBZ Bd. 6 S. 48ff. Nr. 2067. Und im Jahr 1420 wurde das wichtigste lokale Amt, dasjenige des Weibels, an den Stadtbürger Niklaus Hämmerli verliehen, Urkunde Zürich (1420) StAZ G I Nr. 96 fol. 240v.

80 Zürcherische Rechtsquellen S. 142, vgl. S. 140f., 144.

Reichsgeschichte, sondern in altertümelnden Beschreibungen des Herrschaftsalltags und in der mündlichen Überlieferung der »Bauern«.

Die Abfassung von Weistümern beruhte oft entscheidend auf der Kompilation und Überarbeitung älterer Dokumente. Diese verlief im Fall der Rechtsaufzeichnungen des Zürcher Großmünsterstifts in zwei Etappen. Bereits um 1350 wurden Regelungen unterschiedlichster Herkunft aus ihren ursprünglichen Entstehungszusammenhängen herausgerissen und zu homogenen Rechtsordnungen einzelner Orte zusammengestellt. Die dadurch entstandenen Dokumente sollten vor allem das Verhältnis des Stifts zu seinen lokalen Amtleuten regeln, deren Kompetenzen und Pflichten zunehmend territorial definiert, das heißt auf einzelne Ortschaften bezogen wurden. Deutlichen Weistumscharakter verlieh den meisten Aufzeichnungen erst die zweite Etappe. Während dieser wurden die lateinischen Aufzeichnungen ins Deutsche übersetzt und um Passagen erweitert, welche die aufgezeichneten Regelungen in enge Verbindung zu einer Tradition der regelmäßigen Rechtsweisung an Dinggerichten setzten. Außerdem verstärkten erst jetzt vorgenommene stilistische Anpassungen den Eindruck, die Aufzeichnungen wurzelten in einer bäuerlichen Rechtskultur. Diese jüngste Darstellungsform erleichterte es, die Anerkennung der Aufzeichnungen auch von Parteien und Gerichten einzufordern, die in keiner Weise mit dem Stift verbunden waren.

Waadtländer Plaicts

Die Plaicts Généraux der Ortschaften, die der Herrschaft des Kluniazenserpriorats Romainmôtier im Waadtländer Jura und des Bischofs von Lausanne unterstanden, stehen im Ruf, zu den ältesten Weistümern überhaupt zu gehören. Die meisten dieser Aufzeichnungen sind zwar erst aus der Zeit um die Mitte des 14. Jahrhunderts in der Form eigentlicher Weistümer überliefert, die dann im Lauf des 15. Jahrhunderts Gegenstand einer regen Bearbeitungstätigkeit wurden. Gewisse Inhalte der Aufzeichnungen tauchen allerdings schon in älteren Dokumenten auf, was die Forschung wiederholt als Indiz für eine bis in das 13. oder sogar das 12. Jahrhundert zurückreichende Weisungstradition gewertet hat.[81] Die langfristige Entwicklung dieser Aufzeichnungen soll hier unter dem Gesichtspunkt von Schreibpraktiken einer erneuten Prüfung unterzogen werden. Dabei sind zunächst nacheinander die

81 Für einen Forschungsüberblick: Poudret, *Rôle*.

frühen Entwicklungen zu diskutieren, die zur Entstehung eigentlicher Weistümer für Romainmôtier und Lausanne führten. Anschließend kommt zur Sprache, wie diese Aufzeichnungen im Lauf des 15. Jahrhunderts weiter bearbeitet und zu aktuellen Formen der Rechtsfestlegung in Beziehung gesetzt wurden. Ein solches Vorgehen fördert einerseits weitere Varianten der Weistumsgenese zu Tage, erlaubt es aber auch, Muster freizulegen, die den Entwicklungen in den Beispielen aus dem deutschen und dem französischen Sprachraum gemeinsam waren.

Das Plaict von Apples (1327)

Kaum ein Dokument aus den Beständen des Priorats Romainmôtier hat ausgeprägteren Weistumscharakter als das sogenannte auf das Jahr 1327 datierte Plaict Général für die oberhalb des Genfersees gelegene Ortschaft Apples. Das Weistum ist nicht im Original, sondern als Abschrift (Inserierung) in einer Urkunde aus dem Jahr 1355 überliefert, die dessen erneute Bestätigung durch Bewohner von Apples bezeugt.[82] Dass um 1327 tatsächlich ein Weistum für Apples entstanden war, scheint allerdings plausibel. Für diese Zeit sind virulente Konflikte zwischen dem Priorat und dem Inhaber des Meieramts von Apples belegt, die schließlich damit endeten, dass der Meier seine Rechte dem Kloster verkaufte. Die Übertragung von Rechten von einer Herrschaft an die andere bildete auch andernorts den Anlass der Aufzeichnung von Weistümern.[83]

Gemäß der überlieferten Abschrift berichtete die Urkunde von 1327 zunächst, wie die »probi homines« von Apples an ihren Herrn, den Prior des Klosters Romainmôtier, gelangten, und ihn baten, wieder einmal ein Dinggericht (Placitum) durchzuführen, wie dies einst, »olim«, unter seinen Vorgängern gebräuchlich gewesen sei. Diese Formulierung legt nahe, dass in Apples schon lange nicht mehr Rechte am Dinggericht gewiesen worden waren. Vielleicht gerade deshalb unterstrich die anschließende Schilderung ständig, wie stark die dann tatsächlich einberufene Gerichtsversammlung in der Gewohnheit verankert war. Der Prior habe das Dinggericht angesetzt, so wie es seit alters und von seinen Vorgängern geübt worden sei. Vor seinem Haus in Apples, »ut moris est«, sei zusammengekommen, wer immer nach

82 Plaict Apples (1327) ACV VIIa Nrn. 363 und 272 (Photos). Im Folgenden zitiert nach der neusten Edition SDVD Bd. B2 S. 419–424 Nr. 369, außer an den Stellen, an denen diese Auslassungen aufweist. Für den lückenlosen Wortlaut: Cottier, *Abbaye*, S. 191 Nr. 3.

83 Vgl. Verkaufsurkunde Apples (1328) ACV C VIIa Nr. 276; vgl. oben, S. 224–227.

der alten Gewohnheit dabei sein müsse, und schließlich hätten die Leute aus der Erinnerung das Recht gewiesen (»reportare«), wie es nach der alten Gewohnheit zu weisen sei. Darauf folgen die angeblich gewiesenen Bestimmungen. Diese legten herrschaftliche Jurisdiktionsrechte und Ansprüche auf Abgaben fest und regelten die Durchführung der Dinggerichte (»placita«) samt Rechtsweisungen. Ferner enthält das Weistum Vorschriften zum Güter- und Strafrecht sowie zur Aufsicht über die Flur- und Waldnutzung.[84]

Gut die Hälfte dieser Bestimmungen erweisen sich bei näherem Hinsehen als Paraphrasen von Artikeln des Plaicts für eine andere Ortschaft im Herrschaftsgebiet des Priorats, nämlich für das Dorf Romainmôtier selbst, aus dem Jahr 1266.[85] Zahllose darin enthaltene Formulierungen wiederholte das Plaict von Apples wörtlich,[86] bezog sie aber eben auf Apples statt auf Romainmôtier und unterbrach sie wie schon die Sätze der Präambel gelegentlich durch Einfügungen, welche die Herkunft der Bestimmungen aus der lokalen alten Rechtsgewohnheit heraufbeschworen.[87] Gerade durch die Vehemenz, mit der sich das Plaict von Apples auf alte Gewohnheiten berief, unterschied es sich grundlegend von seinem Vorbild. Schon die Urkunde von 1266 für Romainmôtier kann zwar insofern als Weistum – und zwar als besonders frühes – gelten, als sie vorschreibt, die in ihr enthaltenen Bestimmungen künftig an den Dinggerichten zu verkünden. Diese Bestimmungen wurden aber hier weder als alt noch als konform mit Gewohnheiten dargestellt. Im Gegenteil berichtete die Präambel zum alten Plaict von Romainmôtier von schweren Auseinandersetzungen zwischen den Herrschaftsleuten und dem Priorat über »diversis consuetudinibus«. Schließlich hätte ein Schiedsgericht die beiden Seiten dahin verglichen, dass sie sich auf die anschließend aufgeschriebenen Bestimmungen einigen mussten. Nach damaliger Auffassung war mit dieser Einigung auch der Consuetudo-Charakter der umstrittenen Regeln überwunden. Die Parteien verpflichteten sich nämlich, die aufgeschriebenen Regeln künftig als geschriebene Gesetze, »pro iure et legibus«, zu beachten.[88] Das Plaict von Apples entstand als Ergebnis eines

84 Plaict Apples (1327) SDVD Bd. B2 S. 419–424 Nr. 369.

85 Plaict Romainmôtier (1266) SDVD Bd. B2 S. 375–378 Nr. 343.

86 Vgl. Plaict Romainmôtier (1266) SDVD Bd. B2 S. 375–378 Nr. 343 (im Folgenden A) und Plaict Apples (1327) SDVD Bd. B2 S. 419–424 Nr. 369 (im Folgenden B). Dabei ergeben sich folgende Entsprechungen der Artikel gemäß der Nummerierung der Edition: B3 - A3, B4 - A4, B5 - A5+6, B6 - A7, B7 - A8, B8 - A9, B10 - A13.

87 Plaict Apples (1327) SDVD Bd. B2 S. 421 Nr. 369 § 3 »ut moris est«, § 5 Erweiterung des Worts »consuetudo« durch das Adjektiv »antiqua«.

88 Plaict Romainmôtier (1266) SDVD Bd. B2 S. 375f. Nr. 343.

Vorgangs, der im Grundsatz schon für zahlreiche Weistümer aus der Umgebung von Zürich nachgewiesen werden konnte. Dabei wurden während des 14. Jahrhunderts oder später Regeln, die bereits in Dokumenten festgehalten, dort aber als Ergebnisse einer willentlichen Vereinbarung in einer bestimmten Konfliktsituation dargestellt waren, übernommen und nachträglich als Inhalte einer alten Weisungstradition neu legitimiert.

Das Plaict von Lausanne (1368)

Ein ganz anderer Entstehungsvorgang lag dem sogenannten Plaict von Lausanne, einem zentralen Dokument der Verfassungsgeschichte dieser Stadt, zugrunde. Wer vom Plaict spricht, meint in erster Linie eine Urkunde, die im Jahr 1368 entstanden war, die man aber schon im 15. Jahrhundert und erst recht in der modernen Forschung als Ausdruck einer sehr viel älteren Tradition regelmäßiger Weisungen verstanden hat.[89] Die genauen Umstände der Ausstellung dieser Urkunde sind zwar ungeklärt, hingen aber zweifellos mit den damaligen Auseinandersetzungen zusammen, die der Bischof und der Graf von Savoyen um die Abgrenzung von Gerichtsrechten über Lausanne damals seit mehr als einem Jahrzehnt geführt hatten.[90]

Die Urkunde berichtet zu Beginn, wie der Bischof von Lausanne die Stadtbevölkerung zu einem Dinggericht einberufen hatte. Dort seien Klagen darüber laut geworden, dass es bei der Anwendung der Lausanner Rechtsgewohnheiten ständig zu Unregelmäßigkeiten und Kontroversen komme. Um dem Abhilfe zu schaffen, sei man übereingekommen, diese Rechtsgewohnheiten diesmal nicht nur wie üblich mündlich zu weisen, sondern auch schriftlich festzuhalten. Auf diese Einleitung folgen über 170 Regeln zur bischöflichen Jurisdiktion, dem Ämterwesen sowie dem Markt-, Gewerbe-, Bau- und Strafrecht. Die letzten 18 Bestimmungen sind durch eine kurze Bemerkung eingeleitet, wonach sie »additiones« und erst aus Anlass der Niederschrift zustande gekommen seien.[91] Damit wird auch schon nahegelegt, dass die übrigen Bestimmungen älter seien.

Dies trifft zweifellos zu, denn trotz der Schilderung einer erstmaligen schriftlichen Aufzeichnung beruhte das Plaict mindestens teilweise auf äl-

89 Plaict Lausanne (1368) AVL C Va Nr. 26/1, photographische Reproduktionen in ACV C IV Nr. 364 bis, Edition: SDVD Bd. B1 S. 219–237 Nr. 190. Forschungsüberblicke bei: Anex-Cabanis, *Plaict*, S. 1; Poudret, *Coutumes*, Bd. 1 S. 144. Zum Folgenden eingehender: Teuscher, *Notiz*.

90 Anex-Cabanis, *Plaid*, S. 10f.; dies., *Moyen Âge*, S. 89–93; Reymond, *Développement*, S. 99.

91 Plaict Lausanne (1468) SDVD Bd. B2 S. 234 Nr. 190 § 155–172.

teren schriftlichen Vorlagen. Bereits elf Jahre vor der Plaicturkunde war ein Mandat entstanden, das die Aufnahme zweier neuer Bestimmungen in das Buch anordnete, das man jeweils am Placitum verlas. Dieses Buch selbst ist zwar nicht erhalten, aber die beiden Bestimmungen finden sich auch in der Plaicturkunde von 1368 wieder.[92] Andere Passagen entsprechen Formulierungen in den Rechtsaufzeichnungen für das ebenfalls dem Bischof unterstehende Städtchen Avenches aus dem Jahr 1338.[93] Der wohl interessanteste kompilatorische Vorgang bestand darin, dass eine ungefähr zwanzig Regeln umfassende Rechtsaufzeichnung aus dem Kartular von Lausanne aus dem 13. Jahrhundert an den Anfang der Plaicturkunde übernommen wurde. Dabei handelt es sich um eben jenes Kartular, in das Propst Cono im frühen 13. Jahrhundert die zu Beginn dieses Kapitels diskutierten Rechte der Ortschaften Crans, Saint-Prex und Dommartin hatte eintragen lassen, die von der Form eigentlicher Weistümer in mancher Hinsicht noch recht weit entfernt waren. Dies galt auch für den hier zur Diskussion stehenden Eintrag zu Rechtsverhältnissen in der Stadt Lausanne. Im Kartular endete dieser noch mit der Bemerkung, dies seien die Recognitiones, die der denkwürdige Propst Arducius nach Absprache mit Klerikern, Adligen und Bürgern der Stadt Lausanne dem Bischof Amadeus geleistet habe, als dieser sein Amt 1144 antrat. Als Aufzeichnung aus diesem Jahr haben die Recognitiones Aufnahme in wichtige Editionswerke des 19. Jahrhunderts wie die »Monumenta Gemaniae Historica«, Mignes »Patrologia Latina« und Grimms Sammlung der Weistümer Eingang gefunden. Am Ende dieses Eintrags sind Nachfolger des Arducius im Amt des Propstes aufgelistet, welche dieselben Bestimmungen gegenüber den fünf auf Amadeus folgenden Bischöfen des 12. und frühen 13. Jahrhunderts erneut anerkannt haben sollen.[94]

92 Urkunde Lausanne (1357) MDR Bd. 1.7 S. 166, vgl. Plaict Lausanne (1368) SDVD Bd. B1 S. 219–237 Nr. 190 und S. 227 § 82f.

93 Es handelt sich dabei um die Bußtarife für Regelübertretungen, die schon in den Recognitiones für Avenches festgehalten sind und dort wiederum als Abschriften aus den unter Kp. 4.2 diskutierten Recognitiones für Dommartin aus dem Jahr 1230 im Kartular des Kapitels von Lausanne erscheinen. Vgl. Recognitiones Dommartin (1230) (nachfolgend A) hier wegen der Artikelnummerierung, die den Vergleich erleichtert, ausnahmsweise zitiert nach: SDVD Bd. B1 S. 780 Nr. 559; Recognitiones Avenches (1338) (nachfolgend B) ebd. S. 593f. Nr. 356 und Plaict Général Lausanne (1368) (nachfolgend C) ebd. S. 222f. Nr. 190. Dabei ergeben sich folgende Entsprechungen zwischen den Artikeln A2 (erster Teil) - B2+3 - C30+31 und A2 (zweiter Teil) - B7; sowie A4 - B4+5 - C32. Diese Abhängigkeit könnte natürlich auch auf weiteren, nicht mehr überlieferten Vorlagen beruhen.

94 Recognitiones Lausanne (»1144«) SDVD Bd. B1 S. 217ff. Nr. 188, ferner in: Patrologia Latina 188 Sp. 1284ff. (in französischer Übersetzung); MGH SS 24 S. 775f.; Weisthümer Bd. 5 S. 1f.

Diese Vorlage geht ihrerseits auf weitere Vorlagen zurück. Jean-Daniel Morerod hat auf der Grundlage textkritischer und kodikologischer Untersuchungen nachgewiesen, dass die Recognitiones nicht im 12. Jahrhundert entstanden sein können. Sie beruhen auf einer Kompilation verschiedener erhaltener Rechtsnotizen aus dem späten 12. und frühen 13. Jahrhundert und passen inhaltlich bestens zu den Auseinandersetzungen rund um die Wahl Bertholds von Neuchâtel zum Bischof von Lausanne im Jahr 1212.[95] Die Bestimmungen wurden damals aus aktuellem Anlass in einen Kartulareintrag zusammengeführt, wobei die Schreiber ihnen mit Hinweisen auf Arducius, Amadeus und ihre Amtsnachfolger die Würde eines hohen Alters und der Anerkennung (»recognitio«) durch zahlreiche Bischöfe und Pröpste verliehen. Den inhaltlichen Schwerpunkt der »recognitio« bildeten Rechtsausscheidungen auf Herrenseite zwischen dem Bischof, dem Kapitel und ihren weltlichen Vögten. Im Gegensatz zum Plaict von 1368 enthielten diese kaum Bestimmungen, die das Zusammenleben der Bewohner der Stadt untereinander regelten und erwähnten auch ein Dinggericht (Placitum) nur beiläufig im Zusammenhang mit der herrschaftlichen Kompetenz, Streitigkeiten über die Nutzung von Allmenden zu regeln.[96]

Eine Verbindung zwischen den Inhalten der sogenannten Recognitiones des Arducius und dem Dinggericht kam erst dadurch zustande, dass Schreiber im Jahr 1368 den Eintrag in die Plaicturkunde abschrieben und zwar gleich nach der Präambel über die damals durchgeführte Weisung, als handelte es sich dabei um die ersten gewiesenen Sätze. Es ist in diesem wie auch in vergleichbaren Fällen kaum anzunehmen, dass man die Bestimmungen aus älteren Vorlagen, die schließlich Eingang in Weistümer fanden, zuvor tatsächlich regelmäßig über längere Zeiträume an den Dinggerichtsversammlungen mündlich gewiesen und auf dieser Grundlage im 14. oder 15. Jahrhundert erneut aufgezeichnet hatte. Denn so wären im besten Fall Wortlaute entstanden, die in den Inhalten, nicht aber in den Einzelheiten der Formulierung mit älteren Dokumenten übereinstimmten.

Die Schreiber, die Regeln aus den alten Reconnaissances ins Plaict von 1368 abschrieben, erlaubten sich einzelne, zunächst eher unscheinbare Auslassungen und Veränderungen.[97] Sie ließen beim Abschreiben die Auszeich-

95 Morerod, *Franchises*.

96 Recognitiones Lausanne (»1144«) SDVD Bd. B1 S. 218 Nr. 188 § 15.

97 So fielen die nunmehr weiter unten im Plaict geregelten Bußen weg, ferner zwei Punkte aus der Liste der Regalien des Bischofs (die »mensure« und »fenatores manifesti«) Recognitiones Lausanne (»1144«) SDVD Bd. B1 S. 218 Nr. 188 § 3, 10–13; vgl. Plaict Lausanne (1368) SDVD Bd. B1 S. 220, 222f. Nr. 190 § 27–44.

nung der Bestimmungen als »recognitio« des einstigen Propsts Arducius gegenüber dem heiligen Bischof Amadeus ebenso weg wie die Aufzählung ihrer respektiven Amtsnachfolger. Damit tilgten sie auch alle Hinweise auf den zwischenherrlichen Zusammenhang und die angebliche Entstehungszeit dieser Regeln. Durch die Übernahme des Wortlauts aus dem Kartular in den neuen Rahmen der Plaicturkunde wurde die eine Traditionsbildung durch die andere ersetzt. An die Stelle der Legitimation durch den alten Brauch der Pröpste und Bischöfe, einander gegenseitig Rechte anzuerkennen, trat eine neue säkulare Legitimation, wonach die Bestimmungen ihren Ursprung in mündlichen Weisungen an Versammlungen der Bevölkerung hatten, die seit je stattfanden.

Kanonisierung und Kommentierung: Lausanne

Während des 15. Jahrhunderts erfuhren die Plaicts für die Stadt Lausanne selbst wie auch jene für die Ortschaften unter der Herrschaft des Priorats Romainmôtier keine grundlegenden redaktionellen Überarbeitungen mehr. Dagegen wurden sie Gegenstand von Abschriften, Bearbeitungen und Kommentaren. Diese lassen erkennen, dass die legitimatorischen Herleitungen von Rechtsaufzeichnungen aus mündlichen Weisungen an den Dinggerichten sogar dort zunehmenden Stellenwert erlangen konnten, wo die Bedeutung der Dinggerichte selbst eher zweifelhaft scheint. Dies soll zunächst etwas ausführlicher am Beispiel des Plaicts von Lausanne, anschließend auch am Beispiel der Plaicts von Romainmôtier aufgezeigt werden.

Ein Wandel im Verständnis der Lausanner Plaicturkunde von 1368 zeichnet sich in einem umfangreichen, im Stil von zeitgenössischen gelehrten glossierten Texten ausgeführten Kommentarwerk zur Urkunde ab, das bischöfliche Amtleute während der 1430er-Jahre verfassten. Dieses bestand aus einer Abschrift der Urkunde von 1368, wobei jede Bestimmung durch eine Glosse ergänzt wurde.[98] Eigentliche Änderungen am Wortlaut des Originals nahmen die Kommentatoren zwar nicht vor. Sie ließen aber die Präambel der Urkunde mit ihren Angaben über die Umstände der Weisung von 1368 aus. Stattdessen zogen sie die Bestimmungen zur Durchführung des Dinggerichts, die im Original erst weiter unten folgten, näher zum Anfang. Dadurch konnte der Kommentar gleich zu Beginn den jährlichen Ablauf der

98 Commentaire Lausanne (um 1430) ACV Bf 11, zitierte Edition SDVD Bd. B1 S. 239–349 Nr. 192. Den Aufbau des Kommentars gibt die ältere Edition anschaulicher wieder: MDR 1.7 S. 314–477 Nr. 75.

Dinggerichtsversammlungen schildern und ging dabei viel stärker in Einzelheiten als die Plaicturkunde selbst.[99] Während die Urkunde die Bestimmungen des Plaicts noch vorwiegend auf die spezifische Versammlung des »Placitums« im Jahr 1368 zurückgeführt hatte, verlieh der Kommentar der Auffassung Nachdruck, diese hätten in einer zeitlosen, aber kontinuierlichen mündlichen Tradierung ihren einzigen Ursprung und Geltungsgrund.

In der Zeit um 1500 entstand schließlich auch eine Übersetzung der Plaicturkunde von 1368 in die romanische Umgangssprache. Die Übersetzer gaben die lateinische Vorlage getreulich wieder und hielten sich auch an die ursprüngliche Reihenfolge der Artikel. Um das Nachschlagen im Text zu erleichtern, fügten sie ein »répertoyre« an, das für jeden Artikel eine kurze Inhaltsangabe enthält.[100] In diesem Fall ist es die Ausgestaltung dieses Inhaltsverzeichnisses, die zu verstehen gibt, dass sich die Deutung der Urkunde als Repräsentation einer alten Tradition der Weisungen am Dinggericht mittlerweile durchgesetzt hatte. Den Anfang der Plaicturkunde bilden bekanntlich die ungefähr zwanzig aus dem Kartular übernommenen Bestimmungen, die vor allem das Verhältnis zwischen Bischof, Kapitel und Vogt betrafen. Das Inhaltsverzeichnis gab diesem Abschnitt dadurch geringes Gewicht, dass es ihn trotz seines beträchtlichen Umfangs als einen einzigen, ersten Artikel ausgab. Die anschließenden Bestimmungen zur Durchführung des Dinggerichts erhielten so die Nummern zwei bis sieben, was wieder suggerierte, die Plaicturkunde beginne mit einer Schilderung des Ablaufs des Dinggerichts. Diesen Eindruck verstärkte das Inhaltsverzeichnis noch, indem es die Angaben zum Inhalt des umfangreichen ersten Artikels so anfing: »Über den Ort, an dem das Placitum Generale stattfinden soll und darüber, wer dabei sein soll« – Fragen, die der betreffende lange Abschnitt in Wahrheit nicht einmal ansatzweise beantwortet.[101] Mit der Inhaltsverzeichnissen und Nummerierungen eigenen Suggestionskraft erweckte die Übersetzung so noch stärker als der Kommentar den Eindruck, die übersetzte Urkunde

99 Commentaire Lausanne (um 1430) SDVD Bd. B1 S. 245–251 Nr. 192 § 6–14, vgl. die Konkordanz für die Plaicturkunde und ihren Kommentar in ebd. S. 240.

100 Commentaire Lausanne Übersetzung (um 1500) AVV bleu H13 bis fol. 14r–16v. Einzig die kurzen Erklärungen französischer Rechtstermini, welche das lateinische Original enthielt, wurden einleuchtenderweise meist nicht übersetzt. Für den Hinweis auf dieses Dokument und die zur Verfügung gestellte Transkription schulde ich Yann Dahaoui großen Dank.

101 Übersetzung Plaict Lausanne (um 1500) AVV bleu H13 bis fol. 14r. »Du lieu ou se doit tenyr le plait general lesqueux y douient estre.« Entsprechende Informationen finden sich dagegen in Commentaire Lausanne (um 1430) SDVD Bd. B1 S. 245–251 Nr. 192 § 6–14.

gebe Inhalte regelmäßiger Weisungen an einem traditionellen Placitum wieder, dessen Durchführung am Anfang genau geregelt sei.

An dieser Stelle muss die Frage nach den real existierenden Dinggerichtsversammlungen (Placita) berührt werden. Während an der Existenz solcher Versammlungen kein Zweifel besteht, liegen zu den Funktionen und der Regelmäßigkeit ihrer Durchführung je nach Ort und Zeit sehr unterschiedliche Informationen vor.[102] Ein Placitum von Lausanne wird zwar in Kartulareinträgen und Rechnungen des 13. und 14. Jahrhunderts gelegentlich erwähnt, erscheint dabei aber als Abgabetermin und als Anlass der Regelung von Weid- und Allmendrechten, auf dessen Durchführung manchmal über mehrere Jahre hinweg verzichtet wurde.[103] Im Zusammenhang mit der Festlegung und Tradierung eines weiter gefassten Regelbestands erscheint das Placitum erstmals in jenem Mandat aus dem Jahr 1357, das verfügte, in das Buch, das man jeweils am Placitum verlas, zwei neue Bestimmungen aufzunehmen. Bezeichnenderweise erscheint aber als Urheber dieses Mandats nicht etwa das Placitum selbst, sondern die bischöfliche »Curia Secularis«. Dabei handelte es sich um ein von der Dinggerichtsversammlung deutlich unterschiedenes kleines Gremium, in dem neben dem Adel und dem Klerus auch die Stadtbevölkerung durch einzelne Abgeordnete vertreten war und das vom 13. bis zum 16. Jahrhundert regelmäßig in legislativer Funktion in Erscheinung trat.[104]

Selbst die Plaicturkunde von 1368 steht bei näherem Hinsehen in einem zweifelhaften Verhältnis zum Placitum. Wohl berichtet sie zu Beginn von einer Rechtsweisung und ihrer Niederschrift an einem der regelmäßig durch-

---

102 Zu den Kontroversen um die Ursprünge des Placitums von Lausanne vgl. Tappy, *Institutions*, S. 2f.; Poudret, *Procès*, S. 378; ders., *Rôle*, S. 179; Anex-Cabanis, *Plaict*, S. 9; Baud, *Plaict*, S. 177–182.

103 Die älteste solche Erwähnung enthält: Recognitiones Lausanne (»1144«) SDVD Bd. B1 S. 218 Nr. 188 § 18. In Rechnungen des savoyischen Bailli von Lausanne aus dem ersten Drittel des 14. Jahrhunderts ist vom »placitum generale« als einem alle zwei Jahre stattfindenden Abgabetermin die Rede, aus dessen Anlass die Amtleute den städtischen Handwerkern ein Mahl ausrichteten. Die Rechnungen verzeichnen das Stattfinden dieses Anlasses für die Jahre 1321, 1325 und 1327, AST Camerale Savoia Inv. 71 fol. 52 (Rechnung 1. März 1321 – 4. April 1322), Inv. 69 fol. 5 (Rechnung 3. Januar 1325 – 9. März 1328). Trotz der normativen Angaben über den Zweijahresrhythmus vermerken die Rechnungen für die Jahre 1329 und 1330 explizit das Ausfallen des »placitums«, Inv. 69 fol. 5 (Rechnung 10. März 1328 – 12. Juli 1329 und 13. Juli 1329 – 22. Januar 1330). Ich danke Jean-Daniel Morerod, der mir seine Transkriptionen dieser Dokumente zur Verfügung stellte. Weitere Belege diskutieren Morerod, *Genèse*, S. 440, und Tappy, *Institutions*, S. 2f.

104 Mandat Lausanne (1457) MDR Bd. 1.7 S. 166. Zur »Curia Secularis«: Morerod, *Genèse*, S. 381f.; Poudret, *Coutumes*, Bd. 1 S. 155f. und 371–378; Tappy, *Institutions*, S. 6–13.

geführten Placita. In eigentlichem Widerspruch dazu hält ein Nebensatz am Ende der Urkunde fest, die vorausgehenden Bestimmungen seien während einer ordentlichen Sitzung der Curia Secularis verabschiedet worden.[105] Es ist vorgeschlagen worden, dass sich die Angabe über die Urheberschaft der Curia Secularis nicht auf alle, sondern nur auf die als »additiones« bezeichneten letzten 18 Bestimmungen der Urkunde beziehen könnte.[106] Selbst dies würde allerdings – ebenso wie das Mandat von 1357 – darauf hindeuten, dass das Placitum zum Zeitpunkt der Niederschrift nicht oder nicht mehr die maßgebende Institution der Festlegung lokaler Rechtsregeln war.[107] Während aus dem Jahr 1394 noch ein Dokument vorliegt, welches das Placitum als Gericht erwähnt,[108] ist es bislang nicht gelungen, in der sehr reichen Lausanner Überlieferung für das 15. Jahrhundert einen unzweideutigen Hinweis auf die Durchführung eines Placitums in irgendeiner Form beizubringen. Nur der während der 1430er-Jahre entstandene Kommentar zur Plaicturkunde schildert die Versammlung minutiös. Dabei beschreibt er allerdings Ämter, von denen er selbst sagt, sie seien längst abgegangen. Und eine Kommentarstelle spricht in etwas nebulöser Formulierung an, dass die Versammlung eigentlich außer Übung gekommen sei.[109]

Es scheint zunächst paradox, dass parallel zur vermehrten Betonung der Herkunft des Plaicts aus regelmäßigen mündlichen Rechtsweisungen dessen Text eine Stabilisierung erfuhr. Im Jahr 1357 konnte die Curia Secularis das Buch, das angeblich jeweils am Placitum vorgelesen wurde, noch ohne Weiteres um zwei neue Rechtsregeln erweitern. Und auch in der Plaicturkunde von 1368 sind von einem Grundbestand 18 aus aktuellem Anlass hinzugekommene Bestimmungen zwar eigens als »additiones« abgehoben – solche

105 Plaict Lausanne (1368) SDVD Bd. B1 S. 219f. und 236f. Nr. 190.

106 Poudret, *Coutumes*, Bd. 1 S. 46.

107 Die Zweideutigkeit setzt sich auch innerhalb der Bestimmungen der Plaicturkunde fort. Hier ist einerseits davon die Rede, dass die Rechte von Lausanne nur durch eine Weisung an einem Placitum mit anschließender Publikation durch die »curia secularis« (»et non alias«) verändert oder ergänzt werden können, Plaict Lausanne (1368) SDVD Bd. B1 S. 222 Nr. 190 § 25. Anderseits regeln weiter unten Bestimmungen die Gesetzgebungsgewalt der Curia Secularis selbst, ohne auf das Placitum zurückzukommen, ebd. S. 225 § 64, 68. Vgl. hierzu auch: Poudret, *Coutumes*, Bd. 1 S. 147.

108 Poudret, *Procès*.

109 Commentaire Lausanne (um 1430) SDVD Bd. B1 S. 246f. Nr. 192 (VII ad 18). Obwohl der Kommentar festhält, dass es zu seiner Zeit keinen Vogt mehr gibt, S. 246 (VII ad 7 et 8), schildert er dessen Aufgaben am Placitum wiederholt genau, S. 245f. (VI ad 6), 247f. (VII ad 7 und 8, VIII ad 18), 248 (IX ad 21), 249f. (XI ad 18), 250 (XII ad 22), 251 (XIII ad 18 und XIV ad 19).

waren aber immerhin noch möglich. Auch während des ersten Drittels des 15. Jahrhunderts erließ die Curia Secularis noch ein Mandat, dass sie als »pro statuto placiti generali addito« gelten sollte. Diese Bestimmung wurde aber bereits in keine der erhaltenen Abschriften des Plaicts mehr aufgenommen.[110] Schon vor der Mitte des 15. Jahrhunderts muss sich die Ansicht durchgesetzt haben, dass sich die Plaicturkunde weder verändern noch ergänzen ließ. Statt Umschriften entstanden nunmehr wortgetreue Abschriften. Gerade als die Herkunft der in der Plaicturkunde festgehaltenen Rechtsordnung aus Verhandlungen an Versammlungen der Bevölkerung besonders stark betont wurde, galten weder diese noch irgend welche andere Gremien mehr als befugt, diese Ordnung weiterzuentwickeln.

Kanonisierung und Kommentierung: Romainmôtier

Ähnliche Entwicklungen zeichnen sich in den Herrschaften des Priorats Romainmôtier ab. Für die Ortschaft Romainmôtier selbst weist zwar außer der Plaicturkunde von 1268 auch eine drei Jahre zuvor aufgezeichnete Kundschaftsaussage auf die Existenz eines Placitums hin, an dem regelmäßig Herrschaftsrechte gewiesen wurden.[111] Aus späterer Zeit fehlen dann aber solche Hinweise nicht nur, sondern es liegen auch mehrere Aufzeichnungen lokaler Rechtsregeln vor, in denen von einem Placitum keine Rede ist.[112] Die Plaicturkunde von Apples aus dem Jahr 1327 selbst drückt deutlich aus, dass die am damaligen Dinggericht durchgeführte Weisung von Rechtsregeln allgemeineren Inhalts eine Tradition wieder aufnahm, die seit geraumer Zeit vernachlässigt worden war. Daran scheint sich auch später wenig geändert zu haben, wurden doch auch danach wieder lokale Rechtsverhältnisse ohne Mittun eines Dinggerichts festgelegt.[113]

Für das 15. Jahrhundert liegen schließlich wie für die Stadt Lausanne auch für die Ortschaften, die dem Priorat Romainmôtier unterstanden, kaum Hinweise auf die Durchführungen von Dinggerichten vor. Trotzdem scheint auch die alte Plaicturkunde für Romainmôtier gerade in diesem Zeitraum einen besonders hohen Status als grundlegender Ausdruck der lokalen Rechtsordnung erlangt zu haben. Auch sie wurde schließlich in den 1490er-

110 Mandat Lausanne (15. Jh.) SDVD Bd. B1 S. 438 Nr. 191. Vgl. Anex-Cabanis, *Plaict*, S. 15.

111 Urkunde Romainmôtier (1263) MDR Bd. 1.3 S. 357ff.

112 Urkunden Apples (1285 und 1296) ACV C VIIa Nr. 187 und Nr. 201, letztere ist ediert in SDVD Bd. B2 S. 417ff. Nr. 368.

113 Schiedsurkunde Apples (1331) ACV C VIIa Nr. 299.

Jahren Gegenstand eines gelehrten Kommentars.[114] Dieser entstand im Zusammenhang mit Bestrebungen des Priorats, die in seinem Herrschaftsgebiet geltenden Rechtsgewohnheiten in einem neuen, ausführlicheren und für alle Ortschaften einheitlich gestalteten Dokument, den sogenannten »Reconnaissances Générales«, schriftlich aufzuzeichnen. Den Inhalt dieser neuen Aufzeichnung an Dinggerichtsversammlungen mündlich weisen zu lassen, kam mittlerweile offenbar nicht mehr in Frage. Stattdessen traten Vertreter der Herrschaft in den Jahren 1497 bis 1499 in einer Reihe von Ortschaften nacheinander vor die Abhängigen und forderten diese auf, die immer gleiche, in der herrschaftlichen Kanzlei vorgefertigte Aufzeichnung zu beeidigen.[115]

Zur Rechtfertigung dieses Vorgehens erklärte eine Präambel zu den neuen »Reconnaissances«, die nachfolgend festgehaltenen Regeln ließen sich weitgehend aus jenen der alten Plaicturkunde von 1268 erschließen und entsprächen im Übrigen zwar noch nicht aufgeschriebenen, aber dennoch alten Gewohnheiten. Um genau diesen Anspruch auch in gelehrter Form zu begründen, war offensichtlich auch der Kommentar zum Plaict von Romainmôtier verfasst worden. Sein Autor versucht die in den Reconnaissances von 1497 erstmals aufgezeichneten Regeln aus dem Wortlaut der alten Plaicturkunde herzuleiten, die er auch im Licht weiterer, ungeschriebener lokaler Rechtsgewohnheiten interpretierte.[116] Obwohl die Herrschaftsverwaltung des Priorats letztlich darauf abzielte, die alte Plaicturkunde durch die neuen Reconnaissances zu ersetzen, wurden die neuen Inhalte legitimiert, indem sie gewissermaßen als Ausführungsbestimmungen zur Plaicturkunde ausgegeben wurden. Dies äußerte sich auch in der materiellen Ausgestaltung der neuen Aufzeichnung: Sie wurde an eine Abschrift der alten Plaicturkunde genäht.[117]

Wie in Lausanne betrachteten Verwaltungsspezialisten auch in Romainmôtier während des 15. Jahrhunderts ein altes Weistum als zentralen Ausdruck einer lokalen Tradition der Überlieferung von Rechten an Dinggerichtsversammlungen. Und wie in Lausanne berief man sich auf diese angeblich alte Tradition, um Regeln zu begründen – während man sich davor hütete, diese auch in der Gegenwart in der Form neuer Weisungen an Dinggerichten fortzuführen.

114 Commentaire Romainmôtier (1490er) BCU F 991 fol. 62–73.

115 Recognitiones Romainmôtier (1497–1499) SDVD Bd. B2 S. 404–414 Nr. 366.

116 Zu den Einzelheiten dieses Vorgehens vgl. unten, Kp. 6.3.

117 Recognitiones Romainmôtier (1497–1499) SDVD Bd. B2 S. 404–414 Nr. 366.

Die Beobachtungen zu den Überlieferungen des Zürcher Großmünsterstifts sowie des Bistums Lausanne und des Priorats Romainmôtier zeigen, dass der Genese von Weistümern ausgesprochen vielfältige Vorgänge zugrunde liegen konnten. Dennoch fallen auch wichtige Gemeinsamkeiten auf. Dazu gehört besonders, dass Weistümer über weite Strecken nicht an Dinggerichten unter der Gerichtslinde entstanden, sondern auf den Schreibtischen von Kompilatoren in herrschaftlichen Kanzleien. Ein zentrales Motiv der Herstellung von Weistümern bestand darin, Regelungen, die in den verschiedensten älteren Dokumenten festgehalten waren, miteinander zu verbinden und in einen einheitlichen Geltungszusammenhang zu stellen. Die verwendeten Vorlagen – Urteile von Schiedsgerichten, Urkunden oder herrschaftsinterne Absprachen – präsentierten Regelungen als Ergebnisse heterogenener Vereinbarungen, die bestimmte Herrschaftsträger oder eine Herrschaft und einzelne ihrer Abhängigen in einer bestimmten Konfliktsituation untereinander getroffen hatten. Obwohl Hinweise auf diese spezifischen Entstehungszusammenhänge oft geeignet gewesen wären, das Alter und die Verbindlichkeit von Regeln zu begründen, wurden sie weggelassen, wenn die betreffenden Regeln Aufnahme in Weistümer fanden. Diese legitimierten stattdessen alle aufgeführten Regeln einheitlich als Inhalte mündlicher Weisungen der Abhängigen an Dinggerichten.

Aufzeichnungen vom Ausgang des Mittelalters suggerierten zunehmend, solche Weisungen wären Ausdruck sehr alter Traditionen. Die Schreiber des Zürcher Großmünsterstifts flochten in neue Versionen von Weistümern Elemente eines mündlichen Sprachduktus und Beschreibungen von archaisch anmutenden Begegnungen und Ritualen zwischen Herren und Bauern ein. Die Kanzleien des Bischofs von Lausanne und des Priorats Romainmôtier nutzten Traditionsbildungen um die Weisungstätigkeit der Dinggerichtsversammlungen, um neuen Bearbeitungen der Plaicts den Anschein eines hohen Alters zu verleihen; je weiter die tatsächliche Durchführung der Versammlungen zurücklag, desto größere Zuständigkeit für eine kontinuierliche Überlieferung alter lokaler Rechte wurde diesen zugeschrieben. Eine solche Art, Texten Autorität zuzuschreiben, ließ sich besonders gut mit Ordnungsvorstellungen vereinbaren, die sich am Ausgang des Mittelalters verbreiteten. Die Berufung auf vergangene Weisungen erlaubte es, Bestimmungen als alte Gewohnheiten zu legitimieren, welche die Bevölkerung seit je gewiesen hatte, ohne dass man dieser auch in der Gegenwart Kompetenzen in der Rechtsfestlegung zugestehen musste. Dies entsprach der zunehmend polarisierenden

Sicht lokaler Ordnungen als Gegenüber von Obrigkeit und einer als Untertanenverband vorgestellten Bevölkerung.

Durch Operationen der Kompilation, Übersetzung, Redaktion, Glossierung und Indizierung, also durch ausgesprochen literate Praktiken, wurden die Rechtsaufzeichnungen aller erörterten Herrschaften am Ausgang des Mittelalters immer dezidierter auf mündliche Weisungen der Bevölkerung zurückgeführt und damit gewissermaßen oralisiert. Die damit verbundene Umdeutung verlief in einer Weise, die man meist gerade nicht mit Schriftlichkeit, sondern mit mündlichen Formen der Tradierung assoziiert. Sie trieb einen homöostatischen Wandel voran, der Brüche nicht offen zu Tage treten lässt. Eine kleine Auslassung hier und dort oder sogar nur das Setzen eines neuen Rahmens um einen Wortlaut, der in seiner schriftlichen Festigkeit nicht einmal angetastet zu werden brauchte, stifteten radikal neue Sinnzusammenhänge, während die Aufzeichnungen die alten zu bleiben scheinen.

Erst die Historiker des 19. und 20 Jahrhunderts fügten dem eine weitere Operation hinzu, die darin bestand, den Verlauf der Kompilation gewissermaßen von hinten nach vorne zu lesen. Sie stellten richtigerweise Intertextualitäten zwischen dem Plaict von Lausanne von 1368 und den angeblich aus dem 12. Jahrhundert stammenden Recognitiones des Arducius oder zwischen den Zürcher Weistümern und alten Dokumenten in den Statutenbüchern fest. Daraus zogen sie den falschen Schluss, dass Rechtsweisungen an Dinggerichten gleichbleibende Inhalte über Jahrhundert hinweg mündlich tradiert hatten. Einer der Ersten, die dies taten, war Jacob Grimm.[118]

5.4 Schluss

Dieses Kapitel untersuchte Aspekte der Herstellung und der Gebrauchsrelevanz von Weistümern. Die bisherige Forschung beachtete diese Probleme schon deshalb kaum, weil sie davon ausging, dass sich die für Weistümer charakteristische Art Rechte festzuhalten vor allem im ländlichen Raum fast zwangsläufig aus Funktionsweisen einer traditionalen Herrschaftsorganisation ergab. Die Darstellung der Rechtsordnung als örtlicher Mikrokosmos wurde als Reflex der Bedeutung kleinräumiger autarker Herrschaftseinheiten

118 Vgl. die Anmerkung zu seiner Edition der »Recognitiones des Arcucius«, die sich allerdings in einem Band befindet, der erst nach Grimms Tod erschien: Weisthümer Bd. 5 S. 1f.

gewertet. Weiter ließ sich die Hervorhebung lokaler mündlicher Traditionen durch Annahmen begründen, wonach in einer Gesellschaft, die im Umgang mit Schrift wenig erfahren war, mündliche Weisungen an Dinggerichten die bedeutendste Form der Rechtstradierung darstellen mussten.

Allerdings sprechen mindestens zwei Sachverhalte dagegen, dass Weistümer einfache Reflexe traditionaler gesellschaftlicher Zustände waren. Erstens breiteten sich diese erst zu einem Zeitraum aus, als sich der Schriftgebrauch in der Herrschaftsorganisation längst eingebürgert hatte und als die meisten lokalen Herrschaften in großräumige, territoriale Herrschaftskomplexe integriert wurden. Zweitens verzichteten manche Herrschaftsträger ganz auf den Einsatz von Weistümern. Sie ließen lokale Rechte stattdessen in Privilegienbriefen, Protokollen von Recognitiones, hofrechtlichen Aufzeichnungen und Schiedsgerichtsurkunden festhalten, wo sie weder als alt noch als mündliche Traditionen erschienen. Solche Befunde fordern dazu heraus, Weistümer als Ergebnis spezifischer Darstellungsabsichten zu verstehen, die sich gerade am Ende des Mittelalters vermehrt geltend machten.

Betrachtet man Weistümer im Zusammenhang mit anderen Aufzeichnungstypen, erweisen sie sich als eine von mehreren Äußerungsformen eines Wandels der Darstellung lokaler Rechte, der im 13. Jahrhundert einsetzte. Mit zunehmender Konsequenz wurden diejenigen Herrschaftsrechte, die sich einheitlich auf Orte oder örtliche Verbände von Abhängigen radizieren ließen, in separaten Dokumenten aufgezeichnet und durch besondere Rechtsakte begründet. Zunächst kamen solche Rechtsakte vor allem im Rahmen einmaliger Versammlungen zustande, an denen sich die Zustimmung zahlreicher Einzelakteure äußerte, die durch Interessen mit der Rechtslage des jeweiligen Orts verbunden waren. Dagegen entstanden gegen Ende des Spätmitteltalters vermehrt Weistümer im engeren Sinn, die Rechte statt auf einmalige Versammlungen auf eine Tradition von Rechtsweisungen an regelmäßigen Dinggerichten zurückführten, an denen ein meist anonym dargestellter Verband der Abhängigen die immer gleichen Regeln wiederholte. Erst Aufzeichnungen aus dem 15. Jahrhundert heben zusätzlich vermehrt das hohe Alter dieser Tradierungsform hervor. So wurden in manche Weistümer Schilderungen archaisch anmutender Rituale eingeflochten, in anderen die Gesamtheit der Rechte auf weit zurückliegende Rechtsübertragungen zurückgeführt. Damit erschienen Regeln immer ausgeprägter als Bestandteile einer örtlichen Rechtsordnung, die in der Gegenwart nicht mehr Gegenstand von Verhandlungen sein konnte, sondern einer seit je bestehenden, vollendeten örtlichen Tatsache entsprach.

Weistümer kamen über weite Strecken durch Kompilationen und redaktionelle Überarbeitungen schriftlicher Vorlagen zustande. Als solche dienten nebst Weistümern für andere Orte oft gerade Exemplare jener Aufzeichnungstypen, die zeitgenössische Alternativen zur Verschriftung und Legitimierung lokaler Rechte in Weistümern darstellten: zwischenherrliche Absprachen, hofrechtliche Aufzeichnungen oder Schiedsgerichtsurkunden. Als wichtiger Aspekt der Abfassung von Weistümern erweist es sich damit, zuvor in unterschiedlichen Formen begründete Regeln zu örtlichen Ordnungssystemen zusammenzufassen und sie in einen neuen, einheitlichen Begründungszusammenhang einzuordnen, indem man sie als Inhalte mündlicher Weisungen an Dinggerichten ausgab. Die Beteiligung der Dinggerichte an diesen Vorgängen beschränkte sich in vielen Fällen darauf, Vorlagen zuzustimmen, die in herrschaftlichen Kanzleien zusammengestellt worden waren. Selbst die Anklänge an mündliche und volkstümliche Ausdrucksweisen, die sich in manchen Weistümern finden, brauchten nicht unmittelbare Niederschläge einer mündlichen Tradierung von Regeln durch die Abhängigen darzustellen. Vielmehr konnten auch sie Ergebnisse redaktioneller Überarbeitungen sein, durch die Schreiber herrschaftlicher Kanzleien Weistümer im Lauf der Zeit sich wandelnden Legitimierungsbedürfnissen anpassten.

Eine ganze Reihe spätmittelalterlicher Entwicklungen der Herrschaftsorganisation verstärkten offensichtlich die Anreize, lokale Rechte in der Form von Weistümern darzustellen. Dazu gehörte einmal der Prozess der Ausbildung großer, territorialer Herrschaftskomplexe. Gerade deren Verwaltung stützte sich darauf ab, Kompetenzen von Amtleuten als Zuständigkeiten für einzelne Ortschaften zu definieren, so dass Weistümer als Grundlagen von Pflichtenheften verwendet werden konnten. Zugleich ließ sich die Darstellung der Weistümer, wonach die Abhängigen ohnehin schon gültige Rechte nur regelmäßig feststellen, nicht aber verändern oder selbst ausüben konnten, leicht in neuere Ordnungsvorstellungen eingliedern, die eine Obrigkeit einheitlichen Verbänden aus zum Gehorsam verpflichteten Untertanen gegenüberstellten. Schließlich entstanden Weistümer oft mit Blick auf Abgrenzungen von Ansprüchen zwischen Parteien, deren Beziehungen zueinander kaum institutionalisiert waren. Gerade auch um Herrschaftsrechte marktfähig zu machen, dürfte es besonders darauf angekommen sein, diese als Ansprüche darzustellen, die feststanden und sich einheitlich auf räumlich definierte Gebiete bezogen. Mit der Traditionalität gesellschaftlicher Zustände hatte die Darstellung lokaler Rechte als beständige, alte mündliche Traditionen wenig zu tun. Paradoxerweise stand sie eher im Zusammenhang mit

Vorläufern neuzeitlicher Entwicklungen wie der Ausbildung großräumiger frühstaatlicher Machtstrukturen und der marktförmigen Mobilisierung lokaler Herrschaftsrechte.

6 Stile des Dokumentgebrauchs

6.1 Einleitung

Heute begegnen Historiker und Historikerinnen mittelalterlichen Rechtsaufzeichnungen meist in der Form von Passagen eines Buchs, das der Gattung »Quellenedition« angehört und das Fachkollegen während des 19. oder 20. Jahrhunderts unter großem Aufwand herausgegeben haben. Darin erscheint jede Aufzeichnung im Zusammenhang weiterer Aufzeichnungen, die nach chronologischen oder topographisch-institutionellen Kriterien angeordnet, in stark standardisierter Weise wiedergegeben und mit systematischen Titeleinträgen und Anmerkungsapparaten versehen sind. Dadurch erinnern moderne Editionen mittelalterlicher Rechtsquellen an moderne amtliche Gesetzes- und Verordnungssammlungen. Die bloße Präsentation der Dokumente verleitet zu Interpretationen, die sich am Selbstverständnis heutiger administrativer, rechtlicher oder akademischer Schreib- und Lesepraktiken orientieren. Denn die formale Anlage einer Edition suggeriert, jedes der wortgetreu wiedergegebenen mittelalterlichen Dokumente sei Bestandteil eines Korpus aus aufeinander verweisenden zeitgenössischen Rechtsschriften und mithin einer einigermaßen kohärenten Rechtsordnung gewesen.

Das Lesen mittelalterlicher Rechtsaufzeichnungen in modernen Editionen ist denkbar weit von den Umständen entfernt, unter denen mittelalterliche Akteure mit denselben Wortlauten konfrontiert waren. Diese hätten einen der in der Edition wiedergegebenen Wortlaute aus einer mit Ehrfurcht erheischenden Siegeln versehenen Urkunde vorgelesen erhalten, den andern im Gekritzel eines meterlangen Rodels gesucht und den dritten auf einem halb verblassten Zettel entziffert. Die Begegnung mit jedem dieser Texte war in ganz anderem Maß als für den Leser einer modernen Edition zugleich eine Begegnung mit Trägerobjekten mit dem Charakter von Unikaten. Von deren Materialität konnten die Zeitgenossen schon deshalb nicht absehen, weil sie im Regelfall jedes Stück erst aus Kisten, Schränken und Laden hervorholen mussten, die ihrerseits in den Verließen von Burgen und Kirchen standen. Die Dokumente, die eine moderne Edition zwischen zwei Buchdeckeln zugänglich macht, standen mittelalterlichen Akteuren in den wenigsten Fällen in ihrer Gesamtheit gleichzeitig zur Verfügung.

Dieses Kapitel macht solche materiellen Voraussetzungen zum Ausgangspunkt einer Diskussion kultureller Praktiken des Gebrauchs einmal abgefasster Rechtsschriftstücke. Dabei wird erörtert, wie spätmittelalterliche Akteure Dokumente in rechtlichen und politischen Auseinandersetzungen konkret einsetzten und wie herrschaftliche Kanzleien diese zur Vorbereitung auf solche Einsätze verwalteten und weiterbearbeiteten. Dabei interessieren besonders die Praktiken, durch die Dokumente als glaubwürdig, verbindlich und relevant ausgewiesen und in weitere Bedeutungszusammenhänge eingeordnet wurden. Denn gerade hierin äußern sich zeitspezifische Auffassungen darüber, in welcher Weise Schriftstücke eine Rechtsordnung repräsentieren konnten.

Die Frage, wie im Mittelalter mit Schriftstücken umgegangen wurde, hat sich lange fast nur im Zusammenhang mit Abklärungen über die Echtheit einzelner Überlieferungen gestellt.[1] Erst die neue Forschung zum mittelalterlichen Verschriftlichungsprozess hat thematisiert, dass solche Handlungsmuster auch einen zentralen Aspekt einer vergangenen Kultur bilden. Die Forschung zur mittelalterlichen Schriftlichkeit erhielt wichtige Impulse von sozialanthropologischen Debatten über gegenwärtige sozio-kulturelle Unterschiede zwischen dem Westen und den schwach alphabetisierten »Entwicklungsländern«.[2] In Anlehnung an dieses Problemverständnis wurde auch der Prozess der Verschriftlichung während des späteren europäischen Mittelalters weitgehend als Übergang von einer oralen zu einer literalen Gesellschaft konzeptualisiert und als Reihe von Entdeckungen oder Entfaltungen der in der Schrift qua Technologie angelegten Verwendungsmöglichkeiten beschrieben. Dabei bot es sich an, mittelalterliche Praktiken des Umgangs mit Rechtsschriftstücken, die modernen Lese- und Schreibgewohnheiten fremd sind, dadurch zu erklären, dass diese noch einer der Mündlichkeit verhafteten Kulturstufe angehörten.[3] Dieser Ansatz hat zwar das Verdienst, grundle-

1 Besonders reichhaltige Beobachtungen dieser Art enthält schon Bresslau, *Handbuch*, S. 635–738.

2 Vgl. oben, Kp. 1.2.

3 Vollrath, *Rechtstexte*; Weitzel, *Schriftlichkeit*; Clanchy, *Memory*, S. 253–327. Spezifischer zu Weistümern: Prosser, *Rechtsaufzeichnungen*.

gende Unterschiede zwischen mittelalterlichen und modernen Formen des Umgangs mit Schrift bewusst gemacht zu haben. Er greift aber in mancher Hinsicht zu kurz. Denn weder bildete im westlichen Europa eine im engeren Sinn »orale« Kultur den Ausgangspunkt des Verschriftlichungsprozesses, noch bieten Vorstellungen über lineare Fortschritte in der Nutzung der Schrift befriedigende Erklärungen für die Veränderungen, die der Schriftgebrauch seit dem Mittelalter durchlaufen hat.

Auch wo Lese- und Schreibkenntnisse wenig verbreitet waren, hatte der Schriftgebrauch in Europa durch die Buchreligion Christentum bereits seit der Spätantike einen hohen kulturellen Status erlangt und auch schon bestimmte institutionelle Prägungen erfahren.[4] Gerade während des 12. und 13. Jahrhunderts und damit im Zeitraum, in dem der Prozess der Verschriftlichung lokaler Rechte Breitenwirkung erlangte, setzten sich in den Sphären der Liturgie, der Theologie und der scholastischen Wissenschaft wichtige schrifttechnische Innovationen durch,[5] von denen viele allmählich auch auf Rechts- und Verwaltungsschriftstücke angewandt wurden. Solche Transfers wirkten sich stark auf Funktionsweisen der weltlichen Ordnungswahrung aus, was hier schon am Beispiel der Abfassung von Verhörprotokollen gezeigt worden ist.[6] Die Entwicklungsdynamik der mittelalterlichen Schriftkultur droht außerhalb des Blickfelds zu bleiben, wo Praktiken nach dem Maß kategorisiert werden, in dem sie »noch« einer oralen beziehungsweise »schon« einer literalen Kulturstufe angehörten. Eine solche Gegenüberstellung verleitet auch zur letztlich unbegründeten Annahme, dass sich Handlungsweisen allein deshalb, weil sie stark auf Schriftstücke ausgerichtet waren, in Analogie zum modernen Umgang mit Schrift verstehen lassen.

Eine Reihe neuerer Arbeiten hat dieses Verständnis radikal in Frage gestellt und auf die Spezifik der institutionellen und kulturellen Bedingungen hingewiesen, unter denen sich der Gebrauch von Schrift im Mittelalter vollzog.[7] Dazu gehört auch die Forschung zum Literaturbetrieb und der literarischen Lesekultur, die sich zunächst vor allem mit der frühen Neuzeit, neuerdings aber auch zunehmend mit dem Mittelalter befasst hat.[8] Manche Ergebnisse dieser Diskussionen wie etwa über das Vorgehen beim mündlichen Vortrag oder beim Abschreiben von Schriftstücken verdienen auch mit

4 Keller, *Buch*.

5 Zum Beispiel Illich, *Vineyard*, mit weiterführender Literatur; Rouse/Rouse, *Witnesses*.

6 Vgl. oben, Kp. 2–5.

7 Sablonier, *Schriftlichkeit*; Morsel, *Moyen Âge*; Keller, *Herrschersiegel*; Hildbrand, *Herrschaft*.

8 Zum Beispiel Chartier, *Culture*; Petrucci, *Writers*.

Blick auf den Umgang mit Rechtsschriftstücken vermehrte Beachtung.[9] Damit stellt sich die Frage, in welchem Maß neben der Tatsache, dass Rechte überhaupt verschriftlicht wurden, auch die Entwicklung von spezifischen Stilen des Schriftgebrauchs zum spätmittelalterlichen Wandel der Rechts- und Herrschaftskultur beitrug.

Die Beschäftigung mit Praktiken des Umgangs mit Dokumenten setzt hier bei den institutionellen und materiellen Bedingungen der Zugänglichkeit, der Präsentation und der Organisation von Aufzeichnungen an sowie bei Hinweisen auf die Art, in der Zeitgenossen die damit verbundenen Handlungsspielräume wahrnahmen. Da hier noch wenig erforschte Fragen zur Diskussion gestellt werden, scheint es gerechtfertigt, zunächst den Gebrauch von Rechtsschriftstücken als Ganzes in den Blick zu fassen und neben Aufzeichnungen lokaler Rechte auch Beispiele des Umgangs mit anderen Dokumenten unterschiedlichen Inhalts, vor allem mit Urkunden, einzubeziehen. Im weiteren Verlauf des Kapitels richtet sich die Diskussion dann zunehmend auf die gewissermaßen gattungsspezifischen Gebrauchsbedingungen der Dokumente aus, denen das besondere Interesse dieses Buches gilt, nämlich der Kundschaftsaufzeichnungen und Weistümer. Dabei stellt sich die Frage, ob sich außer den offensichtlichen gruppen- und situationsspezifischen Variationen auch ein genereller Wandel im Stil des Umgangs mit Schriftstücken ausmachen lässt.

Der erste Teil dieses Kapitels erörtert das »Zeigen und Erzählen« von Rechtsaufzeichnungen, mithin die Art, in der diese in konkrete Auseinandersetzungen einbezogen und in weitere Sinnzusammenhänge gestellt wurden. Nach kurzen Bemerkungen zur Vertrautheit unterschiedlicher gesellschaftlicher Gruppen mit Rechtsschriftstücken befasst sich ein erster Teil mit dem Vorgehen bei der physischen Präsentation, der Ostentation von Schriftstücken vor größeren Versammlungen. Der zweite Teil beschäftigt sich in drei Schritten mit Kanzleipraktiken, die sich am Ausgang des Mittelalters zunächst bei größeren Herrschaftsträgern durchsetzten. Dabei ist erstens zu beschreiben, wie Innovationen in der Verwaltung von Aufzeichnungen lokaler Rechte mit einem Wandel der Einschätzung ihrer Bedeutung einhergingen. Zweitens kommt zur Sprache, wie Herrschaftsvertreter die Gebrauchsrelevanz von Rechtsaufzeichnungen zu erweitern versuchten und welche Probleme sich solchen Bestrebungen entgegenstellten. Drittens wird eine einzelne der im 15. Jahrhundert aufkommenden Praktiken genauer un-

9 Eine Auswahl: Johanek, *Höfe*; Wenzel, *Hören*; Green, *Listening*; Lutz, *Liederblatt*; Bumke, *Kultur*; Bäuml/Rouse, *Roll*.

tersucht, nämlich die Anwendung gelehrter Methoden der Textkommentierung auf Aufzeichnungen von Rechtsgewohnheiten. Solche Unterfangen trugen zur allmählichen Durchsetzung neuer und zunächst noch recht umstrittener Vorstellungen darüber bei, wie politische und rechtliche Ordnungen durch Rechtsaufzeichnungen repräsentiert und weiterentwickelt werden sollten.

6.2 Zeigen und Erzählen

Mit Dokumenten argumentieren

In welcher Weise während des Spätmittelalters mit Dokumenten argumentiert wurde, in denen grundlegende lokale Rechts- und Herrschaftsverhältnisse festgehalten waren, lässt sich nur in Einzelfällen genau erfassen. Verstreute Anhaltspunkte liegen allerdings durchaus vor. Sie erlauben es, im Folgenden zunächst zu diskutieren, in welchem Maße die Existenz wichtiger Rechtsaufzeichnungen Vertretern unterschiedlicher gesellschaftlicher Gruppen überhaupt bewusst war und wie sie diese in Erinnerung riefen und beschrieben. Darauf folgen Rekonstruktionen ausgewählter und vergleichsweise gut dokumentierter Beispiele der Präsentation, Ostentation und Erläuterung von Rechtsdokumenten vor größeren Versammlungen.

Erinnerungen an Schriftstücke

In Protokollen von Kundschaften äußert sich verschiedentlich, dass schon das bloße Wissen um das Vorhandensein von Rechtsschriftstücken auf enge Personenkreise beschränkt war. Von Urkunden, die für die jeweils zur Diskussion stehende Rechtslage relevant waren, wussten meist nur ganz wenige, über höhere herrschaftliche Ämter verfügende Zeugen.[10] Sogar die Inhalte einer Urkunde wie die der um 1347 ausgestellten »Charte de Franchises« des

10 Zum Beispiel vier von insgesamt 90 befragten Zeugen in der Kundschaft Hilterfingen (um 1312) FRB Bd. 5 S. 44 (Heinrich Rudentz), 46 (Werner von Basel), 65 (Magister Nicholaus, scolasticus), 77 (H. custos); vier von insgesamt 25 befragten Zeugen in der Enquête Vaux-et-Chantegrue (1432) ACV Ad 25 fol. 23v (Jean Mayeur), 34rf. (Oethnin Cadet), 45v (Symonin de Bannens). Und in einer Kundschaft, in der es primär um Erinnerungen an ein Dokument ging, wurden überhaupt praktisch nur Notabeln als Zeugen befragt: Kundschaft Brugg (1452) StAB A I 453a fol. 134f. (Rudolf von Ringoltingen, Altschultheis von

Städtchens Payerne,[11] die aus neuzeitlicher Sicht als das grundlegende Rechtsdokumente, gewissermaßen als die Verfassung des Städtchens erscheint, war der lokalen Bevölkerung zu Beginn des 15. Jahrhunderts nicht unbedingt in Einzelheiten vertraut. In einer Kundschaft des Jahres 1420 befragten savoyische Kommissare nicht weniger als 150 Zeugen, darunter viele langjährige lokale Amtsträger und namhafte Vertreter des regionalen Adels, zu einer Reihe lokaler Rechtsverhältnisse, zu denen die »Charte de Franchises« Bestimmungen enthielt.[12] Dennoch verwies kein einziger der Zeugen in seiner Antwort auf dieses Dokument.

Die geringe Verbreitung von Kenntnissen der Urkunden, die grundlegende lokale Rechtsverhältnisse regelten, beruhte nicht primär darauf, dass die ländliche und kleinstädtische Bevölkerung mit Schriftstücken generell wenig vertraut gewesen wäre. Vertreter des niederen Adels und selbst bäuerliche Produzenten zitierten in Kundschaften verschiedentlich Urkunden aus ihrem Privatbesitz, etwa über ihre Kauf- oder Leihegeschäfte.[13] Genau wie solche Dokumente lagen auch Urkunden wie die »Charte de Franchises« von Payerne, die allgemeine lokale Rechtsordnungen regelten, weggeschlossen in Archivkisten und gelangten nur in Ausnahmefällen an das Licht einer weiteren Öffentlichkeit.

Wo in Kundschaftsprotokollen und anderen Dokumenten von Rechtsaufzeichnungen die Rede ist, erfährt man oft mehr über deren materielle Beschaffenheit als über deren Inhalte. Viele Beschreibungen wiesen explizit darauf hin, wie jemand das Dokument in Händen gehalten und vorgezeigt habe.[14] Kaum je wird versucht, Dokumente durch ihre Zugehörigkeit zu ei-

Bern; Hans Fränkli, Säckelmeister; Niklaus Fricker, Hofmeister zu Königsfelden; Ueli Greulich).

11 Franchises Payerne (1347) SDVD Bd. B2 S. 213 Nr. 193 § 1–4, ferner 220 § 43.

12 Enquête Payerne (1420) Wirz, *Moignes*, S. 170 Fragen Nr. I–VI.

13 Vgl. zum Beispiel Enquête Erlach (1399) AST Camerale Savoia Inv. 137 pq. 4 (Cerlier) fol. 12; Enquête Fief de Savoye Blonay (1433) ACV Af 11 fol. 45r: »prout vidit et legit contineri ipse loquente in quadam accensamentum […] eius avo materno factum per dominum quodam Nicodum de Blonay«, (Johannes domicellus de Villarsel). Weistümer sehen manchmal vor, dass auch bäuerliche Abhängige von der Herrschaft Lehensbriefe ausgestellt bekommen: zum Beispiel Offnung Brütten (14./15. Jh.) RQZH Bd. 1.2 S. 147–154; zum Besitz von Rechtsschriftstücken unter den bäuerlichen Produzenten auch: Sablonier, *Verschriftlichung*, S. 115.

14 Selbst ganz beiläufige Erwähnungen von Schriftstücken bestehen immer wieder aus Formulierungen wie: Kundschaft Brugg (1452) StAB A I 453a fol. 134f.: »er hab ein brief in sinen henden gehept«, (Rudolf von Ringoltingen); Urkunde Lausanne (1483) SDVD Bd. B1 S. 458 Nr. 256: die Dokumente »fuerunt exhibite, ostensa et producta«; oder Urkunde

ner bestimmten Gattung (Urkunde, Urbar, Weistum) zu kennzeichnen. Dagegen finden sich verschiedentlich Angaben zu ihrer äußeren Gestalt, wie etwa es habe sich um einen »zedel« gehandelt,[15] um ein »biermentin rodel»[16] oder um »litterae descriptae in duabus pellibus pergameneis simul conglutinatis«.[17] Wenn sich Zeugen aus bäuerlichen Kreisen in deutschsprachigen Kundschaften an Urkunden erinnerten, umschrieben sie diese oft mit einer Paarformel als »brief und siegel«.[18] Manche machten auch spezifischere Angaben zur Farbe oder zum Siegelbild wie jener Zeuge aus Villingen, der im Jahr 1480 aussagte, er habe »gesechen und gehòrt [...] lesen einen gùten bermendin brief ordenlich besiglot, daran das ròssly stùnde«.[19] So stellten viele Beschreibungen den Objektcharakter von Dokumenten stark in den Vordergrund.

Auch in Gerichtsakten enthaltene Listen der Urkunden, welche die Parteien vorgelegt hatten, nennen neben dem Datum praktisch immer die Personen, von welchen die am jeweiligen Stück befestigten Siegel stammten. Dagegen bilden Angaben zu den Ausstellern, die mit den Besieglern oft nicht identisch waren, oder zum Inhalt der Urkunden die Ausnahme.[20] Überhaupt stellte die materielle Erscheinung eines Schriftstücks in vielen Fällen einen fast ebenso wichtigen Zugang zu seiner Bedeutung dar wie sein Textinhalt. Im Jahr 1439 führten savoyische Kommissare eine Kundschaft über die Gültigkeit eines umstrittenen Testaments des verstorbenen Grafen von Gruyère durch. Unter den elf Zeugen waren außer Notaren auch Adlige und Stadtbürger, die nicht im Stande waren, das Testament selbst zu lesen. Selbst zu diesen Zeugen hält das Protokoll fest, dass sie die am Testament befestigten Siegel auf eigene Hand »erforschten«,[21] und alle erkannten es ohne Zögern als das des savoyischen Bailli der Waadt. Ein Bürger der Stadt Moudon

Vallorbe (1488) ACV C VIIa Nr. 942 bis: die Überbringer hätten die Dokumente »in manibus suis tenentes nobis exhiberunt legendum«.

15 Zum Beispiel Offnung Dättlikon (1454) RQZH Bd. 1.2 S. 305–308 Nr. 1.

16 Offnung Holderbank (1470) RQAG Bd. 2.1 S. 657 Nr. 285, vgl. Urkunde Oberwinterthur (1490) StAZ C II 16 Nr. 454.

17 Klageschrift Bürger Lausanne (1482) AST Camerale Savoia Inv. 139 fol. 13, ed. nach einer neueren Abschrift in MDR Bd. 1.7 S. 655.

18 Kundschaft Heimberg (1498) RQBE Bd. 2.4 S. 107 Nr. 59. Der Ausdruck findet sich auch in der Chronistik: Berner Chronik S. 11.

19 Kundschaft Brugg (1480) RQAG Bd. 1.2/2 S. 6. Vgl. ebd. S. 5 (Clewi Talhin).

20 Zum Beispiel Gerichtsakten Lausanne (1396) ACV C IV 430 fol. 6v–7r; Klage Bürger Lausanne (1482) AST Camerale Savoia Inv. 139 fol. 13, 26rff.

21 Enquête Gruyère (1439) SDVD Bd. A1 S. 117 »sigillum per eum rimato« (Jean d'Aubonne).

behauptete gar, er habe schon 400 mit diesem Siegel versehene Dokumente in den Händen gehalten.[22]

Solche Aussagen deuten auf einen alltäglichen Umgang mit Rechtsaufzeichnungen hin, bei dem die selbstständige Beschäftigung mit Textinhalten gar nicht im Vordergrund stand. Verstreute Hinweise lassen vielmehr mindestens zwei Schlüsse zu: Erstens hatten oft nur enge Kreise aus Verwaltungsspezialisten regelmäßig Zugang zu Aufzeichnungen, die grundlegende örtliche Rechtsverhältnisse festhielten, und konnten so auch zu genauen Kenntnissen ihrer Inhalte gelangen. Zweitens gingen Spezialisten und Illiteraten bei der Erschließung der rechtlichen Bedeutung solcher Dokumente gleichermaßen stark von deren materieller Erscheinungsform aus.

Weitere Kreise der Bevölkerung kamen am ehesten mit bedeutenden Rechtsaufzeichnungen in Berührung, wenn diese aus Anlass aktueller rechtlicher oder politischer Auseinandersetzungen aus ihren Aufbewahrungsorten hervorgeholt und vor größeren Versammlungen präsentiert wurden. Solche Vorgänge lassen sich als Ostentationsakte umschreiben. Denn dabei spielte die Inszenierung der materiellen Gestalt eines Dokuments eine prominente Rolle – eher eine prominentere als dessen Textinhalte. Im Folgenden sollen drei Beispiele solcher Ostentationsakte eingehend rekonstruiert werden. Den Anfang bildet ein Beispiel, in dem sich Akteure weit jenseits der Grenzen der Legalität bewegten – gerade deshalb wurde ihr Handeln auch bis in Einzelheiten aktenkundig. Vor diesem Hintergrund lassen sich dann auch die anschließend diskutierten, weniger spektakulären Beispiele des Schrifteinsatzes besser verstehen.

Beispiel 1: Versprechungen eines Söldnerwerbers

Das erste Beispiel lässt sich aus Zeugenaussagen erschließen, die um 1513 mit Blick auf einen Kriminalprozess erhoben wurden, den mehrere eidgenössische Orte gegen einen gewissen Bernhard Sässeli anstrebten. Dieser hatte entgegen Verboten der jeweiligen Obrigkeiten versucht, in den ländlichen Territorien der Städte Bern, Luzern und Solothurn Söldner für den französischen König anzuwerben. Sässeli war von Dorf zu Dorf geritten, um sein Anliegen jeweils in Wirtshäusern und an spontan zusammengerufenen Versammlungen darzulegen.[23] Nach Aussage der Zeugen zog Sässeli jeweils mit-

22 Enquête Gruyère (1439) SDVD Bd. A1 S. 135f. (Antoine Charterii).

23 Strafrechtliches Zeugenverhör (1513) StAB UP 52 Nr. 122, UP 53 Nrn. 69, 75. Auszüge aus weiteren Protokollen sind wiedergegeben bei: Lechner, *Nachklänge*.

ten in seinen Reden eine Urkunde aus seiner Brusttasche, von der er sagte, sie sei von hohen Beamten des französischen Königs ausgestellt worden. Diese wollten den bäuerlichen Gemeinden angeblich auf diesem Weg regelmäßige Geldzahlungen (»Pensionen«) versprechen, falls die Anwerbung ihrer Angehörigen als Söldner geduldet würde. Besonderen Eindruck machte offenbar, dass an dieser Urkunde sieben Siegel angebracht waren, welche die Zeugen immer wieder erwähnten. An manchen Orten wurde die Urkunde von einer Hand zur anderen weitergereicht.

Während seiner Reden beschrieb Sässeli die Umstände, unter denen die französischen Beamten, von denen die Siegel stammten, die Urkunde ausgestellt hatten und gab wieder, was sie ihm bei dieser Gelegenheit mündlich zugesichert hatten. Nur vereinzelt konfrontierte einer der Zuhörer Sässeli mit der Frage, was denn nun genau in der Urkunde geschrieben stehe – und weder Sässeli noch andere Anwesende lasen daraufhin aus der Urkunde vor. In einigen Dörfern riefen die Versammelten die örtlichen Schreiber hinzu, die lediglich bestätigen konnten, dass die Urkunde in französischer Sprache verfasst war, die sie nicht verstanden. Dass Fragen nach dem Wortlaut der Urkunde unbeantwortet blieben, vermochte das Interesse der Versammelten an den französischen Angeboten, von denen Sässeli sprach, nicht zu brechen. Sässeli fuhr unbeirrt fort, davon zu sprechen, dass er die französischen Versprechungen mit »brief und siegel« belegen könne. Manchmal schlug er sich dabei an die Brust und versicherte seinen Zuhörern, er sei nicht weniger vertrauenswürdig als ein obrigkeitlicher Amtmann.[24]

Während Sässelis Absichten zweifellos nur im Zusammenhang mit den außergewöhnlichen Spannungen um Söldnerwerbungen in den 1510er-Jahren denkbar waren,[25] entsprach sein Vorgehen bei der Präsentation einer Urkunde einem Muster, das seinen Zuhörern offenbar nicht ganz unvertraut war. Wohl nur schon um sich selbst vor Strafverfolgungen zu schützen, betonten mehrere Zeugen, sie hätten gegen den nunmehr auf der Anklagebank sitzenden Sässeli immer schon Misstrauen gehegt. Die meisten begründeten dies damit, dass sie Sässeli als Persönlichkeit wenig vertrauenswürdig fänden,

24 Strafrechtliches Zeugenverhör (1513) StAB UP 53 Nr. 75 fol. 1v: »Uff das schlüge Bernhartt Sässeli vor an sin hertz und spräche: ›ich hab brief und sigel von des küngs anwäldten von Disjon. Und min herren die Eidtgenossen hátten im ein brief geschickt, wie er banckhartt und verretersch bösswicht mit verretery und lúgennen umbgieng, aber er wäre als warhafft als si, es wäre joch venner oder hòptlútt, vogt oder vögtly, darumb hätte er gůt brief.‹« (Mang Scholl) Vgl. auch Lechner, *Nachklänge*, S. 132.

25 Für den weiteren Zusammenhang der Ereignisse vgl. Amiet, *Bauernunruhen*; Groebner, *Geschenke*, bes. S. 175f.

während kein Zeuge Vorbehalte gegenüber der Art vorbrachte, in der sich dieser über eine Urkunde äußerte, deren eigentlicher Wortlaut verborgen blieb.

Beispiel 2: Forderungen von Aufständischen

Obwohl das zweite Beispiel eine bestens bekannte Urkunde betrifft, wurde auch diese in einer Weise präsentiert, die sich von Sässelis Vorgehen eher graduell als prinzipiell unterschied. Conrad Justinger schildert in seiner um 1420 verfassten Berner Chronik eine städtische Revolte des Jahrs 1362, während der einige Berner Ratsherren bezichtigt wurden, Bestechungsgelder entgegengenommen zu haben.[26] Dies löste in der Stadtbügerschaft nicht zuletzt deshalb heftigen Unwillen aus, weil damals der Ritter Johannes von Bubenberg, ein ehemaliger Schultheiß und Vertreter eines der mächtigsten Geschlechter der Stadt, aufgrund derselben Anklage seit 14 Jahren aus der Stadt verbannt gewesen war. Eine gegen den amtierenden Rat opponierende Partei vertrat die Ansicht, wenn sich Bestechlichkeit schon nicht vermeiden ließe, solle man besser wieder den Bubenberg als die gegenwärtigen Ratsherren regieren lassen. Dieser Forderung wurde das legalistische Argument entgegengehalten, es fehle eine rechtliche Grundlage zur Aufhebung der gegen Bubenberg verhängten Verbannung. Darauf verlangten die Aufständischen, die »Berner Handfeste« zu sehen, die zeigen werde, dass sie tun dürften, was immer zum Besten der Stadt sei (»waz uns dünket unser stat nutze und gut sin, daz mügen wir wol tun«). Die Aufständischen bezogen sich damit auf eine angeblich von Kaiser Friedrich II. im Jahr 1218 ausgestellte Urkunde über die Privilegien und die grundlegenden Rechtsregeln der Stadt. Die Echtheit dieser Urkunde ist in der modernen Geschichtsschreibung umstritten, dagegen darf als sicher gelten, dass die Handfeste spätestens während der zweiten Hälfte des 14. Jahrhundert den Status der wichtigsten Aufzeichnung der lokalen Rechtsordnung erlangt hatte.[27]

26 Berner Chronik S. 123f. Diese Episode ist in der Forschung schon unter verschiedenen Gesichtspunkten diskutiert worden: Rauschert, *Inszenierung*, S. 174–178; Tremp-Utz, *Handfeste*; Strahm, *Handfeste*, S. 14f. Meine Ausführungen folgen streckenweise jenen Rauscherts, die aufzeigen, wie stark der bei Justinger geschilderte Einsatz der Berner Handfeste auf deren Materialität ausgerichtet war, aber kaum darauf eingehen, wie diese Materialität als Anknüpfungspunkt der Erläuterung diente.

27 Vgl. den Diskussionsüberblick in: RQBE Bd. 1.1+2 S. 35–39 und De Capitani, *Bern*; Blattmann, *Stadtrechte*, Bd. 1 S. 27–30; Strahm, *Handfeste*.

In der gegebenen Spannungslage konnten sich die Machthaber der Forderung, die Handfeste zu präsentieren, offenbar nicht widersetzen. Man berief eine Bürgerversammlung in der Dominikanerkirche ein, und der Stadtschreiber musste die Urkunde herbeischaffen. Justinger umschreibt das Dokument als die »gülden Handfesti«, womit er das an ihr befestigte goldene Siegel des Kaisers als Pars pro Toto verwendet. Mit der Urkunde vor der unruhigen Menge stehend, fing der Schreiber an, nach der Bestimmung zu suchen, auf die sich die Anhänger Bubenbergs beriefen. Dass er sie nicht sogleich fand, verärgerte einen der Versammelten, den Justinger als einzigen der Aufständischen mit dem nicht sonderlich schmeichelhaften Übernamen »Gnagbein« identifiziert. Er warf eine handvoll fauliger Kirschen an die Handfeste und verschmierte sie so. Erst jetzt beeilte sich der Stadtschreiber, eine Bestimmung vorzutragen, die der Chronist nicht wiedergibt, aber als die letzte in der Handfeste umschreibt. »Von kraft wegen desselbn artickls«, so der Chronist, sei die Menge dann vor das Haus des Schultheißen, des Vorstehers des amtierenden Rats, gezogen und habe von diesem gefordert, dass er ihnen das Stadtbanner herausgebe. Aus Furcht vor der wütenden Menge habe der Schultheiß das Banner rasch durchs Fenster gereicht und sei dann durch die Hintertür aus seinem Haus geschlichen und unbemerkt aus der Stadt geritten. Währenddessen holten die Bürger Johannes von Bubenberg in seinem Exil ab, wählten ihm zu Ehren seinen Sohn zum neuen Schultheißen und bestellten neue Ratsherren.

Justinger hatte lange als Schreiber in der Berner Kanzlei gedient; er darf wahrscheinlich sogar als Verfasser einer deutschen Übersetzung der Handfeste gelten und kannte die städtischen Modalitäten der Präsentation von Rechtsschriftstücken zweifellos genau.[28] Dies spricht ihn nicht vom Verdacht frei, in seinen Bericht fiktionale Elemente eingeflochten zu haben. Ohnehin wichtiger als die Klärung der im Einzelnen recht undurchsichtigen Ereignisse des Jahrs 1362 ist hier allerdings die Weise, in der der Chronist unterschiedliche Bedeutungsdimensionen der Berner Handfeste ansprach. In Justingers Schilderung sind die beiden entscheidenden Stufen der Eskalation dadurch markiert, dass die Aufständischen Objekte unter ihre Kontrolle brachten, welche die städtische Körperschaft versinnbildlichten. Zuerst konnten es die amtierenden Ratsherren dem Schreiber nicht verwehren, die Stadrechtsurkunde aus ihrem sicheren Aufbewahrungsort an eine Bürgerversammlung zu tragen. Dies erscheint als erster Schritt einer Kapitulation, die dann mit der Übergabe des zweiten Symbols der Stadt, des Stadtbanners,

28 RQBE Bd. 1.1+2 S. 60; Strahm, *Chronist*.

komplett wurde. Zumindest für den Bürger Gnagbein – er soll auffälligerweise nicht etwa den Stadtschreiber, sondern die Urkunde mit Kirschen beworfen haben – hätte eine Option auch darin bestehen können, der Urkunde durch deren Beschädigung Herr zu werden.

Bei der Stadtrechtsurkunde handelte es sich allerdings um ein komplexes Objekt, mit dem sich anders als mit dem Banner nicht nur dadurch Aussagen machen ließen, dass man es herumtrug, überreichte oder beschädigte, sondern eben auch, indem man sich auf dessen Textinhalt bezog. Es ist alles andere als klar, wie der Stadtschreiber diesen genau wiedergegeben hatte. Jedenfalls scheint man es mit dem Wortlaut nur wenig genauer genommen zu haben als mit jenem der Urkunde, die Sässeli seinen Zuhörern präsentierte. Der Inhalt der letzten Bestimmung der Handfeste, die der Schreiber letztlich vorgetragen haben soll, ist recht kompliziert und wäre durch ein wörtliches Vorlesen schwer zu vermitteln gewesen. In der Essenz bestätigt der Kaiser dort, dass die Stadt zusätzlich zu den weiter oben einzeln festgehaltenen Rechten auch alle jene genießen sollte, die Herzog Konrad von Zähringen der Stadt Freiburg im Breisgau und Herzog Berchtold von Zähringen Bern verliehen hatte, samt allen zu jenem Zeitpunkt schon auf bernischen und freiburgischen Rodeln aufgeschriebenen Rechten. Schließlich ermächtigte der Kaiser die Stadt, weitere von ihr selbst beschlossene »jura et libertates« hinzuzufügen – und hier kam die Stelle, an die sich die Stadtbürger wohl vage erinnert hatten –, solange neu erlassene Rechtsregeln den gemeinen Nutzen der Stadt und die Ehre des Reichs bewahrten und förderten.[29]

Im gegebenen Zusammenhang entsprach die Behauptung der Aufständischen, die Gemeinde könne auch gegen den Willen des Rats einen Verurteilten begnadigen, weil die Handfeste sie ermächtige zu tun, was zum Besten der Stadt war, höchstens einem fernen Echo des tatsächlichen Inhalts der Urkunde. Erstens formuliert die Handfeste eine Erlaubnis, neue Rechtsbestimmungen von allgemeiner Gültigkeit zu verabschieden. Es ist mindestens zweifelhaft, dass die Unterscheidung zwischen Anordnungen im Einzelfall und solchen Statuten für das zeitgenössische Rechtsempfinden belanglos war.[30] Wichtiger ist zweitens, dass der Kaiser explizit den Schultheißen, den Rat und die Gesamtheit der Bürger privilegierte, also die Stadt als Rechtskör-

29 Berner Handfeste (13. Jh.) RQBE Bd. 1.1+2 S. 58f.: »[...] vel illa [jura et libertates] que adhuc pro communi vtilitate et honore ciuitatis uestre et honore imperii conseruando et augmentando, rescriptis et rodalibus vestris communi et sano consilio decreueritis apponenda, vobis et cunctis posteris auctoritate regia concedimus et confirmamus«.

30 Vgl. zu dieser Problematik jedoch Isenmann, *Gesetzgebung*, S. 52–94.

perschaft.[31] Es entsprach sicher keiner gängigen Lesart, dies als Ermächtigung an die Gemeinde zu verstehen, sich gegen ihre Häupter, den Stadtrat und den Schultheißen, aufzulehnen.

Die Handfeste wurde an der Versammlung in Bern also keineswegs in dem Sinn genau gelesen und interpretiert, wie dies dem Vorgehen eines zeitgenössischen, am gelehrten Recht orientierten Gerichts entsprochen hätte. Sieht man davon ab, dass Justinger die Existenz eines letzten Artikels erwähnt, macht er zu Form und Inhalt der Urkunde nur eine einzige Angabe, nämlich, dass sie mit einem kaiserlich goldenen Siegel versehen war. Dies war eigentlich auch schon alles, worauf es in seiner Darstellung ankam. Der Vorgang der Präsentation und Verlesung der Urkunde entsprach in erster Linie einer Geste, durch die sich die Aufständischen selbst eine kaiserliche Ermächtigung erteilten und ihr Vorgehen gewissermaßen unter das glänzende Siegel des Kaisers stellten.

Beispiel 3: Behauptungen eines Bischofs

Das dritte Beispiel betrifft den Gebrauch des Plaict Général der Stadt Lausanne, das angeblich aufgrund einer Weisungstradition vor der am Placitum (Dinggericht) versammelten Stadtbevölkerung im Jahr 1368 niedergeschrieben wurde. Aus dem Jahr 1420 ist eine Urkunde über einen Streit überliefert, in dem der Bischof von Lausanne Vertretern des Lausanner Kapitels sowie den Bürgern und Adligen der Stadt gegenüberstand.[32] Letztere beschwerten sich darüber, dass der Bischof selbstständig angeordnet hatte, Münzen mit neuem Münzfuß zu prägen, wozu er ohne ihre Zustimmung kein Recht habe. Zur Begründung ihres Standpunkts hielten die Klagenden dem Bischof die »littera Placiti Generalis« – bzw. vermutlich ein Vidimus derselben – entgegen, welche Kapitel und Bürgerschaft ein Mitspracherecht in Münzfragen zusichere. Die Beschreibung des Streits gibt ausführlich wieder, wie die Vertreter des Kapitels und der Bürgerschaft den Bischof vom verbindlichen Charakter der vorgelegten Plaict-Général-Urkunde zu überzeugen versuchten: Sie erklärten ihm, dass es sich hierbei um eine Urkunde handele, die Freiheiten und Gewohnheiten von Bürgerschaft und Kapitel regle. Daran hänge das Siegel des Offizials eines Vorgängers des Bischofs.[33] Überdies

31 Berner Handfeste (13. Jh.) RQBE Bd. 1.1+2 S. 39f.

32 Urkunde Lausanne (1420) SDVD Bd. B1 S. 498ff. Nr. 284.

33 Diese Begründung weist darauf hin, dass die Bürger dem Bischof nicht die Originalurkunde, sondern eine der am Ende des 14. Jahrhunderts ausgefertigten Abschriften (Vidimus)

habe er selbst, der gegenwärtige Bischof, bei seinem Amtsantritt geschworen, die in eben dieser Urkunde zugesicherten Rechte nach bestem Vermögen einzuhalten. Obwohl die vorgelegte Urkunde in diesem Fall tatsächlich eine einschlägige, wenn auch im Hinblick auf den Streit nicht ganz eindeutige Bestimmung enthielt,[34] macht die Beschreibung weder Angaben über deren Wortlaut noch über die Stelle, an der diese zu finden wäre.

Der Bischof hielt seinen Opponenten entgegen, das Plaict Général verbiete sein Vorgehen nicht. Auf den Wortlaut der einschlägigen Bestimmung scheint er dabei ebenfalls nicht näher eingegangen zu sein. Stattdessen präsentierte er ein anderes Schriftstück, ein gut zwanzig Jahre altes Notariatsinstrument über eine Absprache zwischen einem seiner Amtsvorgänger und dem damaligen Münzmeister.[35] Damit hoffte er zu belegen, dass selbstständige Entscheidungen der Bischöfe in Münzfragen durch Gewohnheit verbürgt waren. Auch der Bischof machte zu seinem Dokument Ausführungen, die sich ausschließlich auf sichtbare Zeichen und den bisherigen Gebrauch bezogen. An diesem Stück war zwar kein Siegel befestigt. Der Bischof wies aber mit Nachdruck auf das Notariatszeichen hin und erklärte, dass es jenes des Johannes Dorcellerius sei, an den sich viele Anwesende zweifellos noch erinnerten, sei er doch der Sekretär seines eigenen Vorgängers im Amt, des Bischofs Guillaume von Menthonay, gewesen. Zudem habe er dieses Dokument, was die Herren vom Kapitel bestätigen könnten, nicht etwa in seinem eigenen Archiv, sondern in jenem eines seiner gegenwärtigen Opponenten, nämlich des Kapitels, gefunden und zwar an jenem sicheren Ort, an dem man Urkunden aufbewahre.

Es erwies sich als Fehler, dieses Schriftstück ins Spiel zu bringen. In diesem Fall verlangte die Gegenpartei nämlich Einsicht in den Wortlaut – und der hielt unmissverständlich fest, dass Bischof Menthonay seine damalige Vereinbarung mit dem Münzmeister auch mit Vertretern des Kapitels und der Bürger von Lausanne abgesprochen hatte.[36] Es lässt sich nicht entschei-

---

entgegenhielten, an denen nur ein Siegel des Offizials befestigt war. Am Original von 1368 hing außerdem das Siegel des damaligen Bischofs, was in diesem Zusammenhang kaum unerwähnt geblieben wäre. Vgl. AVL C Va Nr. 26/1 (Original) sowie AVL AA I 26 und ACV C IV Nr. 364 (Vidimus). Ohnehin ist anzunehmen, dass den Opponenten des Bischofs eher ein Vidimus als das Original zur Verfügung stand, das zumindest am Ende des 14. Jahrhunderts offenbar noch im bischöflichen Archiv lag, vgl. Coutaz, *Inventaire*, S. 129.

34 Plaict Lausanne (1368) SDVD Bd. B1 S. 225 Nr. 190 § 65.

35 Es handelt sich dabei aller Wahrscheinlichkeit nach um das erhaltene Notariatsinstrument Lausanne (1396), ediert in MDR Bd. 1.34 S. 494 Nr. 277c.

36 Urkunde Lausanne (1420) SDVD Bd. B1 S. 498ff. Nr. 284.

den, ob der Bischof und seine Berater den Wortlaut des vorgelegten Dokuments bei der Vorbereitung ihres Plädoyers selbst schlicht vernachlässigt oder aber gezielt versucht hatten, die Gegenpartei durch ihre Erklärungen darüber zu täuschen. Beide Szenarien würden unterstreichen, wie einseitig sich unter Umständen selbst Parteien, die zweifellos über reiche Bildungsressourcen verfügten, auf die Erläuterung physischer Dimensionen der vorgelegten Dokumente ausrichteten. Das Ergebnis der Verhandlungen zwang den Bischof, in die Ausstellung einer neuen Urkunde einzuwilligen (dank der wir von diesen Verhandlungen wissen), die den Anspruch der Gegenpartei bestätigte. Diese wurde nicht mehr nur mit dem Zeichen eines Notars, sondern auch mit einem Siegel des Offizials versehen.[37]

Die drei Beispiele der Präsentation von Dokumenten machen nachvollziehbar, wieso abgesehen von einigen Amtleuten die wenigsten Zeitgenossen Einzelheiten des Inhalts selbst sehr grundlegender Rechtsaufzeichnungen kannten und wieso die Bedeutung von Dokumenten stark mit einer bestimmten materiellen Erscheinungsform in Verbindung gebracht wurde: Erlebbar wurden solche Schriftstücke vor allem durch episodisch stattfindende Akte ihrer feierlichen Präsentation. Dabei stand auch nicht ein integraler Text, sondern allenfalls eine ausgewählte Passage im Vordergrund, die in engster Verknüpfung mit den jeweils zur Debatte stehenden Ansprüchen oft eher vage umschrieben wurde. Bei solchen Akten spielte die Ostentation des Schriftstücks in seiner Eigenschaft als vorzeigbares Objekt deshalb eine entscheidende Rolle, weil es Anknüpfungspunkte für Inszenierungen und Erzählungen bot, welche die Verbindlichkeit des Dokuments erweisen mussten. Es lohnt sich, diesen plurimedialen Vorgängen des Zeigens und Erzählens weiter nachzugehen.

Funktionsweisen der Ostentation

Obwohl sich die Vorgehensweisen bei der Präsentation von Schriftstücken als fast endlos variantenreich erwiesen, lassen sich in den vorgestellten Beispielen einige wiederkehrende Muster ausmachen. Sie zeigen an, dass die Formen der Ostentation von Dokumenten vor Versammlungen, an denen rechtliche und politische Auseinandersetzungen ausgetragen wurden, bis zu einem gewissen Grad institutionalisiert waren. An dieser Stelle sollen zu-

37 Urkunde Lausanne (1420) SDVD Bd. B1 S. 499f. Nr. 284. Dabei handelte es sich um eine eigentliche Reversalurkunde, vgl. oben, Kp. 3.3.

nächst drei Grundmuster aus einer die einzelnen Fallbeispiele übergreifenden Perspektive diskutiert werden. Diese betreffen erstens die Person, welche die Bedeutung eines Dokuments vermittelte, zweitens deren Auftreten und drittens die inhaltlichen Sinngebungsprozesse, auf die die Ostentationsakte abzielten. Anschließend gilt es, nach möglichen Vorbildern der beobachteten Vorgehensweisen zu fragen.

Grundmuster

Ein erstes Grundmuster äußert sich in den diskutierten Fallbeispielen darin, dass Dokumente mit Vorteil durch Personen präsentiert wurden, die aufgrund von Ämtern und Titeln über entsprechende Befugnisse verfügten. Im Beispiel aus Bern überließen die Aufständischen die Präsentation der Handfeste dem offiziellen städtischen Schriftspezialisten, dem Stadtschreiber, obwohl dieser zweifellos hätte verdächtigt werden können, vor allem der Gegenseite seiner Dienstherren, der amtierenden Räte, verpflichtet zu sein. Nur dem Söldnerwerber Sässeli ging jede Ermächtigung durch ein Amt oder einen Bildungsausweis ab. Sein Verhalten lässt sich allerdings auch als Versuch verstehen, eben diesen Mangel zu kompensieren. Er verwendete weite Teile seiner Präsentation darauf, die Zuhörer von seiner Vertrauenswürdigkeit zu überzeugen. Wenn diese Skepsis äußerten, führten sie dies auch gerade auf Sässelis Rang und Persönlichkeit zurück. Die Bedeutung autorisierter Vermittler hing damit zusammen, dass es bei der Präsentation von Schriftstücken weniger um die bloße Offenlegung ihrer Inhalte als um die Vermittlung einer als verbindlich dargestellten Interpretation ging. Dies schloss nicht aus, dass zunächst als autoritativ ausgegebene Deutungen von den Zuhörern herausgefordert wurden und revidiert werden mussten, was etwa dem Bischof von Lausanne widerfuhr, als er sein Notariatsinstrument vorlegte.

Zweitens äußern sich gewisse Gemeinsamkeiten im Auftreten der Vermittler. Diese setzten bei der Erläuterung der Bedeutung der Dokumente fast immer bei deren Inszenierung als Objekte an. Wie stark sie sich außerdem auf den genauen Wortlaut einließen, variierte zwar. In keinem der Fälle ging es aber primär um ein wörtliches Vorlesen. Dies könnte beim Vorgehen des Berner Stadtschreibers dazu beigetragen haben, dass die vor ihm Versammelten der Handfeste eine Aussage zuwiesen, die sich im aufgeschriebenen Wortlaut höchstens in Ansätzen wiedererkennen lässt. Den Extremfall bildete in dieser Hinsicht das Vorgehen, mit dem Sässeli in zahlreichen Dörfern für Aufregung sorgte, indem er eine Urkunde präsentierte, deren Inhalte seine Zuhörer überhaupt nie erfuhren. In allen diskutierten Vermittlungsvorgängen scheinen Wiedergaben (angeblicher) Textinhalte und die Kommentierung des Dokuments fließend ineinander übergegangen zu sein.

Einem dritten Grundmuster folgte die mit der Ostentation der Dokumente verbundene Art, diesen Bedeutung zuzuweisen. Hier verbergen sich die Gemeinsamkeiten allerdings hinter einem großen Variantenreichtum, was etwas ausführlichere Bemerkungen erforderlich macht. Die vielfältigen beobachteten Sinngebungsprozesse liefen letztlich alle darauf hinaus, textuelle und materielle Merkmale des vorgezeigten Dokuments als reale Spuren spezifischer Personen und Ereignisse in der Vergangenheit auszuweisen. Zentral waren dabei schon die Siegel und Notariatszeichen. Sie verwiesen zum einen auf Willensäußerungen spezifischer Einzelpersönlichkeiten und Körperschaften. Die Ausformung solcher Zeichen folgte zum anderen Konventionen, die auch ein unbekannteres Siegel als dasjenige eines Kaisers, eines Bischofs oder eines lokalen Adligen erkennbar machten. Dadurch waren die Bezeichneten immer auch gleich einer bestimmten Position in der hierarchischen Ordnung der Welt zugeordnet, was sie auch mit einem ganz bestimmten Maß an Autorität ausstattete.[38]

Vonseiten der Hilfswissenschaften und der Rechtsgeschichte ist verschiedentlich darauf hingewiesen worden, dass solche Authentifizierungszeichen im mittelalterlichen Verständnis als unabdingbare – wenn nicht sogar einzige – Erfordernisse der Rechtskraft von Dokumenten galten.[39] Weniger Beachtung fand die Tatsache, dass besonders im Fall von Rechtsaufzeichnungen, deren Aussteller unterhalb der Ebene von Kaiser und Papst anzusiedeln waren, mit der Demonstration der Rechtskraft allein unter Umständen noch nicht viel erreicht war. Die Autorität von Dokumenten, die Kaiser und Papst ausgestellt hatten, lässt sich am ehesten noch in Anlehnung an moderne staatliche Legitimierungsmuster verstehen, gemäß denen ein mit weitreichender Gewalt ausgestatteter Souverän seinen zum Gehorsam verpflichteten Rechtssubjekten Anweisungen erteilte. Wer dagegen Anspruch auf die Relevanz eines Dokuments erhob, das ein regionaler oder lokaler Potentat ausgestellt hatte, brachte damit oft komplexe Fragen nach den Verflechtungen unterschiedlicher Herrschaftsbeziehungen und Hierarchien unter rechtlichen Körperschaften ins Spiel. Beziehungen zwischen Instanzen wie einer Ge-

38 Mit kritischer Diskussion der älteren Forschung Bedos-Rezak, *Identity*, S. 1513f., und dies., *Liturgies*.

39 Clanchy, *Memory*, S. 308–317; Bresslau, *Handbuch*, S. 717–726; Ewald, *Siegelkunde*, S. 35–48, bes. S. 39.

meinde und ihrem Rat oder zwischen Bischof, Kapitel und Bevölkerung ließen sich selten eindeutig in Kategorien der Über- und Unterordnung beschreiben. Wo es um solche Konstellationen ging, war es vielversprechend, die Verbindlichkeit eines Dokuments durch Erzählungen über sehr spezifische Handlungen konkreter Persönlichkeiten und Verbände zu begründen, die nachwirkende, für den aktuellen Streitfall relevante Verpflichtungen eingegangen waren.

Entsprechend variiert waren die Bedürfnisse nach weiteren Erläuterungen. Im Berner Beispiel stellte sich vor allem das Problem, welche der beiden Streitparteien eigentlich als Nachfolgerin des Rechtsträgers gelten konnte, den Kaiser Friedrich durch seine Urkunde privilegiert hatte. Dagegen bedurfte die Autorität der durch die Siegel bezeugten kaiserlichen Willensäußerung keiner näheren Erläuterungen. Ganz anders verhielt es sich im Fall der Siegel an der Urkunde, die Sässeli vorlegte. Diese vermochten zwar durch ihre Siebenzahl zu beeindrucken, doch ohne eingehende Erklärungen hätten seine Zuhörer diese weder als diejenigen wichtiger Magnaten aus dem Umfeld der französischen Krone identifizieren können, noch hätten sie verstanden, wieso sie selbst durch deren Willensäußerungen betroffen waren. Und dem lediglich mit einem Notariatszeichen versehenen Lausanner Dokument zum Münzrecht versuchte der Bischof zu Autorität zu verhelfen, indem er weniger auf die Umstände seiner Niederschrift als auf seinen späteren Gebrauch und seine Aufbewahrung einging und seine Opponenten darauf aufmerksam machte, dass nicht etwa er selbst, sondern sie dieses der Aufnahme in ihr eigenes Archiv für würdig befunden hatten und es deshalb jetzt auch respektieren sollten. Solche Begründungen der Relevanz eines Dokuments konnten gar nicht bei seinem Textinhalt ansetzen. Rechte und Pflichten wurden auch aus Handlungen hergeleitet, bei denen das Dokument längst fertig abgefasst gewesen und in denen es als Objekt weiterverwendet worden war.

Inwiefern sich die Präsentation von Rechtsdokumenten an Vorbilder der Ostentation der Heiligen Schrift in Predigt und Messe anlehnte, ist eine Frage, die eingehender untersucht werden müsste, als es an dieser Stelle möglich ist. Immerhin fallen einige Parallelen auf: Der Notwendigkeit, das Evangelium durch eine dazu ermächtigte Person zu vermitteln,[40] entsprach die Bedeutung der Autorität der Person, die Rechtsschriftstücke präsentierte. Ihr stellte sich wie einem Priester oder Prediger die Aufgabe, einen lateinischen Wortlaut in der Volkssprache verständlich und handlungsrelevant zu ma-

40 Jungmann, *Missarum*, Bd. 1 S. 504f.; Lentes, *Textus*.

chen. Dies setzte bei der Präsentation von Rechtsschriftstücken geradeso wie in der Predigt – und ganz im Gegensatz zu gelehrten theologischen Debatten – nicht zwingend eine eingehende Auseinandersetzung mit Einzelheiten des Wortlauts voraus. Vielmehr ergaben sich fließende Übergänge zwischen der eigentlichen Wiedergabe des Wortlauts und seiner Erläuterung und Kommentierung.

Für beide Vermittlungsvorgänge bildete die materielle Erscheinung des Schriftstücks einen legitimen Zugang zu dessen Bedeutung. Die aufwändig künstlerisch gestalteten Evangeliare lagen während des Gottesdiensts auf dem Altar oder gingen als Objekte in liturgische Handlungen ein, in denen sie Wort und Wirken Christi repräsentierten.[41] Und die Rechtsdokumente erinnerten durch ihre Materialität an diesseitige Personen und ihre Willensäußerungen. An diesem Punkt stoßen die Analogien allerdings an Grenzen. Das künstlerisch ausgeschmückte Evangeliar war Ausdruck einer vollkommenen göttlichen Ordnung und Träger eines Wortlauts, der zwar der Erläuterung bedurfte, dessen grundsätzliche Autorität und Handlungsrelevanz aber außer Zweifel standen. Dagegen verwiesen die äußeren Merkmale weltlicher Dokumente und die an ihnen angebrachten Zeichen auf wechselnde Personen sowie auf deren wechselhafte Absprachen und Willensäußerungen, die mit allen Mängeln vergänglicher weltlicher Ordnungen behaftet waren und deren Verbindlichkeit entsprechend ausführlicher Begründungen bedurfte.

Dokumente beurteilen

Über die Kriterien, nach denen Rechtsaufzeichnungen zu beurteilen waren, herrschten am Ausgang des Mittelalters keinesfalls einhellige Meinungen. Mit der Notwendigkeit, Dokumente mit spezifischen Rechtsakten und den daran beteiligten Personen in Verbindung zu setzen, hängt die große Bedeutung zusammen, die der physischen Unversehrtheit eines Schriftstücks und den daran befestigten Siegeln zukam. Mit diesen beiden Merkmalen stand und fiel gemäß einer Lehre, die viele mittelalterliche Gelehrte und Herrschaftsspezialisten vertraten, die Rechtskraft eines Dokuments.[42] Diese Auffassung war allerdings gegen Ende des 15. Jahrhunderts zumindest im savoy-

41 Jungmann, *Missarum*, Bd. 1 S. 546f., 554ff.; Dessì, *Prophétie*.

42 Vgl. oben, Anm. 39. Auf den Zusammenhang zwischen stark variierenden Urkundenformularen und ihrer Interpretation als Ausdruck einer einzigartigen Vereinbarungssituation hat schon hingewiesen: Clanchy, *Memory*, S. 295.

ischen Einflussgebiet und unter Kennern der Verwaltungsmaterie zunehmend umstritten.

Zu Beginn der 1470er-Jahre stellten Kommissare eines savoyischen Gerichts Vertretern des Adels, der Stadtbürger und der Notare des Waadtlands sehr allgemein gehaltene Fragen darüber, welchen Anforderungen Urkunden genügen mussten, um gemäß den regionalen Rechtsgewohnheiten verbindlich zu sein.[43] Eine gar nicht so kleine Minderheit der Befragten, darunter auch namhafte Adlige und zwei Notare, sagten, sie hätten überhaupt noch nie, weder vor Gericht noch anderswo, erlebt, dass eine Urkunde angefochten worden wäre.[44] Die Mehrheit der Zeugen führte zwar Kriterien für die Gültigkeit an, beharrte aber trotz Nachfragen darauf, dass diese ausschließlich die materielle Erscheinungsform einer Urkunde, nicht aber bestimmte Klauseln beträfen. Ungültig wären demnach Urkunden, an denen kein oder kein authentisches Siegel hing oder deren Schrift Rasuren aufwies, und zwar – so präzisierten alle, die dieses Kriterium nannten – an entscheidenden Stellen wie beim Datum, bei Mengenangaben oder bei den Vor- und Nachnamen von Personen.[45] Einige räumten auf Nachfragen hin ein, es gebe neuerdings Notare, die sich beim Abfassen von Urkunden der Feinsinnigkeit hingaben (»se subtiliantes«), diese mit allen möglichen feierlichen Klauseln zu versehen, obwohl diese für die rechtliche Gültigkeit der Urkunde völlig unerheblich wären.[46] Für wie illegitim er es hielt, eine physisch integre Urkunde in Frage zu stellen, drückte ein Notar aus dem Städtchen Grandson aus, indem er sagte, gegen eine solche *könne* man natürlich opponieren, genauso wie man ja auch gegen das Evangelium opponieren *könne* ...[47]

Andere Zeugen wollten auf Nachfrage nicht ausschließen, dass es neben der Integrität von Siegel und Pergament auch andere Gültigkeitskriterien gab, über die nur Leute mit spezialisierteren Kenntnissen Bescheid wüss-

43 Enquêtes Chalon (1470/71) SDVD Bd. A1 S. 307, 312. Zur Einordnung der Fragen in den weiteren Zusammenhang des Rechtsstreits: Poudret, *Enquêtes de Chalon*, S. 111–116.

44 Enquêtes Chalon (1470/71) SDVD Bd. A1 S. 359 (Pierre Martiginier), 381 (Jean de Cunat, nobilis), 439 (Guy Ceriat, nobilis), 488 (Pierre de Mont, nobilis), 496 (Pierre de Montagny), 506 (Pierre Aymonet, notarius), 519 (Jean Hugonet, notarius).

45 Enquêtes Chalon (1470/71) SDVD Bd. A1 S. 359 (Pierre Martginier), 421 (Jean de Furno), 450 (Jean Matillardo, nobilis), 459 (Udriod Guilly), 493 (Jacques Praz, notarius).

46 Enquêtes Chalon (1470/71) SDVD Bd. A1 S. 438: »[...] antiquo tempore non observabantur prout nec de presenti observantur alique solmpnitates in instrumentis [...], ymo de novo fuerint reperte ipse solempnitates per notarios se asubtiliantes in talibus«, (Guy Cerjat), vgl. 411 (Jean de Montrichier, nobilis).

47 Enquêtes Chalon (1470/71) SDVD Bd. A1 S. 479 (Aymonet Pittet). Hervorhebungen ST.

ten.[48] Jean Furno, der seinen Lebensunterhalt verdiente, indem er Leute als »consuetudinarius« vor Gericht beriet, identifizierte solche Spezialisten nicht nur, sondern kritisierte sie auch gleich. Manche Urkunde, die gemäß den Rechtsgewohnheiten für gültig befunden werden müsste, laufe dennoch Gefahr, angefochten zu werden, und zwar wegen der »subtilitas« der Advokaten, von denen einer feinsinniger sein wolle als der andere, und die deshalb eine Urkunde einmal in Frage stellten, weil sie zu geschwätzig, ein andermal weil sie zu verschwiegen sei.[49] Tatsächlich war gerade unter den befragten Notaren und mithin den Zeugen mit den besten Kenntnissen des gelehrten Rechts die Ansicht verbreitet, dass die Gültigkeit einer Urkunde auch von der Befolgung bestimmter Formeln abhing. Manche berichteten von Fällen, in denen Waadtländer Gerichte physisch integren Urkunden die Gültigkeit abgesprochen hätten, weil in ihnen Klauseln wie die »stipulatio«, Investitur oder Devestitur fehlten.[50]

Hinter den Meinungsverschiedenheiten standen unterschiedliche Zugänge zur Bedeutung von Rechtsdokumenten. Das Verständnis der Zeugen, denen es einzig auf die physische Integrität ankam, entsprach ganz demjenigen, das sich in Praktiken der feierlichen Präsentation von Dokumenten vor größeren Versammlungen nachweisen lässt. Demnach hing die Gültigkeit einer Urkunde einzig davon ab, ob sich diese zweifelsfrei auf Willensakte und Rechtshandlungen beziehen ließ. Ganz explizit drückten dies jene Zeugen aus, welche sagten, es komme einzig darauf an, dass eine Urkunde die »vera substancia« eines Rechtsaktes und die »intentio«, »voluntas« oder »mens« der daran beteiligten Parteien unmissverständlich zum Ausdruck bringe.[51] Für

48 Enquêtes Chalon (1470/71) SDVD Bd. A1 S. 385 (Jacques Guibert, notarius), 417 (Jean Pittet), 432 (Etienne Favre), 463 (Claude de la Cour, nobilis), 513 (Girard de Moudon). Einige vertraten außerdem die Ansicht, es gebe hierauf keine allgemeingültige, sondern nur auf den Einzelfall bezogene Antworten: 421 (Etienne Montehrod), 445 (Jean Mistral).

49 Enquêtes Chalon (1470/71) SDVD Bd. A1 S. 421f.: »Interrogatus an potuerit esse quod aliqua instrumenta in patria Vuaudi fuerint declarata nulla deffectu solempnitates quod ipse testis nesciverit, dicit quod multa instrumenta possunt revocari propter subtilitates advocancium in dicta consuetudine et que quandoque non debent de consuetudione revocari, sed, sicut unus advocatus est subtilior altero, revocantur aut propter multitudinem colloqui aut propter tacurnitatem.« (Jean de Furno)

50 Enquêtes Chalon (1470/71) SDVD Bd. A1 S. 442 (Jean de Bolion, notarius), 249 (Henri Chastel), 474 (Jean Bellini, notarius), mit diesen Notaren einer Meinung waren der Adlige Nicod de Clauso (S. 429) und der Bauer Rolet Dauphin (S. 429).

51 Enquêtes Chalon (1470/71) SDVD Bd. A1 S. 421 (Jean de Furno), 427 (Etienne Montherod), 438 (Guy Cerjat).

diese Zeugen konnte jede Urkunde als Einzelstück beurteilt werden, dessen einzige relevante äußere Bezugspunkte die jeweils bezeugten Rechtshandlungen bildeten. Dagegen verstanden die Zeugen, für die die Rechtskraft eines Dokuments außerdem von den darin verwendeten Klauseln abhing, diese in einem engeren Sinn als Texte, die im Licht von Kontexten zu beurteilen waren. Für sie beruhte die Bedeutung und die Gültigkeit einer Urkunde auch auf ihrer Beziehung zu anderen Urkunden, deren Wortlaute untereinander konform sein und durch Intertextualitiät miteinander in Beziehung stehen mussten. Aussagen dieser Art sind nur eines von zahllosen, im Folgenden noch zu erörternden Indizien für einen Wandel im Umgang mit Rechtsschriftstücken, der sich am Übergang zur Neuzeit beschleunigte und dessen äußeres Merkmal verstärkte Bestrebungen waren, die Bedeutung eines Dokuments mit Blick auf weitere Dokumente zu beurteilen.

An »alle, die diesen Brief sehen oder hören« – so lautet in Latein und den unterschiedlichsten Vernakularen Europas eine der am weitesten verbreiteten Formeln, durch die sich Aussteller von Urkunden im Mittelalter an gegenwärtige und zukünftige Rezipienten wandten.[52] Moderne Gewohnheiten des Umgangs mit Schrift verleiten dazu, sich unter dem »Sehen« das Lesen und unter dem »Hören« das Vorgelesen-Bekommen des Wortlauts vorzustellen. Eine solche Gegenüberstellung lässt sich auf einen sozialen Gegensatz zwischen einer schriftkundigen Elite und einem der Mündlichkeit verhafteten »Volk« beziehen. Und diese werden oft als »schon« beziehungsweise »noch nicht mit der Schrift vertraut«, oft auch gleich unterschiedlichen Stufen einer kulturellen Entwicklung zugeordnet.[53] Dagegen zeigen die vorausgehenden Beobachtungen, dass Literaten und Illiteraten gleichermaßen daran gelegen sein musste, eine Urkunde sowohl zu sehen als auch zu hören – und dass sie dabei weit mehr als einen Wortlaut zu sehen und zu hören bekamen. Die Präsentation einer Urkunde in Auseinandersetzungen setzte oft bei deren Ostentation als Objekt an. Dabei riefen sichtbare Zeichen am Dokument nach authentischen Geschichten über dessen Herstellung und Gebrauch, Geschichten, die einmal zu einem hinlänglich bekannten impliziten Wissen gehörten und ein andermal ausschweifend erzählt werden mussten. Erst durch solche Geschichten wurde die Bedeutung des Schriftstücks für die jeweilige Auseinandersetzung einsichtig, und vielfach erst in Verbin-

52 Clanchy, *Memory*, S. 253ff.

53 Die mediävistische Literaturwissenschaft hat sich schon seit einiger Zeit kritisch mit der Vorstellung einer ausschließlich diachronischen Entwicklung »vom Hören zum Lesen« auseinandergesetzt: Green, *Listening*; Bäuml, *Mündlichkeit*.

dung mit diesen kam es, wenn überhaupt, zu einer genaueren Beschäftigung mit dem Wortlaut.

Aus dieser Warte erscheinen Aufzeichnungen lokaler Rechte weniger als Texte denn als Erinnerungsobjekte, die ähnlich funktionierten wie mittelalterliche Reliquien – oder auch moderne Souvenirs. Auch letztere leisten als Medien der Bewahrung und Darstellung von Erinnerungen typischerweise erbärmlich wenig, beziehen ihren Wert aber aus der Verheißung, als Anknüpfungspunkt der Vergegenwärtigung von Erfahrungen und Fiktionen dienen zu können, deren Reichtum und Bedeutung sie selbst nie wiederzugeben vermöchten. Wenn sich auch weite Teile des praktischen Umgangs mit Schriftstücken daran orientierten, dass diese als Objekte vor allem in einen Zusammenhang signifikanter Handlungen gestellt werden mussten, äußern sich gegen Ende des 15. Jahrhunderts vermehrt auch Auffassungen, wonach diese auch als Texte im Kontext weiterer signifikanter Texte zu beurteilen waren. Vor allem diese sollen im Folgenden weiterverfolgt werden.

6.3 Kanzleipraktiken

Sammeln und Ordnen

Einmal niedergeschriebene Rechtsdokumente waren auch abseits der Schauplätze akuter Auseinandersetzungen Gegenstand kontinuierlicher Bearbeitungen. Vor allem in den Kanzleien größerer Herrschaftsträger wurden Schriftstücke zusammengetragen, geordnet, auf Kisten und Fächer verteilt, in Find- und Erschließungssystemen erfasst, ab- und umgeschrieben oder genauen integralen Lektüren unterzogen. Im Zusammenhang mit der Erschließung von Dokumenten hat die historische Forschung schon sehr früh thematisiert, dass die Praktiken der Verwaltung von Rechtsschriftstücken im Lauf des Mittelalters grundlegende Veränderungen durchliefen.[54] Allerdings liegen bislang kaum spezialisierte Untersuchungen zur Entwicklung und Ausbreitung von Kanzleipraktiken wie dem Sammeln, dem Ordnen, der Reproduktion oder der Kompilation oder der Kommentierung von Rechts- und Verwaltungsdokumenten vor. Deren Wandel lässt sich in seiner ganzen Tragweite am ehesten durch Untersuchungen erfassen, die das gesamte

54 Vgl. etwa schon Bresslau, *Handbuch*, S. 149–184.

Schrifthandeln ausgewählter Institutionen in seinem Zusammenhang analysieren, was an dieser Stelle nicht geleistet werden kann.[55] Stattdessen sollen hier einzelne Innovationen, so weit sie bekannt sind, kurz skizziert und mit Blick auf ihre Konsequenzen für den Gebrauch und das Verständnis von Aufzeichnungen lokaler Rechte diskutiert werden. Denn am Ausgang des Mittelalters aufkommende Formen der Verwaltung und Nachbearbeitung von Weistümern und Kundschaftsaufzeichnungen erlaubten es, diesen neue Bedeutungen zuzuschreiben und sie für Verwaltungspraktiken operationalisierbar zu machen, die sich auf ein neues Verständnis der auf Gewohnheiten beruhenden Rechtsordnung abstützten.

Es entsprach kaum einem Zufall, dass es gerade Verwaltungsspezialisten waren, die am Ausgang des 15. Jahrhunderts entgegen einer weit verbreiteten Meinung forderten, dass Urkunden im Zusammenhang mit anderen Urkunden zu beurteilen waren. Ein gemeinsames äußeres Merkmal einer ganzen Reihe von Praktiken der Verwaltung von Dokumenten, die sich im Lauf des Spätmittelalters ausbreiteten, bildeten Bestrebungen, Dokumente zueinander in Beziehung zu setzen, sie in übergreifende Ordnungssysteme einzugliedern und ihnen vermehrt mit Blick auf solche Zusammenhänge Bedeutung zuzuschreiben. Eine besonders prominente Äußerungsform sind die groß angelegten und durch ein sehr systematisches Vorgehen charakterisierten Neuordnungen und Inventarisierungen der Archive größerer weltlicher Herrschaften wie etwa jener der Savoyer und des Bistums Lausanne in den 1390er-Jahren oder der städtischen Territorialverwaltungen der deutschsprachigen Schweiz ab der Mitte des 15. Jahrhunderts.[56]

Diese Reformen machten Schriftstücke nicht nur besser zugänglich. Dokumente wurden durch ihre physische Unterbringung in bestimmten Archivabteilungen sowie durch die inventarische Beschreibung dieser Abteilungen auch mit umfassenden Ordnungsvorstellungen in Zusammenhang gesetzt, die vielleicht schon früher fallweise angerufen, nunmehr aber fixiert wurden. Häufig war etwa eine Gliederung von Dokumenten nach der ständischen Position ihrer Aussteller (Papst – Bischöfe – Klöster/Kaiser – Fürsten – Adlige usw.), die jedes Stück in einer hierarchische Weltordnung positionierte. Ein alternatives Ordnungssystem, das Dokumente territorialen Untereinheiten oder Ämtern zuordnete, spiegelte die Gliederungsprinzipien des jewei-

55 Erste Beispiele für solche Untersuchungen bilden: Hildbrand, *Herrschaft*; Zangger, *Grundherrschaft*, S. 77–109. Aus epochen- und raumübergreifender Perspektive Vismann, *Akten*.

56 Coutaz, *Inventaire*; Rück, *Ordnung*; ders., *Registres*; ders., *Diskussion*.

ligen Verwaltungsapparats.[57] Dokumente verwiesen damit nicht mehr nur als Einzelstücke auf vergangene Akte und ihre Urheber, sondern auch aufeinander und dadurch auf umfassende Ordnungszusammenhänge, die ihnen weniger eine situationsspezifische als eine dauerhafte Bedeutung verliehen.

Während eine Archivordnung jedem Dokument im Verhältnis zu anderen jeweils nur einen einzelnen Platz zuweisen kann, erlaubten Praktiken der Herstellung und Aufbewahrung von beglaubigten und unbeglaubigten Abschriften, ein Dokument zugleich in mehrere Zusammenhänge einzuordnen. In manchen Archiven ist schon aus der Zeit vor 1500 eine kaum mehr zu überblickende Anzahl von Heften und Büchern überliefert, in denen Kopien von Dokumenten so zusammengestellt sind, dass sie gemeinsam beispielsweise die Kompetenzen spezifischer Herrschaftsämter, die Rechtsverhältnisse territorialer Einheiten oder Beziehungen zu benachbarten Herrschaften darstellen. Diese in ihrem Ausmaß neue Kopier- und Kompiliertätigkeit beruhte auf Techniken, die schon seit dem 12. Jahrhundert im Grundsatz bekannt und etwa in Klöstern bei der Abfassung von Kartularen genutzt worden waren.[58] Allerdings unterschieden sich die Sammelhandschriften, die ab dem 14. Jahrhundert Verbreitung fanden, in mehrfacher Hinsicht von älteren Kartularen. Erstens bezeugen sie, dass neben geistlichen vermehrt auch adlige und kommunale Herrschaftsträger anfingen, Praktiken des Kopierens und Kompilierens einzusetzen.[59] Zweitens scheinen die älteren Kartulare ihre Bedeutung gerade aus ihrer Singularität bezogen zu haben, aus ihrem Status als dem einen Buch, das für den gesamten Herrschaftskomplex Verbindlichkeit beanspruchte. Demgegenüber erscheinen dieselben Dokumente im 15. Jahrhundert vermehrt in mehreren parallel zueinander angelegten Sammlungen, die nicht mehr einfach für den jeweiligen Herrschaftskomplex als ganzen, sondern für einzelne seiner Amtleute oder territorialen Untereinheiten angelegt wurden. Schließlich schlugen sich in den neueren Abschriftensammlungen auch die seither eingetretenen Veränderungen der Aufschreibepraktiken nieder. Kartulare des 13. Jahrhunderts enthielten überwiegend

57 Für gezielte Diskussionen der Frage, wie Dokumente durch Innovationen in der Aufbewahrung und Anordnung neue Bedeutungsdimensionen erlangten: Head, *Knowing*; Bedos-Rezak, *Liturgies*.

58 Guyotjeanin/Morelle/Parisse, *Cartulaires*; Geary, *Phantoms*. Einen Überblick über die Überlieferung aus dem untersuchten Raum: Coutaz, *Inventaire*, S. 105–111.

59 Nach der Mitte des 13. Jahrhunderts lassen im westlichen Untersuchungsraum erstmals auch adlige Herren Kartulare anlegen, so das erhaltene Kartular der Savoyer für die Baronie Waadt (13. Jh.) AST Corte 12 pq. 1 (Vaud) Nr. 3 sowie das nicht erhaltene der Herren von Grandson, Coutaz/Morerod, *Documentation*, S. 412.

Abschriften von Aufzeichnungen wie Urkunden oder Absprachen über Kompetenzaufteilungen zwischen Äbten und Kapiteln, die Rechtsverhältnisse verbindlich regelten. Dagegen wurden im 15. Jahrhundert vermehrt auch sehr umfangreiche Dokumente wie etwa Kundschaftsprotokolle abgeschrieben, die statt verbindlichen Formulierungen von Rechten Indizien für deren Vorliegen festhielten.

Kundschaftsprotokolle als Ausdruck der Rechtsordnung

Überhaupt unterlagen Praktiken des Aufbewahrens und Abschreibens von Kundschaftsprotokollen während des untersuchten Zeitraums besonders markanten Veränderungen. Ab dem letzten Drittel des 13. Jahrhunderts setzte sich die Praxis durch, die Aussagen von Zeugen nicht mehr in rechtsverbindlichen Urkunden sondern in reinen Protokollen festzuhalten,[60] die ihren Zweck nur während des Prozesses erfüllen mussten, in dessen Rahmen sie aufgezeichnet wurden. Erst ab der Zeit um 1350 mehren sich Anzeichen dafür, dass Kundschaftsprotokolle als solche gezielt gesammelt und mit Erwartungen an zukünftige Möglichkeiten der Wiederverwendung verbunden wurden.[61] Erst nach 1400 scheinen solche Protokolle auch vermehrt nachträglich reproduziert und in Kopialbände, Amts- und Stadtbücher, die heterogene Rechtsansprüche einer Herrschaft belegen sollten, abgeschrieben worden zu sein.[62] Dabei wurden Kundschaftsprotokolle vielfach ohne die

60 Vgl. oben, Kp. 5.2.

61 Beispiele dafür bilden aus den Beständen des Kapitels von Lausanne: Dossier Lausanne (15. Jh.) ACV Va Nr. 157, enthaltend eine Urkunde zur Waldnutzung in Dommartin und ein undatiertes Kundschaftsprotokoll, wohl aus der Zeit kurz vor 1300; Dossier Lausanne (14. Jh.?) ACV Va Nr. 157 (diverse Urkunden von 1329 bis 1347 mit einem Kundschaftsprotokoll von 1337 zu Zehntrechten bei Estavayer); Dossier Romainmôtier (15. Jh.) ACV C VIIa Nr. 469 (mit Stücken aus dem Zeitraum 1355 bis 1402 und einem Kundschaftsprotokoll von 1413 zu Zehntrechten bei Apples).

62 Vidimus Enquête Blonay 1437 (1457) ACV IB 148 Nr. 263, auszugsweise ediert in SDVD Bd. A1 S. 87–97, wo aber die Angaben zum Vorgehen bei der Vidimierung ausgelassen sind; Vidimus Enquête Grenet 1396 (1508) ACV C IV Nr. 430, daraus kleine Auszüge ediert in SDVD Bd. B1 S. 176f. Nr. 168; auch Vidimus Enquête Sevaz 1297 (1444) ACV IB 55 Nr. 56; Sammelband (frühes 16. Jh.?) ACV Ad 19. Hierzu: Wirz, *Moignes*, S. 21–27; Kopien Kundschaft Villars 1446 (frühes 16. Jh.) AVL H4, vgl. AVL C Va Nr. 122, das Original: ACV C IV Nr. 460; Abschrift Kundschaft Kölliken 1455 im Lenzburger Schlossurbar (1539) RQAG Bd. 2.1 S. 515–518, das Original: StAAG Urkunden Lenzburg 99; Stadtbuch Bern (15. Jh.) StAB A I 453a. fol. 135r (Abschrift Kundschaft Brugg 1452), 201v–202v (Abschrift Kundschaft Friedau 1462), 203r–205r (Abschrift Kundschaft Herrschaft Riedburg 1463), 229r–230v (Abschrift Kundschaft Bleichenbach 1456), 262r–265v (Abschrift Off-

Gerichtsurteile, zu denen sie geführt hatten, abgeschrieben und neben Verträgen und Urkunden als Belege für geltende Rechte gestellt. Protokolle, die zunächst als Hilfsmittel der gerichtlichen Wahrheitsfindung abgefasst worden waren, wurden in dieser Weise aus ihren Entstehungszusammenhängen herausgerissen und wiederverwendet, um nunmehr als unumstritten ausgegebene Herrschaftsrechte zu dokumentieren.

Alte Kundschaften wurden nicht nur gesammelt, sondern spätestens am Übergang zum 16. Jahrhundert auch nachweislich vor Gerichten als Rechtsbelege vorgelegt. Als sich während des zweiten Drittels des 16. Jahrhunderts die Waadtländer Gemeinden Saint-Saphorin und Les Thioleyres um Weiderechte stritten, präsentierten die Anwälte der letzteren dem bernischen Gericht neben einer Serie von Urkunden auch eine Aufzeichnung, die als Kundschaftsprotokoll aus dem Jahr 1266 zu den Akten genommen worden war.[63] Tatsächlich handelte es sich dabei um die Abschrift eines zwar undatierten, aber sicher nicht vor der zweiten Hälfte 14. Jahrhunderts entstandenen Dokuments.[64] Das Original ist in Fragmenten erhalten, die auch Aussagen zugunsten der Gegenpartei enthalten – auf deren Abschrift verzichtete man allerdings im 16. Jahrhundert wohlweislich. Kundschaftsprotokolle aus dem Zusammenhang der Gerichtsprozesse, in denen sie entstanden waren, herauszulösen, um sie in neuen Streitigkeiten als Belege feststehender Rechte einzusetzen, scheint überhaupt umso leichter gefallen zu sein, als je älter sich diese ausgeben ließen.

Geradezu übersteigerte Formen nahm dieses Vorgehen in einem um 1460 abgefassten Rodel mit Kundschaftsaussagen an, welche den Anspruch der Stadt Bern auf die hohe Gerichtsbarkeit über das Aargauerdorf Kölliken unterstützten. Der von einer Hand geschriebene Rodel gibt sich in der Über-

---

nung Seftigen 1459). Eine Beschreibung und eine auszugsweise, allerdings keine der Kundschaften wiedergebende Edition des Stadtbuchs bietet: RQBE Bd. 1.1+2, für die genannten Dokumente in gleicher Reihenfolge vgl. S. 507 Nr. 101f., 546 Nr. 153, 547 Nr. 154, 553 Nr. 178, 564 Nr. 199.

63 Dossier aus unpaginierten Einzelstücken Lausanne (16. Jh.) ACV IB 55 Nr. 33.

64 Fragmente Kundschaft Saint-Saphorin (14. Jh.) ACV IB 55 Nr. 33. Das Fragment des Originals ist in demselben Dossier enthalten. Für dessen Entstehung in der zweiten Hälfte des 14. Jahrhunderts spricht neben der Schrift und der formalen Ausgestaltung des Protokolls vor allem die Tatsache, dass ein Zeuge seine Erinnerungen in Jahren nach der »magna mortalitate«, der Pestepidemie, datiert, während ein anderer von Ereignissen während der Amtszeit des »Bischofs Rossilion« (Jean de Rossillion, Bischof von Lausanne 1323–1341) spricht.

schrift als Kopie eines Kundschaftsprotokolls aus dem Jahres 1419 aus.[65] Die ersten sechs Blätter könnten tatsächlich weitgehend der Abschrift einer zu Beginn des 15. Jahrhunderts entstandenen Vorlage entsprechen, die sich allerdings nicht mehr auffinden lässt.[66] Dagegen geben die letzten drei Blätter Inhalte von erhaltenen Kundschaftsprotokollen wortgetreu wieder, welche die Stadt Bern erst viel später, nämlich in den Jahren 1455 und 1460 im Rahmen von ähnlichen, aber nicht identischen Rechtsstreiten hatte erheben lassen.[67] Die meisten möglichen Arten, den Rodel einzusetzen, hätten zweifellos auch die Zeitgenossen als Vorspiegelung falscher Tatsachen empfunden, wenn ihnen zur Kenntnis gebracht worden wäre, wie er hergestellt worden war.

Ihrer allgemeinen Stoßrichtung nach wiesen solche Vorgehensweisen Parallelen zu anderen zeitgleichen Dokumentierungspraktiken auf – solche, die erst kürzlich entstandenen Weistümern den Anschein eines hohen Alters verliehen und bei der Durchführung von Kundschaften Fragen in den Vordergrund stellten, die darauf abzielten, Rechtsgewohnheiten auf unvordenkliche Zeiten zurückzuführen.[68] Diese Entwicklung war eng mit einer weiteren verbunden: Um die gleiche Zeit wurde Schriftstücken wie Kund-

65 Kundschaft Kölliken (»1419«) StAAG Urkunden Lenzburg 65, auszugsweise ediert in RQAG Bd. 2.1 S. 509–515: »Dis ist die Kuntschaft von Köllikon miner herren von Bern wider Valckenstein, verhört und ingenomen uff sonnentag als man in der heiligen kilchen singet letare, ist zu mitter vasten, anno domini millesimo quadringentesimo decimo nono in abgeschrift wise gesetzet.«

66 Als Ergebnis einer prosopographischen Untersuchung ließ sich ein beträchtlicher Teil der Zeugen auch in anderen regionalen Dokumenten aus dem frühen 15. Jahrhundert nachweisen: Richner, *Kölliken-Kundschafter*, S. 7–33.

67 Auffälligerweise entspricht jedes der Blätter 7 bis 9 der Abschrift eines einzelnen Dokuments, die Originale in dieser Reihenfolge sind: Kundschaft Kölliken (1455) StAAG Urkunden Lenzburg 99, RQAG Bd. 2.1 S. 515–518; Kundschaft Kölliken (1460) StAAG Urkunden Lenzburg 110; Kundschaft Kölliken (1460) StAAG Urkunden Lenzburg 109. Der Editor von RQAG Bd. 2.1 S. 519 merkt an, dass in diesen neueren Kundschaften Passagen aus der angeblichen Abschrift des Rodels von 1419 wiederkehren. Er scheint angenommen zu haben, dass die Protokolle von 1455 und 1460 teilweise Abschriften desjenigen von 1419 darstellten. Tatsächlich verhält es sich umgekehrt. Das angeblich aus dem Jahr 1419 stammende Protokoll kann erst nach 1460 entstanden sein und jene von 1455 und 1460 dienten als Vorlagen seiner letzten Blätter. Nur dies vermag die Merkwürdigkeiten der angeblichen Abschrift von 1419 zu erklären: So wird ein Zeuge, der im ersten Teil des Rodels selbst aussagt (Welti Weibel, Bl. 6), gegen Ende von einem anderen als bereits Verstorbener zitiert (Bl. 7). Zudem kommen mehrere Zeugen im Lauf des Rodels mehrmals zu Wort (zum Beispiel Werna Suter, Bl. 5, 7, 9; Rutschmann Teitinger, Bl. 5, 8, 9), einer erzählt dabei mit Abweichungen sogar zweimal die gleiche Anekdote (vgl. Blätter 4 und 7)!

68 Siehe oben, Kp. 3 und 6.

schaftsprotokollen und Weistümern vermehrt die Bedeutung von Bestandteilen einer kohärenten allgemeinen Rechtsordnung verliehen, indem man diese durch die Eingliederung in Kopialbände oder in Archivordnungen mit anderen Schriftstücken in Beziehung setzte. Die beiden Entwicklungen hingen insofern zusammen, als das hohe Alter es erleichterte, einem Rechtsdokument in immer weiteren Zusammenhängen Verbindlichkeit zuzuschreiben. Die Behauptung, ein Dokument gebe sehr alte Inhalte wieder, ließ auch die Spezifik der Situationen, in denen diese formuliert worden waren, zunehmend in den Hintergrund treten.

Auf dem Prüfstand des Gebrauchs

Die erörterten Praktiken der Schriftenverwaltung, die sich in den Kanzleien größerer Herrschaftsträger am Ausgang des Mittelalters ausbreiteten, scheinen im Widerspruch zu den Sinngebungsprozessen zu stehen, durch die Schriftstücke in der Konfliktaustragung Relevanz erlangten. Kanzleipraktiken liefen vielfach darauf hinaus, Dokumenten dadurch die Bedeutung von Belegen feststehender, allgemein verbindlicher Rechtsverhältnisse zu verleihen, dass sie aus den spezifischen Zusammenhängen ihrer Herstellung und ihres bisherigen Gebrauchs herausgelöst wurden. Dagegen kam es bei der Präsentation von Dokumenten in Verhandlungen oft gerade darauf an, diese mit möglichst spezifischen Handlungen der Vergangenheit in Verbindung zu setzten, die im besten Fall auch die Anerkennung der festgehaltenen Inhalte durch die jeweiligen Opponenten selbst zum Ausdruck brachten. Es lohnt sich, etwas genauer zu untersuchen, wie Streitparteien dieses Spannungsverhältnis in konkreten Auseinandersetzungen überbrückten. Denn dabei wird fassbar, wie Weistümer und Kundschaften unter den damaligen Umständen erfolgreich eingesetzt werden konnten, unter welchen Bedingungen diese in immer weiteren Zusammenhängen fraglos als verbindliche Formulierungen des geltenden Rechts anerkannt wurden und mithin einen Status erlangten, der sich dem eines modernen Gesetzestexts annäherte.

Im Jahr 1518 schrieb der damalige Landvogt von Grüningen, Jörg Berger, einen bis heute erhaltenen Brief an seinen Dienstherrn, den Rat der Stadt Zürich. Darin beklagte er sich darüber, dass sich die Bewohner des unter seiner Jurisdiktion stehenden Dorfs Dürnten weigerten, ihm eine offenbar nur bei ihnen aufbewahrte Redaktion des Weistums (»hof rodel«) für ihr

Dorf zur Verfügung zu stellen.[69] Berger brauchte diese Aufzeichnung nicht nur, weil er selbst eines jener für den Zeitraum typischen umfangreichen Kopialbücher anlegte, in das er Abschriften von Weistümern und anderen Dokumenten aufnahm, die ihm geeignet schienen, die zu seinem Amt gehörigen Herrschaftsrechte zu dokumentieren.[70] Auf das Weistum für Dürnten war zum aktuellen Zeitpunkt vor allem der Zürcher Rat selbst dringend angewiesen. Es stellte offenbar den einzigen verfügbaren schriftlichen Beleg für Herrschaftsrechte dar, die den Zürchern damals die benachbarten kommunalen Herrschaftsträger Schwyz und Glarus vor eidgenössischen Vermittlern streitig machten.

Die Abhängigen von Dürnten fürchteten offenbar, die Zürcher Obrigkeit werde, sobald sie in den Besitz der Aufzeichnung gelangte, die Gelegenheit wahrnehmen, diese inhaltlich zu ihren eigenen Gunsten zu manipulieren. Erst als der Landvogt den Abhängigen versprach, dass »nüt ein bůchstab můs darin [im Rodel] verendert werden«, und ihnen zusicherte, dass der Rat der Stadt Zürich die lokale Rechtsordnung ebenso bewahren wolle wie sie selbst, boten die Abhängigen laut Bergers Brief einen Kompromiss an: Die Abgeordneten der Zürcher Herrschaft könnten den Rodel zu den Verhandlungen mit Schwyz und Glarus mitnehmen, sofern sie sich zusätzlich von zwei Bewohnern des Dorfs begleiten ließen. Auf diesen Vorschlag wollte sich wiederum der Landvogt nicht einlassen. Dabei folgte er offenbar dem Verständnis, das auch der Herstellung seines Kopialbuchs zugrunde lag. Demnach legten gewisse Aufzeichnungen lokale Rechtsgewohnheiten ein für alle Mal und gewissermaßen objektiv fest und ließen sich deshalb in beliebigen Zusammenhängen als Beweismittel einsetzen. Dagegen rechtfertigten die Abhängigen ihre Forderung, das Dokument nur in Begleitung von Ortsbewohnern zur Verfügung zu stellen, unter Berufung auf den Standpunkt, die Verbindlichkeit ihres Weistums sei an einen spezifischen lokalen Zusammenhang gebunden, der bei jeder Verwendung dieser Aufzeichnung durch Vertreter der lokalen Bevölkerung repräsentiert werden musste.

Die Auseinandersetzungen in Dürnten beruhten kaum darauf, dass die dort ansässigen Bauern einer oralen Kulturstufe verhaftet waren und deshalb dem gesprochenen Wort mehr Vertrauen entgegenbrachten als einem schriftlichen Dokument. Je nach Opportunität konnten Vertreter der Herrschschaftszentrale ebensogut wie lokale Bauern sich in Streitfällen auf den Standpunkt

69 Brief Berger (1513) StAZ A 124/1 Nr. 64.

70 Kopialband, sogenanntes »Bergerbuch« (16. Jh.) StAZ FIIa Nr 185. Vgl. hierzu Klee, *Konflikte*, S. 139f.

stellen, einem vorgelegten Weistum als solchem sei nicht zu trauen, solange sich dessen Inhalte nicht auch durch mündliche Aussagen der Lokalbevölkerung bestätigen ließen.[71] Allerdings dürften vermehrte Bemühungen der Kanzleien, Aufzeichnungen lokaler Rechte verfügbar zu machen, dazu beigetragen haben, dass Gerichte ab dem 15. Jahrhundert öfter Streitigkeiten behandelten, in deren Mittelpunkt die Frage stand, ob ein bestimmtes Schriftstück lokale Rechtsverhältnisse verbindlich regle. Erstmals aus den 1430er-Jahren lässt sich ein Beispiel einer Kundschaft über die Frage anführen, ob ein altes Weistum eine umstrittene Rechtslage (in diesem Fall einen Grenzverlauf) korrekt beschreibe.[72]

Im Jahr 1481 stellten sich die Herren von Hallwil explizit auf den noch etwas weiter gehenden Standpunkt, sie könnten ein Weistum vorlegen, das ihre durch Gewohnheit verbürgten Nutzungs- und Jurisdiktionsrechte über den Hallwilersee so verbindlich festhalte, dass sich eine weitere Rechtsklärung durch eine Kundschaft erübrige.[73] Das Gericht gab den Hallwilern so weit recht, dass es eine Kundschaft anordnete, in der die Zeugen nicht nur Indizien für die Rechtsverhältnisse auf dem Hallwilersees beibringen, sondern auch die Rechtskraft des Weistums beurteilen und sich darüber äußern mussten, ob der Rodel »an im selbst gerecht« sei. Das Protokoll dieser Befragung ergibt wenig überraschend, dass manche lokale Abhängige dem Rodel weniger Bedeutung zumaßen als die Herrschaft selbst. Über die Rechtsverhältnisse auf dem See hatten die meisten Befragten durchaus klare, wenn auch nicht ganz einheitliche Vorstellungen. Dagegen konnten manche der Zeugen mit der Frage nach der Verbindlichkeit des Rodels wenig anfangen, obwohl fast alle von dessen Existenz gehört hatten.[74] Einer sagte, »von des rodells wegen, wúss er weder ja noch nein zú sagen«, andere berichteten, sie hätten im See wohl gefischt und dabei Regeln befolgt, aber sich dabei wenig um den Rodel gekümmert.[75] Jene Zeugen, die sich dem Standpunkt der Herren von Hallwil anschlossen und den Rodel als »an ihm selbst gerecht«

71 Ein Beispiel dafür findet sich etwa in der Aktennotiz Zürich (nach 1490) StAZ A 131/1 Nr. 67.

72 Kundschaft Grüningen (um 1430) StAZ A 124/1 Nr. 19.

73 Hallwiler Seerecht (1419) RQAG Bd. 2.1 S. 163 Nr. 11.

74 Kundschaft Hallwil (1481) StAB UP 8 Nr. 40 fol. 1v (Heinsli Zeiger und Ruode Wilhelm), 2r (Peter Römer) sowie die in der folgenden Anm. Genannten. Zu den Rechtsverhältnissen auf dem See und diesem Konflikt vgl. die Beobachtungen von Siegrist, *Beiträge*, S. 68–76, 134ff., 147–151, 233–239, 435.

75 Kundschaft Hallwil (1481) StAB UP 8 Nr. 40 fol. 1v (Hennsli Friedrich), vgl. 1v (Ruode Wilhelm), 2r (Peter Römer), 2v (Clewi Hässi), 5r (Peter Kiener).

beurteilten, begründeten dies durchweg damit, dass man diesen das eine oder andere Mal an Dinggerichtsversammlungen vorgelesen habe, wobei kein Widerspruch gegen dessen Inhalt laut geworden sei.[76] Das Gericht folgte dem Standpunkt, der Rodel regle die Rechtsverhältnisse verbindlich, allerdings nicht. Obwohl die Richter ein für die Hallwiler recht günstiges Urteil fällten, widersprachen sie dem im Rodel formulierten Anspruch der Hallwiler auf die alleinige Verfügungsgewalt über den See.[77]

Der Anspruch, alte Weistümer und Kundschaften entsprächen als solche schon allgemein verbindlichen Aufzeichnungen geltender Rechtsgewohnheiten, ist zwar in zeitgenössischen kopialen Sammlungen als implizite Voraussetzung schon angelegt und wurde von Herrschaftsvertretern gelegentlich auch explizit erhoben. Aber diesen Standpunkt brauchte eine Gegenpartei in einem Konfliktfall keineswegs anzuerkennen. Opponenten konnten vorgelegten Schriftstücken entgegenhalten, diese seien nicht in Zusammenhängen hergestellt oder gebraucht worden, die ihnen zu allgemeiner Verbindlichkeit und Anerkennung verhelfen würden.

Dokument-Biographien: Das Plaict von Lausanne

Sieht man von Papstbullen und königlichen Privilegienbriefen ab, genossen nur ganz wenige Aufzeichnungen lokaler Rechte eine weithin anerkannte Autorität, die nicht für jeden Einzelfall aufs Neue begründet werden musste und die auch erbitterte Opponenten nur schwer in Frage stellen konnten. Wo dies der Fall war, beruhte es wesentlich auf der »Biographie« eines Dokuments, auf einer Geschichte des häufigen Gebrauchs in vielfältigen Zusammenhängen.[78] Während Gebrauchsbeschreibungen manchmal ahnen lassen, dass eine Aufzeichnung einen solchen Status genoss, ist der Prozess, der hierzu geführt hatte, nur in seltenen Fällen bis in Einzelheiten fassbar. Hier soll einer der wenigen einigermaßen rekonstruierbaren Gebrauchsgeschichten dieser Art nachgegangen werden, nämlich derjenigen des im Jahr 1368 abgefassten »Plaict Général« von Lausanne. Die neuere Geschichtsschreibung hat diese Urkunde als »pièce maitresse« oder »charte fondamentale« der mittelalterlichen Rechtsordnung von Lausanne ausgezeichnet. Diesen besonderen

76 Besonders deutliche Aussagen dieser Art machen unter anderen: Kundschaft Hallwil (1481) StAB UP 8 Nr. 40 fol. 3r (Peter Walder), 3v (Ulliman Her und Hensli Rey), 4r (Peter Sigrist und Peter Hartmann), 4v (Heini von Lütwyl).

77 Urteilsurkunde Hallwil (1481) RQAG Bd. 2.1 S. 204f. Nr. 28, vgl. RQAG Bd. 2.8 S. 107f. Nr. 24.

78 Zu »Biographien« von Dingen vgl. die Beiträge in: Appadurai, *Life*.

Status wie auch den Namen »le Plaict« hatte diese Aufzeichnung erst im 15. Jahrhundert erlangt – zuvor war sie eines von mehreren Schriftstücken, die angeblich Ergebnisse von Weisungen an den Lausanner Dinggerichtsversammlungen (Placita) wiedergaben und bis in die Zeit um 1400 verschiedentlich umgeschrieben und ergänzt wurden. Erst danach setzte sich das Plaict als die verbindliche Verkörperung der Weisungstradition durch. In der Folge entstanden keine weiteren neuen Redaktionen mehr, dagegen zahlreiche wortgetreue Abschriften, ein gelehrter Kommentar und schließlich sogar eine französische Übersetzung (vgl. oben, Kp. 5.3).[79]

In engem Zusammenhang mit diesen Kanzleipraktiken kam es zu einer steten Verdichtung und Erweiterung des Gebrauchs des Plaicts in politisch-rechtlichen Geschäften. Obwohl das Plaict Bestimmungen zu weiten Bereichen des städtischen Lebens enthält, war der konkrete Anlass seiner Aufzeichnung vermutlich der heftige Konflikt zwischen dem Bischof und den Grafen von Savoyen über die Gerichtsbarkeit in Lausanne. Offenbar wurde das Dokument zunächst auch vor allem in diesem zwischenherrlichen Zusammenhang eingesetzt. Dagegen scheint die Plaicturkunde um die Wende zum 15. Jahrhundert allmählich mit vielfältigeren Gebrauchszwecken verbunden worden zu sein. Im Jahr 1394 stellte der Offizial von Lausanne nicht weniger als fünf Vidimus der Urkunde aus, was er damit begründete, dass man die Plaicturkunde an allen möglichen Orten vorzeigen (»exhibere«) müsse, sie aber ohne Vidimus nicht an mehr als einem Ort gleichzeitig präsentieren könne. Außerdem setzte man durch das ständige Herumtragen die Siegel des Originals den Gefahren nicht nur unvorsichtiger, sondern auch gewalttätiger Hände aus.[80] Erstmals für das Jahr 1420, während der erwähnten Auseinandersetzung um den Münzfuß, lässt sich nachweisen, dass Vertreter der Stadtbevölkerung ihre Position gegenüber ihrem Stadtherrn, dem Bischof, explizit mit einer im Plaict enthaltenen Bestimmung begründeten. Wie gezeigt, verwendeten die Stadtbüger damals noch einen beträchtlichen Aufwand darauf, Rechtshandlungen der Vergangenheit zu vergegenwärtigen, um den Bischof davon zu überzeugen, dass es sich bei

79 Vgl. oben, Kp. 4.3, und Teuscher, *Notiz*, diesem Aufsatz folgen die nachstehenden Erläuterungen streckenweise.

80 Vidimus Plaict Lausanne (1394) ACV C IV Nr. 364: »[…] cum locis et diversis personibus posset esse necessarius exhibere quodcum exhiberi non posset nisi uno loco […] cum etiam sit periculosum dictum originale instrumentum de locu ad locum transferre varias periculas sigillorum fractuendi […] manus temeraria vel eciam violenta ipsa quod sumpta exemplaria seu transcripta faceremus […]«.

dieser Urkunde um eine bedeutende, gerade auch für ihn verbindliche Rechtsaufzeichnung handelte.[81]

Schon in den 1430er-Jahren verfassten bischöfliche Beamte die umfangreiche Glosse zum Plaict, durch die sie die einzelnen Bestimmungen der Urkunde mit zahllosen bislang mehrheitlich nicht aufgeschriebenen Rechtsgewohnheiten verknüpften, die den Verwaltungs- und Wirtschaftsalltag der Stadt Lausanne bis in Einzelheiten regelten. Umständliche Erläuterungen der Verbindlichkeit des Plaicts sind kaum mehr aktenkundig, als dieses ab den 1460er-Jahren ständig und in den unterschiedlichsten Streitfragen zitiert wurde – bis hin zum Protestschreiben von Bürgern aus dem Jahr 1481 gegen den bischöflichen Erlass, wonach bei Abendspaziergängen Kerzen mitzuführen waren.[82] Im Lauf dieser Entwicklung mussten sich immer weiter gefasste Personenkreise förmlich den Inhalten des Plaicts verpflichten. Schon seit dem Jahr 1406 schworen die Bischöfe von Lausanne bei ihrem Amtsantritt, die Bestimmungen des Plaicts zu respektieren. Unter den kaiserlichen Privilegienbestätigungen nennt erstmals die Urkunde Sigismunds aus dem Jahr 1434 das Plaict explizit und unter Hervorhebung des hohen Alters vieler der darin enthaltenen Bestimmungen. Das Versprechen, das Plaict zu respektieren, taucht schließlich auch in den Eiden immer zahlreicherer in der Stadt tätiger Amtleute auf.[83] Ab dem Jahr 1482 wurde selbst den Bäckern nur mehr eine Gewerbebewilligung erteilt, nachdem sie geschworen hatten, nicht nur »bonum panem bene pistum« zu machen, sondern auch den »tenorem placiti generalis« zu befolgen.[84]

Bis dahin war das Plaict gewissermaßen als Grundlagendokument des Lausanner Rechts in immer weiteren bischöflichen und städtischen Mandaten zitiert worden, die dadurch selbst den Status nachgeordneter Ergänzungen und Ausführungsbestimmungen erhielten. So rückten spätere Aufzeichnungen das Plaict nach und nach in den Mittelpunkt eines expandierenden Verweissystems zwischen den Lausanner Rechtsdokumenten. Das Plaict er-

81 Urkunde Lausanne (1420) SDVD Bd. B1 S. 498f. Nr. 284. Vgl. oben, S. 225.

82 Klageschrift Lausanne (1481) SDVD Bd. B1 S. 381 Nr. 214. Vgl. die Erwähnungen in Schiedsgerichtsurkunden zum Verhältnis zwischen Bischof und Stadt: SDVD Bd. B1 S. 209, Nrn. 374f. (1465), 379 Nr. 213 (1480).

83 Urkunde Lausanne (1406) SDVD Bd. B1 S. 353 Nr. 155, vgl. wieder ebd. S. 356 Nr. 197 (1473); Kaiserprivileg Lausanne (1434) SDVD Bd. B1 S. 25 Nr. 35. Diverse Akten und Mandate zu Eiden (15. Jh.) SDVD Bd. B1 S. 462 Nr. 259 (1430 Appellationsrichter), 255 Nr. 252 (1464 Weibel), 712 Nr. 489 (1482 Appellationsrichter), 122 Nr. 109 (1482 savoyischer Appellationsrichter), 458 Nr. 256 (1483 Bailli und sein Statthalter).

84 Mandat Lausanne (1482) SDVD Bd. B1 S. 702 Nr. 489.

langte identitätsstiftende Bedeutung als Symbol der städtischen Ordnung – und wurde am Übergang zur Neuzeit selbst in Zusammenhängen angerufen, zu denen es gar keine Bestimmungen enthielt. So verwies ein Lausanner Mandat aus dem Jahr 1485 ins Leere, wenn es die Prostituierten in denjenigen Stadtteil verwies, der im Plaict für sie bestimmt wäre.[85]

Neue Formen des Gebrauchs der Plaicturkunde verbanden sich im 15. Jahrhundert mit einem Wandel der Wahrnehmung dieser Aufzeichnung, der in Anlehnung an eine Begriffsbestimmung von Jan Assmann als Kanonisierung umschrieben werden kann. Durch den Prozess der Kanonisierung erlangt eine bestimmte Aufzeichnung in immer weiteren Zusammenhängen einen hohen Status als ein verbindlicher Wortlaut, den man nicht mehr verändern durfte. Dadurch wird sie zunehmend als Fundamentalurkunde behandelt, auf die sich andere Dokumente beziehen, um selbst an deren Autorität teilhaben zu können, und rückt so letztlich in den Mittelpunkt eines kohärenten Dokumentenkorpus.[86] Assmann hat das Konzept der Kanonisierung im Hinblick auf religiöse Aufzeichnungen entwickelt, deren Gebrauch sich natürlich in mancher Hinsicht unter grundlegend anderen Vorzeichen abspielt als jener lokaler Rechtsaufzeichnungen. Doch ihrem formalen Ablauf nach weist die Entwicklung, welche die Plaicturkunde zum Mittelpunkt des Lausanner Rechtswesens machte, durchaus Analogien zur Kanonisierung religiöser Texte auf.

Dass der Status einer Rechtsaufzeichnung stark von ihrer Gebrauchsgeschichte abhing, ist mit eine Erklärung für das hier schon wiederholt konstatierte Bedürfnis, Schriftstücke als alt erscheinen zu lassen. Wer sich in einem Konflikt durchsetzen wollte, tat gut daran, Dokumente ins Feld zu führen, die aufgrund einer tatsächlichen oder suggerierten langen Geschichte ihres Gebrauchs in früheren Auseinandersetzungen gewissermaßen aufgrund ihrer Biographie weithin anerkannt wurden. Das Plaict Général von Lausanne erlangte mit der Zeit jenen verallgemeinerten Geltungsanspruch, den beispielsweise die Herren von Hallwil für »ihr« Weistum, das sie als »an ihm selbst gerecht« bezeichneten, ohne Erfolg beanspruchten. Während solche stärker umstrittenen Weistümer erst das eine oder andere Mal an lokalen Dinggerichten vorgelesen und gezeigt worden waren, hatte das Plaict von Lausanne bis zur Mitte des 15. Jahrhunderts schon mit großer Regelmäßig-

85 Mandat Lausanne (1485) MDR Bd. 35 S. 271 Nr. 1. Tatsächlich lagen aber einschlägige Bestimmungen zu dieser Frage in einer anderen, im Stadtarchiv aufbewahrten Verordnung aus dem Jahr 1398 vor: SDVD Bd. B1 S. 568 Nr. 338 (1398).

86 Assmann, *Gedächtnis*, S. 103–125.

keit als autoritative Aufzeichnung in vielfältigen Rechtshandlungen und zwischen sehr unterschiedlichen Opponenten mit Erfolg Einsatz gefunden. Zur dadurch vorangetriebenen Kanonisierung trugen gerade auch die Reproduktions-, Erschließungs- und Ordnungspraktiken der Kanzleien bei, erleichterten sie doch den häufigen Einsatz von Dokumenten entscheidend.

Zu weitreichender Verbindlichkeit verhalf einer Aufzeichnung lokaler Rechte letztlich vor allem das Maß, in dem ihr Gebrauch als Gewohnheit erschien – sei es, weil sie tatsächlich oft verwendet worden war, sei es, weil eine archaische Form dies zumindest suggerierte. Dieser Befund trägt vielleicht dazu bei zu erklären, wieso am Ausgang des Spätmittelalters die Vorstellung zu Prominenz gelangte, eine Norm könne allein deshalb gültig sein, weil sie einem bisher befolgten Handlungsmuster entsprach. Dieses Konzept der Rechtsgewohnheit trug zwar weiterhin selten wirklich zur Klärung umstrittener Regeln bei, da sich die erinnerten Handlungen der Vergangenheit meist als zu wenig regelmäßig erwiesen.[87] Dagegen stimmt die stetige Steigerung der Verbindlichkeit, die Rechtsaufzeichnungen durch ihren Gebrauch erfuhren, mit dem der Rechtsgewohnheit zugrunde liegenden Grundgedanken erstaunlich gut überein. Dies wirft die Frage auf, ob das Vertrauen, das spätmittelalterliche Kanzlisten und Amtleute in die Gewohnheit als Grundlage des Rechts setzten, nicht eher auf ihren Erfahrungen im Umgang mit schriftlichen Rechtsaufzeichnungen als mit ungeschriebenen Regeln beruhte.

Textus und Gewohnheitsrecht

Es war von nicht zu unterschätzender rechtskultureller Tragweite, dass Aufzeichnungen lokaler Rechtsgewohnheiten durch ihre Gebrauchsgeschichte einen gewissermaßen kanonischen Status erlangen konnten. Zeitgenössische Techniken der Verknüpfung und Kommentierung erlaubten es, an der so gesicherten Autorität einer einzelnen Rechtsaufzeichnung immer weitere geschriebene und ungeschriebene Rechtsregeln teilhaben zu lassen. Dadurch wurden Aufzeichnungen mit kanonischem Status zu Kernstücken der Legitimierung und Systematisierung umfassender lokaler und regionaler Rechtsordnungen. Eine in dieser Hinsicht besonders wirkungsvolle und an konzeptionellen Voraussetzungen besonders reiche Technik bestand in der Kommentierung oder Glossierung einer Aufzeichnung als »textus«.

87 Vgl. oben, Kp. 3.

Als »textus« bezeichneten mittelalterliche Gelehrte Wortlaute, denen sie einen besonderen Status zuschrieben. Ein »textus« galt als verbindlich feststehend, unveränderbar und wurde gerade deshalb für würdig befunden, in gelehrter Form durch Glossen, jeweils auf bestimmte Textabschnitte bezogene Erläuterungen, kommentiert zu werden. Bis ins Hochmittelalter lässt sich der Begriff »textus« praktisch nur im Zusammenhang mit der theologischen Auslegung des Evangeliums nachweisen. Ab dem späten 12. Jahrhundert begannen Universitätsgelehrte, das Wort und die Kommentartechnik auch auf andere Aufzeichnungen anzuwenden: auf die großen Rechtssammlungen des kanonischen und des römischen Rechts oder auf zentrale antike Schriften wie diejenigen des Aristoteles.[88] Dass auch Aufzeichnungen lokaler Rechtsgewohnheiten aus dem untersuchten Raum als »textus« umschrieben und kommentiert wurden, lässt sich erst für das 15. Jahrhundert vereinzelt belegen. Dieses Vorgehen blieb seinen aus der Theologie stammenden Prämissen insofern verhaftet, als es die Autorität, den kanonischen Status und die Unabänderlichkeit der als »textus« kategorisierten Rechtsaufzeichnung voraussetzte. Die Verbindlichkeit eines »textus« hing – anders als die einer Urkunde – nicht von einem materiellen Schriftträger ab, sondern beruhte auf einem bestimmten Wortlaut, der feststand und sich gerade deshalb beliebig vervielfältigen ließ.

Weistümer als Textus

Im Mittelpunkt der folgenden Beobachtungen stehen zwei in lateinischer Sprache verfasste Kommentare, die je eine der bereits ausführlich diskutierten Aufzeichnungen lokaler Rechtsgewohnheiten aus der westlichen Schweiz, nämlich die Plaicts Généraux für Lausanne und für Romainmôtier, als »textus« erläutern. Die neuen Formen der Kommentierung werden sich dabei als besonders wichtiger Ausdruck eines Wahrnehmungswandels erweisen, der am Ende des untersuchten Zeitraums neuen Formen der schriftlichen Gestaltung und Repräsentation von Rechts- und Herrschaftsordnungen zum Durchbruch verhalf.

Obwohl die beiden Kommentare zu den Plaicts von Lausanne und Romainmôtier derselben Methode verpflichtet sind, handelt es sich in formaler und inhaltlicher Hinsicht um recht unterschiedliche Schriften. Der Kommentar zum Plaict von Lausanne entstand in den 1430er-Jahren unter im

88 Illich, *Vineyard*, S. 115–123; Kuchenbuch, *Quellen*, S. 332–352; Kuchenbuch/Kleine, *Textus*.

Einzelnen ungeklärten Umständen. Er lehnte sich formal eng an das Vorbild zeitgenössischer gelehrter glossierter Texte an,[89] indem hier jede einzelne Bestimmung der Plaicturkunde von 1368 als »textus« wortgetreu wiedergegeben und mit einem spezifisch auf sie bezogenen Kommentar (»glossa«) versehen wurde. Der Umfang der meisten Glossen übersteigt jenen der kommentierten Bestimmungen um ein Mehrfaches. Das Werk erlangte dadurch einen beträchtlichen Umfang – im modernen Druck über hundert Seiten – und eignete sich vor allem zur Verwendung als Nachschlagewerk für herrschaftliche Amtleute und andere Spezialisten der Lausanner Rechtsgewohnheiten.

Beim wesentlich kürzeren Kommentar zum Plaict von Romainmôtier handelt es sich dagegen eher um einen Traktat. Dieser diskutiert, in welchem Maß die Abhängigen von Romainmôtier als Freie oder als Leibeigene (»servi«) zu gelten hatten, eine Frage, von der sowohl der Umfang der Abgaben der Abhängigen abhing, als auch ihr Recht, Besitz zu veräußern, zu verleihen oder zu belehnen. Den Anlass zu solchen Untersuchungen bildete zweifellos die Vorbereitung neuer Rechtsaufzeichnungen für Romainmôtier, der sogenannten »Reconaissances Générales«, während der 1490er-Jahre.[90] Diese sollte, wie bereits erwähnt,[91] die summarische Plaicturkunde von 1266 in ihrer Funktion als zentrale Aufzeichnung des lokalen Rechts ersetzen. Formal wurden die neuen Aufzeichungen allerdings als nachgeordnete Ausführungsbestimmungen zur Plaicturkunde ausgestaltet. Statt die neuen Rechtsaufzeichnungen wie einst das Plaict durch die Abhängigen weisen zu lassen, legte die Herrschaft diesen einen vorgefertigten Wortlaut zur bloßen Beeidigung vor. Wie man den Abhängigen versicherte, war dieses Vorgehen dadurch gerechtfertigt, dass sich die neuen Inhalte weitgehend aus der alten Plaict-Urkunde herleiten ließen und im Übrigen zwar dort nicht erwähnten, aber dennoch alten Gewohnheiten entsprachen.[92] Dieser Anspruch wurde durchaus ernst genommen, diente der Traktat doch genau der Herleitung neuer Regeln aus dem »textus« der alten Urkunde, der auch im Licht wei-

89 Commentaire Lausanne (15. Jh.) SDVD Bd. B1 S. 239–349 Nr. 192. Vgl. zur zeitgenössischen Glossierungspraxis: Powitz, *Textus*, bes. S. 85; Bellomo, *Past*, S. 126–148; ders., *Text*; vgl. die folgende Anm.

90 Reconaissances Romainmôtier (1497–1499) SDVD Bd. B2 S. 404 Nr. 365; Poudret, *Condition*, S. 443f.

91 Vgl. oben, Kp. 4.3.

92 Reconaissances Romainmôtier (1497–1499) SDVD Bd. B2 S. 404f. Nr. 365 »[...] ex quibus certa capitula in eodem placito generali sumpserunt originem et certa capitula fuerunt hactenus usitata et adhuc nunc utitur eisdem [...]«.

terer lokaler Gewohnheiten erläutert wurde, die noch nicht schriftlich festgehalten waren.[93]

Bei den Verfassern beider Kommentare handelte es sich um ausgewiesene, in mittleren Chargen tätige Verwaltungsspezialisten. Den Kommentar zum Plaict von Romainmôtier signierte der Notar Aymon Pollens, als Verfasser des anonym überlieferten Kommentars zum Plaict von Lausanne gelten aufgrund einer Reihe von Hinweisen Johannes May und sein gleichnamiger Sohn. Alle drei Persönlichkeiten sind in zahllosen Quellen belegt und erscheinen dort als repräsentative Beispiele für einen uns im 15. Jahrhundert immer häufiger begegnenden Typ von Verwaltungsspezialisten, deren Laufbahnen durch häufige Ortswechsel und rasche Abfolgen vielfältiger Ämter, Amtsvertretungen und Einzelaufträge im Dienst unterschiedlicher Herren der Region charakterisiert waren.[94] Vertreter dieser Gruppe verbanden ganz praktische Interessen mit Bestrebungen, ein kohärentes, in weiten Bereichen anwendbares Regelsystem zu entwickeln und ihr reiches Wissen über Rechtsgewohnheiten zu systematisieren.

Kommentartechniken

Beide hier behandelten Kommentare setzten die Autorität der kommentierten Rechtsaufzeichnung schon voraus, hoben diese aber auch in einen noch höheren Status empor. So bemühte sich der Kommentar zum Plaict Général von Lausanne weit stärker als der Wortlaut des Plaicts selbst, dieses als Ausdruck einer alten Tradition regelmäßiger mündlicher Weisungen am Placitum darzustellen.[95] Der Verfasser des Traktats zum Plaict von Romainmotier setzt dieses in einer Einleitungspassage zusätzlich mit kaiserlichen und päpstlichen Privilegienbriefen in Verbindung, aus denen er die all-

93 Einzelne Formulierungen, zu denen der Traktat so gelangte, fanden in kaum veränderter Form Eingang in die neuen Rechtsaufzeichnungen, zum Beispiel Reconaissances Romainmôtier (1497–1499) SDVD Bd. 2 B S. 408 Nr. 365 § 19: »Ex qua manumortua competit domino excheta omnium bonorum mobilium et immobilium omnium decedentium in terra Romanimonasterii ab hoc seculo sine heredibus naturalibus et legitimis, sive legitimis et inidivisis«, vgl. Commentaire Romainmôtier (1490er-Jahre) BCU F 991 S. 63: »[...] et quia ratione manus morte, sub eius conitione bona tenentur existentia in eadem terra Romanimonasterii ab eadem ecclesia procdedunt exchete bonorum decedentium sine heredibus naturalibus vel legitimis indivisis«.

94 Zu den Ämterlaufbahnen der drei vgl. Poudret, *Condition*, S. 444; Teuscher, *Notiz*, S. 274f. Vgl. Castelnuovo, *Ufficali*; ders., *Offices*.

95 Vgl. oben, Kp. 4.3.

gemeinen Herrschaftskompetenzen des Priorats herleitete.[96] Als »textus« behandeln und umschreiben beide Kommentare einzig die jeweilige Plaictaufzeichnung. Obwohl sich in beiden Kommentaren juristisches Wissen, wie es an den Universitäten gelehrt wurde, implizit durchaus niederschlug,[97] fehlen explizite Verweise auf die Sammlungen des kanonischen oder des römischen Rechts ebenso wie als solche gekennzeichnete Zitate aus den Schriften von Rechtsgelehrten. Die beiden Kommentare stellten ihre Texte nicht in einen Kontext aus anderen Texten.

Vielmehr gingen die Kommentare davon aus, dass die kommentierten Plaictaufzeichnungen die Rechtsgewohnheiten des jeweiligen Orts repräsentierten und dass sich die Aufzeichnungen ihrerseits nur vom Standpunkt weiterer lokaler Rechtsgewohnheiten aus interpretieren und ergänzen ließen. Beide Kommentare boten auch eine Definition der »consuetudo«, die aus mehrheitlich ungeschriebenen Regeln bestehe, deren Verbindlichkeit auf dem lange geübten Handeln der Bevölkerung beruhe, die dadurch dieselbe oder größere Rechtskraft erlangten als das geschriebene Recht (»lex scripta«).[98] Die Kommentare widmeten sich der Aufgabe, die in den kommentierten Texten enthaltenen Bestimmungen vor dem Hintergrund noch ungeschriebener Rechtsgewohnheiten zu erläutern und sie zugleich zum Ausgangspunkt der Herleitung und Begründung zusätzlicher Regelungen zu machen. Zu diesem Zweck befassten sie sich mit dem »textus placiti« oder auf höherer Abstraktionsebene mit der »sententia textus« und wiesen auf die eine und die andere Rechtsregel hin, die sich »per textum dicti placiti« beweisen lasse (»probatur«).[99] Dabei bedienten sich die Kommentatoren einer Reihe unterschiedlicher Operationen, die an dieser Stelle kurz geschildert werden sollen.

Einige Bestimmungen erklärten, aktualisierten und erweiterten die Kommentatoren, indem sie rekonstruierten, wie bestimmte Rechtsverhältnisse durch die Vererbung, Verleihung und Veräußerung von Herrschaftsansprü-

96 Commentaire Romainmôtier (1490er-Jahre) BCU F 991 S. 60ff.

97 Poudret, *Condition*, S. 444; ders., *Coutumes*, Bd. 1 S. 236; Masmejean, *Droit*.

98 Commentaire Romainmôtier (1490er-Jahre) BCU F 991 S. 60ff.; Commentaire Lausanne (15. Jh.) SDVD Bd. B1 S. 241 Nr. 192 (I ad 1); vgl. auch oben, Kp. 3.3.

99 Commentaire Lausanne (15. Jh.) SDVD Bd. B1 S. 317 (CXXI ad 140–143), 321 (CXXI ad 140–143), 322 (CXXII ad 145), 325 (CXXII ad 145) Nr. 192; Commentaire Romainmôtier (1490er-Jahre) BCU F 991 S. 66.

chen[100] oder durch Gerichtsurteile zustande gekommen waren.[101] Doch die Mehrheit der Kommentarpassagen berichtete nicht davon, wie Rechte verändert und gesetzt worden waren, sondern ging von der Beständigkeit oder dem hohen Alter der Rechtsordnung aus. Viele Bestimmungen wurden gewissermaßen aus dem gesunden Menschenverstand, populären Etymologien und aus – angeblichen – Truismen hergeleitet. So rechtfertigte die Glosse die Bestimmung des Plaicts von Lausanne, wonach man in die eigene Wohnung eindringende Schweine fremder Leute, im Gegensatz zu anderem Nutzvieh, auf der Stelle totschlagen dürfe, durch die schlichte Feststellung, das Schwein sei »unum turpe et dampnosum animal«. Die Vorschrift, den Münzfuß einheitlich zu halten, fand ihre Erklärung darin, dass sich »moneta«, Münze, von »monos«, eins, herleite.[102] Solche Erläuterungen mögen unbeholfen wirken, bezogen ihre Bedeutung aber vermutlich nicht zuletzt aus dem Bestreben, die diskutierten Regeln im Alltagsbewusstsein der Bevölkerung zu verankern.

Immer wieder setzten die Kommentatoren Erweiterungs- und Analogieschlüsse ein. Unmittelbar einleuchtend ist dieses Argumentationsmuster im Fall der Bußen, die das Plaict von Lausanne für das Vergehen vorschrieb, andere mit Steinen zu bewerfen. Gemäß dem Kommentar hatte dieselbe Buße auch jeder zu entrichten, der mit Steinen vergleichbare Geschosse einsetzte, namentlich Tassen, Salzstreuer, Brotmörser oder die Brote selbst, Knochen oder Teile derselben sowie Ziegel.[103] Eine komplexere Form nahm diese Operation an, wo der Kommentator aus Romainmôtier konstatierte, dass das Plaict nur das Recht der Abhängigen erwähne, vom Kloster empfangene Güter unter ihresgleichen zu verkaufen und zu verpfänden, während Angaben darüber fehlten, inwiefern diese ihre Güter auch austauschen, gegen Zins verleihen, verschenken oder mit Hypotheken belasten durften. Um diese Lücken zu beheben, diskutierte er jede der nicht geregelten Transaktionen im Hinblick darauf, ob sie für die Herrschaft mit vergleichbaren Kon-

100 Commentaire Lausanne (15. Jh.) SDVD Bd. B1 S. 245 (VI–VII ad 6–8), 271 (XLVI ad 44), 277 (LVII ad 55 und 56) Nr. 192.

101 Commentaire Lausanne (15. Jh.) SDVD Bd. B1 S. 242 (II ad 2), 252f. (XVII ad 76), 281 (LXV ad 67), 284 (LXIX ad 71), 289 (LXXIV ad 130 und 131), 300 (XCVI ad 106), 303 (CI ad 111), 332 (CXXIII ad 146) Nr. 192. Dieses Vorgehen erwähnt auch der Kommentator des Plaicts von Romainmôtier als legitime Möglichkeit zur Erweiterung des im kommentierten Text enthaltenen Regelbestands, bringt aber von dessen Anwendung keine Beispiele bei, Commentaire Romainmôtier (1490er-Jahre) BCU F 991 S. 63.

102 Commentaire Lausanne (15. Jh.) SDVD Bd. B1 S. 272 (L ad 49), 311 (CXX ad 139) Nr. 192. Vgl. Commentaire Romainmôtier (1490er-Jahre) BCU F 991 S. 67.

103 Commentaire Lausanne (15. Jh.) SDVD Bd. B1 S. 125 (XXXIV ad 32) Nr. 192.

sequenzen verbunden war wie die im Text erlaubten Verkaufs- oder Verpfändungsgeschäfte. Durch solche Erweiterungen gelang es, selbst aus den knappsten Bestimmungen der kommentierten Texte erstaunlich dichte und detailreiche Regelungen herzuleiten.

Weitaus am häufigsten kam eine Kommentierweise zum Zug, bei der eine einzelne Bestimmung des »textus« mit aus dieser nicht herleitbaren, aber angeblich den lokalen Gewohnheiten entsprechenden weiteren Regeln in Verbindung gesetzt wurde. Dabei äußern sich die Kommentatoren gelegentlich als Augenzeugen. Der Kommentator des Plaicts für Romainmôtier begründete seine Angaben über die Regeln, gemäß denen das Priorat Abgaben auf das Erbe verstorbener Priester erheben durfte, unvermittelt mit dem in der Ichform formulierten Satz »ita usum fuit et vidi uti«.[104] Ebenfalls aus eigener Anschauung beschreibt der Kommentator des Lausanner Plaicts die »consuetudines«, gemäß denen Waffenmusterungen oder die Kontrolle städtischer Mühlen bislang durchgeführt worden waren und weiterhin durchzuführen waren.[105]

Erstaunlich oft begnügten sich die Kommentatoren schließlich damit Regeln anzuführen, die sie ohne nähere Begründung als alte Gewohnheiten bezeichneten. Der Kommentator aus Romainmôtier wurde nicht müde, Handlungsweisen als regelkonform auszuweisen, indem er deren Schilderung mit Bemerkungen schloss wie »ita usus fuit semper / de antiquo« oder »sic possunt et solent fieri«. Im Lausanner Kommentar finden sich neben diesen auch weitere Kurzformeln, durch die Handlungsweisen etwa als Sitte (»mos«), »consuetudo« oder gar als »secundum consuetudinem consuetam« bezeichnet und damit neben eine im Plaict explizit formulierte Regel gestellt wurden.[106] So integrierten die Kommentatoren ein bunt zusammengewürfeltes Normenmaterial, das sie aus historischen Entwicklungen, ad hoc getroffenen Übereinkünften, von Einzelnen erhobenen Ansprüchen oder aus eingespielten Routinen von Amtleuten herleiteten. Zwar räumten die Kommentare ein, dass der Regelcharakter mancher der beschriebenen Gewohnheiten nur innerhalb bestimmter Gruppen, etwa in Lausanne unter den Weinbauern, den Bäckern oder in Romainmôtier bei den Abhängigen eines einzelnen Ministerialen des Priorats anerkannt wurden – oder sogar ganz

104 Commentaire Romainmôtier (1490er-Jahre) BCU F 991 S. 73.

105 Commentaire Lausanne (15. Jh.) SDVD Bd. B1 S. 248 (IX ad 21), 256–258 (XX ad 79), 298 (XCII ad 100, 101, 102) Nr. 192.

106 Commentaire Romainmôtier (1490er-Jahre) BCU F 991 S. 70–73 ständig. Vgl. Commentaire Lausanne (15. Jh.) SDVD Bd. B1 S. 266, 285, 294, 299f. Nr. 192.

umstritten waren.[107] Aber die Vorgehensweise dieser Form des Kommentierens selbst sorgte dafür, dass die in den Kommentaren erwähnten Regeln trotz ihrer vielfältigen Ursprünge zu einer gewissen Einheitlichkeit zusammenflossen.

Auf dem Weg zum Recht des Landes

Der Begriff »textus« scheint zwar für zeitgenössische Gelehrte nicht Gegenstand ausführlicher theoretischer Begründungen gewesen zu sein,[108] ging aber durchaus mit Vorannahmen einher, die sich als implizite Theorie der Praxis verstehen lassen. Die Kommentierung von Aufzeichnungen lokaler Rechte als »textus« lud dazu ein, deren Verhältnis zu weiteren Rechtsgewohnheiten in Analogie zum Verhältnis zwischen dem Evangelium und weiteren kanonischen religiösen Schriften neu zu deuten. Zunächst zeugt die Kommentierung als Textus von einem ganz anderen Status der kommentierten Aufzeichnung als die zur gleichen Zeit weit verbreitete Praxis, die darin bestand, Rechtsaufzeichnungen an veränderte Umstände und politische Kräfteverhältnisse anzupassen, indem man sie schlicht umschrieb. Mit der Ehrfurcht vor den als Textus behandelten Rechtsaufzeichnungen war dagegen durchaus vereinbar, dass diese im Kommentar neu gedeutet wurden. Dies konnte in der Praxis darauf hinauslaufen, dass die Kommentatoren die Autorität des Textes vor allem anriefen, um ihre eigenen Ansichten zu rechtfertigen.[109] Auffälligerweise fehlen in beiden Kommentaren Berichte über an Dinggerichtsversammlungen der neueren Zeit erfolgte Weisungen von Rechtsregeln, die in der jeweiligen Plaictaufzeichnung noch nicht festgehalten waren. Hierfür könnte die ganz triviale Tatsache verantwortlich sein, dass solche Weisungen zum Zeitpunkt der Abfassung der Kommentare schon lange nicht mehr stattgefunden hatten.[110] Doch selbst wenn die Kommentatoren Weisungen erlebt haben sollten, hätten Berichte darüber eine Grundvoraussetzung ihres Vorgehens ins Wanken gebracht, dass nämlich der »textus« eine inhaltlich feststehende Weisungstradition am jeweiligen Placitum verbindlich repräsentiere.

107 Commentaire Lausanne (15. Jh.) SDVD Bd. B1 S. 300 (XCVI ad 106), 303 (CI ad 111), 281 (LXV ad 67) Nr. 192: »sed multociens fit discordis, quia quot sunt capita tot sunt sensus et opiniones«; Commentaire Romainmôtier (1490er-Jahre) BCU F 991 S. 68f.

108 Knobloch, *Status*; Kuchenbuch, *Quellen*, S. 332–336.

109 Vgl. für die mit der Kommentierung verbundenen Umdeutungen: Teuscher, *Notiz*.

110 Vgl. oben, Kp. 4.3.

Der Status der Plaictaufzeichnungen verlieh ihren Inhalten einen Vorrang, der es erlaubte, ihnen die vielfältigen Normen, die die Kommentatoren in der Gegenwart erfragen und beobachten konnten, in gewissem Sinn unterzuordnen. Denn diese bislang ungeschriebenen Normen erscheinen in den Glossen als Präzisierungen und Ausführungsbestimmungen zu bestimmten Abschnitten des »textus«. Dagegen traten die uneinheitlichen Zusammenhänge ihrer bisherigen Behauptung, Schöpfung oder Beachtung in den Hintergrund. Unabhängig von ihrer Herkunft wurden Normen alle mit einem bestimmten Artikel des »textus« in Verbindung gesetzt und damit in dessen Ordnungs- und Geltungssystem eingegliedert. Da die Regeln, die in die Kommentare Eingang fanden, und jene, die der »textus« des jeweiligen Plaict enthielt, beide gleichermaßen auf mündlich tradierte Gewohnheiten zurückgeführt wurden, erschienen sie trotz des Vorrangs der Letzteren so weit gleichartig, dass die sich miteinander zu einem Regelkorpus verflechten ließen.

Die unterschiedlichsten ungeschriebenen Regeln mit Passagen eines »textus« in Verbindung zu setzen, zog auch ein neues Verständnis der schriftlosen Rechtskultur nach sich, die dadurch als Kontext erschien. Obwohl dieser um den Text gruppierte Kontext im vorliegenden Fall aus Berichten über heterogene Normen bestand, wurde er fast zwangsläufig so behandelt, als käme auch ihm eine Kohärenz zu, wie sie Texten eigen war. Diese Art des Kommentierens geht im Sinn einer Theorie der Praxis von der impliziten Annahme aus, dass die einzelnen lokalen Rechtsgewohnheiten Bestandteile eines einheitlichen, kohärenten Systems, eben eines lokalen Gewohnheitsrechts sein müssen. Letztlich handelte es sich dabei um Operationen des Sammelns und des Verknüpfens von Normen, wie sie auch den Kopial- und Stadtbüchern sowie den Archivordnungen zugrunde lagen, die im gleichen Zeitraum weite Verbreitung erlangten. Verglichen mit Letzteren hatte die Behandlung einzelner Aufzeichnungen als »textus« jedoch eine stärker integrative Wirkung. Wenn heterogene Normen zu bestimmten Passagen eines kommentierten »textus« in Beziehung gesetzt wurden, fanden diese nicht nur Eingang in eine thematische Ordnung, sondern konnten auch an der Autorität einer weithin als verbindlich anerkannten Aufzeichnung teilhaben. Zumindest wo die Auslegung einer Rechtsaufzeichnung als »textus« mit derselben Konsequenz wie in den Kommentaren der Plaicts von Lausanne und Romainmôtier durchgeführt wurde, eignete sie sich, Vorstellungen über ein kohärentes, immer schon existierendes regionales Gewohnheitsrecht operationalisierbar zu machen.

Besonders der Lausanner Kommentar spricht verschiedentlich in der Einzahl von einer »consuetudo Lausanne« als dem Ordnungssystem, dem die einzelnen, zum »textus« des Plaict in Beziehung gesetzten »consuetudines« angehören.[111] Damit nahm er einen Großbegriff auf, der sich vom Ende des 13. Jahrhunderts an zögerlich in der Region auszubreiten begann. Dies ist eines von mehreren Indizien dafür, dass sich am Übergang zur Neuzeit gerade im savoyischen Waadtland verstärkt Bedürfnisse anmeldeten, die unterschiedlichsten Rechtsgewohnheiten als Bestandteile kohärenter regionaler Rechtssysteme zu verstehen. Dies äußert sich schon in der etwas früher beginnenden Vereinheitlichung der Worlaute der Chartes de Franchises der Waadtländer Städte.[112] Im 15. Jahrhundert setzten sich in demselben Raum Methoden der Kundschaftserhebung durch, welche die jeweils streitigen Regeln vermehrt in ihrem Zusammenhang zu weiteren, innerhalb der Region beachteten Regeln untersuchten.[113] Die Auslegung einzelner Aufzeichnungen als »textus« erscheint in diesem Zusammenhang als besonders wirksamer Beitrag zu einem spätmittelalterlichen Prozess, der treffend als »unification coutumière« umschrieben worden ist.[114]

Auch wenn wenige schriftliche Kommentarwerke überliefert sind, die Rechtsaufzeichnungen explizit als »textus« behandeln, weist doch manches darauf hin, dass sich die damit verbundenen Auslegungsoperationen am Ausgang des Mittelalters rasch verbreiteten. Damals wurden in den unterschiedlichsten Zusammenhängen alte Rechtsaufzeichnungen, die zuvor wiederholt umgeschrieben worden waren, »wiederentdeckt«, in einer Weise abgeschrieben, die ein intensives Studium ermöglichte,[115] übersetzt und als Grundlage der Herleitung neuer Rechtsaufzeichnungen genutzt.[116] Die zugrunde liegende Vorstellung über die Existenz homogener, regionaler münd-

111 Commentaire Lausanne (15. Jh.) SDVD Bd. B1 S. 246, 248, 260, 262f., 265ff., 268, 270, 275f., 278, 280, 284 usw. Nr. 192.

112 Ciardo/Morerod, *Chartes*; dies., *Patrie*. Vgl. Poudret, *Coutumes*, Bd. 1 S. 12f., 19.

113 Vgl. oben, Kp. 2.

114 Den Begriff geprägt haben: Ciardo/Morerod, *Chartes*.

115 Zum Beispiel die rasche Ausbreitung von Abschriften der Chartes de Franchises von Payerne von 1348, die diese in nummerierte Abschnitte gliedert am Übergang zum 16. Jahrhundert: Gemeindearchiv von Payerne AC Payerne 1/8, im Lausanner Archiv ACV C II 79 und im savoyischen Hofarchiv AST Corte 12 pq. 34 (Payerne) Nr. 9, alle erwähnt in SDVD Bd. B2 S. 222 Nr. 194.

116 Zum Beispiel Übersetzungen des Hofrechts von Ferach (1480er-Jahre) StAZ C II Nr. 8b und A 97.3 Nr. 8. Zu den Einzelheiten des Übersetzens vgl. Vogel, *Leben*; Urkunde Neuchâtel (1455) SDNE S. 92–97 Nr. 35, als Neufassung von Charte de Franchise Neuchâtel (1214) SDNE S. 823–892 Nrn. 1 und 1A; vgl. Schnegg, *Propos*.

licher Gewohnheitsrechte, die über zentrale alte Texte zugänglich sind, war zukunftsweisend. In der Methodik der Auslegung von Rechtsaufzeichnungen als »textus« waren schon Vorannahmen angelegt, auf denen frühneuzeitliche Sammelwerke beruhten, in denen Juristen in obrigkeitlichem Auftrag Gewohnheitsrechte spezifischer Regionen systematisch zu erfassen und zusammenzustellen versuchten. Dazu gehören in der Westschweiz etwa die sogenannten »coutumiers«.[117] In solchen Schriften ließen sich heterogene Rechtsgewohnheiten zu Beständen vereinigen, deren Systematik und Ausführlichkeit sich am Vorbild der obrigkeitlich erlassenen Landrechte orientierte. Letztlich zielten solche Sammelschriften darauf ab, Rechtsgewohnheiten in eine Rechtsordnung einzugliedern, deren Legitimität zum Teil schon auf einem territorialen obrigkeitlichen Gesetzgebungsrecht beruhte.

Die Verbreitung neuer Vorstellungen über kohärente regionale Gewohnheitsrechte hatte vielschichtige Hintergründe. Dazu gehörte zweifellos eine vermehrte Ausrichtung der Herrschaftsausübung auf territoriale Einheiten und auf solchen zugeschriebenen Ämtern. Verstärkend wirkte wohl die zunehmende Anlehnung des Rechtsverständnisses an die Vorbilder des gelehrten Rechts und der obrigkeitlich erlassenen Statuten. Ganz unmittelbar von solchen Entwicklungen betroffen waren Notare und Verwaltungsspezialisten wie die Autoren der Kommentare zu den Plaicts von Lausanne und Romainmôtier. Sie mussten ihr eigenes Handeln als Vertreter wechselnder Dienstherren rechtfertigen. Von daher rührten auch ihre Anreize, sich mit der Systematisierung lokaler und regionaler Rechtsregeln zu befassen. Indem solche Amtleute Aufzeichnungen, die über einen hohen Status verfügten, als »textus« kommentierten, konnten sie die unterschiedlichsten Normen, die sie selbst erfahren und beobachtet hatten, in ein Ordnungssystem eingliedern und ihnen allgemeinere Verbindlichkeit zuschreiben. Dabei äußert sich wie in den Verfahren der Kundschaftserhebung des 15. Jahrhunderts vermehrt ein Verständnis, gemäß dem sich Rechtsregeln auch unabhängig von Entscheidungsprozessen gewissermaßen als immer schon gültige regionale Tatsachen etablieren lassen. Während Kundschaften immerhin noch voraussetzten, dass es zur verbindlichen Feststellung solcher Rechtstatsachen eines gerichtlichen Verfahrens bedurfte, konnte dem Anspruch nach auch dieses entfallen, wo eine Rechtsaufzeichnung als »textus« kommentiert wurde. Die Diener der Herrschaft, die sich als Kommentatoren betätigten, erhoben sich de facto selbst zu Gesetzgebern.

---

117 Für regionale Beispiele vgl. Poudret, *Coutumes*, Bd. 1 S. 152–155; von Salis, *Costumier*; de Vevey, *Rédaction*; Schnegg, *Propos*, S. 18.

6.4 Schluss

Dieses Kapitel erörterte unterschiedliche Stile des Umgangs mit Rechtsaufzeichnungen. Diese lassen sich kaum Stufen einer Entwicklung von einer »oralen« zu einer »literalen« Kultur zuweisen. Schon eher können die Stile vereinfachend entlang einem Kontinuum angeordnet werden, das sich von Ostentationsformen, die sich vor allem auf den Objektcharakter von Schriftstücken bezogen, bis zu stark auf ihren sprachlichen Inhalt und ihren Textcharakter ausgerichteten Kanzleipraktiken erstreckt. Diese Ausrichtungen gingen mit unterschiedlichen Begründungen der Verbindlichkeit von Aufzeichnungen einher, sie imitierten verschiedene Vorbilder und waren mit unterschiedlichen Vorstellungen von der Vergangenheit und der Ordnung der Gesellschaft kompatibel. Die unterschiedlichen Stile wurden zwar im Spätmittelalter zum Teil von denselben Akteuren und nach Maßgabe spezifischer Situationen nebeneinander praktiziert. Dennoch lässt sich für das 15. Jahrhundert – beispielsweise am Aufkommen neuer Kopier- und Kompilierpraktiken – ein Trend zugunsten der Ausrichtung auf Textinhalte und zwischen ihnen bestehenden Intertextualitäten erkennen.

Den unterschiedlichen Arten der Rezeption von Dokumenten entsprachen je eigene Modi der Begründung ihrer Verbindlichkeit und Relevanz. Während Akten der feierlichen Ostentation eines Dokuments bildeten dessen materielle Merkmale wichtige Ausgangspunkte von höchstspezifischen, auf eine aktuelle Auseinandersetzung abgestimmten Erzählungen über die Protagonisten und Handlungen, durch die es hergestellt und seither gebraucht worden war. Dagegen verbanden sich Praktiken des Ordnens, Kompilierens und Kommentierens in den herrschaftlichen Kanzleien mit Konstruktionsweisen von Bedeutungszusammenhängen, für die nicht einzelne Handlungen, sondern eigentliche Kontexte in der Form von Wortlauten vergleichbarer Dokumente maßgebend waren.

In manchen Aspekten lehnten sich die Gebrauchsstile an Vorbilder aus der religiösen Sphäre an. So wiesen Formen der feierlichen Ostentation von Rechtsdokumenten Parallelen zum liturgischen Umgang mit der einen Schrift, dem Evangelium, auf. Die Art, in der Dokumente durch steten Gebrauch Status erwarben, erinnert an Vorgänge der Kanonisierung religiöser Schriften. Schließlich beruhten Praktiken der Kommentierung autoritativer rechtlicher Wortlaute auf Methoden der theologischen Exegese von Korpora aus miteinander verbundenen Texten. Wie die Liturgie zielte die Ostentation von Rechtsschriftstücken auf weite Kreise von »Laien« ab, während ihre

Kommentierung, wie die dafür vorbildliche Theologie, eine Domäne von Spezialisten bildete.

Letztlich neigten die Stile unterschiedlichen, zwar gleichzeitig nebeneinander bestehenden, aber in verschiedenem Maß zukunftsweisenden Wahrnehmungen der politischen Ordnung zu. Das Vorgehen bei der materiellen Ostentation eines einzelnen Dokuments erlaubte es, dessen Bedeutung sehr gezielt wechselnden Konstellationen im komplexen Neben- und Übereinander unterschiedlicher Herrschaftsträger und Körperschaften anzupassen, das für die »feudale« Fragmentierung von Herrschaftskompetenzen kennzeichnend war. Dagegen zielten neue Kanzleipraktiken der Verknüpfung von Wortlauten darauf ab, diese in kohärente, wenn auch erst zum Teil verschriftlichte Rechtsordnungen einzuordnen, die innerhalb bestimmter Territorien einheitlich gelten sollten. Solche Sinngebungsprozesse wiesen eine besondere Affinität zu umfassenden, als proto-staatlich charakterisierbaren Herrschaftsansprüchen auf, wie sie vor allem die Vertreter territorialer Herrschaften erhoben.

Die beiden Gebrauchsstile neigten dazu, unterschiedliche Bilder der Vergangenheit zu mobilisieren. Zur materiellen Ostentation von Dokumenten gehörten Berichte über möglichst präzis umschriebene und selten sehr weit zurückliegende Einzelereignisse. Dagegen zog die Beschäftigung mit Verbindungen zwischen den Wortlauten unterschiedlicher Dokumente oft ein Interesse nach sich, Texte als Ausdruck möglichst alter Traditionen aufzufassen. Die Ausrichtung an einer über einzelne Dokumente und einzelne Rechtshandlungen hinausreichenden allgemeinen Rechtsordnung verband sich so mit einem Interesse an einem mehr als Einzelepisoden umfassenden, integrierenden Bild einer »alten Zeit«.

Formen des Umgangs mit Schrift, die sich erst am Ende des untersuchten Zeitraums stark verbreiteten, trugen entscheidend dazu bei, bis heute nachwirkende Bilder der mittelalterlichen Vergangenheit und ihrer Rechtskultur zu formen. Schon dass zeitgenössische Rechtsspezialisten die Gewohnheit als entscheidende Grundlage des alten Rechts empfanden, beruhte möglicherweise zum Teil auf ihren gegenwärtigen Erfahrungen mit Rechtsschriften. Denn gerade diese erlangten durch wiederholten Gebrauch zunehmende Bedeutung. Die vermehrte Abstrahierung von den Objekteigenschaften von Schriftstücken und die Vergegenwärtigung der Vergangenheit als vage definierte »alte Zeit« erleichterten es außerdem, aufgeschriebene Rechtsgewohnheiten als Bestandteile eines umfassenden, kohärenten regionalen Gewohnheitsrechts zu verstehen, das seit unvordenklichen Zeiten gleichbleibend durch eine volkstümlich mündliche Rechtskultur tradiert worden war. Diese Vorstellungen dienten im 15. Jahrhundert zunächst als Hilfskonstruktion zur Legitimierung von Dokumentbedeutungen, erhielten aber einen ganz anderen Stellenwert, als sie ihre praktische Bedeutung verloren hatten: Die Forschung des 19. und 20. Jahrhunderts griff solche Vorstellungen über die »alte Zeit« auf und legte sie ihrer Deutung einer zum Traditionalismus neigenden mündlichen Rechtskultur des früheren Mittelalters zugrunde – wenn nicht sogar der Deutung archaischer, schriftloser Gesellschaften überhaupt.

Darüber gerieten die Sinngebungsprozesse, die in vielen mittelalterlichen Gebrauchssituationen bei der Materialität der Dokumente angesetzt hatten, allmählich in Vergessenheit. Daran sollte auch jene methodologische Entwicklung in der Geschichtswissenschaft des 19. Jahrhunderts wenig ändern, die wieder eine verstärkte Auseinandersetzung mit den materiellen Eigenschaften der Originaldokumente forderte, die sie nunmehr als »Quellen« verstand. Diese historischen Hilfswissenschaften untersuchten äußere Merkmale von Dokumenten vornehmlich im Zusammenhang mit der Klärung von Echtheitsfragen, dem »discrimen veri ac falsi«. Letztlich machten sie es sich zur zentralen Aufgabe, Entscheidungen darüber zu fällen, welche Wortlaute Anspruch auf die Aufnahme in autoritative Quelleneditionen verdienten. Und Quelleneditionen präsentieren Dokumentinhalte ja gerade als jeder Dinglichkeit enthobene und dadurch vielfach miteinander kombinierbare Wortlaute – eben als Texte im engeren Sinn des Wortes. In vielen mittelalterlichen Praktiken hatte die Materialität hingegen weit mehr als einen Prüfstein der Echtheit dargestellt. Sie war zentraler Ausgangspunkt von Sinngebungsprozessen gewesen, welche einem Dokument in einem spezifischen momentanen Konflikt gerade auch dann zu Bedeutung verhalfen, wenn sich dieses nicht als Bestandteil einer einheitlichen, umfassenden Rechtsordnung auffassen ließ.

7 Zusammenfassung und Ausblick

Zur Untersuchung der Frage, wie sich die Verständigung über lokale Rechte im Zusammenhang mit der Rechtsverschriftlichung des Spätmittelalters veränderte, bietet sich letztlich nur ein Zugang: die Analyse der Dokumente, die dieser Prozess selbst hervorbrachte. Dieses Buch befasste sich mit Aufzeichnungen von lokalen Rechten aus dem Gebiet des heute schweizerischen Mittellands, vor allem mit Weistümern und Kundschaftsprotokollen. Die Untersuchung fragte nicht nur nach den Inhalten, die diese Dokumente als Texte wiedergeben, sondern auch nach den Ereignissen, in die sie als Objekte eingingen. Dadurch öffnete sich der Blick auf den erstaunlich dynamischen Wandel der Praktiken, durch die ungeschriebene Rechte festgestellt und ausgeübt (Kapitel 2 und 3), Rechtsordnungen verschriftlicht (Kapitel 4 und 5) und die einmal hergestellten Rechtsaufzeichnungen gebraucht wurden (Kapitel 6).

Statt die Resultate jedes Kapitels noch einmal gesondert nachzuzeichnen – was bereits in den jeweiligen Schlussabschnitten geschah –, sollen an dieser Stelle einige Hauptergebnisse zueinander in Beziehung gesetzt werden. Dabei ist zunächst ein Rückblick auf bisherige Forschungsdiskussionen angebracht. Anschließend sollen im Lauf der Untersuchung dargestellte Entwicklungen auf drei hauptsächliche Entwicklungsprozesse bezogen werden. Diese veränderten die institutionellen Rahmenbedingungen der Verständigung über Rechte, die Techniken der Verknüpfung von Rechtsordnungen und die Muster der Rechtsbegründung. Diese Prozesse gilt es anschließend zu Standpunkten der bisherigen Forschung in Beziehung zu setzen. Schließlich bietet die Erörterung einzelner Faktoren des Wandels Gelegenheit, Entwicklungsvarianten zu diskutieren und Perspektiven für weiterführende Untersuchungen zu skizzieren.

Rückblick auf Forschungsdiskussionen

Die bisherige Forschung zur Verständigung über lokale Rechte im Mittelalter orientierte sich stark an modellhaften Vorstellungen über die Unterschiede zwischen »oralen« und »literalen« Gesellschaften. Demnach wurden Rechte im früheren Mittelalter wie in anderen Gesellschaften, die wenig oder gar keine Schrift brauchen, vor allem als Rechtsgewohnheiten verstanden. Gemäß verbreiteten Meinungen handelte sich dabei um Regeln, die untrennbar mit Moralvorstellungen und hergebrachten Handlungsmustern lokaler oder regionaler Bevölkerungen verflochten waren. Solche Regeln seien als Bestandteile eines »guten alten Rechts« empfunden worden, das sich nicht willentlich vereinbaren, sondern nur feststellen oder finden ließ. Erst als Folge der Rezeption des gelehrten Rechts und des zunehmenden Schriftgebrauchs habe man das Recht als ein Ordnungssystem verstehen können, das sich bewusst gestalten, erlassen und erneuern lässt. Dieses Entwicklungsmodell geht letztlich auf die Arbeiten Jacob Grimms im 19. Jahrhundert zurück. Seine Relevanz bezieht es jedoch aus aktuellen Debatten. Denn es wird in modifizierter Form auch herangezogen, um soziale und kulturelle Unterschiede zwischen dem Westen und der sogenannten Dritten Welt zu erklären. Dadurch ist die spätmittelalterliche Rechtsverschriftlichung zum zentralen Modellfall der interdisziplinären Forschung zu Implikationen von Verschriftlichungsprozessen geworden.

Allerdings sind auch Einwände gegen herkömmliche Vorstellungen über die längerfristige Entwicklung des Rechtsverständnisses laut geworden. Rechtshistoriker haben etwa darauf hingewiesen, dass in Dokumenten des Früh- und Hochmittelalters weit seltener von einem »guten alten Recht« die Rede ist als in jenen des Spätmittelalters. Solche Befunde werfen die Frage auf, ob sich im Zusammenhang mit der Verschriftlichung nicht auch das Verständnis der Mündlichkeit und der mündlichen Traditionen veränderte. Gerade dieses Problem wurde hier in den Vordergrund gestellt. Dies setzte eine neue Untersuchungsmethodik voraus: Aufzeichnungen zuvor ungeschriebener Rechte ließen sich nicht mehr nur als Zugänge zur Untersuchung einer traditionalen schriftlosen Rechtstradierung verstehen. Stattdessen galt es zu fragen, wie sich Formen der Festlegung, Aufzeichnung und Umsetzung zuvor ungeschriebener Rechte im Lauf des Spätmittelalters veränderten. Dabei erwies es sich als fruchtbar, die Rechtsverschriftlichung zu Entwicklungen der Herrschaftsorganisation in Beziehung zu setzen.

Prozesse 1: Wandel der institutionellen Rahmenbedingungen

Zwischen dem 13. und dem 15. Jahrhundert kam es zu einem grundlegenden Wandel der Rahmenbedingungen, innerhalb derer lokale Rechte ausgeübt, verhandelt und schriftlich aufgezeichnet wurden. Der untersuchte Raum war zwar durch ein Nebeneinander sehr unterschiedlicher Herrschaftskomplexe gekennzeichnet. Diese durchliefen aber in mancher Hinsicht durchaus vergleichbare Entwicklungen. Während des 13. Jahrhunderts wurden lokale Rechtsordnungen vor allem unter ortsansässigen Notabeln, kleinen adligen und kirchlichen Herren, ihren Amtleuten und führenden Vertretern der Abhängigen ausgehandelt. Später machte sich die zunehmende Integration lokaler Herrschaften in großräumige, territoriale Herrschaftskomplexe geltend. Übergeordnete Gerichte und Kanzleien sowie Verwaltungsspezialisten, die zumindest über rudimentäre Kenntnisse des gelehrten Rechts verfügten, schalteten sich vermehrt in die lokale Konfliktaustragung ein.

Im Zusammenhang mit der Expansion und Intensivierung territorialer Herrschaft äußerten sich weithin verstärkte Bedürfnisse, lokale Rechtsordnungen bis in Einzelheiten explizit zu definieren und schriftlich festzuhalten. Diesen Prozess trieben nicht nur die größten Herrschaftskomplexe, etwa jene der Savoyer und der eidgenössischen Städte Bern und Zürich, voran. Um ihre Unabhängigkeit gegenüber den Ansprüchen der großen Territorialherren zu verteidigen, stellten auch kleinere und kleinste Herrschaften Aufzeichnungen lokaler Rechte her. Die Kanzleien kleiner kirchlicher Herren entwickelten dabei sogar besonders innovative Techniken. Der Anstoß zur Aufzeichnung von Rechten ging insgesamt nicht nur von den Zentren, sondern auch von der Peripherie der Herrschaftskomplexe aus. Denn die Ausübung lokaler Herrschaftsrechte war zunehmend durch ein vielstufiges Delegationssystem aus Amtleuten und von Fall zu Fall mit Einzelaufgaben betrauten Vertretern der Lokalbevölkerung charakterisiert, die formalrechtlich selbst zu den herrschaftlich Abhängigen gehörten. Vertreter dieser Kreise verbanden unmittelbare Interessen damit, die Herrschaftsrechte, die sie als Ressourcen nutzten, schriftlich zu dokumentieren. Solchen Herrschaftsvertretern kamen Rechtsaufzeichnungen in Konflikten mit ihresgleichen oder Vorgesetzten zugute, die sie oft weitab vom betroffenen Ort vor den Verwaltungsinstanzen und Gerichten der übergeordneten Ebenen der Herrschaftsorganisation austrugen.

Dokumente, die lokale Rechte festhielten, sollten also gar nicht primär am betroffenen Ort selbst eingesetzt werden. Ohnehin klar ist dies im Fall der Aufzeichnung von Kundschaften, die vor allem territorialherrliche Gerichte durchführten, um einzelne Rechte zu klären. Doch auch Weistümer, welche die Tradierung umfangreicher Regelbestände an örtlichen Gerichten darstellen, wurden mehrheitlich mit Blick auf einen Einsatz vor überlokalen Entscheidungsinstanzen aufgezeichnet. Insgesamt entstanden zwischen dem 13. und dem 15. Jahrhundert immer mehr Dokumente, die Regeln nicht mehr durch Vereinbarungen zwischen Notabeln, sondern durch Äußerungen von Vertretern breiter Bevölkerungskreise rechtfertigten. Diese »Legitimierung von unten« war allerdings nicht Ausdruck einer Demokratisierung der Rechtsordnung. Denn sie setzte sich im Zusammenhang mit noch zu erläuternden Vorstellungen durch, wonach sich Rechte nicht willentlich festsetzen, sondern nur wahrheitsgemäß feststellen ließen.

Spätmittelalterliche Konventionen der formalisierten schriftlichen Darstellung lokaler Rechte verschleiern vielfach die Komplexität der Auseinandersetzungen, die Anlass zur Herstellung von Rechtsaufzeichnungen gegeben haben. Die Dokumente erwähnen oft weder territoriale Herrschaftskomplexe noch deren Verwaltungsapparate, sondern beschreiben von allen überlokalen Machtzusammenhängen unberührte Mikrokosmen der lokalen Herrschaft, die scheinbar einzig auf Interaktionen zwischen einem lokalen Herrn und dem einheitlichen Verband seiner örtlichen Abhängigen beruhten. Solche Darstellungen sind weniger Abbildungen der konkreten Machtverhältnisse als rechtliche Abstraktionen. Gerade die Einfachheit der Darstellungsform erleichterte einen flexiblen Umgang mit lokalen Rechten, die tatsächlich kaum je von den eigentlichen Inhabern, sondern von ständig wechselnden Amtleuten, Sonder- und Unterdelegierten ausgeübt und zur Rechtfertigung eigener Interessen angerufen wurden.

Schon die Umstände der Herstellung und des Gebrauchs spätmittelalterlicher Aufzeichnungen lokaler Rechte verbieten es, diese als Ausfluss einer urtümlichen schriftlosen Kultur zu verstehen. Diese Dokumente entstanden in engem Zusammenhang mit dem Aufbau einer komplexen Verwaltungsorganisation. Dabei zeichnen sich schon Ansätze zur Bündelungen von Regelungskompetenzen und zur Vereinheitlichung von Rechtsordnungen ab, die für die moderne Staatlichkeit charakteristisch werden sollten.

Prozesse 2: Konstruktion kohärenter Rechtsordnungen

Die territorialen Herrschaftskomplexe, die sich im Lauf des Spätmittelalters ausbildeten, stützten sich stark auf Ämter und Amtleute ab, welche die Gesamtheit der Rechte ihrer Herrschaft innerhalb eines umgrenzten geographischen Gebiets ausübten. Diesen Ordnungsstrukturen mussten sich Formen der Wahrnehmung und der schriftlichen Darstellung lokaler Rechte allmählich anpassen. Im Lauf des Spätmittelalters äußern sich vielfältige Bestrebungen, punktuelle und oft nur einzelne Personen betreffende Regelungen zu umfassenden Rechtsordnungen zu verknüpfen, die jeweils für die Bevölkerung eines kleineren oder größeren Raums einheitlich gelten sollten.

Besonders deutlich äußern sich diese in der Ausbreitung von Weistümern während des 14. und 15. Jahrhunderts. Dokumente dieses Typs halten ganze Serien von Regeln fest, die jeweils einheitlich innerhalb eines Orts gelten sollten und angeblich an der dortigen Gerichtsversammlung regelmäßig verkündet (»gewiesen«) worden waren. Diese Darstellungsform zielte darauf ab, dem lokalen Recht eine zuvor nicht vorhandene Kohärenz zu verleihen. Aus anderen Dokumenten geht nämlich hervor, dass weniger die Verkündigung ganzer Regelbestände als die Vereinbarung einzelner, im Moment relevanter Regeln für tatsächliche Rechtsweisungen typisch war. Überdies stammten die Inhalte von Weistümern mehrheitlich gar nicht aus mündlichen Weisungen, sondern wurden in herrschaftlichen Kanzleien aus bestehenden Dokumenten kompiliert, beispielsweise aus Urkunden über Schiedsgerichtsurteile oder Vereinbarungen über die Aufgabenteilung zwischen Herrschaftsvertretern. Auch solche Vorlagen enthielten meist nur wenige, bestimmte Personen betreffende Regeln. Die Verfasser von Weistümern entkleideten die übernommenen Formulierungen aller Hinweise auf ihre ursprünglichen, spezifischen Geltungszusammenhänge, formten sie zu allgemein gültigen Rechtssätzen um und passten sie einer mündlich und bäuerlich wirkenden Ausdrucksweise an. So wurden aus heterogenen Regeln kohärente Rechtsordnungen.

Eine ähnliche Tendenz macht sich selbst in Kundschaftsverfahren geltend, obwohl diese eigentlich der Untersuchung einer einzelnen Rechtsgewohnheit dienten. Denn die befragten Zeugen mussten ab der Zeit um 1400 die jeweils umstrittene Regel vermehrt in den weiteren Zusammenhang einer zwar ungeschriebenen, aber dennoch als systemhaft imaginierten regionalen Rechtsordnung stellten. Die savoyischen Gerichte definierten in diesem Zusammenhang sogar eine neue Kategorie von Experten, die »consuetudinarii«, die sich statt mit dem gelehrten Recht mit einem zunehmend in Analogie dazu verstandenen System ungeschriebener Rechtsgewohnheiten auskannten.

Auch neue Formen des Gebrauchs der Rechtsaufzeichnungen in Verhandlungen zeugen von verstärkten Bestrebungen, Normen unterschiedlichen Ursprungs zueinander in Beziehung zu setzen. Im Spätmittelalter stellten die unterschiedlichsten Instanzen, die einander gegenseitig nur bedingt anerkannten, Rechtsaufzeichnungen aus. Dass diese für die Parteien einer aktuellen Auseinandersetzung bindend waren, musste oft eingehend begründet werden. Dabei wurde vielfach weniger bei den Textinhalten eines Dokuments als bei seiner feierlichen Ostentation als materielles Objekt angesetzt. So ließen sich Umstände der Herstellung, des bisherigen Gebrauchs und der Aufbewahrung eines Dokuments vergegenwärtigen, die sich eigneten, dessen Verbindlichkeit im jeweiligen Konfliktfall zu begründen. Ab der Zeit um 1400 breiteten sich dagegen Praktiken aus, die Dokumente weniger als Objekte zu vergangenen Ereignissen denn als Texte zu anderen Texten in Beziehung setzten. Diese wurden in neuen Archivordnungen und Kopialbänden ohne Rücksicht auf ihre Materialität miteinander verknüpft. Besonders weitreichende Möglichkeiten eröffnete die Kommentierung von Weistümern als »textus«. Dabei handelte es sich um eine ursprünglich aus der Theologie entlehnte Technik, durch die sich renommierte religiöse Schriften zu einem Kanon verbinden ließen. Nach diesem Muster gelang es, auch Rechtsgewohnheiten unterschiedlicher Herkunft in autoritativer Weise zueinander in Beziehung zu setzen und sie als Bestandteile eines kohärenten Gewohnheitsrechts auszugeben.

Prozesse 3: Durchsetzung neuer Begründungsmuster

Zum Teil in Zusammenhang mit Bestrebungen, Rechte zu kohärenten Rechtsordnungen zu verbinden, veränderten sich die Muster ihrer Begründung. Um die Verbindlichkeit einer vereinzelten Regel einsichtig zu machen, hatten vielfach noch Berichte über die spezifischen Umstände ihrer Entstehung ausgereicht. Für ganze Konglomerate aus Regeln waren solche Argumente nicht mehr gangbar. Im Lauf des untersuchten Zeitraums setzten sich in den herrschaftlichen Kanzleien vermehrt Praktiken durch, die auf der Voraussetzung beruhten, dass sich die Bestandteile von Rechtsordnungen weder vereinbaren noch verändern, sondern nur konstatieren ließen. Rechte mussten demnach gelten, weil sie »seit je« gegolten hatten.

Auch in dieser Hinsicht ist die Ausbreitung von Weistümern bezeichnend. Die frühesten mit Weistümern vergleichbaren Rechtsaufzeichnungen des 13. Jahrhunderts schilderten noch Versammlungen, an denen namentlich genannte Personen aus aktuellem Anlass Regelungen verhandelt und beschlossen hatten. Ganz andere Darstellungen sind für eigentliche Weistümer, wie sie sich ab dem 14. Jahrhundert ausbreiteten, kennzeichnend: Hier erscheinen Regeln als Inhalte mündlicher Traditionen, welche Vertreter der Bevölkerung an regelmäßig angesetzten Gerichtsversammlungen in immer gleichbleibender Weise in Erinnerung gerufen hatten. Weistümer verschleierten damit gleich in zweierlei Hinsicht, wie die in ihnen enthaltenen Regeln zustande gekommen waren. Zum einen standen Regelungen bei tatsächlichen mündlichen Weisungen nicht von vornherein fest, sondern waren oft Gegenstand heftiger Debatten. Zum andern übernahmen die Schreiber, die Weistümer kompilierten, aus ihren Vorlagen nur positive Regeln, während sie Angaben zu den Vorgängen ihrer Vereinbarung ausließen. So wurden bei der Abfassung von Weistümern »gemachte« systematisch zu nur »feststellbaren« Rechten umgedeutet.

Auch neue Techniken der Durchführung und Aufzeichnung von Kundschaften förderten die Tendenz, Regeln als unveränderlich zu verstehen. In den frühen Kundschaftsverfahren des 13. Jahrhunderts einigten sich die befragten Zeugen, bei denen es sich oft um Notabeln handelte, untereinander auf die Formulierung einer gültigen Regel, ohne diese näher begründen zu müssen. An die Stelle solcher Vorgänge der Konsensbildung traten ab der Zeit um 1300 Methoden der Wahrheitsfindung. In Anlehnung an Techniken der Zeugenbefragung über Tatbestände im römisch-kanonischen Zivilprozess wurden die Zeugen rigiden Einzelverhören unterzogen. Statt die gesuchten Regeln zu formulieren, erzählten die Zeugen, die nunmehr vermehrt aus den unteren Gesellschaftsschichten rekrutiert wurden, Beispiele alltäglicher Handlungen. So wollte man belegen, dass eine Regel im Alltag und im Bewusstsein der Bevölkerung tief verankert war.

Diese Berichte wurden mit zunehmender Liebe zum Detail schriftlich festgehalten. Denn auch die Gerichte gingen bei der Auswertung von Kundschaften zunehmend davon aus, dass sich Rechte gewissermaßen objektiv feststellen ließen. Hatten die Gerichte sich die Befragungsergebnisse zunächst noch laut vorlesen lassen, gingen sie im Lauf des 14. Jahrhunderts zu einer intensiveren Lektüre über, bei der Aussagen systematisch auf Widersprüche abgesucht wurden. In diesem Zusammenhang wurden die Zeugenaussagen nicht mehr in Rodeln, sondern wie andere Gegenstände eines intensiven Studiums in Heften und Büchern festgehalten, was ihre Ausstattung mit zunehmend elaborierten Findemitteln erlaubte. So trugen neue Techniken der Durchführung, Aufzeichnung und Auswertung von Kundschaften im Verbund dazu bei, dass Rechte statt als Verhandlungs- vermehrt als Erkenntnisgegenstände erschienen.

Je später Rechtsaufzeichnungen entstanden, desto höher wurde das Alter, das sie Rechten zuschrieben – so präsentiert sich die Entwicklung der allgemeinen Tendenz nach. Ab dem Ende des 14. Jahrhunderts setzten Schreiber, die Weistümer überarbeiteten, in den neuen Versionen archaisierende Gestaltungsmittel, etwa altertümlich anmutende Ausdruckweisen oder Beschreibungen urtümlicher Rituale, ein. Wenig später tauchten auch in Kundschaftsaufzeichnungen Zeugenaussagen vergleichbaren Inhalts auf. Einige beriefen sich auf phantastisch alte Gewährspersonen, um zu behaupten, eine Regel sei von legendären Herren eingeführt worden. Andere führten märchenhaft anmutende Beispiele dafür an, dass eine Regel seit nicht näher bestimmbaren, jedenfalls aber uralten Zeiten befolgt worden war.

In Aussagen zu weit zurückliegenden Ereignissen äußert sich eine besondere Affinität zwischen der Erinnerung an Handlungen und der Formulierung von Normen. Vergangene Ereignisse wurden in Kundschaftsverfahren in stark typisierter Weise vergegenwärtigt, erzählt und aufgeschrieben. Diese Typisierungen orientierten sich an Vorstellungen über das Charakteristische, Ordnungs- oder Rechtmäßige und verliehen Darstellungen vergangener Ereignisse letztlich einen Abstraktionsgrad, der sich demjenigen generalisierbarer Regeln annäherte. Dies trug dazu bei, dass vor allem späte Kundschaftsprotokolle ein stilisiertes Bild eines vergangenen Alltags präsentieren, in dem Recht und Tradition miteinander zu verschmelzen scheinen. Die Vergangenheit, die Rechtsaufzeichnungen heraufbeschwören, war einerseits schon den Regeln unterworfen, die in der Gegenwart galten. Sie erschien als Idealwelt, deren Bewohner Rechtsgewohnheiten dadurch »sichtbar« machten, dass sie diese ausnahmslos befolgten. Anderseits hob sich diese Vergangenheit von einer Gegenwart ab, in der man sich gerade deshalb zurückbesinnen musste, weil Unordnung und Rechtsunsicherheit herrschten, das Recht »nicht mehr gelebt« wurde, sondern explizit gemacht und aufgeschrieben werden musste. Solche Vorstellungen waren zunächst wenig mehr als Hilfskonstruktionen zur Legitimierung von Rechtsaufzeichnungen, verdichteten sich aber mit der Zeit zu einem eigentlichen administrativ-rechtlichen Geschichtsbild.

Mittelalterliche Vergangenheitsbilder in der geschichtswissenschaftlichen Deutung

Das administrativ-rechtliche Geschichtsbild des ausgehenden Mittelalters war zwar nicht so elaboriert wie Repräsentationen der Vergangenheit in zeitgenössischen Chroniken. Dennoch bildet es einen wichtigen Aspekt der spätmittelalterlichen Geschichtskultur. Dieser verdient auch deshalb stärkere Beachtung, weil er in heutigen geschichtswissenschaftlichen Forschungsdiskussionen in uneingestandener Weise weiterwirkt. Forscher des 19. Jahrhunderts fanden in den Rechtsaufzeichnungen des 15. Jahrhunderts das seither gängig gewordene Modell der Rechtsentwicklung zwischen Mittelalter und Neuzeit schon im Keim angelegt. Die dort betonten Kontraste zwischen rechtskonformer Vergangenheit und regelungsbedürftiger Gegenwart ließen sich leicht in das evolutionistische Geschichtsbild des 19. Jahrhunderts integrieren. Das vage, ferne »Einst«, das im Spätmittelalter zur Legitimierung von Normen konstruiert worden war, fasste die Forschung seit Jacob Grimm als konkrete historische Epoche des früheren Mittelalters auf. Indem dabei die Festigkeit, die aufgeschriebenen Inhalten eigen ist, auf die schriftlose Rechtstradierung zurückprojiziert wurde, entstand das Bild einer statischen Vergangenheit. Gemäß dieser Lesart war die frühere mittelalterliche Rechtskultur tatsächlich dadurch charakterisiert, dass Rechte auch ohne Schrift deshalb gleichförmig tradiert wurden, weil sie mit den Gewohnheiten und Überzeugungen der Bevölkerungen übereinstimmten.

Diese verführerische Optik ließ sich in der vorliegenden Untersuchung brechen, indem Serien aus Rechtsaufzeichnungen daraufhin untersucht wurden, wie sich die Darstellung, Wahrnehmung und Begründung lokaler Rechte veränderte. So ließen sich Entwicklungen aufdecken, die den herkömmlichen Modellen entgegenlaufen. Unabhängig davon, wie weit sich ein Verständnis lokaler Regeln als Rechtsgewohnheiten zurückverfolgen lässt – Rechtshistoriker haben ja auf das weitgehende Fehlen dieses Typus von Normen im früheren Mittelalter hingewiesen –, wurde es im Zug der Rechtsverschriftlichung keineswegs verdrängt. Vielmehr breitete es sich im Lauf des 14. und 15. Jahrhunderts weiter aus. Zugleich kristallisierten sich einige Wahrnehmungsweisen, welche die bisherige Forschung als charakteristisch für eine alte schriftlose Rechtskultur aufgefasst hat, erst gegen Ende des untersuchten Zeitraums deutlich heraus: Rechtsregeln wurden nicht seltener, sondern öfter aus mündlichen Traditionen hergeleitet, zunehmend als unveränderbar verstanden und als immer älter dargestellt.

Perspektiven

Inwiefern sich die vorgestellten Ergebnisse auf andere Regionen Europas übertragen lassen, wird letztlich im Rahmen weiterer Untersuchungen zu überprüfen sein. Hier ging es vor allem darum, Fragerichtungen, die am regionalen Beispiel entwickelt wurden und sich vielfach überhaupt nur auf dieser Ebene entwickeln lassen, in allgemeinere Forschungsdiskussionen einzubringen. In diesen Diskussionen wurde der spätmittelalterliche Wandel der Verständigung über lokale Rechte vielfach im Spannungsfeld dreier Faktoren diskutiert, nämlich der bäuerlichen Rechtskultur, der Rezeption des gelehrten Rechts und der Verschriftlichung. Verbreitete Forschungsmeinungen gehen auf der einen Seite davon aus, dass die Wahrnehmung lokaler Rechte als alte Rechtsgewohnheiten Bestandteil einer stark in der Mündlichkeit verhafteten Rechtskultur war, an der vor allem die ländliche Bevölkerung festhielt. Auf der anderen Seite soll dieses Rechtsverständnis durch die neueren Entwicklungen der Rezeption des römischen Rechts und der Verschriftlichung erodiert worden sein. Hier ist gezeigt worden, dass auch zahlreiche andere Faktoren zum Wandel der Verständigung über lokale Rechte beitrugen. Dennoch lohnt es sich zu diskutieren, wie sich die Faktoren, welche die bisherige Forschung in den Vordergrund stellte, im untersuchten Raum auswirkten. So lassen sich zum einen Varianten der Entwicklung innerhalb unterschiedlicher Herrschaftskomplexe thematisieren und zum andern weiterführende Fragen formulieren.

Inwiefern entsprach es einer bäuerlichen Rechtskultur, lokale Rechte als alte Rechtsgewohnheiten zu verstehen? Grundsätzlich wäre denkbar, dass sich die Darstellung von Rechten als Gewohnheiten deshalb je später desto häufiger nachweisen lässt, weil Vertreter der unteren Gesellschaftsschichten erst im Lauf des Spätmittelalters vermehrt in schriftlichen Dokumenten zu Wort kamen. Allerdings zeigt sich beispielsweise in Kundschaftsaufzeichnungen, dass gerade Zeugen aus bäuerlichen Kreisen gar nicht sonderlich gut damit vertraut waren, Handlungen an Regeln zu messen, die sie durch Gewohnheiten begründeten. Wichtiger war vielfach die Orientierung an ganz anderen Normen wie Maximen der Pflege persönlicher Beziehungen, dem Respekt vor willentlich eingegangenen Vereinbarungen und einzelnen Sätzen des gelehrten Rechts. Zudem boten Kompromisse und neu ausgehandelte Vereinbarungen vielfach bessere Aussichten auf eine dauerhafte Konfliktlösung als das Beharren auf Gewohnheiten. Die Begründung von Regeln durch Gewohnheiten charakterisierte weniger die alltägliche Konfliktaustragung als die formalisierte Rechtsfeststellung und -aufzeichnung durch Verwaltungsspezialisten.

Sofern es mit Bezug auf Rechtsvorstellungen überhaupt Sinn macht, eine weitgehend mündliche Volkskultur einer literaten Elitenkultur gegenüberzustellen, wäre die Orientierung am »guten alten Recht« eher für letztere kennzeichnend. Für alte Rechtsgewohnheiten interessierten sich vor allem Amtleute der großen Herrschaftskomplexe der Savoyer, der eidgenössischen Städte und der reich begüterten Klöster und Bistümer – mithin die gleichen Leute, die sich in anderen Zusammenhängen am römischen Recht oder an willentlich vereinbarten städtischen Statuten orientierten. Auf welches der nebeneinander existierenden rechtlichen Referenzsysteme zurückgegriffen wurde, richtete sich weniger nach gruppenspezifischen Mentalitäten oder Kulturen als nach situativen und institutionellen Umständen. Solche Verbindungen zwischen den äußeren Bedingungen der Verständigung über Regeln und ihrer inhaltlichen Ausformung müssten genauer ausgelotet werden. Dies setzt voraus, dass herkömmliche Vorstellungen über eine scharfe Trennung und ein zeitlich-evolutionäres Nacheinander von »altem volkstümlichem« und »neuem gelehrten Recht« in Frage gestellt werden.

Einer Revision bedarf insbesondere die verbreitete Auffassung, das gelehrte Recht habe Rechtsgewohnheiten verdrängt. Die untersuchten Herrschaftskomplexe rezipierten das römische und kanonische Recht unterschiedlich rasch. Eine Vorreiterrolle übernahmen schon vor 1300 die Kanzleien kirchlicher Herrschaften und der Adelsherrschaften des Westens, während sich die weltlichen Verwaltungen des Ostens dieser Bewegung erst mit einiger Verzögerung anschlossen. Eine ähnliche zeitliche Staffelung äußert sich bei der Darstellung lokaler Rechte als alten Rechtsgewohnheiten, die sich ebenfalls zuerst bei den kirchlichen und den westlichen weltlichen Herrschaftsträgern geltend machte. Einzelne Elemente des gelehrten Rechts formten geradezu jenes Verständnis ungeschriebener Rechte, das die ältere Forschung als besonders archaisch und volkstümlich aufgefasst hat. Hierzu gehören etwa die um 1300 aus dem römisch-kanonischen Zivilprozess übernommenen Verhörtechniken. Sie ließen Rechte als Normen erscheinen, die nicht festgelegt, sondern nur gefunden werden konnten. Und als savoyische Gerichte im 15. Jahrhundert anfingen, Rechtsgewohnheiten als Bestandteile systemhafter Gewohnheitsrechte zu untersuchen, taten sie dies in deutlichem Zusammenhang mit Versuchen, ungeschriebene Rechte in Analogie zum »jus commune« zu verstehen. Lokale Rechte als alte Rechtsgewohnheiten zu verstehen, war in mancher Hinsicht weniger der Ausgangspunkt als die Folge der Rezeption des gelehrten Rechts.

Die Forschung mochte die Aufzeichnung von Rechtsgewohnheiten bisher wohl auch darum nicht als Innovation auffassen, weil sich diese zunächst als Sackgasse der Rechtsentwicklung präsentiert. Ab dem 16. Jahrhundert begannen ja Obrigkeiten des gesamten untersuchten Raums, in eigener Regie Landrechte zu erlassen, deren Inhalte nicht mehr als alte Gewohnheiten der Bevölkerung legitimiert werden mussten. Dennoch bereiteten die Entwicklungen des Spätmittelalters dem neuzeitlichen Rechtswesen vermutlich in bislang unterschätztem Maß den Weg. Sie verhalfen jedenfalls Vorstellungen zur Akzeptanz, wonach die Bevölkerung eines Herrschaftsgebiets einer einheitlichen, nicht verhandelbaren Rechtsordnung unterstand, deren Handhabung weitgehend Sache von Rechtsspezialisten war. Es würde sich lohnen, die frühneuzeitliche Gesetzgebung nicht nur unter dem Gesichtspunkt eines Bruchs mit spätmittelalterlichen Praktiken, sondern vermehrt auch unter jenem ihrer Weiterentwicklung zu untersuchen.

Schließlich gilt es, die Auswirkungen der Verschriftlichung auf die Verständigung über lokale Rechte neu zu überdenken. Die Herrschaftskomplexe im Westen des untersuchten Raums, in denen sich der Schriftgebrauch besonders rasch ausbreitete, stellten tendenziell auch besonders früh Dokumente aus, die lokale Rechte als alte Rechtsgewohnheiten darstellten. Im Westen wie im Osten setzte diese Entwicklung weniger zu Beginn als in den fortgeschrittenen Phasen der Rechtsverschriftlichung ein. Dies widerspricht weit verbreiteten Forschungsmeinungen, wonach das »gute alte Gewohnheitsrecht« Überrest einer schriftlosen Kultur war und durch den zunehmenden Schriftgebrauch allmählich verdrängt wurde. Das herkömmliche Verlaufsmodell lässt sich allerdings auch nicht einfach umkehren. Das Verständnis lokaler Rechte veränderte sich nicht schlicht deshalb, weil diese immer häufiger schriftlich aufgezeichnet wurden.

Dagegen besteht ein direkter Zusammenhang zwischen Veränderungen des Rechtsverständnisses und der Ausbreitung spezifischer Formen der Herstellung und des Gebrauchs von Dokumenten. Nimmt man die Tatsache ernst, dass der Schriftgebrauch im untersuchten Raum zu Beginn des Spätmittelalters in kirchlichen Institutionen längst etabliert gewesen war, präsentiert sich die Verschriftlichung von Recht und Verwaltung im Spätmittelalter nicht nur als Übergang von der Mündlichkeit zur Schriftlichkeit. Vielmehr kam es zu vielfältigen Transfers von Praktiken des Schriftgebrauchs aus den

Sphären von Kirche und Religion in die weltliche Herrschaftsausübung. Zusammen mit solchen Praktiken drangen auch in diesen implizit angelegte Ordnungsvorstellungen in die Verständigung über lokale Rechte ein. Als Amtleute in der Theologie entwickelte Methoden der Verknüpfung von autoritativen Texten (»textus«) auf administrative Dokumente anzuwenden begannen, erschienen ihnen Rechtsgewohnheiten erstmals als Bestandteile eines kohärenten Gewohnheitsrechts. Es würde sich lohnen zu untersuchen, wie solche Transfers von Formen des Umgangs mit Schrift die Herrschaftsorganisation auch über den Bereich der Aufzeichnung lokaler Rechte hinaus veränderten. Denn so viel haben die hier diskutierten Entwicklungen deutlich gemacht: Praktiken des Schriftgebrauchs verfügten über ein enormes Potenzial, Bilder der Ordnung, der Vergangenheit und der Wirklichkeit zu formen – auch der Wirklichkeit einer Gesellschaft ohne Schrift.

Bibliographie

1 Quellen

1.1 Ungedruckte Quellen

BCU: Bibliothèque cantonale et universitaire, Lausanne
F 911

ACV: Archives cantonales vaudoises
A Époque épiscopale et savoyarde
Ac –Af
B Époque bernoise
Bf 11
C Parchemins et papiers
C I Empereur etc.
C II Comtes de Savoie
C IV / IVa Évêché, Évêques de Lausanne
C V / Va Chapitre
C VIIa Romainmôtier
C XVI Familles nobles
IB Parchemins et papiers de l'inventaire blanc
Bestände vor 1500

AST: Archivio di Stato di Torino
Camerale Savoia
Inv. 69, 71, 137, 139
Corte
12 Baronie de Vaud
Protocolli ducali 71, 171
80.2 Vescovadi stranieri, Lausanne

AVL: Archives de la Ville de Lausanne
C V/Va
H4
Monthéron

AVV: Archives de la Ville de Vevey
bleu H bis

StAAG: Staatsarchiv des Kantons Aargau
Urkunden
Lenzburg
Trostburg
Wettingen

StAB: Staatsarchiv des Kantons Bern
A Bücher
I 453a (Stadtbuch)
HA Herrschaftsarchive
Bestände vor 1500
UP Unnütze Papiere
Bestände vor 1500
Urkunden
F Interlaken
F Stift
F Thun
Varia
Bestände vor 1500

StA Einsiedeln: Stiftsarchiv Einsiedeln
E N

StA Engelberg: Stiftsarchiv Engelberg
D1

StAZ: Staatsarchiv des Kantons Zürich
A Akten
C Urkunden
I Stadt und Land
II Klosterämter

F Finanzarchiv
G Archiv Chorherrenstift Großmünster
RM Ratsmanuale

ZBZ: Zentralbibliothek Zürich, Handschriftenabteilung
Codices 10a und 10b

1.2 Gedruckte Quellen[1]

Berner Chronik, die, des Conrad Justinger, Gottlieb Studer (Hg.), Bern 1871.
Enquête relative aux troubles survenus à Payerne en 1420: Matthias Wirz, »*Meurent les moignes!*« *La révolte de Payerne (1420)* (BHV 19), Lausanne 1997, S. 169–307.
Fabeln und Märchen von dem Stricker, Hein Methke (Hg.), Halle (Saale) 1959.
FRB: *Fontes Rerum Bernensium*. 10 Bde., Bern 1877–1956.
MDR 1.3: *Pièces justificatives faisant suite au cartulaire de Romainmôtier*, Fréderic de Charrière (Hg.), Lausanne 1844.
MDR 1.7: *Recueil de chartes, statuts et documents concernant l'ancien évêché de Lausanne*, François Giningins-La Sarra und François Forel (Hg.), Lausanne 1846.
MDR 1.27: *Chartes communales du Pays de Vaud: dès l'an 1214 à l'an 1527*, François Forel (Hg.), Lausanne 1872.
MDR 1.34: *Histoire monétaire de Lausanne*, A. Morel-Fatio (Hg.), Lausanne 1879, S. 362–465.
MDR 1.35: *Extraits des manuaux du conseil de Lausanne (1383–1511)*, E. Chavannes (Hg.), Lausanne 1881, S. 123–241.
MDR 3.3: *Le Cartulaire du Chapitre de Lausanne*, Charles Roth (Hg.), Lausanne 1948.
Monuments de l'histoire de l'ancien évêché de Bâle, Joseph Trouillat und Louis Vautrey (Hg.), Porrentruy 1852–1867.
MGH SS 24: *Monumenta Germaniae Historica Scriptores*. Bd. 24, Georg Waitz (Hg.), Hannover 1879.
Patrologia Latina. Bd. 188, Jacques Paul Migne (Hg.), Paris 1864.
Rechtsquellen von Höngg, die, Ulrich Stutz (Hg.), Basel 1897.
RQAG Bd. 1.1: *Die Rechtsquellen des Kantons Aargau. Erster Teil: Stadtrechte. 1. Band: Das Stadtrecht von Aarau*, Walther Merz (Hg.) (SSRQ 16.1.1), Aarau 1898.
RQAG Bd. 1.2/1: *Die Rechtsquellen des Kantons Aargau. Erster Teil: Stadtrechte. 2. Band (1. Halbband): Das Stadtrecht von Baden*, Friedrich Emil Welti (Hg.) (SSRQ 16.1.2), Aarau 1899.

1 Für Quellen, die als Beispiele in Aufsätzen und Monographien ediert sind, vgl. unten, Darstellungen.

RQAG Bd. 1.2/2: *Die Rechtsquellen des Kantons Aargau. Erster Teil: Stadtrechte. 2. Band (2. Halbband): Das Stadtrecht von Brugg*, Walther Merz (Hg.) (SSRQ 16.1.2), Aarau 1899.

RQAG Bd. 2.1: *Die Rechtsquellen des Kantons Aargau. Zweiter Teil: Rechte der Landschaft. 1. Band: Aarburg und Grafschaft Lenzburg*, Walther Merz (Hg.) (SSRQ 16.2.1), Aarau 1923.

RQAG Bd. 2.2/1–2: *Die Rechtsquellen des Kantons Aargau. Zweiter Teil: Rechte der Landschaft. 2. Band (bestehend aus zwei Halbbänden): Die Oberämter Königsfelden, Biberstein und Kasteln,* Walther Merz (Hg.) (SSRQ 16.2.2), Aarau 1926.

RQAG Bd. 2.3: *Die Rechtsquellen des Kantons Aargau. Zweiter Teil: Rechte der Landschaft. 3. Band: Das Oberamt Schenkenberg*, Walther Merz (Hg.) (SSRQ 16.2.3), Aarau 1927.

RQAG Bd. 2.5: *Die Rechtsquellen des Kantons Aargau. Zweiter Teil: Rechte der Landschaft. 5. Band: Grafschaft Baden, äußere Ämter*, Walther Merz (Hg.) (SSRQ 16.2.5), Aarau 1933.

RQAG Bd. 2.8: *Die Rechtsquellen des Kantons Aargau. Zweiter Teil: Rechte der Landschaft. 8. Band: Die Freien Ämter I, Die Landvogteiverwaltung bis 1712*, Jean Jacques Siegrist (Hg.) (SSRQ 16.2.8), Aarau 1976.

RQBE Bd. 1.1+2: *Die Rechtsquellen des Kantons Bern. Erster Teil: Stadtrechte. Das Stadtrecht von Bern. 1.+2. Band: Das Stadtrecht von Bern I und II*, Friedrich Emil Welti (Hg.), 2. Auflage bearbeitet von Hermann Rennefahrt (SSRQ 2.1.1+2), Aarau 1971.

RQBE Bd. 1.3: *Die Rechtsquellen des Kantons Bern. Erster Teil: Stadtrechte. Das Stadtrecht von Bern. 3. Band: Stadt und Staat Bern bis ins 15. Jahrhundert*, Hermann Rennefahrt (Hg.) (SSRQ 2.1.3), Aarau 1945.

RQBE Bd. 1.4/1–2: *Die Rechtsquellen des Kantons Bern. Erster Teil: Stadtrechte. Das Stadtrecht von Bern 4. Band (2 Halbbände): Aufbau des Staates und zwischenstaatliche Beziehungen von 1415 bis 1798*, Hermann Rennefahrt (Hg.) (SSRQ 2.1.4), Aarau 1955–1956.

RQBE Bd. 1.5: *Die Rechtsquellen des Kantons Bern. Erster Teil: Stadtrechte. Das Stadtrecht von Bern. 5. Band: Verfassung und Verwaltung des Staates Bern*, Hermann Rennefahrt (Hg.) (SSRQ 2.1.5), Aarau 1959.

RQBE Bd. 2.1/2: *Die Rechtsquellen des Kantons Bern. Zweiter Teil: Rechte der Landschaft. 1. Band: Das Statutarrecht des Simmentals. 2. Halbband: Das Niedersimmental*, Ludwig Samuel Tscharner (Hg.) (SSRQ 2.2.1/2), Aarau 1914.

RQBE Bd. 2.4: *Die Rechtsquellen des Kantons Bern. Zweiter Teil: Rechte der Landschaft. 4. Band: Das Recht des Landgerichts Konolfingen*, Ernst Werder (Hg.) (SSRQ 2.2.4), Aarau 1950.

RQBE Bd. 2.5: *Die Rechtsquellen des Kantons Bern. Zweiter Teil: Rechte der Landschaft. 5. Band: Das Recht des Amtsbezirks Laupen*, Hermann Rennefahrt (Hg.) (SSRQ 2.2.5), Aarau 1952.

RQBE Bd. 2.6: *Die Rechtsquellen des Kantons Bern. Zweiter Teil: Rechte der Landschaft. 6. Band: Das Recht der Ämter Interlaken und Unterseen*, Margret Graf-Fuchs (Hg.) (SSRQ 2.2.6), Aarau 1957.

RQBE Bd. 2.7: *Die Rechtsquellen des Kantons Bern. Zweiter Teil: Rechte der Landschaft. 7. Band: Das Recht des Amtes Oberhasli*, Josef Brülisauer (Hg.) (SSRQ 2.2.7), Aarau 1984.

RQBE Bd. 2.11: *Die Rechtsquellen des Kantons Bern. Zweiter Teil: Rechte der Landschaft. 11. Band: Das Recht der Stadt Thun und der Ämter Thun und Oberhofen*, Anne-Marie Dubler (Hg.) (SSRQ 2.2.11), Basel 2004.

RQLU Bd. 2.2: *Die Rechtsquellen des Kantons Luzern. 2. Teil: Die Rechte der Landschaft. 2. Band: Vogtei Willisau (1407–1798)*, August Bickel (Hg.) (SSRQ 3.2.2), Aarau 1994.

RQZH Bd. 1.1–2: *Die Rechtsquellen des Kantons Zürich. Erster Teil. Bände 1 und 2: Offnungen und Hofrechte*, Robert Hoppeler (Hg.) (SSRQ 1.1.1–2), Aarau 1910.

RQZH Bd. NF 2.1: *Die Rechtsquellen des Kantons Zürich. Neue Folge. 2. Teil: Die Rechte der Landschaft. 1. Band: Das Neuamt*, Thomas Weibel (Hg.) (SSRQ 2. NF 1), Aarau 1996.

SDNE Bd. 1: *Les Sources du droit du Canton de Neuchâtel. Tome 1: Les sources directes, Dominique Favarger und Maurice de Tribolet* (Hg.) (SSRQ 21.1), Aarau 1982.

SDVD Bd. A1: *Les sources du droit du Canton de Vaud. Époque Savoyarde (XIIIe–XVe siècle). Partie A: Coutume. Volume.1: Enquêtes*, Jean-François Poudret und Jeanne Gallone-Brack (Hg.) (SSRQ 19.A1), Aarau 1972.

SDVD Bd. B1: *Les sources du droit du Canton de Vaud. Moyen Âge (Xe–XVIe siècle). Partie B: Droits seigneuriaux et franchises municipales. Volume 1: Lausanne et les terres épiscopales*, Danielle Anex-Cabanis und Jean-François Poudret (Hg.) (SSRQ 19.B1), Aarau 1977.

SDVD Bd. B2: *Les sources du droit du Canton de Vaud. Moyen Âge (Xe–XVIe siècle). Partie B: Droits seigneuriaux et franchises municipales. Volume: Baillage de Vaud et autres seigneuries vaudoises*, Danielle Anex-Cabanis und Dominique Reymmond (Hg.) (SSRQ 19.B2), Basel 2004.

Die Statutenbücher der Propstei St. Felix und Regula (Großmünster) zu Zürich, Dietrich W. H. Schwarz (Hg.), Zürich 1952.

UBS: *Solothurner Urkundenbuch*, bearbeitet von Ambros Kocher, Regierungsrat des Kantons Solothurn (Hg.), 3 Bde., Solothurn 1952–1981

UBZ: *Urkundenbuch der Stadt und Landschaft Zürich*, bearbeitet von Jakob Escher, Paul Schweizer, Paul Kläui und Wener Schnyder, Kommission der Antiquarischen Gesellschaft in Zürich (Hg.), 13 Bde., Zürich 1888–1957.

UBZG: *Urkundenbuch von Stadt und Amt Zug. Vom Eintritt in den Bund bis zum Ausgang des Mittelalters 1352–1528*, E. Gruber et al. (Hg.), Zug o. J. (1964)

Weisthümer, 7 Bde., Jacob Grimm (Hg.), Nachdruck, Darmstadt 1957 (Originalausgabe 1840–1866).

Urbare und Rödel der Stadt und Landschaft Zürich. Von den Anfängen bis 1336, Werner Schnyder (Hg.), Zürich 1963.

Urkundenregesten des Staatsarchivs des Kantons Zürich, Staatsarchiv des Kantons Zürich (Hg.), 4 Bde. Zürich 1987–1999.
Westschweizer Schiedsurkunden bis zum Jahre 1300, Emil Usteri (Hg.), Zürich 1955.
Zürcherische Rechtsquellen, in: *Zeitschrift für schweizerisches Recht* 4 (1859) S. 85–91 und 131–146.

2 Darstellungen

Achermann, Hansjakob, Josef Brülisauer und Peter Hoppe (Hg.), *Innerschweiz und frühe Eidgenossenschaft*. 2 Bde., Olten 1990.
Algazi, Gadi, Ein gelehrter Blick ins lebendige Archiv. Umgangsweisen mit der Vergangenheit im fünfzehnten Jahrhundert, in: *HZ* 166 (1998) S. 317–357.
Algazi, Gadi, *Herrengewalt und Gewalt der Herren im späten Mittelalter. Herrschaft, Gegenseitigkeit und Sprachgebrauch* (Historische Studien 17), Frankfurt a. M. 1996.
Algazi, Gadi, Lords ask, Peasants answer: Making Traditions in Late Medieval Village Assemblies, in: Gerald Sider und Gavin Smith (Hg.), *Between History and Histories: The Making of Silences and Commemorations*, Toronto 1997, S. 199–229.
Algazi, Gadi, Tradition als Gespräch der Ungleichen. Bauern und Herren in der spätmittelalterlichen Dorfversammlung, in: Stefan Esders und Thomas Scharff (Hg.), *Eid und Wahrheitssuche. Studien zu rechtlichen Befragungspraktiken in Mittelalter und Neuzeit* (Gesellschaft, Kultur und Schrift. Mediävistische Beiträge 7), Frankfurt a. M. 1999, S. 191–210.
Algazi, Gadi, »Sich selbst vergessen« im späten Mittelalter: Denkfiguren und soziale Konfigurationen, in: Otto Gerhard Oexle (Hg.), *Memoria als Kultur* (Veröffentlichungen des Max-Planck-Instituts für Geschichte 121), Göttingen 1995, S. 387–427.
Althoff, Gerd, *Spielregeln der Politik im Mittelalter. Kommunikation in Frieden und Fehde*, Darmstadt 1997.
Althoff, Gerd und Christiane Witthöft, Les services symboliques entre dignité et contrainte, in: *Annales HSS* 6 (2003) S. 1293–1318.
Amiet, Bruno, Die solothurnischen Bauernunruhen in den Jahren 1513 und 1514 und die Mailänder Feldzüge, in: *SZG* 21 (1941) S. 653–728.
Ammann, Hektor, Über das waadtländische Städtewesen im Mittelalter und über landschaftliches Städtewesen im Allgemeinen, in: *SZG* (1954) S. 1–87.
Andenmatten, Bernard, Les châtellenies. Une nouvelle structure d'encadrement, in: Agostino Paravicini Bagliani, Jean-Pierre Felber, Jean-Daniel Morerod und Véronique Pasche (Hg.), *Les pays romands au Moyen Âge*, Lausanne 1997, S. 263–266.

Andenmatten, Bernard, La Maison de Savoie et Romainmôtier. De la concurrence seigneurale à l'intégration territoriale, in: Jean-Daniel Morerod (Hg.), *Romainmôtier. Historie de l'abbaye* (BHV 120), Lausanne 2001, S. 235–242.

Andenmatten, Bernard, La noblesse vaudoise face à la Maison de Savoie, in: Agostino Paravicini Bagliani und Jean-François Poudret (Hg.), *La Maison de Savoie et le pays de Vaud* (BHV 97), Lausanne 1989, S. 35–50.

Anex-Cabanis, Danielle, Coutume, Coutumier, in: *Lexikon des Mittelalters*, München 1986, Bd. 3 Sp. 323–328.

Anex-Cabanis, Danielle, Les franchises dans le pays de Vaud savoyard, in: Agostino Paravicini Bagliani und Jean-François Poudret (Hg.), *La Maison de Savoie et le pays de Vaud* (BHV 97), Lausanne 1989, S. 71–83.

Anex-Cabanis, Danielle, Le Moyen Âge Lausannois. Politique et institutions, in: Jean-Charles Biaudet (Hg.), *Histoire de Lausanne*, Toulouse, Lausanne 1982, S. 81–118.

Anex-Cabanis, Danielle, Le Plaict Général de Lausanne et son commentaire. Bilan et perspectives, in: *RHV* 88 (1980) S. 7–22.

Anex-Cabanis, Danielle, Rapports entre l'évêque et le chapitre de Notre-Dame de Lausanne au sujet de leurs droits respectifs de jurisdiction, in: *MSHDB* 34 (1977) S. 97–105.

Appadurai, Arjun (Hg.), *The Social Life of Things. Commodities in Cultural Perspective*, Cambridge 1986.

Assmann, Jan, *Das kulturelle Gedächtnis. Schrift, Erinnerung und politische Identität in frühen Hochkulturen*, München 1992.

Assmann, Aleida und Jan Assmann, Schrift, Tradition und Kultur, in: Wolfgang Raible (Hg.), *Zwischen Festtag und Alltag. Zehn Beiträge zum Thema »Mündlicheit und Schriftlichkeit«*, Tübingen 1988, S. 25–50.

Bader, Karl Siegfried, *Das mittelalterliche Dorf als Friedens- und Rechtsbereich* (Studien zu Rechtsgeschichte des mittelalterlichen Dorfes 1), Wien 1957.

Bader, Karl Siegfried, *Dorfgenossenschaft und Dorfgemeinde* (Studien zu Rechtsgeschichte des mittelalterlichen Dorfes 2), Wien 1974.

Bader, Karl Siegfried, *Das Schiedsverfahren in Schwaben vom 12. bis zum ausgehenden 16. Jahrhundert*, Tübingen 1929.

Bader, Karl Siegfried, *Der schwäbische Untergang, Studien zum Grenzrecht und Grenzprozess im Mittelalter* (Freiburger rechtsgeschichtliche Abhandlungen 4), Freiburg i. Br. 1933.

Barbey, Frédéric, *Louis de Chalon, prince d'Orange, seigneur d'Orbe, Echallens et Grandson, 1390–1463* (MDR 2.13), Lausanne 1926.

Baud, Jean-Pierre, *Le Plaict Général de Lausanne de 1368, essai sur l'histoire du droit et des institutions de Lausanne au XIVe siècle* (BHV 10), Lausanne 1949.

Bäuml, Franz H., Verschriftlichte Mündlichkeit und vermündlichte Schriftlichkeit. Begriffsprüfungen an den Fällen Heliland und Liber Evangeliorum, in: Ursula Schäfer (Hg.), *Schriftlichkeit im frühen Mittelalter* (ScriptOralia 53), Tübingen 1993, S. 254–266.

Bäuml, Franz H., Medieval Texts and Two Theories of Oral-Formulaic Composition. A Proposal for a Third Theory, in: *New Literary History* 16 (1984) S. 31–49.

Bäuml, Franz H. und Richard Rouse, Roll and Codex. A New Manuscript Fragment of Reinmar von Zweter, in: *Beiträge zur Geschichte der deutschen Sprache und Literatur* 105 (1983) S. 192–231, 317–330.

Baum, Wilhelm, *Die Habsburger in den Vorlanden 1386–1486. Krise und Höhepunkt der habsburgischen Machtstellung in Schwaben am Ausgang des Mittelalters*, Wien 1993.

Bedell, John, Memory and Proof of Age in England 1272–1327, in: *PP* 162 (1999) S. 3–27.

Bedos-Rezak, Brigitte, Civic Liturgies and Urban Records in Northern France 1100–1400, in: Barbara Hanawalt und Kathryn L. Reyerson (Hg.), *City and Spectacle in Medieval Europe*, Notre Dame 1994, S. 34–55.

Bedos-Rezak, Brigitte, Medieval Identity. A Sign and a Concept, in: *AHR* 105 (2000) S. 1489–1533.

Bedos-Rezak, Brigitte, Ritual in the Royal Chancery. Text, Image, and the Representation of Kingship in Medieval French Diplomas (700–1200), in: Heinz Durchhardt, Richard A. Jackson und David Sturdy (Hg.), *European Monarchy: Its Evolution and Practice from Roman Antiquity to Modern Times*, Stuttgart 1992, S. 28–40.

Beer, Ellen J., Norberto Gramaccini, Charlotte Gutscher-Schmid und Rainer C. Schwinges (Hg.), *Berns große Zeit. Das 15. Jahrhundert neu entdeckt*, Bern 1999.

Bellomo, Manlio, *The Common Legal Past of Europe. Translated by Lydia G. Cochrane* (Studies in Medieval and Early Modern Canon Law 4), Washington D.C. 1995 (Italienische Originalausgabe 1988).

Bellomo, Manlio, Der Text erklärt den Text. Über die Anfänge der mittelalterlichen Jurisprudenz, in: Antonio García y García und Peter Weimar (Hg.), *Miscellanea Domenico Maffei. Dictatum Historia – Jus – Studium*, 3 Bde., Golbach 1995, Bd. 3 S. 1–13.

Bermann, Harald G., *Law and Revolution. The Formation of Western Legal Tradition*, Cambridge (Mass.) 1983.

Biaudet, Jean-Charles (Hg.), *Histoire de Lausanne, Toulouse*, Lausanne 1982.

Bickel, August, *Die Herren von Hallwil im Mittelalter. Beiträge zur schwäbisch-schweizerischen Adelsgeschichte* (Beiträge zur Aargauergeschichte), Aarau 1978.

Bierbrauer, Peter, *Freiheit und Gemeinde im Berner Oberland 1300–1700*, Bern 1991.

Bisson, Thomas, *Tormented Voices: Power, Crisis, and Humanity in Rural Catalonia. 1140–1200*, Cambridge (Mass.) 1998.

Bjork, E. L. und R. A. Bjork, *Memory* (Handbook of Perception and Cognition 10), New York 1996.

Blattmann, Marita, *Die Freiburger Stadtrechte zur Zeit der Zähringer. Rekonstruktion der verlorenen Aufzeichnungen und Urkunden des 12. und 13. Jahrhunderts* (Veröffentlichungen aus dem Archiv der Stadt Freiburg im Breisgau 27/1-2). 2 Bde., Freiburg, Würzburg 1991.

Blattmann, Marita, Über die Materialität von Rechtstexten, in: *FMST* 28 (1994) S. 333–354.

Blickle, Peter, Friede und Verfassung. Voraussetzungen und Folgen der Eidgenossenschaft von 1291, in: Hansjakob Achermann, Josef Brülisauer und Peter Hoppe (Hg.), *Innerschweiz und frühe Eidgenossenschaft. Bd. 1: Verfassung – Kirche – Kunst*, Olten 1990, S. 15–202.

Blickle, Peter, Das Gesetz der Eidgenossen. Überlegungen zur Entstehung der Schweiz 1200–1400, in: *HZ* 255 (1992) S. 561–586.

Blickle, Peter (Hg.), *Deutsche Ländliche Rechtsquellen. Probleme und Wege der Weistumsforschung*, Stuttgart 1977.

Bloch, Marc, *Die Feudalgesellschaft*, Frankfurt a. M., Wien, Berlin 1982 (frz. Originalausgabe 1939).

Bolte, Johannes und Jirí Polívka, *Anmerkungen zu den Kinder- und Hausmärchen der Brüder Grimm*, 5 Bde, Leipzig 1913–1932.

Bonfield, Lloyd, The Nature of Customary Law in the Manorial Courts of Medieval England, in: *Comparative Studies in Society and History* 31 (1989) S. 514–534.

Bonfield, Lloyd, What Did English Villagers Mean by Customary Law?, in: Zvi Razi und Richard Smith (Hg.), *Medieval Society and the Manor Court*, Oxford 1996, S. 103–116.

Bourdieu, Pierre, *Entwurf einer Theorie der Praxis auf der ethnologischen Grundlage der kabylischen Gesellschaft* (Suhrkamp Taschenbuch Wissenschaft 291), Frankfurt a. M. 1976.

Bourdieu, Pierre, La force du droit. Eléments pour une sociologie du champ juridique, in: *Actes de la recherche en sciences sociales* 64 (1986) S. 3–19.

Boureau, Alain, *Le droit de cuissage. La fabrication d'un mythe. XIIIe–XXe siècle*, Paris 1995.

Boureau, Alain, How Law came to the Monks. The Use of Law in English Society in the Beginning of the Thirteenth Century, in: *PP* 167 (2000) S. 29–74.

Boureau, Alain, *La loi du Royaume. Les moines, le droit et la construction de la nation anglaise (XIe–XIIe siècles)*, Paris 2001.

Boureau, Alain, Prout moris est et jure. Les moines et la question de la coutume (XIIe–XIIIe siècle), in: *Le Moyen Âge* 303 (2001) S. 363–402.

Bourin, Monique and Durand Robert, *Vivre au village au moyen-âge. Les solidarités paysannes du 11e au 13e siècle*, Paris 1985.

Bresslau, Harry, *Handbuch der Urkundenlehre für Deutschland und Italien*. 3. überarbeitete Auflage, Berlin 1958 (1. Auflage 1889).

Brie, Siegfried, *Die Lehre vom Gewohnheitsrecht. Eine historisch-dogmatische Untersuchung, erster Theil: Geschichtliche Grundlegung (bis zum Ausgang des Mittelalters)*, Breslau 1899.

Brun, Peter, *Schrift und politisches Handeln. Eine »zugeschriebene« Geschichte des Aargaus 1415–1425*, Zürich 2006.

Brunner, Heinrich, *Die Entstehung der Schwurgerichte*, Berlin 1872.

Brunner, Heinrich, Der Zeugen- und Inquisitionsbeweis der karolingischen Zeit, in: ders. (Hg.), *Forschungen zur Geschichte des deutschen und französischen Rechts*, Stuttgart 1894, S. 88–247.

Brunner, Otto, *Land und Herrschaft. Grundlagen der territorialen Verfassungsgeschichte Südostdeutschlands im Mittelalter*. 5. überarbeitete Auflage, Darmstadt 1984 (1. Auflage 1939).

Bühler-Reimann, Theodor, *Gewohnheit, Enquête, Kodifikation*, Zürich 1977.

Bühler-Reimann, Theodor, *Gewohnheitsrecht und Herkommen in der alten Eidgenossenschaft, in: Sprache und Recht. Beiträge zur Kulturgeschichte des Mittelalters*. FS Ruth Schmidt-Wiegand zum 60. Geburtstag, Berlin 1986, S. 87–102.

Bühler-Reimann, Theodor, *Gewohnheitsrecht und Landesherrschaft im ehemaligen Fürstbistum Basel* (Rechtshistorische Arbeiten 8), Zürich 1972.

Bühler-Reimann, Theodor, Wenn Recht ohne Schrift auskommen muss, in: Louis Carlen (Hg.), *Fragen zur Rechtsarchäologie und rechtlichen Volkskunde*, Zürich 1982, S. 79–99.

Bühler-Reimann, Theodor, Ritualisation comme moyen de maintenir vivante une coutume orale, in: *MSHDB* 40 (1983) S. 177–193.

Bumke, Joachim, *Höfische Kultur. Literatur und Gesellschaft im hohen Mittelalter*, München 1986.

Burghartz, Susanna, *Leib, Ehre und Gut. Delinquenz in Zürich Ende des 14. Jahrhunderts*, Zürich 1990.

Burmeister, Karl Heinz, Genossenschaftliche Rechtsfindung und herrschaftliche Rechtssetzung, in: Peter Blickle (Hg.), *Revolte und Revolution in Europa. Referate und Protokolle des internationalen Symposions zur Erinnerung an den Bauernkrieg von 1525* (Historische Zeitschrift. Beihefte 4), München 1975, S. 171–185.

Busse, Wilhelm G., Jacob Grimms Konstruktion des Mittelalters, in: Peter Segl (Hg.), *Mittelalter und Moderne. Entstehung und Rekonstruktion der mittelalterlichen Welt*. Kongressakten des 6. Symposiums des Mediävistenverbandes in Bayreuth 1995, Sigmaringen 1997, S. 443–451.

Caenegem, Raoul C. van, *History of European Civil Procedure* (International Encyclopedia of Comparative Law, Volume 16, Chapter 2), Tübingen 1973.

Carlen, Louis, Stab und Stabträger in der Schweiz, in: *FS Niklaus Grass zum 60. Geburtstag*, Innsbruck 1974, S. 29–52.

Castelnuovo, Guido, Regionale Fürstentümer und territoriale Organisation in den Westalpen: Savoyen (frühes 13. bis 15. Jahrhundert), in: Giorgio Chittolini und Dietmar Willoweit (Hg.), *Hochmittelalterliche Territorialstrukturen in Deutschland und Italien*, Berlin 1996, S. 61–70.

Castelnuovo, Guido, Quels offices, quels officiers? L'administration en Savoie au milieu du XVe siècle, in: *Études Savoisiennes* 2 (1993) S. 5–41.

Castelnuovo, Guido, Une société qui se transforme: les mutations de l'élite politique vaudoise à la fin du Moyen Age (Colombier et Russin 1359–1456), in: Jean-Louis

Pelet und Jean-François Poudret (Hg.), *La monnaie de sa pièce ... : hommages à Colin Martin* (BHV 105), Lausanne 1992, S. 13–26.

Castelnuovo, Guido, *Ufficali e gentiluomini. La società politica sabauda nel tardo medioevo*, Milano 1994.

Castelnuovo, Guido und Christian Guilleré, Les finances et l'administration de la Maison de Savoie au XIIIe siècle, in: Bernard Andenmatten, Agostino Paravicini Bagliani und Eva Pibiri (Hg.), *Pierre II de Savoie. ›Le petit Charlemagne‹ (+1268)* (CLHM 27 = Bibliothèque d' Etudes Savoisiennes 7), Lausanne 2000, S. 33–125.

Champoud, Philippe, Les droits seignieuraux dans le Pays de Vaud d'après les reconnaissances reçues par Jean Balay de 1403 à 1409, Lausanne 1963.

Charrière, Frédéric de, *Recherches sur le couvent de Romainmôtier et ses possessions* (MDR 1.3), Lausanne 1841.

Chartier, Roger, *Culture écrite et société. L'ordre des livres, XIVe–XVIIe siècle* (Bibliothèque Albin Michel), Paris 1996.

Chiaudano, M., *La finanza sabauda nel secolo XIII.* 3 Bde. (Biblioteca storica subalpina, Fonti e studi di Storia sabauda 131–133), Torino 1933–1938.

Chiffoleau, Jacques, »Droit«, in: Jacques Le Goff und Jean-Claude Schmitt (Hg.), *Dictionnaire raisonné de l'Occident médiéval*, Paris 1999, S. 290–308.

Christ, Dorothea A. *Zwischen Kooperation und Konkurrenz: die Grafen von Thierstein, ihre Standesgenossen und die Eidgenossenschaft im Spätmittelalter*, Zürich 1998.

Ciardo, Franco und Jean-Daniel Morerod, Les chartes de franchises du XIIIe siècle et l'histoire des libertés vaudoises, in: *RHV* 99 (1991) S. 9–41.

Ciardo, Franco und Jean-Daniel Morerod, »Patrie de Vaud«. Le nom du pays à l'époque savoyarde, in: Agostino Paravicini Bagliani und Jean-François Poudret (Hg.), *La maison de Savoie et le pays de Vaud* (BHV 97), Lausanne 1989, S. 85–104.

Clanchy, Michael T., Law and Love in the Middle Ages, in: *Disputes and Settlements: Law and Human Relations in the West* (Past and Present Publications), Cambridge 1983, S. 47–67.

Clanchy, Michael T., *From Memory to Written Record. England 1066–1307*, Oxford 1993 (1. Auflage 1979).

Clanchy, Michael, T., Remembering the Past and Good Old Law, in: *History* 55 (1970) S. 165–176.

Classen, Peter (Hg.), *Recht und Schrift im Mittelalter* (Vorträge und Forschungen 23), Sigmaringen 1977.

Cottier, Jean-Pierre, *L'abbaye royale de Romainmôtier et le droit de sa terre (du Ve au XIIIe siècle),* Lausanne (thèse) 1948.

Coutaz, Gilbert, L'inventaire de 1394 des archives de l'évêque de Lausanne. Contribution à une histoire archivistique du pays de Vaud, in: *RHV* 109 (2001) S. 89–132.

Coutaz, Gilbert und Jean-Daniel Morerod, La documentation écrite, in: Agostino Paravicini Bagliani, Jean-Pierre Felber und Véronique Pasche (Hg.), *Les pays romands au Moyen Âge*, Lausanne 1997, S. 405–418.

De Capitani, François, *Adel, Bürger und Zünfte im Bern des 15. Jahrhunderts* (Schriften der Berner Burgerbibliothek 16), Bern 1982.

De Capitani, François, Bern, Stadtgeschichte, in: *Lexikon des Mittelalters*, München 1980, Bd. 1 Sp. 1968f.

Dessì, Rosa Maria, La prophétie, l'évanglie et l'état: la prédication en Italie au XVe et au début du XVIe siècle, in: Rosa Maria Dessì und Michel Lauwers (Hg.), *La parole du prédicateur Ve–XVe siècle* (Collection du Centre d'études Médiévales de Nice 1), Nice 1997, S. 395–444.

Dievoet, Guido van, *Les coutumiers, les styles, les formulaires et les »actes notariae«* (Typologie des sources du moyen âge occidental 48), Turnhout 1986.

Dilcher, Gerhard, Historiographische Traditionen, Sachprobleme und Fragestellungen der Erforschung der mittelalterlichen Stadt, in: P. Monnet et al. (Hg.), *Stadt und Recht im Mittelalter. La ville et le droit au Moyen Age*, Göttingen 2003, S. 91–95.

Dilcher, Gerhard, Bildung, Konstanz und Wandel von Normen und Verfahren im Bereich mittelalterlicher Rechtsgewohnheit, in: Doris Ruhe und Karl-Heinz Spieß (Hg.), *Prozess der Normbildung und Normveränderung im mittelalterlichen Europa*, Stuttgart 2000, S. 187–201.

Dilcher, Gerhard, Mittelalterliche Rechtsgewohnheit als methodisch-theoretisches Problem, in: Gerhard Dilcher, Heiner Lück, Reiner Schulze, Elmar Wadle, Jürgen Weitzel und Udo Wolter (Hg.), *Gewohnheitsrecht und Rechtsgewohnheit im Mittelalter* (Schriften zur Europäischen Rechts- und Verfassungsgeschichte 6), Berlin 1992, S. 21–65.

Dilcher, Gerhard, »Hell, verständig, für die Zukunft sorgend, die Zukunft bedenkend«. Zur Stellung und Rolle der mittelalterlichen deutschen Stadtrechte in der europäischen Rechtsgeschichte, in: *ZRG GA* 106 (1989) S. 12–49.

Dubled, Henri, L'administration de la seigneurie rurale en Alsace du XIIe au XVe siècle, in: *Vierteljahresschrift für Sozial- und Wirtschaftsgeschichte* 52 (1965) S. 433–484.

Du Cange, Charles du Fresne, *Glossarium mediae et infimae latinitatis*, 10 Bde., 2. Auflage, Paris 1937–1938.

Ducrest, François, Esquisse historique sur le Vully. Les franchises de Lugnorre, in: *Annnales Fribourgoises* 1 (1913) S. 23–31.

Durrer, Robert, Die Freiherren von Ringgenberg, Vögte von Brienz, und der Ringgenberger Handel, in: *Jahrbuch für Schweizer Geschichte* 21 (1896) S. 195–392.

Ebel, Wilhelm, *Geschichte der Gesetzgebung in Deutschland*, Göttingen 1985.

Eder, Irmtraud, *Die saarländischen Weistümer – Dokumente der Territorialpolitik* (Veröffentlichungen der Kommission für saarländische Landesgeschichte 8), Saarbrücken 1978.

Egloff, Gregor, Das Urbar als Werkzeug historischer Erinnerung und Legitimation. Güterverzeichnisse des Kollegiatstifts St. Michael in Beromünster vom 14. bis ins 17. Jahrhundert, in: Thomas Meier und Roger Sablonier (Hg.), *Wirtschaft und Herrschaft. Beiträge zur ländlichen Gesellschaft in der östlichen Schweiz (1200–1800)*, Zürich 1999, S. 371–396.

Egloff, Gregor, *Herr in Münster. Herrschaft des Kollegiatsstifts St. Michael in Beromünster in der luzernischen Landvogtei Michelsamt am Ende des Mittelalters und in der frühen Neuzeit (1420–1700)*, Basel 2003.

Elsener, Ferdinand, *Notare und Stadtschreiber. Zur Geschichte des schweizerischen Notariats* (Arbeitsgemeinschaft für Forschung des Landes Nordrhein-Westfalen 100), Köln, Opladen 1962.

Elsener, Ferdinand, Die boni viri (Probi homines) nach Südtiroler, Bündner und sonstigen schweizerischen Quellen vom Mittelalter bis ins 18. Jh., in: *Jahresbericht 1979 der historisch-antiquarischen Gesellschaft Graubündens* (1980) S. 53–84.

Esders, Stefan und Thomas Scharff (Hg.), *Eid und Wahrheitssuche. Studien zu rechtlichen Befragungspraktiken in Mittelalter und früher Neuzeit* (Gesellschaft, Kultur und Schrift. Mediävistische Beiträge 7), Frankfurt a.M. 1999.

Eugster, Erwin, Adel, Adelsherrschaften und landesherrlicher Staat, in: Niklaus Flüeler und Marianne Flüeler-Grauwiler (Hg.), *Geschichte des Kantons Zürich. Bd. 1: Frühzeit bis Spätmittelalter*, Zürich 1996, S. 172–208.

Eugster, Erwin, Die Entwicklung zum kommunalen Territorialstaat, in: Niklaus Flüeler und Marianne Flüeler-Grauwiler (Hg.), *Geschichte des Kantons Zürich. Bd. 1: Frühzeit bis Spätmittelalter*, Zürich 1996, S. 209–240.

Eugster, Erwin, Die Herren von Toggenburg, in: Thomas Meier und Roger Sablonier (Hg.), *Wirtschaft und Herrschaft. Beiträge zur ländlichen Gesellschaft in der östlichen Schweiz (1200–1800)*, Zürich 1999, S. 311–335.

Ewald, Wilhelm, *Siegelkunde*, Nachdruck, München 1969 (Originalausgabe 1914).

Flüeler, Niklaus und Marianne Flüeler-Grauwiler, *Geschichte des Kantons Zürich, Bd. 1: Frühzeit bis Spätmittelalter*, Zürich 1996.

Fossier, Robert, *Polyptyques et censiers* (Typologie des sources du moyen âge occidental 28), Turnhout 1978.

Frei, Beat, *Beiträge zur Geschichte des Adels im Berner Oberland (12./13. Jahrhundert)*, Lizentiatsarbeit phil. I, Universität Zürich 1988 (unpubliziert).

Fried, Johannes, *Der Schleier der Erinnerung. Grundzüge einer historischen Memorik*, München 2004.

Gallone, Paolo, *Organisation judicaire et procédure devant les cours laïques du pays de Vaud à l'époque savoyarde (XIIIe–XIVe siècle)* (BHV 45), Lausanne 1972.

Ganz, Werner, *Beiträge zur Wirtschaftsgeschichte des Großmünsterstiftes in Zürich*, Zürich 1925.

Geary, Patrick J., *Phantoms of Remembrance. Memory and Oblivion at the End of the First Millenium*, Princeton 1994.

Gelting, Michael, Les bases patrimoniales du pouvoir comtal en Maurienne: essai rétrospéctif, in: Bernard Andenmatten, Agostino Paravicini Bagliani und Eva Pibiri (Hg.), *Pierre II de Savoie. ›Le petit Charlemagne‹(+1268)* (CLHM 27 = Bibliothèque d'Etudes Savoisiennes 7), Lausanne 2000, S. 127–150.

Gelting, Michael H., Les hommes, le pouvoir et les archives: autour des reconaissances du mas Diderens à Hermillon (1356–1529), in: *Etudes Savoisiennes* 3 (1994) S. 5–45.

Genicot, Léopold, *Rural Communities in the Medieval West* (Johns Hopkins Symposia in Comparative History), Baltimore 1990.

Gilissen, John, *La coutume* (Typologie des sources du moyen-âge occidental 41), Turnhout 1982.

Gilissen, John, La coutume dans les pays »de par deça«, in: *La Cotume* (Recueils de la Société Jean Bodin 52), Brüssel 1990, S. 295–309.

Gilomen, Hans-Jörg, *Die Grundherrschaft des Basler Cluniazenser-Priorates St. Alban im Mittelalter. Ein Beitrag zur Wirtschaftsgeschichte am Oberrhein* (Quellen und Forschungen zur Basler Geschichte 9), Basel 1977.

Gilomen, Hans-Jörg, *Die Rotamanualien des Basler Konzils. Verzeichnis der in den Handschriften der Basler Universitätsbibliothek behandelten Rechtsfälle*, Tübingen 1998.

Gilomen, Hans-Jörg, Sozial- und Wirtschaftsgeschichte der Schweiz im Spätmittelalter, in: *SZG* 41 (1991) S. 336–389.

Gilomen, Hans-Jörg, Innere Verhältnisse der Stadt Zürich 1300–1500, in: Niklaus Flüeler und Marianne Flüeler-Grauwiler (Hg.), *Geschichte des Kantons Zürich. Bd. 1: Frühzeit bis Spätmittelalter*, Zürich 1996, S. 336–389.

Ginzburg, Carlo, *Il formaggio e i vermi. Il cosmo di un mugnaio del '500*, Turin 1976.

Ginzburg, Carlo, The Inquisitor as Anthropologist, in: Ginzburg, Carlo (Hg.), *Clues, Myths, and the Historical Method*, Baltimore 1986, S. 156–164.

Gisler, Monika, Mündlichkeit und Schrifthandeln. Eine Untersuchung aargauischer Offnungen des Spätmittelalters, in: *SZG* 51 (2001) S. 261–278.

Given, James, *Inquisition and Medieval Society. Power, Discipline and Resistance in Languedoc*, Ithaca 1997.

Glaenzer, Antoine, Le plaid de Saint-Pierre: présence du prieuré de Vautravers dans le Val-de-Ruz, XIVe–XVIe siècles, in: *Zeitschrift für schweizerische Kirchengeschichte* 95 (2001) S. 37–48.

Glénisson, Jean, Les enquêtes administratives en Europe occidentale aux XIIIe et XIVe siècles, in: Werner Paravicini und Karl Ferdinand Werner (Hg.), *Histoire comparée de l'administration (IVe–XVIIe siècle)* (Beihefte der Francia 9), München 1980, S. 17–25.

Gmür, Rudolf, Zwei kanonische Zivilprozesse aus der Gegend des Thunersees, in: *Archiv des Historischen Vereins des Kantons Bern* 44 (1958) S. 289–316.

Goetsch, Paul, Der Übergang von Mündlichkeit zu Schriftlichkeit. Die kulturkritischen und ideologischen Implikationen der Theorien von McLuhan, Goody und Ong, in: Wolfgang Raible (Hg.), *Symbolische Formen – Medien – Identität* (ScriptOralia 37), Tübingen 1991, S. 113–129.

Goetz, Hans-Werner, Herrschaft und Recht in der frühmittelalterlichen Grundherrschaft, in: *Historisches Jahrbuch* 104 (1984) S. 392–410.

Goody, Esther, *Questions and Politeness. Strategies in Social Interaction* (Cambridge Papers in Social Anthropology 8), Cambridge 1978.

Goody, Jack, *The Interface between the Written and the Oral* (Studies in Literacy, Family, Culture and the State), Cambridge 1987.

Goody, Jack, *The Logic of Writing and the Organization of Society* (Studies in Literacy, Family, Culture and the State), Cambridge 1986.

Goody, Jack, *The Power of the Written Tradition*, Washington, London 2003.

Goody, Jack und Ian Watt, The Consequences of Literacy, in: *Comparative Studies in Society and History* 5 (1963) S. 304–345.

Graf-Fuchs, Margret, Einleitung, in: dies. (Hg.), *Das Recht der Ämter Interlaken und Unterseen* (Rechtsquellen des Kantons Bern 2.6), Aarau 1957, S. XXV–XLI.

Grava, Yves, La Mémoire, une base de l'organisation politique des communautés provencales au XIVe siècle, in: *Temps, mémoire, tradition au Moyen Âge*, Aix-en-Provence, Marseille 1983, S. 67–94.

Green, Dennis H., *Medieval Listening und Reading. The Primary Reception of German Literature 800–1300*, Cambridge 1994.

Grimm, Jacob, *Von der Poesie im Recht* (Libelli 36), Nachdruck, Darmstadt 1957 (Originalausgabe 1816).

Grimm, Jacob, *Deutsche Rechtsalterthümer*. 2 Bde., 4. vermehrte Auflage besorgt durch Andreas Heusler, Leipzig 1899.

Grimm, Jacob (Hg.), *Weisthümer*. 7 Bde., Nachdruck, Darmstadt 1957 (Originalausgabe 1840–1866).

Grimm, Jacob und Wilhelm Grimm. *Deutsches Wörterbuch*. 33 Bde., Nachdruck, München 1984 (Originalausgabe 1854–1971).

Grinberg, Martine, Dons, prélèvements, échanges. A propos de quelques redevances seigneuriales, in: *Annales ESC* (1988) S. 1413–1432.

Grinberg, Martine, La rédaction des coutumes et les droits seigneuriaux. Nommer, classer, exclure, in: *Annales HSS* 52 (1997) S. 1017ff.

Groebner, Valentin, *Gefährliche Geschenke. Ritual, Politik und die Sprache der Korruption in der Eidgenossenschaft im späten Mittelalter und am Beginn der Neuzeit* (Konflikte und Kultur – historische Perspektiven 3), Konstanz 2000.

Grundmann, Herbert, Ketzerverhöre des Spätmittelalters als quellenkritisches Problem, in: *DA* 21 (1965) S. 519–575.

Gumbert, Johan Peter, Zur »Typographie« der geschriebenen Seite, in: Hagen Keller, Klaus Grubmüller und Nikolaus Staubach (Hg.), *Pragmatische Schriftlichkeit im Mittelalter. Erscheinungsformen und Entwicklungsstufen* (Akten des internationalen Kolloquiums, 17.–19. Mai 1989) (Münstersche Mittelalter-Schriften), München 1992, S. 158–174.

Guyotjeannin, Olivier, Laurent Morelle und Michel Parisse (Hg.), *Les cartulaires. Actes de la table ronde organisée par l'École Nationale des Chartes et le G.D.R. 121 du C.N.R.S.* (Paris, 5–7 décembre 1991) (Mémoires et documents de l'École des Chartes 39), Paris 1993.

Handwörterbuch zur deutschen Rechtsgeschichte, 5 Bde., Berlin 1964–1995.

Head, Randolph C., Haushalt und Familie in Landschaft und Stadt Zürich, nach Steuerbüchern des 15. Jahrhunderts, in: *Zeitschrift für Agrargeschichte und Agrarsoziologie* 40 (1992) S. 113–132.

Head, Randolph C., Knowing Like a State: The Transformation of Political Knowledge in Swiss Archives 1450–1770, in: *Journal of Modern History* 75 (2003/2004) S. 745–782.

Helfenstein, Ulrich, St. Peter in Embrach, in: Guy P. Marchal et al. (Hg.), *Weltliche Kollegiatsstifte der deutsch- und französischsprachigen Schweiz* (Helvetia Sacra 2.2), Bern 1977, S. 246–258.

Herrman, Léon (Hg.), *Horace. Art poétique. Édition et traduction* (Collection Latomus 7), Brüssel 1951.

Hesse, Christian, Expansion und Ausbau. Das Territorium Berns und seine Verwaltung im 15. Jahrhundert, in: Ellen J. Beer, Norberto Gramaccini, Charlotte Gutscher-Schmid und Rainer C. Schwinges (Hg.), *Berns große Zeit. Das 15. Jahrhundert neu entdeckt*, Bern 1999, S. 330–347.

Hildbrand, Thomas, Herrschaft, *Schrift und Gedächtnis. Das Kloster Allerheiligen und sein Umgang mit Wissen in Wirtschaft, Recht und Archiv (11.–16. Jahrhundert)*, Zürich 1996.

Hildbrand, Thomas, Quellenkritik in der Zeitdimension – Vom Umgang mit Schriftgut. Anmerkungen zur theoretischen Grundlegung einer Analyse von prozesshaft bedeutungsvollem Schriftgut mit zwei Beispielen aus der mittelalterlichen Ostschweiz, in: *FMST* 29 (1995) S. 349–392.

Hildebrandt, Walter, *Bülach. Geschichte einer kleinen Stadt in Zeitbildern, Grundzügen und Urkunden*, Winterthur 1967.

Historisch Bibliographisches Lexikon der Schweiz. Hg. mit der Empfehlung der Allgemeinen Geschichtsforschenden Gesellschaft der Schweiz unter der Leitung von Heinrich Türler et al. Deutsche Ausgabe. 7 Bde., Neuenburg 1921–1934.

Hohkamp, Michaela, *Herrschaft in der Herrschaft: Die vorderösterreichische Obervogtei Triberg 1734–1780*, Göttingen 1998.

Holenstein, André, *Die Huldigung der Untertanen. Rechtskultur und Herrschaftsordnung (800–1800)* (Quellen und Forschungen zur Agrargeschichte 36), Stuttgart 1990.

Homberger, Otto, Das goldene Siegel Friedrichs II. an der Berner Handfeste, in: *Berner Zeitschrift für Geschichte und Heimatkunde* (1941) S. 220.

Hottinger, Johann Jakob, Siebzehn Beschwerdeschriften dem Herzog Friedrich von Oesterreich im Jahr 1411 aus seinen Herrschaften in den Vorderen Landen eingereicht, in: *Archiv für schweizerische Geschichte* 6 (1849) S. 123–157.

Huber, Eugen, *System und Geschichte des schweizerischen Privatrechts*. 4 Bde., Basel 1886–1893.

Hürlimann, Katja, *Soziale Beziehungen im Dorf. Aspekte dörflicher Soziabilität in den Landvogteien Greifensee und Kyburg um 1500*, Zürich 2000.

Hyams, Paul R., What did Edwardian Villagers Mean by Law, in: Zvi Razi und Richard Smith (Hg.), *Medieval Society and the Manor Court*, Oxford 1996, S. 69–102.

Illich, Ivan, *In the Vineyard of the Text. A Commentary to Hugh's Didascalion*, Chicago, London 1993.

Isenmann, Eberhard, Gesetzgebung und Gesetzgebungsrecht spätmittelalterlicher deutscher Städte, in: *ZHF* 28 (2001) S. 1–95, 161–261.

Isenmann, Eberhard, Ratsliteratur und städtische Ratsordnung des späten Mittelalters und der frühen Neuzeit. Soziologie des Rats – Amt und Willensbildung – politische Kultur, in: Pierre Monnet und Otto Gerhard Oexle (Hg.), *Stadt und Recht im Mittelalter. La ville et le droit au Moyen Âge* (Veröffentlichungen des Max-Planck-Instituts für Geschichte 174), Göttingen 2003, S. 214–479.

Isenmann, Eberhard, *Die deutsche Stadt im Spätmittelalter. 1250–1500. Stadtgestalt, Recht, Stadtregiment, Kirche, Gesellschaft, Wirtschaft*, Stuttgart 1988.

Johanek, Peter, Höfe und Residenzen, Herrschaft und Repräsentation, in: Conrad Eckart Lutz (Hg.), *Mittelalterliche Literatur im Lebenszusammenhang* (Scrinium Friburgense 8), Freiburg (Schweiz) 1997, S. 45–78.

Johanek, Peter, Methodisches zur Verbreitung und Bekanntmachung von Gesetzen im Spätmittelalter, in: Werner Paravicini und Karl-Heinz Werner (Hg.), *Historie comparée de l'administration* (Beihefte der Francia 9), München 1980, S. 88–101.

Jungmann, Josef Andreas, *Missarum Sollemnia. Eine genetische Erklärung der römischen Messe*. 2 Bde., Wien 1949.

Junod, Marie-Claude, *L'enquête contre Aymon de Grandson, évêque de Genève* (Mémoires et documents publiés par la Société d'histoire et d'archéologie de Genève), Genève 1979.

Keller, Hagen, Vom heiligen Buch zur Buchführung. Lebensfunktionen der Schrift im Mittelalter, in: *FMST* 26 (1992) S. 1–31.

Keller, Hagen, Ottonische Herrschersiegel, in: Konrad Krimm und Herwig John (Hg.), *Bild und Geschichte. Studien zur politischen Ikonographie*. FS Hansmartin Schwarzmaier, Sigmaringen 1997, S. 3–51.

Keller, Hagen, L'oral et l'écrit, in: Jean-Claude Schmitt und Otto Gerhard Oexle (Hg.), *Les tendances actuelles de l'histoire du Moyen Âge en France et en Allemagne. Actes des colloques de Sèvres 1997 et Göttingen organisés par le Centre national de la recherche scientifique et le Max-Planck-Institut für Geschichte*, Paris 2002, S. 127–142.

Keller, Hagen, Vorschrift, Mitschrift, Nachschrift: Instrumente des Willens zu vernunftgemäßem Handeln und guter Regierung in den italienischen Kommunen des Duecento, in: Hagen Keller, Christel Meier und Thomas Scharff (Hg.), *Schriftlichkeit und Lebenspraxis. Erfassen, Bewahren, Verändern* (Münstersche Mittelalter-Schriften 76), München 1999, S. 25–41.

Keller, Hagen und Christel Meier (Hg.), *Der Codex im Gebrauch*. Akten des Internationalen Kolloquiums 11.–13. Juni 1992 (Münstersche Mittelalter-Schriften 70), München 1996.

Kelley, Donald E., Mythistory in the Age of Ranke, in: Georg G. Iggers und James M. Powell (Hg.), *Leopold von Ranke and the Shaping of the Historical Discipline*, Syracuse 1990, S. 3–20, 181–185.

Kern, Fritz, *Kingship and Law in the Middle Ages. Translated with an Introduction by S. B. Chrimes*, Oxford 1939 (mit Neuauflagen Oxford 1948, Westport 1985).

Kern, Fritz, *Recht und Verfassung im Mittelalter* (Libelli 111), Nachdruck, Darmstadt 1972 (Originalausgabe HZ 120 (1919) S. 1–79).

Kern, Léon, Notes sur un compromis et de sentances arbitrales concernant le prieuré et la ville de Payerne (1421), in: *Études d'histoire ecclésiastique et de diplomatique* (MDR 3.9), Lausanne 1973, S. 123–147.

Kintziniger, Martin, Stadtbücher, in: *Lexikon des Mittelalters*, München 1997, Bd. 8 Sp. 12–13.

Kittler, Friedrich A., *Aufschreibsysteme 1800/1900*, München 1985.

Kläui, Paul, *Die Verwaltungs- und Gerichtsorganisation der Herrschaft und Landvogtei Grüningen*, Uster 1978.

Kläui, Paul, *Geschichte von Oberwinterthur im Mittelalter*, Winterthur 1968.

Klee, Doris, *Konflikte kommunizieren. Die Briefe des Grüninger Landvogts Jörg Berger an den Zürcher Rat (1514–1529)*, Zürich 2006.

Koch, Peter und Wulf Oesterreicher, Sprache der Nähe – Sprache der Distanz. Mündlichkeit und Schriftlichkeit im Spannungsfeld von Sprachtheorie und Sprachgeschichte, in: *Romanistisches Jahrbuch* 36 (1985) S. 15–43.

Knobloch, Clemens, Zu Status und Geschichte des Textbegriffs. Eine Skizze, in: *LiLi. Zeitschrift für Literaturwissenschaft und Linguistik* 20 (1990) S. 66–87.

Kocher, Gernot, *Richter und Stabübergabe im Verfahren der Weistümer* (Grazer Rechts- und Staatswissenschaftliche Studien 25), Graz 1971.

Köbler, Gerhard, Zur Frührezeption der Consuetudo in Deutschland, in: *Historisches Jahrbuch* 89 (1969) S. 337–371.

Köbler, Gerhard, *Das Recht im frühen Mittelalter*, Köln 1971.

Kollnig, Karl Rudolf, *Elsässische Weistümer. Untersuchung über die bäuerliche Volksüberlieferung am Oberrhein* (Schriften des wissenschaftlichen Instituts der Elsass-Lothringer im Reich NF 26), Frankfurt 1941.

Kollning, Karl, Probleme der Weistumsforschung, in: *Heidelberger Jahrbücher* 1 (1957) S. 28.

Kosto, Adam J., *Making Agreements in Medieval Catalania*, New York 2001.

Krause, H., Dauer und Vergänglichkeit im mittelalterlichen Recht, in: *ZRG GA* 75 (1958) S. 206–251.

Kroeschell, Karl, »Rechtsfindung«. Die mittelalterlichen Grundlagen einer modernen Vorstellung, in: *FS für Hermann Heimpel*, Göttingen 1972, Bd. 3 S. 498–517.

Kroeschell, Karl, *Deutsche Rechtsgeschichte*, 2. Bd. (1250–1650), Oppladen 1992.

Kroeschell, Karl, Stadtrecht, Stadtrechtsfamilien, in: *Lexikon des Mittelalters*, München 1997, Bd. 8 Sp. 24–26.

Kroeschell, Karl, Wahrheit und Recht im frühen Mittelalter, in: *Schrift und Recht*. FS für Ruth Schmidt-Wiegand, Berlin 1986, S. 455–473.

Kuchenbuch, Ludolf, Potestas und Utilitas. Ein Versuch über Stand und Perspektiven der Forschung zur Grundherrschaft im 9.–13. Jahrhundert, in: *HZ* 265 (1997) S. 117–146.

Kuchenbuch, Ludolf, Sind mediävistische Quellen mittelalterliche Texte? Zur Verzeitlichung fachlicher Selbstverständlichkeiten, in: Hans-Werner Goetz (Hg.), *Die Aktualität des Mittelalters*, Bochum 2000, S. 317–354.

Kuchenbuch, Ludolf und Uta Kleine (Hg.), *»Textus« im Mittelalter. Komponenten und Situationen des Wortgebrauchs im schriftsemantischen Feld* (Veröffentlichungen des Max-Planck-Instituts für Geschichte 216), Göttingen 2006.

Kuchenbuch, Ludolf, Ecriture et oralité: quelques compléments et approfondissements, in: Jean-Claude Schmitt und Otto-Gerhard Oexle (Hg.), *Les tendances actuelles de l'histoire du Moyen Âge en France et en Allemagne. Actes des colloques de Sèvres (1997) et Göttingen organsés par le Centre national de la recherche scientifique et le Max-Planck-Institut für Geschichte*, Paris 2004, S. 143–165.

Lamprecht, Karl, *Deutsches Wirtschaftsleben im Mittelalter. Untersuchungen über die Entwicklung der materiellen Kultur des platten Landes auf Grund der Quellen zunächst des Mosellandes*, Leipzig 1885–1886.

Largiadèr, Anton, Die Anfänge der zürcherischen Landschaftsverwaltung, in: *Zeitschrift für schweizerische Geschichte* 12 (1932) S. 1–44.

Largiadèr, Anton, Die Sammlung schweizerischer Rechtsquellen. Vorgeschichte und heutiger Stand des Unternehmens, in: *Schweizer Beiträge zur allgemeinen Geschichte* 3 (1945) S. 247–70.

Lechner, Adolf, Solothurnische Nachklänge zum Dijonervertrag von 1513, in: *Basler Zeitschrift für Geschichte und Altertumskunde* 8 (1909) S. 92–169.

Lentes, Thomas, Textus Evangelii. Materialität und Inszenierung des »Textes« in der Liturgie, in: Ludolf Kuchenbuch und Uta Kleine (Hg.), *»Textus« im Mittelalter. Komponenten und Situationen des Wortgebrauchs im schriftsemantischen Feld* (Veröffentlichungen des Max-Planck-Instituts für Geschichte 216), Göttingen 2006, S. 133–148.

Lepsius, Susanne, *Von Zweifeln zur Überzeugung. Der Zeugenbeweis im gelehrten Recht ausgehend von der Abhandlung des Bartoldus von Sassferato* (Studien zur europäischen Rechtsgeschichte 160), Frankfurt a. M. 2003.

Le Roy Ladurie, Emmanuel, *Montaillou, village occitain de 1294 à 1324*, Paris 1975.

Liebrecht, Johannes, Das »gute alte Recht« in der rechtshistorischen Kritik, in: Karl Kroeschell und Albrecht Cordes (Hg.), *Funktion und Form. Quellen und Methodenprobleme der mittelalterlichen Rechtsgeschichte* (Schriften zur europäischen Rechts- und Verfassungsgeschichte 18), Berlin 1998, S. 185–204.

Litewski, Wieslaw, *Der römisch-kanonische Zivilprozess nach den älteren ordines judicarii*. 2 Bde., Krakau 1999.

Lutz, Conrad Eckart, *Dießenhofener Liederblatt. Ein Zeugnis späthöfischer Kultur*, Freiburg i. Br. 1994.

Maire Vigueur, Jean-Claude und Agostino Paravicini Bagliani (Hg.), *La parola all'accusato*, Palermo 1991.

Marchal, Guy P., St. Mauritius in Amsoldingen, in: Guy P. Marchal et al. (Hg.), *Weltliche Kollegiatsstifte der deutsch- und französischsprachigen Schweiz* (Helvetia Sacra 2.2), Bern 1977, S. 107–109.

Marchal, Guy P., Das Meisterli von Emmenbrücke oder: Vom Aussagewert mündlicher Überlieferung, in: *SZG* 34 (1984) S. 521–539.

Marchal, Guy P., De la mémoire communicative à la mémoire culturelle. Le passé dans les témoignages d'Arezzo et de Sienne (1177–1180), in: *Annnales HSS* 52 (2001) S. 563–589.

Marchal, Guy P., Memoria, Fama, Mos Maiorum. Vergangenheit in mündlicher Überlieferung im Mittelalter, unter besonderer Berücksichtigung der Zeugenaussagen in Arezzo von 1170/80, in: Jürgen von Ungern-Sternberg und Hansjörg Reinau (Hg.), *Vergangenheit in mündlicher Überlieferung* (Colloquium Rauricum 1), Stuttgart 1988, S. 289–320.

Mariotte-Löber, Ruth, *Ville et seigneurie. Les chartes de franchise des comtes de Savoie, fin XIIIe siècle–1443*, Annecy 1973.

Martin, Henri-Jean und Jean Vezin (Hg.), *Mise en page et mise en texte du livre manuscrit*, Paris 1990.

Masmejean, Lucien, Droit romano-canonique dans l'article CXXXI du commentaire du Plaict Général de Lausanne, in: *MSHDB* 52 (1995), S. 11–27.

Maurer, Helmut, Bäuerliches Gedächtnis und Landesherrschaft im 15. Jahrhundert. Zu einer oberschwäbischen »Kundschaft« von 1484, in: Christine Roll (Hg.), *Recht und Reich im Zeitalter der Reformation: FS für Horst Rabe*, Frankfurt a. M. 1996, S. 179–198.

Mazzacane, Aldo, Law and Jurists in the Formation of the Modern State in Italy, in: Giorgo Chittolini, Anthony Molho und Pierangelo Schiera (Hg.), *The Origins of the Modern State in Italy, 1300–1600* (The Journal of Modern History, Supplement 67), Chicago 1995, S. 62–73.

Meier, Thomas und Roger Sablonier (Hg.), *Wirtschaft und Herrschaft. Beiträge zur ländlichen Gesellschaft in der östlichen Schweiz (1200–1800)*, Zürich 1999.

Melton, James Van Horn, From Folk History to Structural History: Otto Brunner (1889–1982) and the Radical-Conservative Roots of German Social History, in: Hartmut Lehmann und James Van Horn Melton (Hg.), *Paths of Continuity. Central European Historiography from the 1930s to the 1950s*, Cambridge 1994, S. 263–292.

Mesmer, Beatrix (Hg.), *Geschichte der Schweiz und der Schweizer*, Studienausgabe in 1 Bd., Basel/Frankfurt a. M. 1986.

Mihm, Arend, Vom Dingprotokoll zum Zwölftafelgesetz. Verschriftlichungsstufen städtischer Rechtstraditionen, in: Hagen Keller, Christel Meier und Thomas Scharff (Hg.), *Schriftlichkeit und Lebenspraxis. Erfassen, Bewahren, Verändern* (Münstersche Mittelalter-Schriften 76), München 1999, S. 43–67.

Millioud, Alfred, *Le seignieur de Vufflens et la ville de Morges 1286–1296*, Lausanne 1898.

Mittellateinisches Wörterbuch bis zum ausgehenden 13. Jahrhundert, Otto Prinz et al. (Hg.), 3 Bde., München 1967–2003.

Moos, Peter von, Über pragmatische Mündlichkeit und Schriftlichkeit, in: Barbara Frank, Thomas Haye und Doris Tophinke (Hg.), *Gattungen mittelalterlicher Schriftlichkeit*, Tübingen 1997, S. 313–321.

Morard, Nicolas, Les comtes de Gruyère, in: A. Paravicini Bagliani et al. (Hg.), *Pays Romands au Moyen Âge*, Lausanne 1997, S. 199–210.

Moraw, Peter, *Von offener Verfassung zu gestalteter Verdichtung. Das Reich im späten Mittelalter 1250–1490*, Berlin 1989.

Morerod, Jean-Daniel, L'évolution du droit vaudois au XIIIe siècle, in: *Écoles et vie intellectuelle à Lausanne au Moyen Âge*, Lausanne 1987, S. 53–62.

Morerod, Jean-Daniel, Les Franchises dites de Saint Amédée et le Plaid général: formation et reconnaissance de la coutume de Lausanne au XIIIe siécle, in: Paul-Louis Pelet und Jean-François Poudret (Hg.), *La monnaie de sa pièce ... Hommages à Colin Martin*, Lausanne 1992, S. 101–124.

Morerod, Jean-Daniel, *Genèse d'une principauté épiscopale. La politique des évêques de Lausanne (IX–XIV siècle)* (BHV 116), Lausanne 2000.

Morerod, Jean-Daniel (Hg.), *Romainmôtier. Histoire de l'abbaye* (BHV 120), Lausanne 2001.

Morerod, Jean-Daniel und Denis Tappy, L'introduction des statuts de Savoie de 1430 dans quelques régions romandes: à propos d'un acte inédit, in: *MSHDB* 52 (1995) S. 29–48.

Morsel, Joseph, Ce que écrire veut dire au Moyen Âge... Obeservations préliminaires à une étude de la scripturalité médiévale, in: *Memini. Travaux et documents publiés par la Société des études médiévales du Quebec* 4 (2000) S. 3–43.

Morsel, Joseph, Le prélèvement seigneurial est-il soluble dans les »Weistümer»? Apprehensions franconiennes (1200–1400), in: Monique Bourin (Hg.), *Pour une anthropologie de la rente seigneurale dans l'occident médiéval*, Paris 2002, S. 155–210.

Mostert, Marco (Hg.), *Organizing the Written Word. Scripts, Manuscripts and Texts.* Proceedings of the first Utrecht symposium on medieval literacy, Utrecht 5 – 7 June 1997 (Utrecht Studies in Medieval Literacy 2), Turnhout 2006.

Mostert, Marco, New Approaches to Medieval Communication?, in: Marco Mostert (Hg.), *New Approaches to Medieval Communication* (Utrecht Studies in Medieval Literacy 1), Turnhout 1999, S. 15–40.

Müller, Walter, *Die Offnungen der Fürstabtei St. Gallen. Ein Beitrag zur Weistumsforschung* (Mitteilungen zur vaterländischen Geschichte 43), St. Gallen 1964.

Müller, Walter, Die Offnungen der Fürstabtei St. Gallen. Die Ergebnisse im Spiegel der Weistumsforschung, in: Peter Blickle (Hg.), *Deutsche ländliche Rechtsquellen. Probleme und Wege der Weistumsforschung*, Stuttgart 1977, S. 52–69.

Nelson, Janett L., *Politics and Ritual in Early Medieval Europe*, London 1986.

Neuschel, Kristen. B., *Word of Honor. Interpreting noble Culture in Sixteenth-Century France,* Ithaca, London 1989.

Niederhäuser, Peter (Hg.), *Adel – neuer Adel? Zürcher Adel zwischen Spätmittelalter und früher Neuzeit* (Mitteilungen der Antiquarischen Gesellschaft in Zürich 70), Zürich 2003.

Niederhäuser, Peter, Zürcher Gerichtsherren und Gerichtsherrschaften im Übergang zur Frühen Neuzeit, in: Ders. (Hg.), *Alter Adel – neuer Adel? Zürcher Adel zwischen Spätmittelalter und früher Neuzeit* (Mitteilungen der Antiquarischen Gesellschaft in Zürich 70), Zürich 2003, S. 61–83.

Niederstätter, Alois, *Der Alte Zürichkrieg,* Zürich 1995.

Oechsli, Wilhelm (Hg.), *Briefwechsel Johann Kaspar Bluntschlis mit Savigny, Niebuhr, Leopold Ranke, Jakob Grimm und Ferdinand Meyer,* Frauenfeld 1915.

Othenin-Girard, Mireille, *Ländliche Lebensweise und Lebensformen im Spätmittelalter. Eine wirtschafts- und sozialgeschichtliche Untersuchung der nordwestschweizerischen Herrschaft Farnsburg* (Quellen und Forschungen zur Geschichte und Landeskunde des Kantons Basel-Landschaft 48), Liestal 1994.

Oexle, Otto Gerhard, Was deutsche Mediävisten an der französischen Mittelalterforschung interessieren muss, in: Michael Borgolte (Hg.), *Mittelalterforschung nach der Wende* (HZ. Beihefte 20), München 1995, S. 89–128.

Ogris, Werner, Jacob Grimm und die Rechtsgeschichte, in: *Vorträge und Ansprachen in den Veranstaltungen der Akademie der Wissenschaften und der Georg-August-Universität Göttingen anlässlich der Wiederkehr ihrer Geburtstage am 24., 26. und 28. Juni 1985 in der Aula der Georg-August-Universität Göttingen,* Göttingen 1987, S. 67–95.

Olivier-Martin, François, Le roi de France et les mauvaises coutumes au Moyen Age, in: *ZRG GA* 58 (1938) S. 108–137.

Olivier-Martin, François, *Historie du droit français des origines à la Révolution,* Paris 1948.

Ott, Hugo, Probleme und Stand der Urbarinterpretation, in: *Zeitschrift für Agrargeschichte und Agrarsoziologie* 18 (1970) S. 159–184.

Paravicini Bagliani, Agostino, Jean-Pierre Felber, Jean-Daniel Morerod und Véronique Pasche (Hg.), *Les pays romands au Moyen Âge,* Lausanne 1997.

Paravicini Bagliani, Agostino und Jean François Poudret (Hg.), *La Maison de Savoie et le pays de Vaud* (BHV 97), Lausanne 1989.

Paravicini Bagliani, Agostino, Borradori Piera und Nadia Pollini (Hg.), *Le pays de Vaud vers 1300* (BHV 6), Lausanne 1992.

Patzelt, Erna, *Entstehung und Charakter der Weistümer in Österreich,* Budapest 1924.

Patzelt, Erna, Grundherrschaft und bäuerliches Weistumsrecht, in: *Archiv für Kulturgeschichte* 20 (1930) S. 1–15.

Perrin, Charles Edmond, Les chartes de franchises de la France. État des recherches. La Dauphinée et la Savoie, in: *Revue historique* 469 (1964) S. 27–54.

Perrin, Charles-Edmond, Chartes de franchises et rapports de droits en Lorraine, in: *Le Moyen Âge* 52 (1946) S. 11–42.

Perrin, Charles-Edmond, *Recherches sur la seigneurie rurale en Lorraine d'après les plus anciens censiers (IXe–XIIe siècle)*, Paris 1935.

Peters, Edward, *Inquisition*, New York 1988.

Petrucci, Armando, *Writers and Readers in Medieval Italy. Studies in the History of Written Culture*. Edited and translated by Charles M. Radding, New Haven 1995.

Peyer, Hans Conrad, Die Anfänge der schweizerischen Aristokratien, in: Kurt Messmer und Peter Hoppe (Hg.), *Luzerner Patriziat. Sozial- und wirtschaftsgeschichtli che Studien zur Entwicklung im 16. und 17. Jahrhundert*. Mit einer Einführung von Hans Conrad Peyer (Luzerner Historische Veröffentlichungen 5), Luzern 1976, S. 1–28.

Peyer, Hans Conrad, *Verfassungsgeschichte der alten Schweiz*, Zürich 1978.

Pierrehumbert, W., Les us et coutmes de la Béroche en 1398, in: *Musée Neuchâtelois* 19 (1932), S. 61–72, 84–96, 125–140, 160–181.

Pitz, Ernst, *Schrift- und Aktenwesen der städtischen Verwaltung im Spätmittelalter. Köln – Nürnberg – Lübeck. Beitrag zur vergleichenden Städteforschung und zur spätmittelalterlichen Aktenkunde*, Köln 1959.

Poudret, Jean-François, L'attitude des coutumiers à l'égard du droit écrit en pays romands à la fin du Moyen Âge, in: *El dret comu i Catalunya. Ius proprium – ius comune a Europa*, Barcelona 1993, S. 123–138.

Poudret, Jean-François, Connaissance et preuve de la coutume, in: John Gilissen (Hg.), *La Coutume* (Recueils de la Société Jean Bodin 52), Brüssel 1990, S. 311–542.

Poudret, Jean-François, La condition des sujets de Romainmôtier à la fin du moyen âge, in: *Mélanges Marcel Bridel, Recueil de travaux publié par la Faculté de droit*, Lausanne 1968, S. 443–459.

Poudret, Jean-François, La conjuration des habitants d'Avenches en 1350 et l'apparition du pouvoir législatif des sujets de l'évêque de Lausanne, in: *RHV* (1995) S. 369–388.

Poudret, Jean-François, *Coutumes et coutumiers. Histoire comparative des droits des pays romands du XIIIème à la fin du XVIème siècle*, 4 Bde., Bern 1998.

Poudret, Jean-François, Les enquêtes de Chalon de 1470–1471 concernant la succession de la châtellenie de Grandson, in: *MSHDB* 26 (1965) S. 91–116.

Poudret, Jean-François, *Enquêtes sur la coutume du pays de Vaud et coutumiers vaudois à la fin du Moyen Age* (Ius romanum in Helvetia), Basel 1967.

Poudret, Jean-François, Un procès devant l'avoué du plaid général de Lausanne en mai 1396, in: *MSHDB* 45 (1988) S. 377–391.

Poudret, Jean-François, Le rôle de plaids généraux dans la formation, la transmission et l'enregistrement de la coutume d'après les sources romandes du Moyen Age, in: *MSHDB* 40 (1983) S. 177–193.

Powitz, Gerhardt, Textus cum commento, in: *Codices Manuscripti. Zeitschrift für Handschriftenkunde* 5 (1979) S. 80–89.

Prosser, Michael, *Spätmittelalterliche ländliche Rechtsaufzeichnungen am Oberrhein zwischen Gedächtniskultur und Schriftlichkeit. Untersuchungen am Übergang von analphabetischen zu skripturalen Überlieferungsformen im Blickfeld rechtlicher Volkskunde* (Veröffentlichungen zur Volkskunde und Kulturgeschichte 47), Würzburg 1991.

Raggio, Oswaldo, Norme e pratiche. Gli statuti campestri come fonti per una storia locale, in: *Quaderni Storici* 88 (1995) S. 155–194.

Rauschert, Jeannette, Gelöchert und befleckt. Inszenierung und Gebrauch städtischer Rechtstexte und spätmittlelalterliche Offentlichkeit, in: Karl Brunner und Gerhard Jaritz (Hg.), *Text als Realie.* Internationaler Kongress in Krems a. d. Donau 3.–6. Oktober 2000 (Veröffentlichungen des Instituts für Realienkunde des Mittelalters und der frühen Neuzeit 18), Krems 2003, S. 163–181.

Rennefahrt, Hermann, Beitrag zur Frage der Herkunft des Schiedsgerichtswesens, besonders nach westschweizerischen Quellen, in: *Schweizer Beiträge zur Allgemeinen Geschichte* 16 (1958) S. 5–55.

Reymond, Maxime, De l'avoué au juge impérial de Lausanne, in: *MSHDB* 2 (1935) S. 20–48.

Reymond, Maxime, Le développement de l'organisation municipale à Lausanne, in: *MSHDB* (1937) S. 78–119.

Reymond Maxime, Études d'historie Lausannoise. Des origines de l'organisation municipale, in: *RHV* 16 (1908) S. 33–43, 65–73, 97–106, 129–137, 161–170, 193–204, 225–236, 257–264.

Richner, Raoul, *Die Kölliken-Kundschafter von 1419. Eine prosopographische Untersuchung. Seminararbeit im Rahmen der Übung »Lebendige Stimmen«. Kodifikation und Fiktion des gesprochenen Wortes im Mittelalter und der frühen Neuzeit,* Sommersemester 2002, Basel 2002.

Richter, Michael, *The Oral Tradition in the Early Middle Ages* (Typologie des Sources du moyen âge occidental 71), Turnhout 1994.

Riguadière, Albert, Chartes de franchises, in: *Lexikon des Mittelalters,* München 1983, Bd. 2 Sp. 1741–1744.

Ringholz, Odilo, *Geschichte des fürstlichen Benediktinerstifts U. L. F. von Einsiedeln, seiner Wallfahrt, Propsteien, Pfarreien und übrigen Besitzungen. Mit besonderer Berücksichtigung der Kultur-, Rechts- und Wirtschaftsgeschichte,* Einsiedeln 1902–1904.

Rippmann, Dorothee, Herrschaftskonflikte und innerdörfliche Spannungen in der Basler Region im Spätmittelalter und an der Wende zur Frühen Neuzeit, in: Mark Häberlein (Hg.), *Devianz, Widerstand und Herrschaftspraxis in der Vormoderne (Konflikte und Kultur – Historische Perspektiven),* Konstanz 1999, S. 199–225.

Roediger, Henry L. und Melissa J. Guynn, Retrieval Process, in: Elizabeth Bjork Ligon und Robert A. Bjork (Hg.), *Memory* (Handbook of Perception and Cognition), San Diego 1996, S. 197–236.

Rösener, Werner, *Agrarwirtschaft, Agrarverfassung und ländliche Gesellschaft im Mittelalter* (Enzyklopädie deutscher Geschichte 13), München 1992.

Rösener, Werner, Dinggenossenschaft und Weistümer im Rahmen mittelalterlicher Kommunikationsformen, in: Werner Rösener (Hg.), *Kommunikation in der ländlichen Gesellschaft vom Mittelalter bis zur Moderne* (Veröffentlichungen des Max-Planck-Instituts für Geschichte 156), Göttingen 2000, S. 47–75.

Rösener, Werner, *Einführung in die Agrargeschichte*, Darmstadt 1997.

Rösener, Werner, Frühe Hofrechte und Weistümer im Hochmittelalter, in: *Agrargeschichte* 23 (1990) S. 12–29.

Rosaldo, Renato, From the Door of his Tent. The Fieldworker and the Inquisitor, in: James Clifford et al. (Hg.), *Writing Culture. The Poetics and Politics of Ethnography*, Berkely 1986, S. 77–97.

Rouse, Mary und Richard H. Rouse, *Authentic Witnesses: Approaches to Medieval Texts and Manuscripts*, Notre Dame 1991.

Rück, Peter, Die Anfänge des öffentlichen Notariats in der Schweiz, in: *Archiv für Diplomatik* 36 (1990) S. 93–123.

Rück, Peter, Zur Diskussion um die Archivgeschichte. Die Anfänge des Archivwesens in der Schweiz (800–1400), in: *Mitteilungen der Vereinigung schweizerischer Archivare* 26 (1975) S. 3–40.

Rück, Peter, Die Ordnung der herzoglichen savoyischen Archive unter Amadeus VIII. (1398–1451), in: *Archivalische Zeitschrift* 67 (1971) S. 11–101.

Rück, Peter, Les registres de l'administraton capitulaire de Lausanne (XIIIe–XVIe siècle), in: *RHV* 83 (1975) S. 135–186.

Rück, Peter, Die Urkunde als Kunstwerk, in: Anton von Euw et al. (Hg.), *Kaiserin Theophanu. Begegnungen des Ostens und Westens um die Wende des ersten Jahrtausends*, Köln 1991, S. 311–333.

Sablonier, Roger, *Adel im Wandel. Eine Untersuchung zur sozialen Situation des ostschweizerischen Adels um 1300*. 2. Auflage, Zürich 2000 (1. Auflage 1979).

Sablonier, Roger, Das Dorf im Übergang vom Hoch- zum Spätmittelalter. Untersuchungen zum Wandel ländlicher Gemeinschaftsformen im ostschweizerischen Raum, in: Ludwig Fenske (Hg.), *Institutionen, Kultur und Gesellschaft im Mittelalter*. FS Josef Fleckenstein zu seinem 65. Geburtstag, Göttingen 1984, S. 724–745.

Sablonier, Roger, Landesgeschichtliche Grundlagenforschung im Projekt »Ländliche Wirtschaftsquellen«. Ein Forschungsbericht, in: *Argovia* 107/108 (1995/1996) S. 195–206.

Sablonier, Roger, Innerschweizer Gesellschaft im 14. Jahrhundert. Sozialstruktur und Wirtschaft, in: Hansjakob Achermann, Josef Brülisauer und Peter Hoppe (Hg.), *Innerschweiz und frühe Eidgenossenschaft. Bd. 2: Gesellschaft – Alltag – Geschichtsbild*, Olten 1990, S. 11–233.

Sablonier, Roger, Leibherrschaft unter freien Eidgenossen: Gotteshausleute des Klosters Einsiedeln in Spätmittelalter und Früher Neuzeit, in: *Der Geschichtsfreund* 157 (2004) S. 145–179.

Sablonier, Roger, Schriftlichkeit, Adelsbesitz und adliges Handeln im 13. Jahrhundert, in: Otto Gerhard Oexle und Werner Paravicini (Hg.), *Nobilitas. Funktion und Repräsentation des Adels in Alteuropa* (Veröffentlichungen des Max-Planck-Instituts für Geschichte 133), Göttingen 1997, S. 67–100.

Sablonier, Roger, Verschriftlichung und Herrschaftspraxis: Urbarielles Schriftgut im spätmittelalterlichen Gebrauch, in: Christel Meier, Volker Honemann, Hagen Keller und Rudolf Suntrup (Hg.), *Pragmatische Dimensionen mittelalterlicher Schriftkultur* (Akten des Internationalen Kolloquiums 26.–29. Mai 1999), München 2002, S. 91–120.

Saenger, Paul, *Space between Words: The Origins of Silent Reading*, Stanford 1997.

Salis, Louis Rudolf von, Le Costumier et Plaict Général de Lausanne du 15 septembre 1618, in: *Zeitschrift für schweizerisches Recht* 21/22 (1903/1904) S. 169–297, 203–208.

Schäfer, Ursula, *Vokalität. Altenglische Dichtung zwischen Mündlichkeit und Schriftlichkeit*, (ScriptOralia 39), Tübingen 1992.

Scharff, Thomas, Schrift zur Kontrolle – Kontrolle der Schrift. Italienische und französische Inquisitorenhandbücher des 13. und frühen 14. Jahrhunderts, in: *DA* 52 (1996) S. 547–584.

Scharff, Thomas, Auf der Suche nach der »Wahrheit«. Zur Befragung von verdächtigen Personen durch mittelalterliche Inquisitoren, in: Stefan Esders und Thomas Scharff (Hg.), *Eid und Wahrheitssuche. Studien zu rechtlichen Befragungspraktiken in Mittelalter und früher Neuzeit* (Gesellschaft, Kultur und Schrift. Mediävistische Beiträge 7), Frankfurt a. M. 1999, S. 139–162.

Schenk, Gerrit Jasper, *Zeremoniell und Politik. Herrschereinzüge im spätmittelalterlichen Reich* (Forschungen zur Kaiser- und Papstgeschichte des Mittelalters 21), Köln 2002.

Schmidt-Wiegand, Ruth, Einleitung, in: Grimm, Jacob, *Deutsche Rechtsaltertümer*, Hildesheim 1992, S. 1–46.

Schmitt, Sigrid, *Territorialstaat und Gemeinde im kurpfälzischen Oberamt Alzey. Vom 14. bis zum Anfang des 17. Jahrhunderts* (Geschichtliche Landeskunde 38), Stuttgart 1992.

Schnapper, Bernhard, Testes inhabiles. Les témoins réprochables dans l'ancien droit pénal, in: *Tijdschrift voor Rechtgeschiedenis* 33 (1965) S. 576–616.

Schnegg, Alfred, Quelques propos sur un document neuchâtelois, in: *Musée Neuchâtelois* (1972) S. 16–23.

Schorer, Catherine, Untertanenrepräsentation und -mentalität im ausgehenden Mitelalter, in: *Berner Zeitschrift für Geschichte und Heimatkunde* 51 (1989) S. 217–252.

Schott, Clausdieter, Wir Eidgenossen fragen nicht nach Bartele und Baldele, in: Karl Kroeschell (Hg.), *Gerichtslaubenvorträge*. Freiburger Festkolloquium zum 75. Geburtstag von Hans Thieme, Sigmaringen 1983, S. 17–45.

Schubert, Ernst, *Einführung in die Grundprobleme der deutschen Geschichte im Spätmittelalter* (Grundprobleme der deutschen Geschichte), Darmstadt 1992.

Schubert, Ernst, Erspielte Ordnung. Beobachtungen zur bäuerlichen Rechtswelt des späten Mittelalters, in: *Jahrbuch für fränkische Landesforschung* 38 (1978) S. 51–65.

Schulz, Knut, Hofrecht, in: *Lexikon des Mittelalters*, München 1991, Bd. 5 Sp. 77f.

Schulze, Winfried und Ralf-Peter Fuchs (Hg.), *Wahrheit, Wissen, Erinnerung. Zeugenverhörprotokolle als Quellen für soziale Wissensbestände in der Frühen Neuzeit* (Wirklichkeit und Wahrnehmung in der Frühen Neuzeit 1), Münster 2002.

Schunka, Alexander, Die Visualisierung von Gerechtigkeiten in Zeugenaussagen des 16. und 17. Jahrhunderts, in: Andrea Griesebner, Martin Scheutz und Herwig Weigel (Hg.), *Justiz und Gerechtigkeit. Historische Beiträge (16.–19. Jahrhundert)*, Innsbruck 2002, S. 85–101.

Schunka, Alexander, *Soziales Wissen und dörfliche Welt. Herrschaft, Jagd und Naturwahrnehmungen in Zeugenaussagen des Reichskammergerichts aus Nordschwaben (16. und 17. Jahrhundert)* (Münchner Studien zur Neueren und Neusten Geschichte 21), Frankfurt a. M. 2000.

Schweizer, Paul, Beitrag zur Kritik und Ergänzung der Grimm'schen Weisthümer nebst Offnung des Zwinghofes Winkel. Die Offnung von Winkel, in: *Anzeiger für schweizerische Geschichte* 1 (1891) S. 105–116, 142–149.

Schweizerisches Idiotikon. Wörterbuch der schweizerdeutschen Sprache. Gesammelt auf Veranstaltung der Antiquarischen Gesellschaft in Zürich unter Beihülfe aus allen Kreisen des Schweizer Volkes. 16 Bde., Frauenfeld 1881–2004.

Schwerhoff, Gerd, *Köln im Kreuzverhör. Kriminalität, Herrschaft und Gesellschaft in einer frühneuzeitlichen Stadt*, Bonn 1991.

Searleman, Alan und Douglas Herrmann, *Memory from a Broader Perspective*, New York 1994.

Sieber, Christian, Die Reichsstadt Zürich zwischen der Herrschaft Österreich und der werdenden Eidgenossenschaft, in: Niklaus Flüeler und Marianne Flüeler-Grauwiler (Hg.), *Geschichte des Kantons Zürich. Bd. 1: Frühzeit bis Spätmittelalter*, Zürich 1996, S. 471–497.

Siegrist, Jean Jaques, Beiträge zur Verfassungs- und Wirtschaftsgeschichte der Herrschaft Hallwil, in: *Argovia* 64 (1952) S. 5–537.

Sigurdsson, Jón Vidar, *Chieftains and Power in the Icelandic Commonwealth*, Odense 1999.

Simon, Thomas, *Grundherrschaft und Vogtei. Eine Strukturanalyse spätmittelalterlicher und frühneuzeitlicher Herrschaftsbildung*, Frankfurt a. M. 1995.

Simon-Muscheid, Katharina, Reden und Schweigen vor Gericht. Klientelverhältnisse und Beziehungsgeflechte im Prozessverlauf, in: Mark Häberlein (Hg.), *Devianz, Widerstand und Herrschaftspraxis in der Vormoderne. Studien zu Konflikten im südwestdeutschen Raum (15.–18. Jahrhundert)*, Konstanz 1999, S. 35–52.

Sonderegger, Stefan, Die ältesten deutschsprachigen Urkunden aus der Schweiz, in: *FS für Karl Hyldgaard-Jensen* (Kopenhagener Beiträge zur Germanistischen Linguistik, Sonderband 3), Kopenhagen 1987, S. 248–263.

Sonderegger, Stefan, *Landwirtschaftliche Entwicklungen in der spätmittelalterlichen Nordostschweiz. Eine Untersuchung ausgehend von den wirtschaftlichen Aktivitäten des Heilliggeist-Spitals St. Gallen* (St. Galler Kultur und Geschichte 22), St.Gallen 1994.

Spieß, Karl-Heinz, Einleitung: Die Weistümer und Gemeindeordnungen des Amtes Cochem im Spiegel der Forschung, in: Christel Krämer und Karl-Heinz Spieß (Hg.), *Ländliche Rechtsquellen aus dem kurtrierischen Amt Cochem,* Wiesbaden 1986, S. 1–32.

Spieß, Karl-Heinz, Bäuerliche Gesellschaft und Dorfentwicklung im Hochmittelalter, in: Werner Rösener (Hg.), *Grundherrschaft und bäuerliche Gesellschaft im Hochmittelalter* (Veröffentlichungen des Max-Planck-Instituts für Geschichte 115), Göttingen 1995, S. 384–412.

Stahleder, Helmuth, Weistümer und verwandte Quellen in Franken, Bayern und Österreich, in: *Zeitschrift für bayerische Landesgeschichte* 32 (1969) S. 525–605, 850–885.

Stelling-Michaud, Sven, *L'Université de Bologne et la pénétration des droits romain et canonique en Suisse aux XIIe et XIVe siècles,* Genève 1955.

Stelling-Michaud, Sven und Suzanne Stelling-Michaud, *Les juristes suisses à Bologne 1255–1330,* Genève 1960.

Stercken, Martina, Kleinstadt, Herrschaft und Stadtrecht. Das Privileg König Albrechts I. für Sursee vom 29. März 1299, in: *Geschichtsfreund* 152 (1999) S. 7–55.

Stercken, Martina, Kleinstadtgenese und herrschaftliche Raumerfassung in habsburgischen Gebieten westlich des Arlbergs, in: Peter Moraw (Hg.), *Raumerfassung und Raumbewusstsein,* Stuttgart 2002, S. 209–249.

Stercken, Martina, Reichsstadt, eidgenössischer Ort, städtische Territorialherrschaft. Zu den Anfängen der Stadtstaaten im Gebiet der heutigen Schweiz, in: Mogens Herman Hansen, *A Comparative Study of Thirty City-State Cultures* (Det Kongelige Danske Videnskabernes Selskab, Historisk-filosofiske skrifter 21), Kopenhagen 2000, S. 321–342.

Stock, Brian, *The Implications of Literacy. Written Language and Models of Interpretation in the Eleventh ans Twelfth Centuries,* Princeton 1983.

Stock, Brian, Schriftgebrauch und Rationalität im Mittelalter, in: Wolfgang Schluchter (Hg.), *Max Webers Sicht des okkzidentalen Christentums. Interpretation und Kritik,* Frankfurt a. M. 1988, S. 165–183.

Stouff, Louis, *Le pouvoir temporel des évèques de Bâle et le régime municipal depuis le XIIe siècle jusqu'à la Réforme.* 2 Bde., Paris 1891.

Strahm, Hans, *Der Chronist Conrad Justinger und seine Berner Chronik von 1420,* Bern 1978.

Strahm, Hans, *Die Berner Handfeste,* Bern 1953.

Street, Brian V., Introduction: The New Literacy Studies, in: Idem (Hg.), *Cross-Cultural Approaches to Literacy* (Cambridge Studies in Oral and Literate Culture 23), Cambridge 1993, S. 1–21.

Stromer, Markus, Wirtschaftliche und soziale Verhältnisse auf dem Land, in: Niklaus Flüeler und Marianne Flüeler-Grauwiler (Hg.), *Geschichte des Kantons Zürich. Bd. 1: Frühzeit bis Spätmittelalter*, Zürich 1995, S. 269–298.

Tappy, Denis, Administration et justice, in: Agostino Paravicini Bagliani, Jean-Pierre Felber und Véronique Pasche (Hg.), *Les pays romands au Moyen Âge*, Lausanne 1997, S. 287–299.

Tappy, Denis, Amédée VIII et les coutumes vaudoises, l'abrogation de la mauvaise coutume du droit de guerre privée, in: Bernard Andenmatten und Agostino Paravicini Bagliani (Hg.), *Amédée VII – Félix V, premier duc de Savoie et pape (1383–1451)* (BHV 103), Lausanne 1992, S. 299–316.

Tappy, Denis, *Les États de Vaud* (BHV 91), Lausanne 1988.

Tappy, Denis, Les institutions déliberantes lausannoises au moyen Age. Plaid général, cour séculière, États, in: *RHV* 97 (1989) S. 1–20.

Tappy, Denis, Le Plaid général de St. Saphorin du 4 mai 1424. Un acte inedit sur les assemblées locales, in: *RHV* 99 (1991) S. 43–66.

Teuscher, Simon, *Bekannte – Klienten – Verwandte. Soziabilität und Politik in der Stadt Bern um 1500* (Norm und Struktur. Studien zum sozialen Wandel in Mittelalter und früher Neuzeit 9), Köln, Weimar 1998.

Teuscher, Simon, Der Herr bei seinen Bauern. Herrschaftsdarstellungen in Kundschaften aus dem Berner Oberland 1300–1430, in: Werner Rösener (Hg.), *Tradition im Spannungsfeld von Herrschaft und Widerstand*, Gießen 2003, S. 195–218.

Teuscher, Simon, Kompilation und Mündlichkeit. Herrschaftskultur und Gebrauch von Weistümern im Raum Zürich (14.–15. Jh.), in: *HZ* 273 (2001) S. 261–278.

Teuscher, Simon, Notiz, Weisung, Glosse. Zur Entstehung »mündlicher Rechtstexte« im spätmittelalterlichen Lausanne, in: Ludolf Kuchenbuch und Uta Kleine (Hg.), *»Textus« im Mittelalter. Komponenten und Situationen des Wortgebrauchs im schriftsemantischen Feld* (Veröffentlichungen des Max-Planck-Instituts für Geschichte 216), Göttingen 2006, S. 253–284.

Thompson, Stith, *Motif-Index of Folk-Literature. A Classification of Narrative Elements in Folktales, Ballads, Myths, Fables, Mediaeval Romances, Exempla, Fabliaux, Jestbooks, and Local Legends, Nachdruck*, Bloomington 1989 (Originalausgabe 1955–1958).

Toch, Michael, Asking the Way and Telling the Law. Speech in Medieval Germany, in: *Journal of Interdisciplinary History* 16 (1986) S. 667–682.

Tremp-Utz, Kathrin, Die befleckte Handfeste. Die innerstädtischen Unruhen im Spiegel der spätmittelalterlichen bernischen Chronistik, in: Hans Haeberli und Christoph von Steiger (Hg.), *Diebold Schillings Spiezer Bilderchronik. Kommentar zur Faksimile-Ausgabe der Handschrift Mss. hist. helv. I. 16 der Burgerbibliothek Bern*, Luzern 1990, S. 135–150.

Tremp-Utz, Kathrin, Gedächtnis und Stand. Die Zeugenaussagen im Prozess um die Kirche von Hilterfingen (um 1312), in: *SZG* 36 (1986) S. 157–203.

Tremp, Ernst, Auf dem Weg in die Moderne. Peter II. von Savoyen und die Anfänge von Territorialstaatlichkeit im 13. Jahrhundert, in: *ZHF* 25 (1998) S. 481–507.

Tribolet, Maurice de, Les comtes de Neuchâtel, in: Agostino Paravicini Bagliani, Jean-Pierre Felber und Véronique Pasche (Hg.), *Les pays romands au Moyen Âge*, Lausanne 1997, S. 211–214.

Tribolet, Maurice de, Franchises et coutumes de Neuchâtel et coutumes de Besançon, in: *Besançon 1290–1990*, Besançon 1992, S. 65–72.

Tribolet, Maurice de, Franchises de 1214 et Plaid de mai, in: *Musée Neuchâtelois* (1983) S. 119–125.

Tribolet, Maurice de, La genèse des franchises de Neuchâtel de 1455, in: *MSHDB* 45 (1988) S. 449–464.

Trossbach, Werner, »Mercks Baur«. Annäherungen an die Struktur von Erinnerung und Überlieferung in ländlichen Gesellschaften (vorwiegend zweite Hälfte des 16. Jahrhunderts), in: Werner Rösner (Hg.), *Kommunikation in der ländlichen Gesellschaft vom Mittelalter bis zur Moderne* (Veröffentlichungen des Max-Planck-Instituts für Geschichte 156), Göttingen 2000, S. 209–240.

Trusen, Winfried, *Die Anfänge des gelehrten Rechts in Deutschland. Ein Beitrag zur Geschichte der Frührezeption* (Recht und Geschichte 1), Wiesbaden 1962.

Trusen, Winfried, Gewohnheitsrecht, in: *Lexikon des Mittelalters*, München 1989, Bd. 4 Sp. 1426f.

Ulbrich, Claudia, *Leibherrschaft am Oberrhein im Spätmittelalter* (Veröffentlichungen des Max-Planck-Instituts für Geschichte 58), Göttingen 1979.

Usteri, Emil, *Das öffentlich-rechtliche Schiedsgericht in der schweizerischen Eidgenossenschaft des 13. bis 15. Jahrhunderts*, Zürich, Leipzig 1925.

Usteri, Emil, *Westschweizer Schiedsurkunden bis zum Jahre 1300*, Zürich 1955.

Vevey, B. de, *La rédaction des coutumes dans le canton de Fribourg*, Fribourg 1939.

Vismann, Cornelia, *Akten: Medientechnik und Recht* (Forum Wissenschaft, Kultur & Medien), Frankfurt a. M. 2000.

Vogel, Tanja, *Aus dem Leben eines Textes. Das Ferracher Hofrecht im Spiegel seiner Überlieferung*, Lizentiatsarbeit phil. I, Universität Zürich 2000 (unpubliziert).

Vollrath, Hanna, Herrschaft und Genossenschaft im Kontext frühmittelalterlicher Rechtsbeziehungen, in: *Historisches Jahrbuch* 102 (1982) S. 33–71.

Vollrath, Hanna, Das Mittelalter in der Typik oraler Gesellschaften, in: *HZ* 253 (1981) S. 571–594.

Vollrath, Hanna, Rechtstexte in der oralen Rechtskultur des früheren Mittelalters, in: Michael Borgolte (Hg.), *Mittelalterforschung nach der Wende* (HZ. Beihefte 20), München 1995, S. 319–348.

Weishaupt, Matthias, Zehntverweigerungen von Appenzeller Viehbauern gegenüber dem Heiliggeist-Spital St. Gallen in den Jahren 1440–1483, in: Thomas Meier und Roger Sablonier (Hg.), *Wirtschaft und Herrschaft. Beiträge zur ländlichen Gesellschaft in der östlichen Schweiz (1200–1800)*, Zürich 1999, S. 55–66.

Weitzel, Jürgen, Deutsches Recht, in: *Lexikon des Mittelalters*, München 1986, Bd. 3 Sp. 777–781.

Weitzel, Jürgen, *Dinggenossenschaft und Recht. Untersuchungen zum Rechtsverständnis im fränkisch-deutschen Mittelalter*, 2 Bde. (Quellen und Forschungen zur höchsten Gerichtsbarkeit im Alten Reich 15, 1–2), Köln 1985.

Weitzel, Jürgen, Schriftlichkeit und Recht, in: Hartmut Günther und Otto Ludwig (Hg.), *Schrift und Schriftlichkeit. Writing and Its Use,* Berlin, New York 1994, S. 610–619.

Weitzel, Jürgen, Wege zu einer hierarchisch strukturierten Gerichtsverfassung im 15. und 16. Jahrhundert, in: *Akten des 26. deutschen Rechtshistorikertages*, Frankfurt a. M. 1987, S. 333–345.

Wenzel, Horst, *Hören und Sehen, Schrift und Bild. Kultur und Gedächtnis im Mittelalter*, München 1995.

Werkmüller, Dieter, *Über Aufkommen und Verbreitung der Weistümer. Nach der Sammlung von Jacob Grimm*, Berlin 1972.

Werkmüller, Dieter, Weistümer, in: *Handwörterbuch zur deutschen Rechtsgeschichte*, Berlin 1998, Bd. 5 Sp. 1239–1252.

Wickham, Chris J., Gossip and Resistance among the Medieval Peasantry, in: *PP* 160 (1998) S. 3–24.

Wickham, Chris J., *Courts and Conflict in Twelfth-Century Tuscany*, Oxford 2003.

Willoweit, Dietmar, Die Entwicklung und Verwaltung der spätmittelalterlichen Landesherrschaft, in: Kurt G. A. Jeserich, Hans Pohl und Georg-Christoph von Unruh (Hg.), *Vom Spätmittelalter bis zum Ende des Reiches* (Deutsche Verwaltungsgeschichte 1), Stuttgart 1983, S. 66–143.

Wirz, Matthias, »*Meurent les moignes!*«. *La révolte de Payerne (1420)* (BHV 19), Lausanne 1997.

Wolter, Udo, Die »consuetudo« im kanonischen Recht bis zum Ende des 13. Jahrhunderts, in: Gerhard Dilcher, Heiner Lück, Reiner Schulze, Elmar Wadle, Jürgen Weitzel und Udo Wolter (Hg.), *Gewohnheitsrecht und Rechtsgewohnheit im Mittelalter* (Schriften zur Europäischen Rechts- und Verfassungsgeschichte 6), Berlin 1992, S. 87–116.

Zangger, Alfred, Alltagsbeziehungen zwischen Klosterherrschaft und Bauern am Beispiel des Prämonstratenserklosters Rüti im 15. Jahrhundert, in: Thomas Meier und Roger Sablonier (Hg.), *Wirtschaft und Herrschaft. Beiträge zur ländlichen Gesellschaft in der östlichen Schweiz (1200–1800),* Zürich 1999, S. 295–309.

Zangger, Alfred, *Grundherrschaft und Bauern. Eine wirtschafts- und sozialgeschichtliche Untersuchung der Prämonstratenserabtei Rüti (ZH) im Spätmittelalter*, Zürich 1991.

Zangger, Alfred, Wirtschaft und Sozialstruktur auf dem Lande 1350–1530, in: Niklaus Flüeler und Marianne Flüeler-Grauwiler (Hg.), *Geschichte des Kantons Zürich. Band 1: Frühzeit bis Spätmittelalter,* Zürich 1996, S. 390–437.

Abkürzungen

Vgl. auch Quellenverzeichnis

AHR	American Historical Review
BHV	Bibliothèque historique vaudoise
CLHM	Cahiers Lausannois d'historie médiévale
DA	Deutsches Archiv für die Erforschung des Mittelalters
FMST	Frühmittelalterliche Studien
HZ	Historische Zeitschrift
MDR	Mémoires et documents publiés par la Société d'histoire de la Suisse romande
MSHDB	Mémoires de la Société pour l'histoire du droit et des institutions des anciens pays bourguignons, comtois et romands
PP	Past and Present
RHV	Revue historique vaudoise
SSRQ	Sammlung schweizerischer Rechtsquellen
SZG	Schweizerische Zeitschrift für Geschichte
ZHF	Zeitschrift für historische Forschung
ZRG GA	Zeitschrift der Savigny-Stiftung für Rechtsgeschichte, Germanistische Abteilung

Register

Aufgeführt sind Sachbegriffe sowie Orts- und Personenamen. Nicht berücksichtigt wurden fiktive Gestalten und nur als Zeugen in den Anmerkungen erwähnte Personen (vgl. auch S. 45, Anm. 1).